新世纪高等学校教材

教育技术基础课系列教材

JiaoXue XiTong SheJi

教学系统设计

（修订版）

何克抗　谢幼如　郑永柏 ◎编著

北京师范大学出版集团
BEIJING NORMAL UNIVERSITY PUBLISHING GROUP
北京师范大学出版社

图书在版编目(CIP)数据

教学系统设计/何克抗，谢幼如，郑永柏编著. —北京：北京师范大学出版社，2016.4（2022.7重印）
教育技术基础课系列教材
ISBN 978-7-303-06329-1

Ⅰ. ①教…　Ⅱ. ①何…②郑…③谢…　Ⅲ. ①教育技术学
Ⅳ. ①G40-057

中国版本图书馆 CIP 数据核字（2002）第 075283 号

北师大出版社教师教育分社微信公众号　　京师教师教育

出版发行：北京师范大学出版社　www.bnupg.com
　　　　　北京市西城区新街口外大街 12-3 号
　　　　　邮政编码：100088
印　　刷：北京虎彩文化传播有限公司
经　　销：全国新华书店
开　　本：730 mm×980 mm　1/16
印　　张：20.75
字　　数：372 千字
版　　次：2016 年 4 月第 2 版
印　　次：2022 年 7 月第 26 次印刷
定　　价：42.00 元

策划编辑：范　林　　　责任编辑：范　林
美术编辑：焦　丽　　　装帧设计：焦　丽
责任校对：陈　民　　　责任印制：马　洁

内容简介

　　本教材的核心内容是阐述"学教并重"教学系统设计的理论基础、实施过程模式以及具体进行教学设计的工作流程。由于"学教并重"教学系统设计是在"以教为主"和"以学为主"两种教学系统设计的基础上，将二者有机结合——兼取二者之所长、摈弃其所短，从而形成优势互补的全新教学设计，所以在书中也对"以教为主"和"以学为主"这两种教学系统设计的理论基础、实施过程模式及具体设计流程作了介绍。此外，为了进一步开拓学生的视野，还在第一章的后面部分，对教学系统设计的最新发展及未来动向作了简要的阐述。

　　各章内容大体安排如下：第一章是关于教学系统设计的"概论"，第二章是介绍教学系统设计的"理论基础与设计过程模式"，第三、四、五章依次阐明"以教为主""以学为主"和"学教并重"三种教学系统设计在具体实施中的工作流程，第六、七两章则是将教学设计的理论、方法具体应用于相关"教学资源"及"信息化课堂教学"的设计案例。

前 言

中国特色教育技术理论在教学设计（instructional design，ID）领域的自主创新，主要体现在：为信息化教学环境研发出一种新型的教学系统设计理论——即"学教并重"的教学系统设计理论。

目前在国际上流行的教学设计类型主要是 ID2 与 ID3。ID2 在学习理论方面是以加涅的"联结—认知"理论为指导，其认识论基础是客观主义；ID3 在学习理论方面是以建构主义理论为指导，其认识论基础则是主观主义；早期以行为主义的"刺激—反应"学习理论为指导的 ID1，已日渐式微。多年来的教学实践证明，ID2 与 ID3 这两种教学设计都难以满足信息化环境下的教学需求。为了能在现有 ID2 与 ID3 的基础上，研发出一种新型教学系统设计理论来适应这种需求，我们有必要先来回顾一下 ID2 与 ID3 的本质特征（特别是在认识论方面的本质特征，如上所述，ID2 在认识论方面属于客观主义，ID3 则属于主观主义）。

由于客观主义认为世界是真实存在的、有结构的，而且这种结构可以被人们认识，因此存在着关于客观世界的可靠认识。人类思维的作用就是反映客观现实及其结构，因此而获得的意义（即知识）是相对稳定的，并且存在判断知识真伪的客观标准。正因为如此，知识才有可能通过教师的"讲授"，传递给学生，由于教学过程中教师是知识标准的掌握者而且是知识的传递者，所以客观主义认为教师应处于教学过程的中心地位。可见，客观主义不仅是 ID2 的认识论基础，也是"以教师为中心"教育思想的认识论基础。由于客观主义强调和突出教师的"教"，所以客观主义

1

教学系统设计通常也被称为"以教为主"的教学系统设计。

西方的激进建构主义认为，现实（reality）不过是人们的心中之物，是学习者自身建构了现实（或者是按照他自己的经验解释现实），每个人的世界都是由学习者自己建构的，不存在谁比谁的世界更真实的问题；人们的思维只是一种工具，其基本作用是解释事物和事件，而这些解释则构成认知个体各自不同的知识库。换句话说，知识是学习者与环境交互作用过程中依赖个人自主学习、自主建构的，是因人而异的纯主观的东西，它不可能通过教师传授得到，所以在学习过程中学生必须处于中心地位——这正是西方建构主义者把主观主义作为自身认识论基础的根据所在。可见，主观主义不仅是ID3的认识论基础，也是"以学生为中心"教育思想的认识论基础。由于主观主义强调和突出学生自主的"学"，所以主观主义教学系统设计通常也被称为"以学为主"的教学系统设计。

在建构主义开始流行之前（即20世纪90年代之前），各级各类学校的课堂教学中普遍采用"以教为主"的教学系统设计理论。这种教学设计主要关注老师的"教"，而忽视学生自主的"学"。这种教学设计的理论基础，在学习理论方面，主要是采用加涅的"联结—认知"学习理论；在教学理论方面则比较复杂——是综合采纳了包括美国流派、德国流派和苏联流派在内的多种教学理论。

随着多媒体和网络技术从20世纪90年代初开始日益普及，建构主义被逐步引入教学领域（尤其是中小学的教学领域）。与此同时，建构主义也从原来纯粹的学习理论逐渐发展成为既包含学习理论又包含教学理论以及教学设计理论、方法的一整套全新的教与学理论。建构主义的教学系统设计理论（即"以学为主"的教学系统设计理论），其目的是为了促进学生的自主学习、自主探究与自主发现。这种教学系统设计的理论基础比较单一——就是西方激进建构主义的教与学理论。

上述"以教为主"和"以学为主"的两种教学系统设计理论均有其各自的优势与不足：前者主要关注教师的"教"，便于发挥教师的主导作用，便于教师监控整个教学活动进程，便于因材施教，因而有利于对前人知识经验的授受与传承，有利于学生对学科基础知识的系统学习与掌握。但是这种教学设计忽视学生的自主学习，不太注意调动学生的主动性、积极性与创造性，容易造成学生对教师、对权威和对书本的迷信，所以不利于创新意识、创新思维与创新能力的培养。

后者（"以学为主"教学系统设计理论）则相反——主要关注学生的"学"，重视学生的自主学习与自主探究，注意充分调动学生的主动性、积极性与创造性，因而有利于学生创新意识、创新思维与创新能力的培养。但是这种理论忽视教师的"教"，不太考虑教师主导作用的发挥，因此不利于学生对学科基础知识的系统学习与掌握。

通过20世纪90年代以来20多年的信息技术与课程整合实践，中国的教育技术学者逐渐认识到，要想在信息化教学环境下实现课堂教学结构的根本变革，达到较理想的教学效果，最好能将上述两种教学系统设计有机结合起来，互相取长补短，形成优势互补的"学教并重"教学系统设计。这种新型教学设计的理论基础，在学习理论方面是采用新型建构主义的学习理论（而非西方激进建构主义的学习理论，所谓新型建构主义是指其"认识论基础"和"教育思想"均经过中国学者改造与发展的建构主义）；在教学理论方面则主要采用奥苏贝尔和加涅的教学理论；在设计的过程和方法上则兼取"以教为主"和"以学为主"两种教学系统设计之所长，是原有教学系统设计的丰富与拓展。

尽管这种全新的"学教并重"教学系统设计的理论基础、设计过程模式与实施的步骤方法都是由中国的教育技术学者提出，尚未被国际上的教育技术界认同与接受，但是大量的教学实践（包括大、中、小学的教学实践）已经证明：在有信息技术支持（特别是有网络技术支持）的教学环境中，若能自觉运用"学教并重"的新型教学系统设计理论、方法去规划、设计整个教学系统并组织实施相关的教学活动进程，定能较好地达到预期的教学目标、取得较理想的教学效果（不论是人文学科或是数理学科皆是如此）。因而可以预期：这种"学教并重"教学设计将成为信息化教学中越来越多教师的必然选择，换句话说，"学教并重"教学系统设计理论，是能够有效实现信息技术与学科教学深层次整合（即"深度融合"）目标的、更为完善的教学系统设计理论。

本教材之所以在今年（2015）再版，正是为了能够突出体现中国教育技术在"教学设计"领域的上述自主创新，也正因为如此，其全书各章内容也是完全围绕"学教并重"这一中心而展开。

在本书修订过程中，尹睿、邱婷参与修订方案的讨论，并负责有关章节内容的改写和完善，对本书的修订给予了很大的支持；陈斌、郑云翔也对本书的修订做出了贡献，在此深表谢意！

何克抗

2015年4月

目　录

第一章　教学系统设计概论

【本章学习要点】

　　教学系统设计是日益受到重视、应用范围广阔的多学科研究领域，它综合多种学术理论自成体系，以系统方法为核心，着重创设学与教的系统，以达到优化教学、促进学习者的学习的目的，是教育技术学科体系中的核心课程，是教育技术开发、管理、运用与评价的基础。

　　本章主要对教学系统设计的基本概念和理论进行分析和阐述。第一节侧重从系统的、设计的角度以及教学系统设计与教学论的关系对教学系统设计的内涵作了深入、全面的剖析；第二节对几种主要的教学系统设计的理论作了阐述与分析；第三节对教学系统设计的学科性质、应用范围进行了界定，并阐述了教学系统设计的三个不同设计层次的主要特点和内容；第四节对当前教学系统设计发展的背景以及教学系统设计理论与应用的前沿热点作了概括性的介绍。

【本章内容结构】

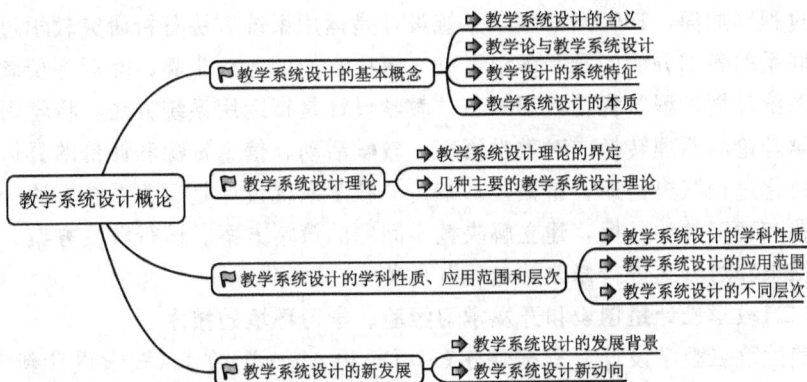

```
                          ┌─▷ 教学系统设计的含义
                          ├─▷ 教学论与教学系统设计
          ┌ 教学系统设计的基本概念 ┤
          │               ├─▷ 教学设计的系统特征
          │               └─▷ 教学系统设计的本质
          │
          │               ┌─▷ 教学系统设计理论的界定
          ├ 教学系统设计理论 ┤
          │               └─▷ 几种主要的教学系统设计理论
教学系统设计概论 ┤
          │                        ┌─▷ 教学系统设计的学科性质
          ├ 教学系统设计的学科性质、应用范围和层次 ┤─▷ 教学系统设计的应用范围
          │                        └─▷ 教学系统设计的不同层次
          │
          │               ┌─▷ 教学系统设计的发展背景
          └ 教学系统设计的新发展 ┤
                          └─▷ 教学系统设计新动向
```

1

第一节　教学系统设计的基本概念

　　20世纪50年代，随着系统方法在美国军事、工业、商业、空间技术等领域应用的空前成功，系统方法也开始在教育界日益受到重视。60年代末期，许多教育技术研究者致力于将系统方法应用于教学实际的研究，逐渐形成教学系统方法，并应用于各层次的教学系统的设计之中，建立起教学系统设计的理论与方法体系。70年代末到80年代，认知心理学的许多研究成果被吸收到教学系统设计中，教学系统设计的理论和方法得到进一步发展，教学系统设计也逐渐发展成为一门独立的学科。那么，究竟什么是教学系统设计呢？

一、教学系统设计的含义

　　教学系统设计（通常也称教学设计）从其学科形成的历史来看，是在综合多种理论的基础上随着技术的发展而发展起来的一门学科，因此相关理论与技术的每一次发展都对其产生重要的影响，所以人们在对教学设计概念的界定上存在多种不同的观点。分析比较国内外较有影响的几个教学设计定义，归纳起来大致有如下几种观点。

（一）教学设计是系统计划或规划教学的过程

　　这种观点把教学设计看作是用系统的方法分析教学问题、研究解决问题途径、评价教学过程和教学结果的系统规划或计划的过程。例如，"教学是以促进学习的方式影响学习者的一系列事件，而教学设计是一个系统化规划教学系统的过程"（加涅，1992）；"教学系统设计是运用系统方法分析研究教学过程中相互联系的各部分的问题和需求，确立解决它们的方法步骤，然后评价教学成果的系统计划过程"（肯普，1994）；"教学设计是指运用系统方法，将学习理论与教学理论的原理转换成对教学资料、教学活动、信息资源和评价的具体计划的系统化过程"（史密斯、雷根，1999）；"教学系统设计是运用系统方法分析教学问题和确定教学目标，建立解决教学问题的策略方案、试行解决方案、评价试行结果和对方案进行修改的过程"（乌美娜，1994）。

（二）教学设计是创设和开发学习经验、学习环境的技术

　　美国著名教学设计专家梅瑞尔（M. David Merrill）在其《教学设计新宣言》一文中，将教学设计界定为"教学是一门科学，而教学设计是建立在教学科学这一坚实基础上的技术，因而教学设计也可以被认为是科学型的技术（science-based technology）。教学的目的是使学生获得知识技能，教学设计的目的是创

设和开发促进学生掌握这些知识技能的学习经验和学习环境"（梅瑞尔，1996）。梅瑞尔的教学设计思想很大程度上受加涅的影响，但他强调教学设计应侧重于对学习经验和学习环境的设计与开发，以创设一种高效率的、具有强烈吸引力的教学。这里所谓学习经验，从梅瑞尔对教学设计定义进一步的分析中，可以推知主要是指学习策略，涉及如何指导学生获取知识，帮助他们复诵、编码和处理信息，监控学生的学业行为，提供学习活动的反馈等。

（三）教学设计是一门设计科学

帕顿（J. V. Patten）在《什么是教学设计》一文中提出："教学设计是设计科学大家庭的一员，设计科学各成员的共同特征是用科学原理及应用来满足人的需要。因此，教学设计是对学业业绩问题的解决措施进行策划的过程"（帕顿，1989）。这一定义将教学设计纳入了设计科学的子范畴，强调教学设计应把学与教的原理用于计划或规划教学资源和教学活动，以有效地解决教学中出现的问题。

关于教学设计含义的第一种观点强调教学设计的系统特征，突出循序渐进、合理有序的操作步骤；第二种观点更多地体现了以学为主的教学设计思想，强调教学设计应侧重于对学习经验和学习环境的设计与开发；第三种观点是从设计科学的角度，突出了教学系统设计的设计本质。以上定义反映了人们对教学系统设计内涵的不同理解和认识。我们认为教学设计主要是运用系统方法，将学习理论与教学理论的原理转换成对教学目标、教学内容、教学方法和教学策略、教学评价等环节进行具体计划、创设教与学的系统"过程"或"程序"，而创设教与学系统的根本目的是促进学习者的学习。因此，教学系统设计具有以下特征：

（1）教学系统设计的研究对象是不同层次的教与学的系统，这一系统中包括了促进学生学习的内容、条件、资源、方法、活动等。创设教与学系统的根本目的是帮助学习者达到预期的目标。

（2）教学系统设计是应用系统方法研究、探索教与学系统中各个要素之间及要素与整体之间的本质联系，并在设计中综合考虑和协调它们的关系，使各要素有机结合起来以完成教学系统的功能。

（3）教学系统设计的目的是将学习理论和教学理论等基础理论系统地应用于解决教学实际问题，以形成经过验证能实现预期功能的教与学系统。

二、教学论与教学系统设计

在论及教学设计概念的时候，非常有必要对教学设计与教学论两个学科之间的关系作一些分析和说明，这既有助于我们对教学设计的含义有一个更深入的认识，又能使我们对教学设计的研究对象和学科性质有一个更加准确和清晰的定位。

西方的教学设计研究从 20 世纪 50 年代起步，现已发展成为一门比较成熟的学科，而我国对教学设计的研究相对较晚，并且首先是在教育技术领域起步。因此，在 20 世纪 90 年代以前出版的教育学、教学论和教育心理学的著作和教材中，几乎看不到有关教学设计方面的论述，但是在近些年出版的教学论、教育心理学等专著和教材中，则常常可以看到有关教学设计的内容。于是有人认为教学论包含教学设计，还有人认为，教学论与教学设计二者讨论的是同一对象，即二者研究对象相同，是性质上的低层次重复和名词概念间的混同与歧义。是否真的如此？我们认为教学论与教学设计无论在研究对象、理论基础和学科层次上都有不同之处，主要表现在以下几个方面。

（1）两门学科的研究对象和学科性质不同。教学论的研究对象是教学的本质与教学的一般规律，教学设计的研究对象是用系统方法对各个教学环节进行具体计划的过程。显然，两门学科在学科性质上有明显区别：教学论是研究教学本质与规律的理论性学科，而教学设计则是对各个教学环节进行具体设计与计划的应用性学科。教学论属于较高理论层次的学科，而教学设计在学科层次上要比教学论低一级。

（2）两门学科的理论基础不同。教学论要通过对教学本质与规律的认识来确定优化学习的教学条件与方法，即要以教学理论作为理论基础来确定优化学习的条件与方法；教学设计的主要理论基础是学习理论和教学理论。虽然两个学科都强调要以教学理论为基础，但也存在不同：教学设计的理论基础不仅强调教学理论而且还强调学习理论；教学设计要在两种理论指导下对各个教学环节（教学目标、教学条件、教学方法、教学评价……）进行具体的设计与计划，而教学论只是依据教学理论来确定优化学习的教学条件与方法。仅就"确定优化学习的教学条件与方法"而言，它和"对各个教学环节进行具体的设计与计划"之间也有同有异。共同之处是：二者的目的相同——都是为了优化学习（即促进知识的保持与迁移）；不同之处是：前者只确定优化学习的条件和方法，而后者则要进一步确定优化学习的具体计划和实施步骤，即后者要比前者更具体化，更具有可操作性。

以上分析表明：教学论是研究教学的本质和教学一般规律的理论性学科，同时它要通过对教学本质与规律的认识确定优化学习的教学条件与方法，即要联系实际，要用它来指导解决实际的教学问题，所以这种理论是属于描述性的而不是规定性的；而教学设计本身并不去研究教学的本质和教学的一般规律，它只是在教学理论、学习理论指导下，运用系统方法对各个教学环节(教学目标、条件、方法、评价……)进行具体的设计与计划，换句话说，它是介于教学理论、学习理论与教学实践之间的桥梁或中间环节，是规定性而不是描述性的。在美国往往把教学设计称为"桥梁学科"(理论与实践之间的桥梁)，其道理就在于此。规定性理论必须以描述性理论作为基础。在教学理论研究中，只有当教学论清楚地阐明了教学过程的本质和规律，描述了每一种教学方法、教学组织形式的作用以及如何运用等，我们才有可能在一定的教学条件下，为达到一定的教学结果规定恰当的教学方法。

三、教学设计的系统特征

系统论认为系统是由相互作用和相互依赖的若干组成部分结合而成的、具有特定功能的有机整体。世界上一切事物、现象和过程都是有机整体，它们自成系统，又互为系统。任何一个系统和周围的环境组成一个更大的系统，而它的各个组成部分都可以看作子系统，系统与子系统之间具有相对性。任何系统都是在和环境发生物质、能量与信息的交换中变化、发展，所以保持动态稳定性和开放性是系统的本质特征。世界上任何一个事物要么是一个系统，要么是一个系统的要素。在长期的探索中，教育技术工作者确定了以系统论思想作为教学系统设计的指导思想，把教学作为系统来研究，并以系统方法作为教学设计的核心方法。

(一)教学系统

按照系统论的基本思想，我们把为达到一定的教育、教学目的，实现一定的教育、教学功能的各种教育、教学组织形式看成教育系统或教学系统。例如，学校是一个教育系统，当它处于社会环境之中时，又是社会系统的一个子系统。社会向学校教育提出人才的需求，并提供教育资源(如教职员、教材、设备、设施等)，输送学生等，而学校系统则通过各类教育工作把学生培养成社会所需要的人才，学校系统还要通过人才是否已达到预期目标或社会进步是否又提出新要求的反馈信息来进行调整，以保持在社会系统中的动态稳定。

教学系统是教育系统的子系统，它可以是指学校的全部教学工作，也可以是指一门课程、一个单元或一节课的教学，或是为达到某种教学目的而实施的有控制的教学信息传递过程。教学系统包含了教师、学生(均为人员要素)、教材(教学信息要素)和教学媒体(物质要素)四个最基本的构成性要素，是系统运行的前提，并组成系统的空间结构。这些要素之间的相互作用、相互依赖、相互制约又构成系统输入和输出之间复杂的运行过程，也就是我们常说的教学过程。教学系统的功能就是通过教学过程运行的结果来体现的。

教学系统复杂多样，人们可从不同的角度对教学系统进行分类。例如，从不同的技术表现形式可把教学系统分为电视教学系统、计算机辅助教学系统、多媒体网络教学系统、基于 Web 的教学系统等。

(二)教学系统的基本层次

美国著名教育技术专家巴纳西(B. H. Banathy)认为教学系统是分层次的系统复合体，这些不同的层次都与教学系统设计有关。一般地，教学系统可以区分为以下几个由高到低的不同层次。

(1)机构层次的系统：本系统的输入是社会需要，可作为教育的财政资源及其他资源的约束条件，本系统的输出是教育目标、组织计划和财政预算等。

(2)管理层次的系统：主要是执行机构层次做出的决定并安排机构层次提供的资源。本系统的输入是上一层次的输出，本系统的输出是课程设置计划、教学资源和评价指标体系。

(3)教学层次的系统：本系统的输入是上一层次的输出(课程设置计划、各种资源和评价体系)，本系统的输出是教学计划、教学安排、教学活动和教学系统。

(4)学习层次的系统：本系统的输入是上一层次的输出和各种学习资源，本系统的输出是学生通过各门功课考核、获得分数、达到目标、取得文凭和证书等。

以上四个层次是在教学系统中客观存在的不同层次的子系统，这样的分层有助于我们更加清楚地认识将要设计的系统，把教学系统看成是一个分层次的立体的系统，从而构成教学系统复合体，而不是仅仅停留在把教学系统分析为教师、学生、教学内容和教学媒体等要素的认识水平。而确定将要设计的教学系统的基本层次，则有助于我们设计教学系统时对所要设计的系统有一个更明确的定位。因此，若从管理的角度看教学系统，我们同样应该对教学系统从四个层次全面考虑，但由于立足点是管理层次，这时管理层次是系统的基本层次；若从教学的角度看教学系统则应以教学层次作为系统的基本层次；而从学生学习的角度看教学系统则应以学习层次作为系统的基本层次。以不同的系统层次作为基本层次就是对所设计的教学系统给以不同的定位。

按照这种观点，目前的教学系统设计实质上都是以教学层次作为基本层次的教学系统设计，这时系统包含的基本变量如下。

• 目的：是对学生进行以教为主的教学，使其认知能力、行为和情感发生积极的变化。

• 关键实体：是学习者特征和学习内容。

• 基本决策者：是教学系统管理者和教师。

• 系统的输入：是管理层次的输出，即课程设置计划、各种教学资源和对教学的评价标准。

系统的输出：是教学计划、教学安排、教学活动和教学系统。

由以上变量可以看到，这正是目前主要的教学系统设计层次，设计的结果是能实现一定功能的、可以对学生实施有组织教学的教学系统。这时机构层次和管理层次都是教学系统运行条件的提供者，但是学习层次系统的基本决策者不是学习者本人，而是教师和教学管理者，显然这样有利于发挥教师的主导作用，但难以体现学生的主体地位。鉴于此，巴纳西认为，若承认学习者的个别差异并认为学习者有能力在学习中自己做出决定，那么，设计教学系统时就应该以学习层次作为系统的基本层次。这时教学系统的各个变量如下。

• 目的：是对学生进行以学为主的教学，使其认知能力、行为和情感发生积极的变化。

• 关键实体：是学习者的兴趣、需要和学习资源。

• 基本决策者：是教学系统管理者和教师。

• 系统的输入：是其他层次的输出中涉及学习进程和学习要求的信息，以及各种学习资源。

• 系统的输出：是以学为主的教学计划、教学安排、教学活动及教学系统。

这样一来，前面的三个层次对学习者来说是开放的，它们都为学习系统层次提供运行的环境和条件。与以教学层次为基本层次的教学系统设计相比，其区别在于系统的功能不同，前者是为了帮助教师的教，而后者是为了促进学生的学。另外，系统对学习者的开放程度也不同——后者比前者更开放些，因为后者的决策直接面向学习者，而且前者较多地强调教师的主导作用，后者则更强调学生的主体地位。

基于上述认识，巴纳西认为应该以学习层次作为教学系统设计的基本层次，这种定位最有利于学习者学习，而且这时系统的直接输出是比较理想的教学结果。不过，甚至他本人也认为以哪个系统层次作为基本层次去设计教学系统与所处的社会环境和教学传统有很大关系。我们认为，我国的实际情况决定了以教学层次为基本层次的教学系统设计和以学习层次为基本层次的教学系统设计这样两种设计定位并存的状况。前一种定位与我国目前有组织的大班级课堂教学系统设计相一致，而后者将会在目前蓬勃发展的家庭教育、社会教育、网络教育以及在以学生活动为主的教学中找到自己的位置。可以预见，后者将会在今后一段时间内有较大发展。在教育软件开发中情况也一样，目前很多有远见的教育软件公司已经开始把面向学校教学用的软件和面向家庭学生自主学习用的软件同时作为开发教育软件的两种不同定位。在前面我们已经看到以两种不同的定位设计教学系统时，系统的基本变量存在很大差异，这就表明，在实施这两种教学系统设计时，其侧重点有所不同，所以在实践中应依据所在教学系统的实际情况选择设计的层次，使每一层次系统的功能都得到充分的发挥。当然，还可以利用其他层次（如机构层次、管理层次）作为基本层次来进行教学系统设计，但是目前在教学系统设计的理论研究和实践探索中还很少有人做过这样的尝试。

（三）在教学系统设计中应考虑教学系统与环境的关系

社会是一个大系统，教学系统只是其中的一个子系统，而社会大系统中许多其他的子系统都与学校教学有关，它们具有提供学习资源的潜在可能性，即在这些子系统之中有各种资源、机会、设施等可以被运用于教学系统之中，如图 1-1 所示。因此，教学系统设计的一个重要任务就是要将教学系统与具有提供学习资源潜在可能性的社会系统联系起来。但由于教学系统设计理论和方法本身的不完善，使我们更多地注意了对教学系统内部的建构，而不同程度地忽视了教学系统的开放性，忽视了教学系统与外界进行物质、能量和信息交换的过程。概括地说，除教学系统（特别是学生的学习系统）之外，至少还存在以下一些学习资源系统。

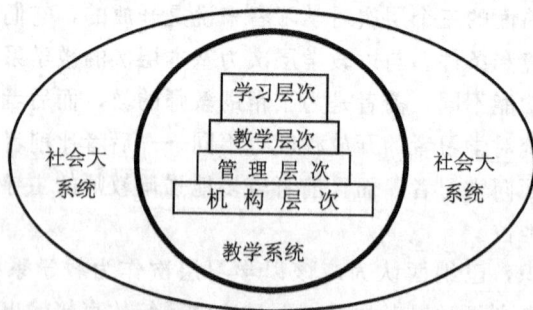

图 1-1　教学系统与环境

基本社会系统：这是最接近学习者的非正规的学习资源系统，包括家庭、伙伴群体、朋友及其他与学习者联系多而且关系密切的人。他们对学生的学习有不可忽视的作用。特别需要指出的是，最接近学生的不是教师、学校，而是这个基本的社会系统。

核心协调系统：即学校。这既是学习资源的核心，又发挥着协调其他学习资源系统的作用，如纠正家庭教育、社会教育中的某些不良影响。

社区教育系统：包括社会和青年组织、社区文化组织等，如图书馆、文化馆、青少年宫。

大众传播系统：这是现代社会的重要学习资源。它包括各种大众传播媒体，如报纸、广播、电视，也包括正在迅速发展中的互联网(Internet)。

特别教育资源系统：包括不属于上述四类的其他学习资源系统，如学习者的生活环境(城市或农村)、社会事件、娱乐活动等。

当我们把教育系统复合体纳入社会大系统而真正形成开放系统之后，设计教学系统的视野就开阔了许多。比起相对封闭的教学系统设计来说，社会大系统给教学提供了更丰富的学习资源，而这与教育技术的核心观念是一致的，即：要利用一切可以利用的资源(包括人类资源和非人类的资源)，来为促进学习服务，即要进行"宏观的教学系统设计"。但是，该如何进行"宏观的教学系统设计"呢？一般来说，首先，要系统地了解、研究和规划可用于学习的社会资源和机会。这是宏观教学系统设计的前提，否则这种设计将是盲目的。其次，要把社会型学习资源与教育系统复合体联系起来，进行统一的规划和安排。最后，要在教学系统设计过程中为社会型学习资源的利用安排适当的机会，以充分发挥这些资源的作用。

如前所述，巴纳西强调教育系统的整体性、层次性、开放性，重视宏观系统设计的研究，因此，他在宏观系统观的基础上提出了宏观教学系统设计理论，这一理论对如何进行宏观的教学系统设计做了较为深入的阐述。下面对巴纳西的宏观教学系统设计的基本观点作一简要的介绍。

1. 反复和螺旋式设计——教学系统设计的快速原型

教学系统设计重视需求分析和形成性评价，但在实际操作中却往往容易将它们忽略，使教学系统设计变成简单的"线性"设计。这样操作既不符合认识论的基本规律(即实践—认识—再实践—再认识，循环往复以至无穷)；同时也与系统方法的核心思想——反馈控制和动态开放的思想相违背。正因为如此，人们日益重视那种反复和螺旋式的设计，强调教学系统设计是一个对教学系统不断完善，从而形成更为精确的系统特征的动态过程。这与软件开发方法由最初的瀑布模型过渡到快速原型指导下的螺旋模型是一致的，因此，我们把这种反复和螺旋式的教学系统设计称为教学系统设计的快速原型，其基本操作步骤如下：

第一步，先尽快为用户开发一个原型，解决所用原理能否实现的问题。

第二步，开发样品，即把原型按实用性、可靠性、经济性的要求重新设计。

第三步，开发产品。为此，应先把样品进行试用，再将试用过程中暴露出来的问题加以解决，然后定型生产。

由此可见，教学系统设计过程应该是一个对教学系统进行分析、设计、开发、试用等活动的不断循环的过程，而不应该是一次性成型的线性设计过程。

2. 教学系统设计分析与综合的动态特征

教学系统设计是一般系统工程设计的特例，系统方法与传统经验方法的主要区别之一在于解决问题方法的可选择性。在教学系统设计一开始就要探索解决问题方法的多种可能性，在设计过程中又会不断地与环境相互作用，所以最后的结果是从多种可能的方案中选择一种，这种选定的方案应该融合了环境的影响以及其他特点，从而形成最有效和最具可操作性的教学系统设计方案。可见，教学系统设计过程中分析与综合的动态特征表现为设计者不断地分析、比较多种可能的方案(分析)，然后再从中选择出一种最佳的可能方案(综合)。

3. 存在于教学系统设计过程中的多层次相互作用

教学系统是一个分层次的系统复合体，同时又处在社会大系统之中。但是，在设计教学系统时，我们又只能选择一个系统层次作为当前设计系统的基本层次，在对这一基本层次进行设计时应充分考虑与系统其他层次及与社会大系统的关系，并充分考虑它们的影响。这就是系统的多层次相互作用，同时也是宏观教学系统设计的基本要求。

4. 参与性设计

这是宏观教学系统设计动态性特征的又一体现。这一特点要求设计人员不应把教学系统设计仅仅看作是教学系统设计者的工作，而是应该把用户(也可能是教师)、教学对象和其他与所设计系统有关的人员也纳入到教学系统设计过程中来；把教学系统设计过程不仅看作是一个优化系统的过程，而且是一个具有不同思想和价值观的人们进行交流的过程，其目的在于找到大家都比较满意的答案；反之，若没有这些人员的参与，就很难做到这一点。

由于以这种开放的大系统观设计教学系统的尝试还很少，所以更具体的操作方法还有待于广大的教学系统设计人员在实践中去探索和总结。但以这种开放的大系统观设计教学系统时，应当注意以下几个方面的问题：

(1)在社会大系统中有哪些或者可能有哪些资源能够促进学习？

(2)能够提供学习资源的各个资源子系统各有什么特点？具有怎样的结构和功能？

(3)应该如何规划、设置和优化这些学习资源子系统以便于学习者使用？

(4)用什么样的方法可以将不同类型的学习资源系统与教学传播过程联系并结合起来，从而为达到教学目标服务？

(5)在宏观教学系统设计中为了协调不同的学习资源子系统需要一定的跨机构组织、相关政策和措施作保障，这些组织、政策、措施应如何落实？

(6)支持宏观教学系统设计、开发、运用、维护、评价与管理的具体方法应当是怎样的？

以上对正在发展中的宏观教学系统设计观作了简要介绍，主要突出了宏观教学系统设计观与目前流行的教学系统设计观的不同，但这并不是说目前的教学系统设计没有成功之处。我们知道，教学系统设计确实在过去的 30 年中有了很大发展并逐渐成熟起来，其主要成果体现在对教学系统复合体中以教学层次作为基本层次进行的教学系统设计中，巴纳西把这种设计称为"微观设计"。实际上应当把"宏观"和"微观"这两种思想结合起来，使"宏观设计"和"微观设计"相互补充，一方面让微观设计更多地考虑系统方法的基本思想，如开放性、层次性、动态性等，不但充分利用现有教育系统中的各种资源，而且对融合在各种机构和社会系统中的学习资源也能加以利用，即要把社会型学习资源与当前设计的系统结合起来，从而使微观设计的思想和方法得以重构；另一方面，也使宏观设计的思想得以落实。

（四）运用系统方法进行教学系统设计

我们可以看出，无论是宏观教学系统设计，还是微观教学系统设计，都强调系统方法的运用，因此，系统方法是教学系统设计的核心方法。究竟什么是系统方法呢？

系统方法，就是运用系统论的思想、观点，研究和处理各种复杂的系统问题而形成的方法，即按照事物本身的系统性把对象放在系统中加以考察的方法。它侧重于系统的整体性分析，从组成系统的各个要素之间的关系和相互作用中去发现系统的规律性，从而找到解决复杂系统问题的一般步骤、程序和方法。系统方法采用的步骤是：

(1)系统地分析所要解决问题的目标、背景、约束条件和假设，其目标是系统要求实现的功能。

(2)调研、收集与问题有关的事实、资料和数据，分析各种可能性，提出各种可供选择的方案。

(3)对这些方案作出分析，权衡利弊，选出其中的最优方案并提出优化方案的准则。

(4)具体设计出能体现最优方案的系统。

(5)进行系统的研制、试验和评价，分析是否达到了预期结果，发现不足之处应及时纠正，直到实现或接近理想设计为止。

(6)应用和推广。

其中，系统分析技术、解决问题的优化方案选择技术、解决问题的策略优化技术以及评价调控技术等子技术构成了系统方法的体系和结构。系统论的观点与方法给教学系统设计实践提供了有效的指导思想，是目前教学系统设计所采用的最基本而有效的方法和技术。

教学系统设计首先是把教育、教学本身作为整体系统来考察，并运用系统方法来设计、开发、运行和管理，即把教学系统作为一个整体来进行设计、实施和评价，使之成为具有最优功能的系统。教学系统设计综合了教学系统的各个要素，将运用系统方法的设计过程模式化，并提供一种实施教学系统设计的可操作的程序与技术。在教学系统设计过程中，通过系统分析技术(学习需要分析、学习内容分析、学习者特征分析等)从而形成制订、选择策略的基础；再通过解决问题的策略优化技术(如教学策略的制订、教学媒体的选择)以及评价调控技术(如试验和形成性评价以及修改和总结性评价)，最终使解决与人有关的复杂教学问题的最优方案逐步形成，并在实施中取得最佳的效果。

四、教学系统设计的本质

教学系统设计作为设计科学的子范畴，它既有一般设计活动的基本特征，同时由于教学情境的复杂性和教学对象丰富的个体差异性，又使教学系统设计具有自己的独特性。为了更好地把握教学系统设计的特征，我们有必要首先了解什么是设计，以及一般的设计活动具有哪些基本特征。

(一)设计的含义

"设计"这个词语几乎是现代社会最时髦的术语之一，工程学和视觉艺术中，人们经常使用"设计"这个术语。如"建筑设计""工业设计""画面设计""程序设计"等。设计活动是一种重要的人类活动。一般认为，设计就是为了构想和实现某种具有实际效用的新事物而进行的探究活动，这是一个由目标指引的过程，该过程的目的就是要创造某种新东西。

上述定义只是对"设计"含义的一种描述性界定，没有揭示"设计"的本质。我们认为，要想抓住设计活动的本质，还必须在人类认识和实践的大背景下来考虑设计活动。辩证唯物主义认识论认为，人类的认识是"实践—认识—再实践—再认识"这样一个循环往复不断发展的过程。一个完整的认识运动过程包括从实践到理论和从理论到实践这样两个阶段，前者是理论的形成阶段，即经过感性认识上升到理性认识，这是毛泽东所说的认识过程中的第一次飞跃；后者是理论的运用阶段，即从理性认识到实践的转化，这是毛泽东所说的认识过程中的第二次飞跃。

现代认识论的研究与发展进一步深化了这种认识。根据毛泽东的两次飞跃理论，以理性认识的最终形成为界限，把实践活动和认识活动划分为理性认识形成之前的实践活动（简称"实践Ⅰ"）和认识活动（简称"前理性认识活动"），以及理性认识形成之后的实践活动（简称"实践Ⅱ"）和认识活动（简称"后理性认识活动"）。"实践Ⅰ是认识的来源。前理性认识活动依赖于实践Ⅰ，在实践Ⅰ的基础上，形成了感性认识和理性认识。当理性认识形成之后，便应将其应用于实际，即对实践活动产生指导作用。后理性认识活动是使理论与实际情况相结合，制订行动蓝图、方案、规则，即形成实践已有观念的认识活动（理论指导下的认识活动）。实践Ⅱ则是实施方案的操作性活动；检验理论、改变客观对象是实践Ⅱ的基本功能"（吴刚，1996）。显然，实践Ⅰ和实践Ⅱ是不同的，而前理性认识活动与后理性认识活动也有本质的区别。除了前理性认识活动与后理性认识活动的主体和客体不同以外，其区别主要表现在：

（1）前理性认识阶段是理论的形成阶段，即经过感性认识上升到理性认识，这一阶段的根本任务是创造理论；而后理性认识阶段是理论的运用阶段，即从理性认识到实践的转化，其根本任务则是使理论与实践相结合，去改变客体的存在状态，创造理想的人工物。

（2）前理性认识活动主要包括三项具体的活动：发现活动、创立活动和著述活动；后理性认识活动也包括三项具体的活动：理解活动、设计活动和加工活动。

（3）前理性认识活动是近代认识论研究的重点，这主要是由于19世纪以前，人类对宏观世界的认识总体上还未达到理性阶段，笛卡儿和培根的认识论是这一时期的代表。而19世纪末至20世纪初，人类的认识向微观世界和宏观高速运动领域挺进，现代认识论越来越重视后理性认识活动，即如何理解已有理论并运用理论进行创新活动。库恩（T. S. Kuhn）、拉卡托斯、波普尔（K. R. Popper）、皮亚杰（J. Piaget）都是研究后理性认识活动的典型代表。

这样，结合现代认识论的研究成果，人类认识活动的总体规律可用图1-2表示：

实践Ⅰ ── 前理性认识 ── 后理性认识 ── 实践Ⅱ
　　　　　　　　 ─发现活动　　　　　　　─理解活动

实践Ⅰ ── 创立活动 ── 理性认识 ── 设计活动 ── 实践Ⅱ
　　　　　　　 ─著述活动　　　　　　　─加工活动

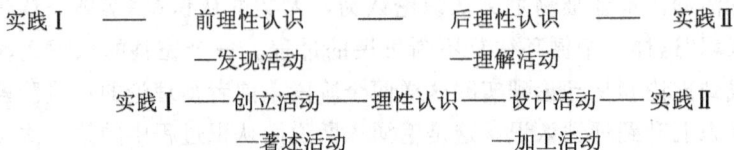

图 1-2　设计活动在人类认识活动中所处的位置

(二)设计活动的特征

通过对人类认识活动的考察，我们看到"设计"是一种重要的人类认识活动，在人类的整个认识过程中属于后理性认识阶段的活动。由此，我们可以看出设计活动具有以下基本特征：

(1)设计活动具有普遍性，是一种普遍存在的人类认识活动。因为任何理论的价值都在于指导实践，创立理论的唯一目的就是应用。在理论应用的两种情况中(一种是"常规应用"──即理论的实际应用范围没有超出理论预定的应用范围；另一种是"超常应用"──在理论的应用中遇到了超出理论预定范围的实际问题)，都涉及设计方案的产生问题，区别只在于两种情况下设计活动的难度大小不同而已。因为设计就是为了创造，即构想和实现某种具有实际效用的新事物而进行的探究活动，而人们的生活就是创造种种新事物来满足人类的需要。因此我们可以说，几乎所有的人都在进行设计活动(设计的目标、难度等方面有很大区别)。正如美国心理学家西蒙(H. Simon，1987)所指出的："在相当大的程度上，要研究人类便要研究设计科学。它不仅是技术教育的专业要素，也是每个知书识字的人的核心学科。"

(2)设计活动是一种重要的后理性认识活动，是为实践活动提供行动方案、制订蓝图的活动。

(3)设计活动的主体是设计者，客体是"理论"本身。设计活动作为一种后理性认识活动，就是由设计者(即某种理论的接受者)把一般的理论(即设计者接受的理论)转化为解决某一具体问题的指导方针或者转化为行动方案的过程。

(4)设计活动是在理论指导下开展的活动，因此在进行设计活动之前，必须清楚设计所依据的理论是什么(除非关于这种实践活动的理论还没有形成)，否则，就只能是盲目的设计。正是从这个意义上说，我们认为把教学系统设计看作是一门"连接学科"(即在教学理论、学习理论和教学实践之间架起了一座桥梁)，确实是抓住了教学系统设计学科的本质。

由于教学系统设计是设计活动的一个子范畴，通过对设计活动的研究，可以从逻辑上推知教学系统设计活动应该具有一般设计活动的基本特点，所以我们可以先把人类认识活动的一般过程(如图 1-2 所示)转换为人类对教学问题的认识过程(如图 1-3 所示),这样就可以更清楚地认识到教学系统设计的特点和本质。

```
        —发现活动                      —理解活动
教学实践Ⅰ ——创立活动——"教学"理论——教学系统设计活动—— 教学实践Ⅱ
        —著述活动                      —加工活动
```

图 1-3 教学系统设计活动在教学活动中所处的位置

(三)设计的基本过程

从词源来看,"设计"是由"设想"和"计划"两个词合并而成的。"设想"就是想象,设想活动就是想象出具有人们期望的性质并能够满足人们某种需要的新事物的活动。可见,这是一种"无中生有"的活动,并且"生有"活动的目的是满足人们的需要。当人们有了某种需要,能否设想出可以满足这种需要的新事物,往往是一个困难的问题。例如,当有了计算机辅助学校管理的需要,要设想出一个"校长办公系统"就会遇到不少困难。对设想活动的研究很多(例如运用头脑风暴法进行设想活动),设想活动与创造性思维密切相关。

"计划"一般是指对所要进行的活动预先拟定实施方案和操作步骤,使设想的新事物现实化。计划是设想的新事物能否变成现实的关键,缺乏计划能力便难以使设想的新事物变成现实。当然,这里存在不同的方案、步骤,即计划水平有高低之分。设想与计划相比,条件制约的情况有所不同。正如西蒙所说的,设想就像"逛商店,不买也可以逛";而计划则像"买东西,要考虑自己的现有条件"。

综上所述,任何设计活动过程都包括设想和计划这两个基本的阶段,只有在这个基础上,我们才能够进一步研究设想和计划活动的更详细步骤。这是研究教学系统设计时必须要注意的问题。

(四)教学系统设计的理论性与创造性

设计活动是一种理论的应用活动,这就决定了设计活动从根本上说是一种理性认识活动,因而必然具有理论性。但是,理论和实践之间的矛盾总是存在的,实践中的事物又是不断变化发展的。理论不可能预见所有的问题,某些反常问题的存在使得理论有时候会超常应用,因而设计活动又是一种创造性的活动——超常运用理论必然要对理论进行改造、扩展或新建,以适应原有理论未能预见的新情况、新问题,这就需要创造。

当然,不同的设计活动又具有不同程度的创造性,有人(Gordon Rowland

15

等，1995)对不同领域的设计活动的理论性和创造性成分所占的比例归纳如图1-4 所示。这就清楚地说明了不同领域的设计活动都具有理论性和创造性这两种成分，只是所占比例不同而已。

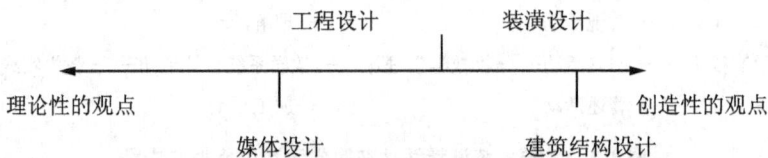

图 1-4　理论性和创造性在不同领域设计中所占比例

由此我们认为，设计活动具有有限的创造性，因为设计毕竟只是理论的应用，所以设计的前提是理解理论研究的成果，并运用理论。只有运用熟练后，才谈得上创造——创造性运用，并对原有理论进行加工、重建。

实际上，正像我们在前面所指出的，不同领域的设计活动具有不同程度的理论性和创造性，教学系统设计同样是这两者的结合。因此，单一的理论性观点和单一的创造性观点都是片面的。教学系统设计活动是教学系统设计理论的应用活动，这就决定了设计活动从根本上说是一种理论性活动。但是如上所述，理论的应用有常规应用和超常应用两种，因而设计活动又往往包含创造性活动。可以这么说，教学系统设计活动中理论性是基础，创造性是关键。这种认识与人们在长期的教学实践中总结出来的"教学有法而无定法"是一致的。"教学有法"就是指教学系统设计中的理论指导，教学系统设计应该依据这些"法"——即应该依据已有的教学系统设计理论来进行设计；但是，教学又"无定法"，实践中总存在着与理论中预见的条件不一致的情况，这就要求我们不应把理论看作教条，而应当在实践中对理论加以发展。这就表明，教学系统设计必须具有创造性。

第二节　教学系统设计理论

教学系统设计作为对学习者学习绩效或教学问题的解决方案进行计划筹谋的过程，其本身观点林立、流派纷呈，有时甚至让人难以适从。这一方面是由于教学设计理论体系是在吸收多种学科理论基础上形成的，因此，它的发展有一个逐渐吸收、整合扬弃的过程；另一方面也反映了人们对创设有效率、有效果和有吸引力的教学系统的不懈追求。近 40 多年来，国外在教学系统设计理论研究方面取得了长足的进展，提出了很多有影响的教学设计理论。

一、教学系统设计理论的界定

理论是由一系列有关的命题所组成的，主要用于解释和说明事物为什么以它们所采取的方式产生和发展，命题则由与事物有关的概念及其相互之间的关系构成。简言之，理论就是能够用来解释、预测、控制事物发展过程的一系列有组织的陈述。理论按性质可分为规定性理论和描述性理论两大类。规定性教学系统设计理论与描述性的教学理论不同，描述性理论是揭示事物发展的客观规律，用数学语言来表达便是：在条件 $a(a_1, a_2, \cdots, a_n)$ 下，如果实施教学策略 $A(A_1, A_2, \cdots, A_n)$，对出现的结果 $r(r_1, r_2, \cdots, r_n)$ 进行描述。规定性理论一般是以描述性理论揭示的客观规律为依据，关注达到理想结果所采用的最优策略与方法，即在条件 $a(a_1, a_2, \cdots, a_n)$ 下，为获得理想结果 $r(r_1, r_2, \cdots, r_n)$，需要执行的策略 $A(A_1, A_2, \cdots, A_n)$ 是什么。教学系统设计理论正是以要达到的教学目标作为出发点，在一定的教学条件下，去选择和确定最佳的教学策略，所以它是一种规定性理论。

瑞格卢斯（C. M. Reigeluth）认为描述性的教学理论是在给定条件和方法的情况下，对出现的结果作出合理的解释或预测可能产生的结果；而规定性教学理论则是在给定条件和预期结果的情况下，寻求最适用的方法。图 1-5 显示了这两种理论在逻辑结构上的区别（图中 D 表示描述性的教学理论；P 表示规定性的教学理论）。瑞格卢斯所说的规定性教学理论就是指规定性教学系统设计理论。

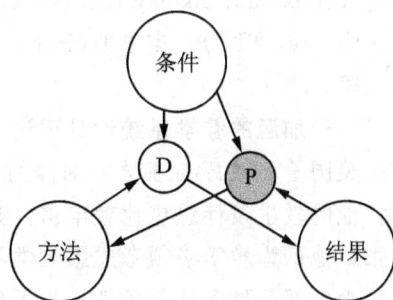

D：描述性(descriptive)　　P：指令性(prescriptive)

图 1-5　教学系统设计理论的逻辑结构

梅瑞尔（1996）认为所有教学系统设计理论都由三个要素组成：一个是关于要学习的知识和技能的描述性理论，一个是关于促进这种学习的教学策略的描述性理论和一个关于把学习结果和策略联系起来的规定性理论（如图 1-6 所示）。描述性理论用于描述要学习的知识，或者用于阐明为了促进学习应该运用的策略。规定性理论则由"IF—THEN"形式的"处方"组成：如果（学习结果是某种类型）则（应采用某种教学策略）。就是说，如果学习者要获得特定类型的知识或技能，则教师必须运用相应的教学策略，这种教学策略对于促进那种知识与技能的获得应该是最恰当的。显然，在构成教学系统设计理论的三个要素中，教学系统设计的规定性理论是最主要的，也是研究教学系统设计的主要目的。

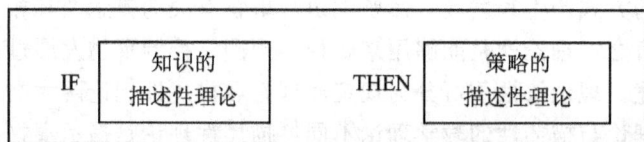

图 1-6 教学处理理论的三个组成部分

二、几种主要的教学系统设计理论

按照上述对教学系统设计理论的界定，我们认为 20 世纪 60 年代以来的教学系统设计理论主要有加涅（R. M. Gagne）的"九五矩阵"教学系统设计理论、瑞格卢斯等人的精细加工理论（elaboration theory，ET）和梅瑞尔的成分显示理论（component display theory，CDT）及教学处理理论（instructional transaction theory，ITT）、史密斯（P. L. Smith）和雷根（T. J. Ragan）的教学系统设计理论等。

（一）加涅的教学系统设计理论

美国著名教育心理学家加涅对教学系统设计理论的建立做了开创性的工作。他的教学设计思想比较丰富，其核心思想是他提出的"为学习设计教学"的主张，他认为教学必须考虑影响学习的全部因素，即学习的条件。学习的条件又分为内部条件和外部条件。为了分析学习的内部条件和外部条件，加涅根据信息加工心理学原理，提出了一个得到广泛认可且影响深远的学习与记忆的信息加工模型，如图 1-7 所示。

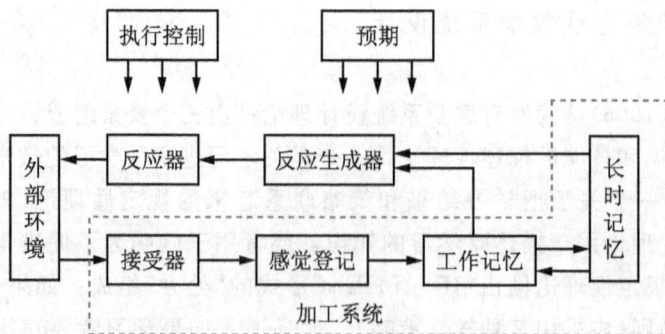

图 1-7 学习与记忆的信息加工模型

该信息加工模型把学习过程看成是由加工系统(或称操作系统)、执行控制系统和预期系统三个系统协同作用的过程。

1. 加工系统

加工系统主要由信息的接受器、感觉登记器、工作记忆和长时记忆四部分组成。来自学习环境的刺激首先作用于学习者的接受器(感觉器官),该刺激产生的信息,在感受记录器里登记并短暂停留后,经由选择性知觉(selective perception)的加工(pattern)再输入到短时记忆(即工作记忆)。如果信息在短时记忆中没有被复诵,一般保留不到 20 秒,且短时记忆的容量有限,一次只能记 7 个项目。需要记忆的信息须经过语义编码(semantic encoding)转化成有意义的模式(多数是类似句子的有意义命题)后,才进入长期记忆。长期记忆的信息可以通过两条途径进入反应发生器。一条是长时记忆中的信息直接进入反应发生器而引起反应,在这种条件下,反应是自动进行的,不受人的意识的控制;另一条途径是长时记忆中的信息先返回到工作记忆区,再由工作记忆区进入反应发生器,从而引起反应,在这种情况下,人能意识到从长时记忆中提取的信息(参看图 1-7)。当信息从短时记忆或长时记忆中提取并传递到反应发生器从而激活效应器(肌肉)时,就将导致学习者对环境做出的反应——可观察到的学习者行为,至此学习者就完成了一次学习过程。在图 1-7 的最上面,我们还可以看到信息加工模型中的另外两个系统——执行控制系统和预期系统。这两个系统虽然都箭头向下,但未与任何一个操作成分直接相连接,这表明它们是对整个操作系统的各个成分(而不是只对其中某一个成分)起调节与控制作用。

2. 执行控制系统

执行控制系统的调节与控制作用主要体现在:

(1)对感觉系统调节,使之选择适当的信息予以注意。

(2)指导工作记忆中信息加工方式的选择。

(3)对工作记忆和长时记忆中表征形式的选择。

(4)对长时记忆中的知识提取线索进行选择。

(5)对完成任务的计划执行予以监督。

3. 预期系统

预期是指人的信息加工活动是受目的指引的。认知目的能指引认知加工方式的选择,例如学习者对学习结果有什么样的期望,将会对他如何感知外界刺激、如何编码记忆产生影响。认知加工活动的实现和预期目标的达到,则会带来情感的满足,从而进一步激励新的认知行为。可见,预期是与信息加工活动的驱动力密切相关的系统。

在加涅看来，学习的发生要同时依赖外部条件和内部条件，教学的目的就是合理安排可靠的外部条件，以支持、激发、促进学习的内部条件，这就需要对教学进行整体设计，从教学目标分析、教学过程展开及评价等方面做出一系列事先筹划，即进行教学设计。因为学习过程有若干个有顺序的阶段，所以教学过程也有相应的阶段。由此，加涅从学习者内部心理加工过程的九个阶段演绎出了教学过程的九种教学事件。由于人类内部心理加工的过程与方式是相对稳定的，所以教学事件也是相对不变的，两者之间的关系如表 1-1 所示。加涅特别指出，表 1-1 中列出的九种教学事件顺序只是可能性最大、最合乎逻辑的顺序，而非机械刻板、一成不变的顺序。应当强调的是，这丝毫不意味着在每一堂课中都要提供全部九种教学事件。如果学生在学习过程中自行满足了某些内部心理加工阶段的要求，则相应的教学事件就可以不出现。

表 1-1　教学事件与学习过程(学习者内部心理加工过程)的关系

教学事件	内部心理加工过程
1. 引起注意	接受神经冲动的模式
2. 告诉目标	激活监控程序
3. 刺激对先前学习的回忆	从长时记忆中提取原有相关知识进入工作记忆
4. 呈现刺激材料	形成选择性知觉
5. 提供学习指导	进行语义编码(以利于记忆和提取)
6. 诱发学习表现	激活反应组织
7. 提供反馈	建立强化机制
8. 评价表现	激活提取和促成强化
9. 促进记忆和迁移	为提取提供线索和策略

加涅将学习结果分为五种类型：言语信息、智慧技能、认知策略、动作技能和态度。由于不同的学习结果需要不同的学习条件，使得每一种教学事件在具体运用上又有不同的要求。因此，加涅在分析学习的条件时，根据实验研究和经验概括，详尽地区分了不同学习结果对每一种教学事件的要求。梅瑞尔在此基础上加以总结，构成了"九五矩阵"，如表 1-2 所示。这就是加涅的教学模式系列。由于对每一种学习结果都有一种教学模式(含 9 个教学事件)与之对应，表 1-2 给出的实际上是由 5 种教学模式组成的序列。

表 1-2　教学事件与学习结果匹配的具体规定性(梅瑞尔总结的"九五矩阵"，1990)

学习结果 教学事件	言语信息	智力技能	认知策略	态度	动作技能
(1)引起注意	刺激变化	刺激变化	刺激变化	刺激变化	刺激变化
(2)告诉目标	说明希望学习者达到什么状态；指明要求回答的语言问题。	实际示范要运用哪一种概念、规则或程序；提供行为的类别或实例。	说明或实际示范某一策略；澄清希望采用的解决办法的一般性质。	不说明目标；提供旨在做出选择的行为类型。	实际示范期望的行为。
(3)回忆原先知识	回忆组织有序的知识实体；刺激回忆有组织信息的上下文情景。	回忆先决规则或概念；刺激回忆从属规则概念。	回忆较简单的先决规则或概念；回忆该学习所要求的任务、策略及与之相关的技能。	回忆做出个人选择的情景及行动；运用榜样实际示范这种选择；回忆相应的信息和技能。	回忆执行子程序及组成技能。
(4)呈现学习材料	利用区分明显的特征呈现书面的或视听型言语陈述。	描述对象或符号的特征，使之带有概念或规则的形式；提供概念或规则实例。	说明问题的症结所在，并展示要实施的策略。	由榜样说明做出选择的性质；由榜样实际示范他人的选择。	提供包括工具及实施特征的外部刺激，实际示范执行子程序。
(5)提供学习指导	通过知识实体间的相互联系详细说明内容；利用形象和记忆术提供纳入更大的有意义的上下文情景的言语联结。	给出概念或规则的具体实例；为适当的序列联结提供言语线索。	对给出有实例的策略提供言语指导；对新的解决办法给予指点或启发(通过榜样或实际示范行为来说明)；同时观察榜样对行为如何进行强化。	反复练习；提供反馈性的练习。	

21

学习结果 教学事件	言语信息	智力技能	认知策略	态度	动作技能
(6)诱发行为	"说出来"；请学习者解释信息。	未曾遇到过的情况；请学习者在新的实例中运用概念或规则。	要解决的问题；特别是解决不熟悉的问题。	在以前未曾遇到过的情景中观察所做出的选择；问卷调查；在真实的或模拟的情景中做出选择。	完成行为。
(7)提供反馈	确定信息陈述的正确程度。	确定运用概念或规则的正确程度。	确定解决问题的独创性。	对行为选择做出直接的或替代的强化。	对有关动作的精确性及事件要求提供反馈。
(8)评定行为	要求说出"陈述的各种含义"；学习者用释义的方式重新说明信息。	在一系列附加的新实例中，学习者实际表现运用概念或规则。	学习者独创性地提出一个新的解决办法。	学习者在一个真实的或是模拟的情景中做出期望的选择。	学习者完成"由指定的全部技能所组成的行为"。
(9)增强记忆和促进迁移	在一个更大的、有意义的上下文情景中，增加练习和定时复习；与附加的信息复合体达成语言联结。	在一个更大的有意义的上下文情景中，增加练习和变式练习；提供包括实例变式的定时复习。	提供解决各种新问题的机会。	为经过挑选的行为，选择提供附加的、多样化的情景。	学习者持续练习技能。

　　加涅的教学设计理论除了上述基本原理外，还包括在基本原理基础上衍生出的许多具体的教学设计原理。例如，在教学中如何正确处理言语信息、智慧技能和认知策略三类习得的性能相互作用的原理，通过任务分析导出教学过程和方法的原理，教学目标制约教学媒体选择与运用的原理以及开发出的一系列实施其教与学思想的教学设计技术，诸如用五成分陈述教学目标的技术、任务

分析技术、教学媒体选择与运用的技术以及教学结果测量与评价的技术等，从而形成了一套完整的教学设计理论框架与体系。

(二)瑞格卢斯的教学系统设计理论框架

瑞格卢斯(1983)对教学系统设计理论提出了很多富有创见的观点。他认为教学系统设计理论就是"教学科学"；教学系统设计理论是规定性的教学理论；他还提出了建立关于教学系统设计理论知识库的构想。他主编的《教学系统设计理论和模式：这个领域的状况》(1983)及其姊妹篇《发展中的教学理论》(1987)是教学系统设计理论方面被引用频率最高、影响最大的文献。他把教学理论的变量分为教学条件、教学策略和教学结果，并进一步把教学策略变量细分为教学组织策略、教学管理策略和教学传输策略。

教学组织策略通常可进一步分成"宏策略"和"微策略"两类。宏策略组织教学的原则是要揭示学科知识内容中的结构性关系，也就是各个部分之间的相互作用及相互联系；微策略则强调按单一主题组织教学，其策略部件包括定义、例题和练习等。在实际教学中，宏策略用来指导对学科知识内容的组织和对知识点顺序的排列，它是从全局来考虑学科知识内容的整体性以及其中各个部分之间的相关性；微策略则为如何教特定的学科内容提供"处方"，它考虑的是一个个概念或原理的具体教学方法。瑞格卢斯的细化理论为教学内容的组织提供了符合认知学习理论的宏策略；梅瑞尔的成分显示理论为具体知识点的教学提供了行之有效的、可操作的微策略。

1. 细化理论的由来

细化理论的最早提出者是瑞格卢斯，该理论的基础是认知学习理论。众所周知，新知识的获取与保持在很大程度上取决于学习者的原有认知结构。奥苏贝尔(D. P. Ausubel)是这种观点的最早提出者之一，他因提出认知同化(assimilation)学习理论以及"先行组织者"教学策略而著名。该理论是建立在两个关于认知结构的假定的基础之上：

(1)知识按层次结构组织，抽象程度较高的知识处于较高层次，随着抽象程度降低，其所处层次也逐步降低。

(2)认知结构中的知识是相互作用、相互联系的。

如果学习者能通过"同化"或"固定"(anchoring)作用把新知识合并到原有认知结构中，则新知识的获取将比较容易而且保持得也更好。根据奥苏贝尔的观点，认知结构的层次组织是把更广泛、更一般的概念放在较高层次。把这种层次组织应用于教学设计就要求将概念按照"由一般到特殊"的顺序呈现，这正是 ET 组织教学内容的基本原则。ET 的另外一个鲜明特点是关注学科内容的各个部分如何彼此相关，以及各个部分和整个学科之间的关系，显然，这又与奥苏贝尔关于认知结构的第二个假定相吻合。

与奥苏贝尔的"知识相互联系"观点相类似的还有诺曼（Norman）的"网状学习"理论。这种观点主张，为了掌握一个给定的概念必须理解与其他所有相关概念之间的联系；反过来，为了掌握这些相关概念也要求理解与这些概念相关的所有概念。网状学习通常要求知识的呈现按照"先广泛概念然后逐步细化"的方式。布鲁纳（J. S. Bruner）的"螺旋型课程（spiral curriculum）"也与此类似——先教一般的概念和简化的结构，然后再将内容逐步细化和复杂化。ET正是上述几种理论的综合和发展：最初呈现的一般概念或简化结构就相当于ET中的"概要"（epitomi），而周期性地使概念逐步达到更复杂和更精确的形式则相当于ET的不同的细化等级。

可见，奥苏贝尔、诺曼和布鲁纳等人的理论为ET的提出奠定了基础，后来梅瑞尔和斯坎杜拉（Scandura）的研究工作则使ET进一步完善，并逐步达到有效而实用的水平。

2. 细化理论的内容

细化理论的基本内容可用"一二四七"概括，即：一个目标、两个过程、四个环节、七种策略。

（1）一个目标：是指ET的全部内容都是为了达到一个目标——按照认知学习理论实现对教学内容（即当前所教学科知识内容）最合理而有效的组织。

（2）两个过程：是指ET主要通过两个设计过程来实现上述目标，这两个设计过程一是"概要"设计，二是一系列细化等级设计。

概要设计要求从学科内容中选出最基础和最有代表性的概念作为初始概要，它应包含一个概念定义、若干个概念实例和把概念应用于新情境的练习。如果原理很抽象或者较难理解，就要利用形象化的比喻来介绍有关概念。

按照细化理论，学科知识内容有三种类型：概念性内容（说明"是什么"）、过程性内容（说明"如何做"）和原理性内容（说明"为什么"）。所有这三种内容都可通过适当方式呈现给学生，但通常在某个教学单元之中占优势的只是其中的一种，因此我们就可以从这种内容中选出初始概要。从理论上说，任何学科内容都可按照任何方法加以组织和排序，而不管这些内容是概念性、过程性或是原理性的。

细化等级设计要求对选出的初始概要不断进行细化，细化的复杂程度和精细程度逐级加深。在理想情况下，概要是在总体上代表一个学习任务，完成这个任务（即真正理解概要的内容）并不需要学习其他的前提知识。等级为1的细化，取决于学习者的能力（即其对学科内容的熟悉程度）以及学科内容本身的复杂性；等级为 2 的细化除了是对等级为 1 的细化结果作进一步细化（而不是对初始概要细化）以外，其他过程和等级 1 相同。换句话说，每一级细化都是前一级呈现内容的深入与扩展——通过每一次细化，使教学信息越来越具体、深入、细致。如此继续下去，直至达到教学目标所要求的学科内容复杂程度为止。

由以上分析可见，每一级的细化结果都是其下一级细化的"概要"，这是细化过程的一个重要特点。事实上细化过程就是对初始概要不断完善与深化的过程。

由以上分析还可看到，一方面，在同一等级上可以对不同的教学内容进行细化（其复杂程度相同）；另一方面，也可对同一教学内容在相继的等级中不断细化（其复杂程度不同）。这就使按 ET 建立的教学系统有较大的灵活性：既可通过横向（同一细化级）了解学科内容各部分当前的细化情况，又可通过纵向穿过一系列细化等级而达到对某一知识点的深入了解。这种在知识网络中既可横向移动又可纵向移动的灵活性是细化过程的另一重要特点，这种特点对于超媒体教学系统的设计与实现是特别有利的。事实上，考虑知识之间的相互联系是 ET 的基础，而超媒体则允许我们建立起这种联系并可实际应用。换句话说，ET 提供关于如何建立知识结构模型的理论框架，而超媒体则提供把这种理论框架付诸实践的环境与手段。

为了更深刻地理解上述细化过程（这是 ET 的核心），我们可以把细化作用和"可变焦距镜头的照相机"相对比：这照相机开始用广角镜头（相当于"概要"）；然后通过变焦进入逐级细化的过程（可以循环往复），以观看整幅画面中的各个子部分（细化后的教学内容）；接着变焦镜头移出以便回顾、复习学过的全部内容和确定各部分知识之间的联系。将变焦镜头移入和移出的调节过程要反复进行，一直到整幅画面的所有各个部分都已按照所要求的精细等级被考察过为止。

(3)四个环节：是指为保证细化过程的一致性和系统性，必须注意四个教学设计环节的密切配合。这四个环节是"选择"(selection)、"定序"(sequencing)、"综合"(synthesizing)和"总结"(summarizing)，简称 4S。

选择是指从学科的知识内容中选出为了达到总的学习目标或单元的教学目标所要教的各种概念和知识点，从而为概要设计做好准备，这是 ET 的初始设计任务。

定序的目的是要使教学内容（学科知识内容）按照"从一般到特殊"的次序来

组织和安排，这既是概要设计和细化系列设计的指导思想，又是设计的基本内容，应该贯穿在这两个设计过程的始终，从而保证每次细化结果的一致性。

综合的作用是要维护知识体系的结构性、系统性，即确定各个知识点之间的相互联系。通过综合应使学习者看到各个概念之间的关联以及它们在更大的概念图中（乃至整个课程中）所处的地位。在每一级细化过程中都将有两种形式的综合发生：内部综合与外部综合。内部综合用来阐明给定的量化等级之内各概念之间的关系；外部综合则用来阐明给定细化等级内的主题和已经教过的其他主题之间的关系。

总结对于学习的保持和迁移都是很重要的。ET中包含两种总结：一种是课后总结，在一节课将要结束时进行，用来对本节课所讲授的知识和概念进行总结；另一种是单元总结，在一个教学单元将要结束时进行，用来对本单元所教过的所有知识和概念进行总结。

在上述四个环节中，选择为概要设计做好准备，定序为各级细化提供统一的指导方针以保证每次细化结果的一致性，综合和总结则建立起各个知识点之间的联系以及各部分知识与知识整体的关系，从而把每次细化结果有机地联系在一起，形成系统而完整的知识体系而不是互不相关的各种知识点的堆砌。

（4）七种策略：是指为保证细化过程的有效性和可操作性，必须在细化过程中适当运用的有关教学内容组织的七种宏策略。

宏策略1用于确定课程内容（涉及整门课程）的细化顺序（该课程内容可以是概念性、过程性或是原理性的）。如果教学目标是要获得概念，则第一步应按"最重要关系→并列关系→从属关系→次要关系"的次序组织内容；然后对概念的学习按自顶向下方式排列，把最一般的概念放在顶上，最具体的概念放在底下；非概念性知识（如过程性、原理性知识）则作为补充内容在后面安排。如果教学目标是要掌握过程性知识，则第一步应先确定学习任务的简单形式以及与定义学习任务有关联的简化条件，然后逐步放宽简化条件，先考虑最重要、最基础的条件，再考虑较一般的条件，从而使教学逐渐进入较复杂的路径；非过程性知识（如概念性、原理性知识）则作为补充在后面安排。如果教学目标是要掌握原理性知识，则第一步要先决定所要教的原理应达到的深度和广度，然后应用简化条件法安排教学内容顺序——先教最基本的原理，再教稍复杂些和更复杂些的原理。为了确定哪个原理更基本、更重要，瑞格卢斯建议采用以下方法："假定教学时间限定为1课时、2课时、3课时……你准备教什么内容?"和概念性、过程性内容的教学类似，在最后一步应把其他类型知识（非原理性知识）合并进去。

宏策略 2 用于确定每一堂课(包括各种必要的预备知识)的内容顺序。对于概念性和原理性知识策略 2 要求将最简单、最熟悉的内容首先安排,过程性知识的安排则应反映该过程的实施步骤,并列概念应同时呈现而不能先后呈现,原理性知识应当在相关的过程性知识之前先教。

宏策略 3 用于确定总结的内容及总结的方式。可以是对一节课的内容进行总结或是对一个教学单元的内容进行总结;总结的方式则是指揭示知识点之间的联系还是对例题或练习进行分类、归纳。

宏策略 4 用于确定综合的内容及综合的方式。可以是对一节课的内容进行综合或是对一个教学单元(甚至是几个教学单元)的内容进行综合;综合的方式则是指用文字或是用图表来说明教学内容各部分之间的关联,以便使所学内容变成结构化的有意义知识,从而更易于被同化到学习者的原有认知结构中。

宏策略 5 用于建立当前所学新知识与学习者原有知识之间的联系(这是帮助学习者实现意义建构的关键)。建立新、旧知识之间的联系可以有多种方式(如启发式、联想式或类比式),当新知识比较抽象或难懂时,策略 5 往往采用动态模拟方式。

宏策略 6 用于激发学习者的学习动机与认知策略,所以也称"动机激发器"或"认知策略激发器",其作用是使学习者始终处于积极的信息加工状态。激发器在学习过程中可以嵌入也可以卸下。告诉学习者一种有效的记忆方法(如图表记忆法或联想法)或是通过多媒体技术激发学习兴趣,就是嵌入动机激发器的例子;而让学习者自己去想出一种有效的方法来帮助记忆,则是卸下动机激发器的例子。

宏策略 7 用于实现学习者在学习过程中的自我控制。利用这种宏策略学习者可以选择他已具有必要前提知识的任一篇课文来学习,可以选择例题和练习的类型和数目,此外,还可以选择总结和综合的内容及方式。

3. 细化理论的应用

以某一节课的教学为例,细化理论的应用步骤可说明如下(在下列步骤中并未列入与细化过程无关的其他教学环节,如教学目标分析、学习者特征分析以及教学评价等):

(1)给出本节课的概要(完成概要设计);

(2)嵌入动机激发器帮助学习者形成学习动机;

(3)如果概要内容较抽象难懂则应进一步给出形象化的比喻(或适当的类比);

(4)顺序呈现按照宏策略 1 和宏策略 2 的要求以及一系列细化设计结果而组织起来的教学内容;

（5）运用宏策略 5 建立新旧知识之间的联系，以促进学习者的意义建构；

（6）根据学习情况的需要嵌入认知策略激发器，以帮助学习者提高学习质量与效率；

（7）提供本节课的课后总结；

（8）提供本节课的课后综合。

（三）梅瑞尔的成分显示理论

由于细化理论只强调对学科知识内容的组织及教学内容顺序的安排，而未提供对实际教学过程的具体指导，即未涉及教学组织的微策略。因此光有细化理论还是不够的，在教学过程中通常应把它和"成分显示理论"结合在一起运用，才能获得最理想的效果。

梅瑞尔首先提出了一个有关知识的描述性理论，认为知识由行为水平和内容类型构成了两维分类。它的行为维度是：记忆、运用、发现；它的内容维度是：事实、概念、过程、原理。该理论的基本内容可通过一个"目标—内容"二维模型（见图 1-8）来说明。

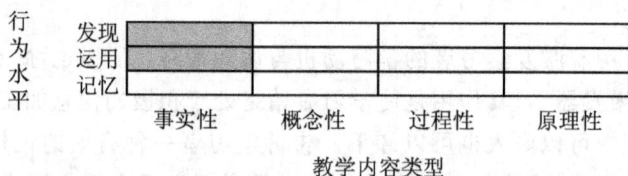

图 1-8 梅瑞尔的"目标—内容"二维模型

该模型按照教学目标的要求（希望学习者应达到的能力）设计，其横轴代表教学内容类型，包含事实性、概念性、过程性和原理性四种。除了增加简单的事实性内容以外，其余三种和细化理论中划分的三种教学内容类型相同。纵轴代表教学目标等级，由低到高依次分为记忆、运用和发现三级。由图 1-8 可见，将目标和内容二者结合本来可以组合出 12 种教学活动成分，但由于事实性知识一般只要求记忆（能记住该事实就能运用，而且也不需要去发现"事实性知识"），所以在图 1-8 中删去了"运用事实"和"发现事实"这两种成分，这样就剩下 10 种不同类型的教学活动成分。根据成分显示理论，作为一般的指导方针，这 10 种教学活动成分与各种教学目标（希望学生应达到的能力）之间的关系应如表 1-3 所示。在表 1-3 中清楚地显示出每一种教学活动成分和学生应达到的能力要求之间有一一对应的关系——这正是"成分显示理论"名称的由来。

有了表 1-3 给出的对应关系，就为制订教学过程的具体"处方"（即教学组织的微策略）提供了切实可靠的依据。任何教学设计人员有了这种依据，都不难根据其实际教学内容制订出相应的微策略。

表 1-3 教学活动成分与学生能力对应表

教学活动成分	学生应达到的能力	
	行为目标	教学目标的阐述
记忆事实	能回忆出事实	能写出、能描绘、能指定、能选择有关事实。
记忆概念	能陈述定义	能写出、能描述有关概念的定义。
记忆过程	能陈述步骤	能作出流程图，能列出过程的步骤，能对步骤排序。
记忆原理	能说明关系	能用文字描述或用图表、曲线表示有关原理中事物之间的关系。
运用概念	能分析概念	能区别概念的本质属性与非本质属性。
运用过程	能演示过程	能实际操作、演示该过程（包括测量、计算、绘图等）。
运用原理	能运用原理	能把所学原理应用于新情境，并能预测和解释所得出的结果。
发现概念	能发现概念间的关系	能对概念分类并发现概念之间的各种关系（如上下位关系、类属关系及并列关系等）。
发现过程	能设计新过程	能设计、分析并验证新过程。
发现原理	能发现事物的性质规律	能通过观察、分析、实验发现事物之间的内在联系及性质。

梅瑞尔还提出了一个有关教学策略的描述性理论，认为策略有基本呈现形式（PPF）、辅助呈现形式（SPF）和呈现之间的联系（IDR）。基本呈现形式由讲解通则、讲解实例（例子）、探究通则（回忆）、探究实例（实践）构成，如表 1-4 所示。辅助呈现形式由附加的促进学习的信息构成，如使注意集中的措施、记忆术和反馈；呈现之间的联系主要涉及例子—非例子的配对序列、各种例子的分类序列和例子难度的范围、事例属性的差异、辅助呈现形式中提供的帮助数量等方面。对于每一个行为——内容类别，CDT 都规定了 PPF、SPF、IDR 之间的组合，这些组合就构成了最有效的教学策略。

表 1-4　教学策略的基本呈现形式（PPF）

行为 内容	讲解	探究
通则	讲解通则，即呈现一般的情境。	探究通则，要求学生回忆一般的陈述。
实例	讲解实例，呈现一个例子或者特定情境。	探究实例，要求学生在特定的情境或练习中应用通则。

瑞格卢斯等人的细化理论和梅瑞尔的成分显示理论一起构成了一个完整的教学系统设计理论。前者是关于教学内容的宏观展开，它揭示学科内容的结构性关系，可用来指导学科知识内容的组织和知识点顺序的安排；后者则考虑教学组织的微策略，即能提供微观水平的教学"处方"——为每个概念或原理给出具体的教学方法。

（四）梅瑞尔的 ID2 和 ITT

"第二代教学系统设计（ID2）"是梅瑞尔等人于 1990 年针对"第一代教学系统设计（ID1）"的局限性而提出的新一代教学系统设计理论和方法。他们认为要使交互教学技术在教育和训练中广泛运用，一个最关键的问题就是需要有能够支持高水平交互的教学系统设计与开发的有效工具和方法，而这要通过建构第二代教学系统设计理论才能解决，且 ID2 是以认知心理学为基础的。他们首先假定在记忆系统中的学习结果是以"结构"的形式存在——在 ID2 中叫作"心理模型（mental models）"。然后，关于学习过程他们又提出下面两个假设：

（1）学习过程中的"组织（organization）"有助于知识的检索。

（2）学习新信息时进行的"细化（elaborations）加工"能促进检索。细化加工是指对知识单元中的联系一步一步做越来越详细、具体的说明。

ID2 保留了 ID1 中加涅的基本假设，即存在不同的学习结果，而且需要有不同的学习条件来满足不同学习结果的要求，并从以下两个方面进一步扩展了这一思想：

（1）给定的学习行为是由特定的认知结构（心理模型）的组织和细化加工得来的，不同的学习行为需要不同类型的心理模型。

（2）学生的心理模型结构通过教学过程中对知识的组织和细化加工而得到发展。

ID2 的核心是"教学处理理论（instructional transaction theory，ITT）"。他们对前面提到的几种 ID 理论都贴上了 ID1 的标签，认为加涅的学习条件理论和梅瑞尔的 CDT 理论只是为课件开发提供了一套"处方"。ITT 则扩展了学习的条件理论和CDT，使这些规则能够更加详细地被陈述，以便进行自动化的教学系统设计和开发。由此可见，ITT实际上是一个为开发教学设计专家系统而提出的理论，其基本思想是：教学处理就是"教学算法"，即解决教学问题的步骤，是使学习者获得某类知识技能的交互作用模式。不同类型的知识需要不同类型的教学处理。一种教学处理一旦设计完成并形式化以后，就能重复运用于相同类型知识和技能的教学。于是，开发课件就变成针对课程内容选择相应的教学处理，并把课程内容写成教学处理所能运用的形式，即不需要像设计传统的以框面为基础的CAI课件那样，对每一个框面、每一个分支结构做出决定。这样，一旦"教学处理框架"开发出来以后，不需要进行另外的程序设计就能反复使用。显然，用这种"数据＋算法"的方式开发课件比以框面为基础的方式能够提高开发效率。以框面为基础的方法，开发1小时的课程要用200小时甚至更多时间，而用这种方法只需20小时，而且能为学习者提供更具交互性的学习环境。

ITT把知识分为三种：实体、活动和过程。

(1)实体，是指具体的事物，如某一设备、物体、人、动物、地点或者标志。

(2)活动，是指学习者完成的一系列行动。

(3)过程，是指完全外在于学习者的一系列活动。

ITT也提出了几种教学处理的类型，包括鉴别、执行、解释、判断、分类、概括和迁移。

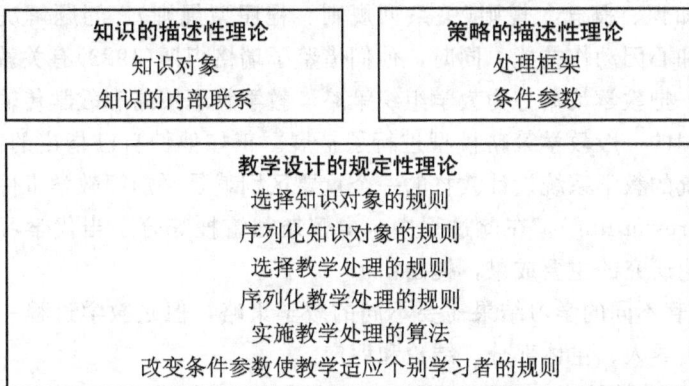

知识的描述性理论	策略的描述性理论
知识对象 知识的内部联系	处理框架 条件参数

教学设计的规定性理论
选择知识对象的规则 序列化知识对象的规则 选择教学处理的规则 序列化教学处理的规则 实施教学处理的算法 改变条件参数使教学适应个别学习者的规则

图 1-9　ITT 规则

图 1-9 概括了描述性的知识要素、描述性的策略要素和教学处理理论的规

定性规则。ITT 的规定性理论中所涉及的规则有多种——对于给定类型的知识对象或者知识对象之间联系的学习，这些规则可用于选择最有效的教学处理；ITT 的规定性理论也包括调整教学处理参数的规则。

ITT 主要是为开发教学设计专家系统并使教学系统设计和开发自动化而建立的理论，其内容仍然集中在认知领域。实际上，ITT 不是一个全新的教学系统设计理论，只是 CDT 在教学系统设计自动化方面的扩展和应用。

(五)史密斯和雷根的教学系统设计理论

史密斯和雷根(1993)根据教学系统设计中对教学策略研究不够充分的现状，对教学系统设计理论进行了深入的研究，发展了加涅的教学系统设计理论。两人在他们所著的《教学设计》一书中曾写道：

"写作本书的强烈动机来自于本领域的学生和从业人员所面临的种种问题。一些问题是由于媒体的发展要求加速设计过程，还有一些问题是由于与这个领域相关的理论基础越来越丰富。然而，最紧迫的却是教学系统设计中关于教学策略设计方面的问题。在绝大部分教学系统设计过程模式中，前端分析之后就是'设计教学策略'这一步。对于学生和职业教学系统设计者来说，传统的教学系统设计课本中提供的有关这方面的信息，对于如何完成这一步是不充分的。因此在本书总共 17 章的内容中有 8 章(引者注：实际上有 9 章)的内容都是强调设计教学策略……"。

他们首先总结并综合运用了加涅(1965，1985)、布卢姆(B. S. Bloom，1956)和安德森(J. R. Anderson，1985)有关学习结果的理论，认为学习结果包括陈述性知识、概念、规则(关系型规则、程序型规则)、问题解决、认知策略、态度和心因动作技能。同时，他们借鉴了瑞格卢斯(1983)有关教学策略的分类框架，把教学策略分为教学组织策略、教学管理策略和教学传输策略。然后，对加涅的一般教学策略模型进行了扩展。正如他们自己指出的："……这本书与传统的教学系统设计教材的一个重要区别就是对加涅教学事件的扩展和重新阐释(rewording)。"在此过程中，史密斯和雷根综合了当代学习理论研究和教学理论研究的主要成果，提出：

(1)尽管不同的学习结果需要不同的教学策略，但是教学过程一般都包括四个阶段：导入、主体部分、结论和评定。

(2)在训练情境中(如军事训练)，一般包括：引起注意、激发动机、给出课的概要、解释和详细说明知识、学习者在监督下练习、评价、总结、鼓励、结束等若干教学事件。

在此基础上，史密斯和雷根提出了自己的教学事件理论，认为一般教学过程包括以下 15 个教学事件(这些归纳并不是上述几种观点的简单相加,而是以一种中立的立场来陈述这些教学事件,以便于容纳所有的学习策略和情境)。

1. 导入阶段(introduce)

(1)引起注意(activate attention);

(2)建立教学目标(establish instructional purpose);

(3)唤起兴趣和动机(arouse interest and motivation);

(4)课的概述(preview lesson)(包括内容和教学方法)。

2. 主体部分(body)

(1)回忆先前学过的知识(recall prior knowledge);

(2)处理信息和例子(process information and examples);

(3)集中注意(focus attention);

(4)运用学习策略(employ learning strategies);

(5)练习(practice);

(6)评价反馈(evaluate feedback)。

3. 结论部分(conclusion)

(1)总结和复习(summarize and review);

(2)知识迁移(transfer knowledge);

(3)进一步激励和完成教学(remotivate and close)。

4. 评价阶段(assessment)

(1)评定作业(assess performance);

(2)评价反馈和补救教学(evaluate feedback and remediate)。

在上述教学事件框架的基础之上,他们对各种不同的学习结果提出了相应的教学策略,由此形成了一个与加涅的教学系统设计框架相类似的教学系统设计理论框架。表 1-5 是史密斯和雷根针对学习结果的一种——"陈述性知识"而提出的相应教学策略。

史密斯和雷根的教学系统设计理论是对 20 世纪 90 年代以前教学系统设计的一个总结,真正把教学系统设计的重点从教学系统设计过程模式转移到教学系统设计理论和教学模式上来,着眼于具体教学问题,对设计教学策略给予了前所未有的关注。

表 1-5 史密斯和雷根关于陈述性知识的教学策略

	教学过程	教学活动
阶段 1	引起注意	运用故事性、冲突和矛盾的事件，个人的或者感情因素的介入；明确指出目前的学习与其他学习任务的联系。
阶段 2	建立教学目标	指出陈述性知识的重要性。
阶段 3	唤起兴趣和动机	把教学目标与个人生活目标或者工作要求联系起来，使教学目标个别化；用有趣的、动态的形式呈现教学目标；提醒学习者关注某些学习策略，指出成功地达到目标的要求；让学习者知道需要记住材料的形式。
阶段 4	课的概述	先行组织者或者摘要对于概述是有用的形式；纲要和图形也是有帮助的。
阶段 5	回忆先前学过的知识	先行组织者、元认知策略的运用和复习原先有关的概念。
阶段 6	处理信息和例子	标志或者名称性知识(labels/names) • 组织(organization)：形成联系和组块； • 细化(elaboration)：在句子中精细加工事实或者列表性知识(facts/lists)； • 联系：意象法的运用； • 组织：讲解或者叙述性的结构、重组模式、形成联系、组块和精细加工、组织性知识(organized discourse)； • 联系：表象、元认知策略的运用； • 组织：讲解或者叙述性结构的分析以及图形组织者的运用(如框架和概念图)； • 细化：运用精细加工模式。
阶段 7	集中注意	用画线强调、列表和提出反省性问题；前置或者后置的嵌入式伴随性问题。
阶段 8	运用学习策略	提示学习策略(除先行组织者以外的策略)；记忆术的运用(如位置法、关键词法、限定词法等)；复述。
阶段 9	练习	考虑不同目标对不同练习形式的需要：回忆与再认是陈述性知识的学习任务，这与智慧技能不同；考虑填空练习的需要；认识陈述性知识中熟练的重要性。

续表

	教学过程	教学活动
阶段 10	评价性反馈	考虑不同陈述性知识对评价性反馈的不同需要；评价列表中元素之间联系的正确性；通过结构性知识评价"理解"。
阶段 11	总结和复习	调整认知结构；学习者形成摘要、中期报告。
阶段 12	知识迁移	在学习者的认知结构中增加可能联结的数量，运用情境的多样性促进学习者作出推断的多样性。
阶段 13	进一步激励和完成教学	展示目前的学习对学习者的帮助。
阶段 14	评定作业	评价学习者记住陈述性知识的能力；主要形式有填空、简答题等。
阶段 15	评价反馈和补救教学	对没有记住的知识及时补充。

　　除了上述几种重要的教学系统设计理论以外，还有一些较有影响的教学系统设计理论和教学模式，包括格罗波（G. L. Gropper，1983）的行为修正理论、柯林斯（Coffins Allan，1983）的探索教学认知理论、兰达（L. N. Landa，1983）的算法—启发式教学理论、斯坎杜拉（1983）的基于结构化学习的教学理论、凯勒（J. M. Keller，1983）的动机设计理论等。不过，这些理论只能算是教学系统设计理论中某一方面的局部成果，还不能算是一套完整的教学系统设计理论体系。

第三节　教学系统设计的学科性质、应用范围和层次

　　教学系统设计作为一门把教学理论、学习理论和教学实践连接起来的桥梁学科，其理论、方法在各级各类教育和培训领域中都得到了广泛的应用，并相应形成了不同层次的教学系统设计，从而对教育理论和教育实践产生了重要影响。

一、教学系统设计的学科性质

（一）教学系统设计是一门应用性很强的桥梁性学科

教育、教学理论是发展历史比较悠久的学科，它着重研究教育、教学的客

观规律，通过一套范畴（概念）如教育、教学的任务、内容、过程、原则、方法、组织形式和效果等，建立起从"教"的角度出发的基本理论体系，并揭示了教学机制，但它并不研究学生学习的内部机制。而学习理论则是探索人类学习的内部心理机制，着重研究学生学习的内部过程和规律以及影响学习的内外部因素。这两方面的基本理论为解决教育和教学问题、为制订和选择教学方案提供了关于教学机制和学习机制的科学依据。教学系统设计为了追求教学效果的最优化，不仅关心如何教，更关心学生如何学，因此在系统分析、解决教学问题的过程中，注意把人类对教与学的研究成果和理论以及传播学的理论综合应用于教学实践，从而把教与学的理论与教学实践活动紧密地连接起来，所以教学系统设计是连接基础理论与实践的桥梁。

作为应用学科，教学系统设计在其科学实践中，又不断地检验和发展教与学的理论。为此，有不少教育心理学家也致力于教学系统设计的研究并最终成为教学系统设计的专家。另外，必须强调的是，教学系统设计尽管自身具有很强的实践性与可操作性，但仍然有一套独特而严密的用于分析、解决教学实际问题的理论与方法。

（二）教学系统设计是一门设计学科

设计的本质在于决策、问题求解和创造。教学系统设计的实质就是教学问题求解，并侧重于问题求解过程中方案如何寻找和决策如何产生。它不是发现客观存在的、还不曾为人所知的教学规律，而是要运用已知的教学规律去创造性地解决教学实际问题。面向教学实际，正是教学系统设计的一个突出标志。

教学系统设计和所有的设计科学一样，虽然应用了大量的科学原理、科学知识，但其基本出发点是要告诉人们应当怎样做才能达到目的，应当如何行事才能更有效，它植根于教学的设计实践。如前所述，理论按性质可分为规定性理论和描述性理论两大类。描述性理论是揭示事物发展的客观规律，用数学语言来表达便是：在条件 $a(a_1, a_2, \cdots, a_n)$ 下，如果实施教学策略 $A(A_1, A_2, \cdots, A_n)$，对出现的结果 $r(r_1, r_2, \cdots, r_n)$ 进行描述；规定性理论一般是以描述性理论揭示的客观规律为依据，关注达到理想结果所采用的最优策略与方法，即在条件 $a(a_1, a_2, \cdots, a_n)$ 下，为获得理想结果 $r(r_1, r_2, \cdots, r_n)$，需要执行的策略 $A(A_1, A_2, \cdots, A_n)$ 是什么？教学系统设计理论正是以达到教学目标作为出发点，在一定的教学条件下去选择和确定最佳的教学策略，所以它是一种规定性理论。但这种策略的制订是以学习理论、教学理论等描述性理论作为科学依据的。

一切设计科学的强大生命力在于它抓住了设计活动最根本的因素——人类

设计技能。教学系统设计也是从这种智慧和技能上去描述一般设计过程，提出了普遍适用的教学系统设计过程模式。这样，就为恰当应用已总结出来的现有设计方法和开发更加有效的设计方法提供了可靠依据。

二、教学系统设计的应用范围

教学系统设计发展的历史告诉我们，教学系统设计最早萌芽于军队和工业培训领域，到20世纪60年代才逐渐被引入到学校教育当中，并作为一门独立的知识体系得到迅速的发展。目前，教学系统设计在正规的学校教育、全民的社会教育和继续教育以及工业、农业、金融、军事、服务等各行业、各部门的职业教育和培训领域中都得到了广泛的应用。国外如美国、加拿大和澳大利亚的职业培训，英国的开放大学以及美国、日本等国的中小学教育中，在课程设置、培训计划和教材资源等方面都开展了教学系统设计，并取得了许多成功的经验。我国在九年义务教育的文字教材与电子教材的编制中，在全国中小学计算机多媒体教学软件的开发中，在职业高中、高等院校的课程设置和各类教学资源设计中，在大、中、小学的课堂教学和如火如荼的网络课程与教学中，以及在企业或事业单位的人力资源培训方面，教学系统设计思想正在逐步被接受，教学系统设计的应用范围逐渐扩大，教学系统设计理论与方法在各个教学实践领域中正发挥越来越重要的作用。

根据《教育技术国际百科全书》的描述，在学校教育中，教学系统设计常常以现存的课程或一个待完成的课程作为出发点；而在企事业的职场环境里，教学系统设计则是以工作岗位作为参考和出发点——教学系统设计要从具体的工作任务描述和分析开始，使职业岗位培训中的教学目标非常明确和有的放矢。某些教学系统设计者企图把学校教育与职业培训作同样处理，这样做很容易忽视遍布于教育决策中的政治和道德因素以及很重要但却难以具体化、任务化的思维能力训练和情感、道德教育。可见，学校教育中教学系统设计的应用更加复杂，难度也相对更大。

三、教学系统设计的不同层次

教学系统设计是一个问题解决的过程，根据教学中问题范围、大小的不同，教学系统设计也相应地具有不同的层次，即教学系统设计的基本理论与方法可用于设计不同层次的教学系统。到目前为止，教学系统设计一般可划分为三个层次。

(一)以"产品"为中心的层次

教学系统设计的最初发展是从以"产品"为中心的层次开始的。它把教学中需要使用的媒体、材料、教学包等当作产品来进行设计。教学产品的类型、内容和教学功能常常由教学系统设计人员和教师、学科专家共同确定。有时还吸收媒体专家和媒体技术人员参加，对产品进行设计、开发和测试、评价。

（二）以"课堂"为中心的层次

这个层次的设计范围是课堂教学，它是根据教学大纲的要求，针对一个班级的学生，在固定的教学设施和教学资源的条件下进行教学系统设计。其设计工作的重点是通过充分利用已有设施、选择或编辑现有的教学材料来完成目标，而不是开发新的教学材料(产品)。如果教师掌握了教学系统设计的有关知识与技能，那么，整个课堂层次的教学系统设计就完全可以由教师自己来完成。当然，在必要时，也可以由教学系统设计人员辅助进行。

（三）以"系统"为中心的层次

按照系统论观点，上面两个层次中的课堂教学和教学产品都可看作是教学系统，但这里所指的系统是特指比较大、比较综合和复杂的教学系统。例如，一所学校或一门新专业的课程设置、某行业职业教育中的职工培训方案等。这一层次的设计通常包括系统目标的确定、实现目标方案的建立、试行、评价和修改等，涉及内容面广，设计难度较大。而且系统设计一旦完成就要投入范围很大的场合去使用和推广。因此这一层次的设计需要由教学系统设计人员、学科专家、教师、行政管理人员甚至包括有关学生的设计小组来共同完成。

以上三个层次是在教学系统设计发展过程中逐渐形成的。当然，也可以把教学系统设计分为宏观和微观两个层次，规模大的项目如课程开发、培训方案的制订等都属于宏观层次的教学系统设计；而对一门具体课程、一个单元、一堂课甚至一个媒体材料的设计则属于微观层次的教学系统设计。产品、课堂、系统三个层次都有相应的教学系统设计模式，在具体的设计实践中，可以按照自己所面临教学问题的层次，选用相应的设计模式。

第四节　教学系统设计的新发展

从教学系统设计的发展历程可以看出，教学系统设计的理论方法是在多学科理论和技术发展的基础上逐渐形成的。20世纪90年代以来，新理论、新观念的不断涌现，科学技术的迅猛发展及其在教育中的广泛应用，都对教学系统设计产生了重大的影响。当前，学习科学、系统科学和信息技术的发展及其所带来的学习方式变革，正在为教学系统设计提供更深入的理论引领、更核心的手段支持和更彻底的方法革新。

一、教学系统设计的发展背景

学习科学的理论和方法的发展为教学设计研究带来了巨大的变革。学习科学将研究方法与理论体系完全不同的脑科学、计算神经科学、认知科学和教育学等学科进行融合沟通与深度整合，从而形成了一套具有独特话语体系的新兴研究领域。脑科学从分子水平、细胞水平、行为水平研究大脑的智能机理，建立脑模型，揭示人脑机能的本质，使得人们能进一步了解人类如何学习；计算神经科学使用数学分析和计算机模拟的方法对神经系统进行模拟和研究，因而从生物学方面为如何进行有效的教学设计提供了重要启示；[①] 认知科学的研究则发展了不同的学习观，形成了对学习本质、知识属性的不同看法。近年来，其研究成果如情境认知理论、认知弹性理论、认知负荷理论、建构主义理论等，对教学设计具有积极的指导意义，从而为教学模式的发展提供了心理学依据。其中特别是建构主义理论在过去 20 年中成为教学系统设计研究的主导范式，但在建构主义对教学系统设计产生巨大影响的同时，批评的声音也从未停止——其中不乏有价值的观点和引人深思之处。

自 20 世纪 70 年代以来，系统科学本身有了很大的发展，其基本内容由原来的"老三论"（即系统论、信息论、控制论），发展到由耗散结构理论、协同学、超循环理论为代表的"新三论"。"新三论"在整体性、动态性、层次性和最优化的基础上，体现出与系统"自组织"相关的开放性、非线性、协同性、涨落性等新特征。新的系统科学理论（"新三论"）所体现的新理念与新方法对教学设计研究的发展起了重要的推动作用。

利用技术促进学习不管是现在还是未来都将是教学设计研究所面临的主要课题。云计算技术的发展使我们对每个机构、每个单位都要有先进设备与资源支撑的观念逐渐淡出；移动技术的发展将互联网的资源装入了我们的口袋；可视化工具的出现使信息的呈现更有利于探讨事物的微观现象及本质；虚拟现实技术所创造的虚拟世界为我们提供了积极的、沉浸式的学习环境、学习资源和学习工具；Web2.0 以及社会网络等技术的进步，为学习者提供了大量的社会性交互和个体参与的机会，使虚拟世界的协作成为潮流[②]；基于大数据的学习分析技术使我们能更深入地了解学生的行为和学习特点，为教学系统的设计和

[①]　任友群，胡航. 论学习科学的本质及其学科基础[J]. 中国电化教育，2007(5)：1-5.
[②]　约翰逊 L，亚当斯贝克尔 S，埃斯特拉达 V，et al. 新媒体联盟地平线报告：2013 高等教育版. 张铁道，殷丙山，殷蕾，等，译. 奥斯汀，德克萨斯：新媒体联盟，2013.

实现教育的个性化提供强大的技术支持。新技术的应用不断地改变着我们的学习，推动着教学系统设计的继续发展与创新。

二、教学系统设计新动向

（一）从 E-learning 到 B-learning(blended learning)

自 20 世纪 90 年代以来，随着多媒体计算机和网络通信技术的迅猛发展，E-learning(即数字化学习或网络化学习)在西方乃至全球日渐流行。由于多媒体计算机的交互性有利于激发学生的学习兴趣和体现学生在学习过程中的认知主体地位，网络通信的诸多宝贵特性(如不受时空限制的跨地区协作交流、有无限丰富的网上资源可供学生自主探究及共享)有利于实现广大学生创新精神与创新能力以及合作精神与合作能力的培养，这就使人们在相当长的一段时间内认为 E-learning 这种前所未有的学习方式是人类最佳的学习方式。与此同时，"以学生为中心"的教育思想也就逐渐成为教学系统设计的主导思想。

但是在经历 20 世纪 90 年代将近 10 年的网络教育实践以后，国际教育界开始认识到 E-learning 并非人类最佳的教与学方式。例如，在 E-learning 环境下，比较缺乏学校的人文氛围、学术氛围，难以直接感受到教师的言传身教和优秀教师的人格魅力，更无法实现因材施教。传统的教与学方式尽管有许多的缺陷(其中的最大缺陷是不利于发散性思维、批判性思维与创新精神、创新能力的培养)，但也并非一无是处。由于它能充分发挥教师在教学过程中的主导作用，能因材施教，因而有利于学生对系统科学知识的学习、理解与掌握，有利于学生打下较坚实的知识与能力基础。这表明，在以 E-learning 为代表的全新教与学方式和传统教与学方式之间具有很强的互补性。

在这种背景下，自 21 世纪以来，一个被称为 blended learning(也有文献称为 hybrid learning)的新概念日渐流行。严格说来，blended learning(或 hybrid learning)并不能算是一个新概念，因为这种说法多年以前就已经有了。不过，近年来它之所以受到关注并日益流行，却是因为被赋予了一种新的内涵(这一新内涵与教育信息化理论的深入发展密切相关)，所以我们不妨把它看作是一个"旧瓶装新酒"的新概念。

大家知道，blend(或 hybrid)一词的含义是混合或混合物，blended learning(或 hybrid learning)的原有含义就是混合式学习或结合式学习，即两种以上学习方式的结合。例如运用计算机辅助学习方式与传统学习方式相结合，自主学习方式与协作学习方式相结合，等等。进入 21 世纪以后，随着互联网的普及和 E-learning 的发展，国际教育技术界在总结 20 世纪 90 年代网络教育实践经验的基础上，利用 blended learning(或 hybrid learning)原有的基本内涵却赋予它一种全新的含义。

所谓 blended learning(或 hybrid learning)就是要把传统学习方式的优势和 E-learning（即数字化或网络化学习)的优势结合起来。也就是说，既要发挥教师引导、启发、监控教学过程的主导作用，又要充分体现学生作为学习过程主体的主动性、积极性与创造性。目前国际教育界的共识是，只有将这二者结合起来，使二者优势互补，才能获得最佳的学习效果。

从上述 blended learning 重新提出的背景可见，它绝不仅仅是指一种全新的学习方式或教学方式，而是代表了一种全新的教育思想观念。这一概念的重新提出，不仅反映了国际教育界对教与学方式看法的转变，而且反映了国际教育界关于教育思想与教学观念的大提高、大转变。从表面上看，这种转变似乎说明当前国际教育界的思想观念是在回归，是在怀旧，而实质上是在按螺旋方式上升。说明人们的认识在深化、在提高、在不断向前发展。从前面所介绍的 blended learning 新含义可以看到，它与本教材所倡导的"学教并重"的思想内涵基本相同。

(二)"新三论"系统方法的应用

自 20 世纪 90 年代以来，随着系统科学研究的新进展，以耗散结构理论、协同学、超循环理论为代表的"新三论"在教育领域产生愈来愈大的影响，从而激起教育技术界的一批学者想要将"新三论"的系统方法应用于促进教学设计理论与应用深入发展的强烈愿望。最早想要把"新三论"的系统方法思想引入教学设计领域的学者是美国的乔纳森(D. H. Jonassen)。他指出教学设计过程充满混沌性，主张用混沌理论改造或重构新一代教学设计(即所谓"混沌教学设计")。但是，自那时以来整整 20 年过去了，国际上对乔纳森观点的响应寥寥无几；在国内虽有一批学者对此颇有兴趣[1][2][3]，但是到目前为止，所谓的"混沌教学设计"在哪里？我们连它的雏形也未能看到。

我们认为，在教学系统设计过程中要运用好"新三论"的系统方法，首先关注的不是"新三论"中的具体研究对象(例如"混沌")，而是"新三论"的系统方法特征、这些特征和"老三论"的系统方法特征有何不同，以及这些新特征与教学

---

①　朱云东，钟玉琢. 混沌基本理论与教学设计发展的新方向[J]. 电化教育研究，1999(5)：13-18.

②　黄娟. 混沌理论对传统教学设计的冲击和启示[J]. 电化教育研究，2005(5)：14-17.

③　刘彩虹. "混沌学"教学设计新思维初探[J]. 现代远程教育，2006(1)：47-50.

系统设计理论与应用的深入发展之间有何内在联系。

由于"新三论"仍属于系统科学范畴，也是以系统为研究对象，只是其研究的侧重点在于系统的有序与无序、平衡与非平衡等状态的内在机制及转化条件，即涉及系统的"自组织"问题。因而"新三论"的系统方法特征，显然应当包含原来"老三论"所具有的系统方法特征——即整体性、动态性、层次性和最优化等四个方面；与此同时，还应增加以下四项与系统"自组织"有关的新的系统方法特征——即开放性、非线性、协同性与涨落性。为此，当我们运用"新三论"的系统方法去促进教学系统设计理论与应用的发展时，必须把重点放在认真关注在教学系统设计过程中如何充分体现开放性、非线性、协同性与涨落性等新的系统方法特征。

（1）保证系统"开放性"。开放性要求系统与外部环境之间不断进行物质、能量及信息的交换，这是系统从无序走向有序，最终形成耗散结构的前提条件，没有开放性，教学系统将无法运行、无法发展。随着科学技术的进步，教学系统与外部环境之间进行物质、能量及信息交换的深度与广度又进入一个新的阶段，使教学系统的开放性达到前所未有的程度。

（2）全面体现"非线性"。教学系统中的非线性关系实际上体现为"教师与学生""师、生与教学内容""师、生与教学媒体"和"教学内容与教学媒体"四种关系的非线性。"教师与学生"之间的非线性关系，可通过坚持"学教并重"的教学观念来体现；"师、生与教学内容"之间的非线性关系，可通过有效运用组织教学内容的"宏策略"与"微策略"来体现；"师、生与教学媒体"之间的非线性关系，可通过实现教师、学生、教学媒体三者之间的双向乃至多向互动来体现；"教学内容与教学媒体"之间的非线性关系，则可通过采用超链接方式组织数字化教学内容来体现。

（3）充分运用"协同性"。建构主义的社会建构理论所倡导的协作学习实际上是系统科学中的协同现象在教学过程中的具体展示形式。例如，在某个教学系统中，在刚开始学习某个新概念或新原理的时候，学生们对这一概念或原理的了解与认识完全处于一种无序状态——有的知道得多一些，有的知道得少一些，有的一无所知。但经过小组或团队的协作学习，最终会使全班学生都能达到对这一概念或原理的理解与掌握，从而完成从无序到有序的转变。

（4）有效实施"涨落性"。在系统从无序走向有序的过程中，"涨落"起着杠杆的作用——通过"涨落"导致有序。就认知目标的教学而言，这一过程是对某种知识从无知到有知（或知之不多到知之较多）的意义建构过程，"涨落"在这种教学场合相当于"认知冲突"。就情感目标的教学而言，这一过程是对某种情感、态度从比较缺乏到逐渐形成的心理内化过程，"涨落"在这种教学场合相当于"情感冲突"。就动作技能目标的教学而言，虽然是通过模仿练习过程而达到，但其本质仍属认知活动，仍可采用能引起认知冲突的教学策略来形成。

（三）面向复杂学习的整体教学设计①②

传统教学设计总是把复杂任务分解为简单的成分，并把某个特定学习领域划分为认知领域、动作技能领域或情感领域，这些领域分别对应于知识、技能和态度的学习。而认知领域的学习又可进一步划分成"知道""领会""应用""分析""综合"和"评价"六个子目标。这样的划分对于复杂技能学习领域（如职业教育和专业教育领域）往往难以产生预期的学习效果。当我们实际关注现实生活和工作中特定专业领域的业绩表现时，这种关于学习领域的认知、情感和动作技能的三维划分并不适当。正如麦里恩博尔（van Merrienboer）所指出的，传统的基于加涅理论和布卢姆理论的教学设计原则隐含着"整体等于各部分之和"的思想，这与系统方法所强调的"整体性"是相悖的。这正是传统教学设计存在的主要缺陷（当然，我们不应否认基于加涅理论和布卢姆理论的、将教学目标按三维划分的传统教学设计对于非复杂技能学习领域——例如中小学的基础性学科的教学以及高等院校的某些非专业课的教学——仍然具有重要的现实指导意义）。

为了克服传统教学设计在复杂技能学习领域也进行三维划分的缺陷，在20世纪90年代初，以荷兰开放大学麦里恩博尔教授为代表的一批学者提出了专门针对复杂技能学习领域的"整体性教学设计"。麦里恩博尔提出的整体性教学设计包含学习任务、支持性信息、即时信息、部分任务练习四个要素，所以也被称为"四要素教学设计"（four-component instructional design model，4C/ID）。

在四个要素中，学习任务是核心，它以整体任务形式按从简到难的任务层级呈现给学生。复杂技能学习任务的构成，可以划分为重复性技能与非重复性技能两类。重复性技能是指在学习过程和迁移过程中基本相同的技能，即不随整体任务难易情况而变化的技能；而非重复性技能是指在学习过程和迁移过程中有一定差异的技能，它将随整体任务难易情况而有所变化（如问题解决与推理）。在设计学习任务时，对于非重复性技能的学习，需要给学生呈现真实的、

---

① 瑞泽 R A，邓普西 J V. 教学设计和技术的趋势与问题[M]. 王为杰，等，译. 上海：华东师范大学出版社，2008.

② 冯瑞，李晓华. 教学设计新发展：面向复杂学习的整体性教学设计[J]. 中国电化教育，2009(2)：1-4.

具体的、有意义的整体任务情境，引导和促进学生在真实情境中主动进行分析与归纳、推理与总结，以完成认知图式的建构。对于重复性技能的学习，学习过程可以用接近真实的任务情境来驱动，通过反复的模仿、练习和持续的重复操作来使学生尽快掌握。

支持性信息是完成非重复性学习任务所需要的支持信息，所以，支持性信息的设计对于非重复性技能的学习至关重要。设计时首先要针对每一个任务层级提供有效的心理模型和认知策略；其次，对每一个任务层级的信息都要用某种教学策略进行讲解和示范；再次，要为学生对非重复性技能所完成的质量给出认知反馈，并把它和当前的学习任务联系起来。

即时信息是完成重复性学习任务所需要的前提性信息，这些信息既包括对正确操作规则的必要说明，也包括正确运用这些规则所需的有关知识。这些信息应在学生完成学习任务的过程中及时地提供给他们。

部分任务练习是为了使重复性技能的学习能达到自动化程度而设计的附加练习。对于自动化水平要求较高的重复性技能，充分的练习是关键。为此，需要设计附加的任务练习。

这种教学系统设计的指导思想是用完整任务取代部分任务，强调要给学生提供一套真实的、面向实际的整体学习任务，同时关注整合、协调各项子目标（部分任务）的重要性，有利于知识、技能与情感态度的综合培养，更能有效地促进学生将所学到的知识技能迁移到现实生活的其他领域。

（四）基于情境理论的教学策略设计

建构主义学习理论与情境理论（situativity theory）越来越受到研究者的关注。传统观念认为，知识（knowledge）是一种可以被获得的东西（thing），而求知（knowing）只不过是发生在个人心智内的一种认知行为而已。情境理论认为：知识涉及的是一项活动，而不是一种东西；它总是被情境化、境脉化了的，而不是抽象的；它是作为"个体—环境"互动的一部分被建构，而不是由客观或主观创造的；参与其中的是整个人，而不是被孤立出来的"心智"。[①] 为此，情境理论特别强调，要支持在丰富境脉体验中的有意义参与，对知识的学习要从"获得观"转向"参与观"。

---

① Barab S A，Duffy T. From Practice Fields to Communities of Practice[A]. Theoretical Foundations of Learning Environments [M]. Mahwah，New Jersey：Lawrence Erlbaum Associates，2000.

基于情境理论，有学者提出了一种用于设计情境化"真实感课程"的概念框架[①]，与此同时，有利于实施"真实感课程"的情境化教学模型（目前常用的这类模型有"设计式模拟模型""生成式模拟模型"和"参与式模型"三类）以及相关的情境化教学策略（目前常用的这类策略有"抛锚式教学策略""基于问题的学习策略""认知学徒制策略""基于案例的推理策略""基于项目的学习策略""课堂学习共同体策略""参与式模拟策略""学业游戏空间策略"和"实践共同体策略"九种）也逐渐成为教学系统设计研究与实践的热点。

（1）抛锚式教学策略。抛锚式教学是指将所要学习的内容呈现在一个具体主题的境脉（即"锚"）中，这一个具体主题的境脉把相关的学习材料联系在一起，并使其能从多个角度被审视，它同时作为自主学习的三种基本策略之一。对于抛锚式教学，我们将在第四章中进一步讨论。

（2）基于问题的学习策略。基于问题的学习是通过将学生置于问题解决者的积极角色中，使其面对现实世界中的劣构问题（也称"非良结构"问题，即不具有明确的解决方案及解决方法的问题），以便同时发展学生的问题解决能力和学科的基础知识与技能。[②]

（3）认知学徒制策略。认知学徒制是 Collins 等人于 1989 年提出的一种情境化教学策略。[③] 他们认为，传统学徒制中丰富的境脉促进了学习的发生，所以他们根据传统学徒在熟练工匠指导下学习和工作的隐喻，参照人们在日常的、非正式环境中的学习经验，研发出了一种新的教学策略。

（4）基于案例的推理策略。基于案例的推理（case-based reasoning，CBR）起源于计算机科学领域对人工智能的探索。对于学习者来说，案例的劣构性提供了一种可以感觉得到的真实，学习者通过准备案例、诊断分析案例、研究案例来获得知识和必要的思维技能。

（5）基于项目的学习策略。基于项目的学习是通过项目向学生提出疑难问题来驱动自主探究，使学生能形成疑问、开展实验、进行预测、生成结论并分

---

①　斯伯克特 J M，梅瑞尔 M D，迈里恩波 J G，等. 教育传播与技术研究手册[M]. 3 版. 任友群，焦建利，刘美凤，等，译. 上海：华东师范大学出版社，2011.

②　Finkle S，Torp L. Introductory Documents.（Available from the Center for Problem-Based Learning）[J]. Illinois Mathematics and Science Academy，1995(5)：67-84.

③　Collins A，Brown J S，Newman S E. Cognitive Apprenticeship：Teaching the Crafts of Reading，Writing，and Mathematics. In Knowing，Learning，and Instruction：Essays in Honor of Robert Glaser[R]. Hillsdale，New Jersey：Lawrence Erlbaum Associates，1989.

析最终结果。由于对项目的研究需要相互合作和较长的持续时间，因此可以带给学生具有真实感的课程体验。

(6)课堂学习共同体策略。课堂学习共同体的核心是要变革学校的社会结构，使之能充分体现分布式与协作性的特点。在学习共同体中，学生的表述被真诚对待，他们的疑问被认真考虑，而且随着共同体成员不断分享和发展他们的知识与技能，在此过程中所建构的学科知识的意义被不断深化，同时也被大家共享。

(7)参与式模拟策略。参与式模拟要求学生离开课堂环境，与现实世界中的实践者一道，作为共同体成员去参与真实任务；这些真实任务应为学生提供既动脑又动手(即"学与做"结合)的实践机会；参与实践机会的产出(即生成的"学习成果")应是真实的——能用于解决现实世界中的某种具体问题。

(8)学业游戏空间策略。学业游戏空间力图把教育、娱乐和个体学习行为三者融为一体，在这种教学策略中，往往糅合了故事、交互叙事和游戏设计等结构和内容。这种游戏既要能使学生产生扮演角色的感觉，从而使学生能沉浸其中，使其求知过程真正成为具有真实感和情境化的参与过程，又要能在这个过程中对游戏者提供学习指导，以完成教学目标要求。

(9)实践共同体策略。Barab 和 Duffy 曾把"实践共同体"定义为"一个持续维系的人际网络"。[①] 共同体成员之间有类似的历史经历，有共同的知识观、价值观和信念，彼此之间还存在有意义的关系。在"实践共同体"中，有老手、新手以及水平介于这二者之间的参与者，这三种共同体成员都在从事一项共同的活动。

(五)新媒体、新技术的应用[②]

教学系统设计的发展与媒体技术息息相关，但是当前教学系统设计的研究却不局限于媒体技术的应用——它从整体上关注各种技术可能给教学带来的革新与发展，关注技术对教与学支持的可能性，以及技术在教学中应用的策略、方法和途径。[③]

云计算技术的出现，使学习者可随时随地通过网络浏览器获取"云端"的教

① Barab S A, Duffy T. From Practice Fields to Communities of Practice[A]. Theoretical Foundations of Learning Environments [M]. Mahwah, New Jersey: Lawrence Erlbaum Associates, 2000.

② 约翰逊 L，亚当斯贝克尔 S，埃斯特拉达 V，et al. 新媒体联盟地平线报告：2014高等教育版. 张铁道，殷丙山，蒋明蓉，等，译. 奥斯汀，德克萨斯：新媒体联盟，2014.

③ 钟志贤. 论教学设计的发展走势[J]. 外国教育研究，2005(5)：66-71.

学内容、资源及有关信息，进行开放式学习。平板电脑、智能手机等手持终端技术的发展，使学习者可以无缝嵌入他们所选的系列应用程序和内容，成为个体便携的个性化学习环境。云计算技术和手持终端技术的迅猛发展，让终身学习步入"泛在学习"（ubiquitous learning）时代，即学习的发生无处不在，学习需求无处不在，学习资源无处不在。作为一种理想的学习状态，泛在学习在被提出的同时也对教学系统设计带来新的挑战——应如何实现新型学习秩序的重构，实现师生角色的重新定位，实现学习环境、资源、交互策略的全新开发，等等，这些都是需要深入研究的问题。

"大规模在线开放课程"（massively open online courses，MOOCs 或慕课）整合泛在学习、移动学习、社会性交互等活动内容，成为近年来兴起的研究热点之一。它是由很多愿意分享和协作以便加强和促进知识建构的学习者，利用各种 Web 2.0 社会化媒体工具（如维基、讨论组、微博、社会化书签、虚拟教室等）与移动学习工具，围绕某一特定主题来进行学习的在线课程。它是一种资源类型，更是一种以学习者、社交网站和移动学习为核心的主题学习方式。连通主义思想的运用，使得 MOOCs 教学设计和传统课程有较大的差异：教师提供的资源成为知识探究的出发点，学习者在学习过程中生成的内容成为学习和互动的中心，学习者提供的资源扩展和放大了知识的边界，从而使学习成为对网络信息的遍历和建构，并通过社区内不同认知主体的交互而形成新的知识。①

在新技术的推动下，甚至连课堂都被"翻转"。"翻转课堂"（flipped classroom）的教学模式是指重新调整课堂内外的时间及内容，将学习的决定权从教师转移给学生。在课堂中的宝贵时间内，学生能够更专注于主动的基于项目的学习，共同研究解决本地化或全球化的挑战以及其他现实世界面临的问题，从而获得更深层次的理解。教师不再占用课堂的时间来讲授信息。对这些信息的了解，要求学生利用课前时间在家里自主完成——他们可以在家里看视频讲座、听播客、阅读功能增强的电子书，还能在网络上与别的同学讨论，能在任何时候去查阅需要的材料。翻转课堂模式是大教育运动的一部分，是为了实现课堂教学结构的根本变革，让学习更加灵活、主动，让学生的参与度更高。

游戏早已跨越单纯的娱乐领域，渗透到了军事、商业和工业领域，并在教育领域日渐成为培训和激励员工的有效工具。教育类游戏已被证明能够促进批

---

① 李青，王涛. MOOC：一种基于连通主义的巨型开放课程模式［J］. 中国远程教育，2012（3）：30-36.

判性思维、创造性解决问题和团队合作这三种技能的发展，而这些技能能够帮助解决复杂的社会和环境问题。当越来越多的教育机构和方案在尝试游戏应用时，教学游戏化（将游戏的元素、方法和框架融入非游戏的教学场景和情节中）也引起了广泛的关注。一般的游戏化，是指可以应用于各种日常活动的游戏机制，已成功地被大批手机应用程序和社交媒体公司应用。游戏化也越来越多地应用于在线学习环境的设计中，这种游戏化的学习环境使学习任务变成了令人愉悦的挑战。

"大数据"在教育领域中的应用将炙手可热的"学习分析技术"引入教学系统设计领域。"大数据"这个术语来源于商业领域，互联网的兴起带动了大数据的研究，并使网络追踪工具剧增，这些技术使企业能够建立储量丰富的信息并用于市场营销活动的调查研究。同样，教育领域也在着手探索大数据的挖掘和科学分析，并通过开发各种工具与算法来揭示隐藏在大数据背后的事物发展规律与师生的行为模式，从而去完善教师的教学过程、学生的学习过程和学校行政部门的管理制度。随着学生和教育工作者产生的数据越来越多，尤其是在网络环境下，学生在参加在线学习后，会留下持续的、可追踪和可深入挖掘的数据，通过学习分析技术可以利用学生的这些数据来建构更好的教学方法、定位困难学生人群，并评估有关措施能否有效提升学生的保持率。学生们正逐步受益于学习分析技术，因为移动和在线平台能通过跟踪行为数据来为其创设更加互动和个性化的学习体验。

综上所述，学习科学、系统科学等多学科的新发展为教学系统设计提供了重要的养分，新兴技术的应用与学习方式的变革则为教学系统设计提供了更为广阔的空间。跨学科、跨领域的理论融合和多元哲学倾向并存，各种力量相互作用，共同影响着教学系统设计研究的走向，在给教学系统设计带来了困惑和挑战的同时，更带来了变革性的发展机遇。相比欧美国家，我国的教学系统设计研究虽然起步较晚，但经过近30年的努力，特别是从1997年起，随着信息技术的发展和建构主义学习理论的应用，我国教学系统设计在理论和实践方面都取得了丰硕的成果，形成了具有中国特色的理论与方法（如"学教并重"教学系统设计理论、信息技术与课程深层次整合理论、网络教学设计理论等）。当前，这一年轻的领域正以广阔视野、开放胸怀与蓬勃活力，进一步走向成熟与完善。

【拓展资源】

［1］巴巴拉·西尔斯，丽塔·里齐. 教学技术：领域的定义与范畴［M］. 乌美娜，刘雍潜，等，译. 北京：中央广播电视大学出版社，1999.

［2］皮连生. 教学设计：心理学的理论与技术［M］. 北京：高等教育出版社，2000.

［3］加涅 R M，布里格斯 L J，韦杰 W W. 教学设计原理［M］. 皮连生，庞维国，等，译. 上海：华东师范大学出版社，2001.

［4］何克抗. 也论教学设计与教学论——与李秉德先生商榷［J］. 电化教育研究，2001(4)：3-10.

［5］Merrill M D. Second Generation Instructional Design (ID2)［J］. Educational Technology，1990，30(2)：7-14.

［6］约翰逊 L，亚当斯贝克尔 S，埃斯特拉达 V，et al. 新媒体联盟地平线报告：2014 高等教育版. 张铁道，殷丙山，蒋明蓉，等，译. 奥斯汀，德克萨斯：新媒体联盟，2014.

［7］何克抗. 运用"新三论"的系统方法促进教学设计理论与应用的深入发展［J］. 中国电化教育 2010(1)：7-18.

【思考题】

1. 如何理解教学系统设计的定义，它在教育教学中的地位和作用如何？

2. 自 20 世纪 60 年代以来，教学系统设计理论取得长足发展，这些理论有什么共同之处，又分别具有哪些特点，它们为我们的教学带来了哪些启示？

3. 选择当前教学系统设计领域理论或应用研究的一个热门主题，简述其研究现状，思考其对于领域的发展具有哪些启示。

第二章　教学系统设计过程模式

【本章学习要点】

　　按照系统论的思想，教学是一个系统化的过程。教学系统设计的核心任务就是运用系统方法对各个教学环节进行具体计划。美国著名的教育技术学专家加涅等曾在其专著《教学设计原理》中明确表明，"教学设计应该以系统化的方式进行""教学设计是一个系统化（systematic）规划教学系统的过程"。[①] 因此，教学系统设计需要一套程序化的方法与步骤，即教学系统设计过程模式。它是"架接"起教学设计理论与实践应用之间的重要"桥梁"，可为各级各类学校的教师有效开展教学系统设计提供科学规范。

　　本章主要对"以教为主""以学为主"和"学教并重"三种教学系统设计过程模式进行详细阐述与分析。第一节侧重从学习理论的角度对教学系统设计过程模式的发展脉络进行梳理，以阐明教学系统设计过程模式的划分依据；第二节主要对"以教为主"的教学系统设计过程模式的理论基础、方法与步骤进行剖析；第三节主要对"以学为主"的教学系统设计过程模式的理论基础、方法与步骤进行剖析；第四节在认清"以教为主"教学系统设计过程模式和"以学为主"教学系统设计过程模式二者在理论方面存在互补性的基础上，对"学教并重"教学系统设计过程模式的理论基础、方法与步骤进行论述。

---

　　① 加涅 R M，布里格斯 L J，韦杰 W W. 教学设计原理[M]. 皮连生，庞维国，等，译. 上海：华东师范大学出版社，2001.

【本章内容结构】

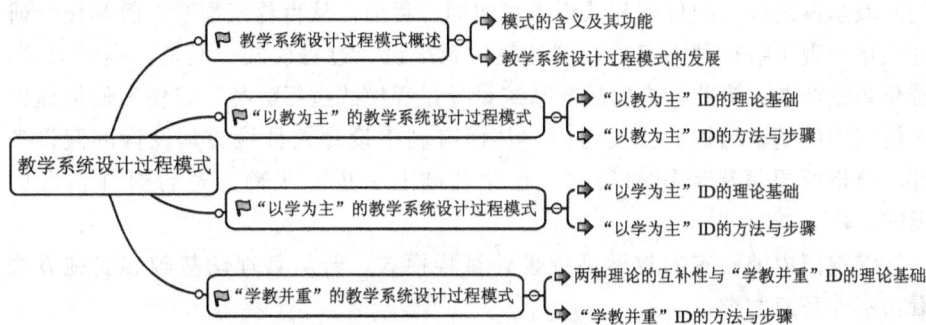

第一节　教学系统设计过程模式概述

一个教学系统设计过程模式包含许多阶段，且不同的教学系统设计过程模式包含的步骤也不相同。但是，一般而言，教学系统设计过程模式都包括四个基本要素：学习者、目标、策略、评价。① 我们认为，设计不同的教学系统需要有不同的教学系统设计过程模式，而且在不同的教学条件下，教学系统设计过程模式也会有些差异。

一、模式的含义及其功能

(一)模式的含义

模式是再现现实的一种理论性的简约形式，教学系统设计过程模式就是在教学系统设计的实践当中逐渐形成的、运用系统方法进行教学系统设计的理论简约形式。它包含三个要点：

(1)教学系统设计过程模式是对教学系统设计实践的再现。

(2)教学系统设计过程模式是理论性的，代表着教学系统设计的理论内容。

(3)教学系统设计过程模式是简约的形式，是教学系统设计理论的简约体现。

由于教学系统设计实践中所面对的教学系统范围和任务层次(一堂课、一门课、专业课程甚至国家教育系统)有很大的差别，而且设计的具体情况和针

---

① 乌美娜. 教学设计[M]. 北京：高等教育出版社，1994.

对性也不一样，再加上设计人员的教学工作环境（不同国家、不同教育层次）和个人专业背景（学科专家、教学系统设计专家、媒体专家、教师等）的差异使他们对教学系统设计的理解和认识不尽相同。目前，从世界范围看，教学设计研究领域出现了数百种不完全相同的教学系统设计过程模式。但是，模式太多，难免鱼龙混杂。为此，应对教学系统设计过程模式进行分类，以便人们抓住繁多模式中的基本结构和主要特点，从而有利于设计人员检验其设计的假设条件、分析所要解决问题的层次，在此基础上去进一步确定适合具体情况的模式。

综观国内外已有的教学系统设计过程模式，若从其理论基础和实施方法看，不外乎三大类：

(1)"以教为主"的教学系统设计过程模式。

(2)"以学为主"的教学系统设计过程模式。

(3)"学教并重"的教学系统设计过程模式（也称"主导—主体"相结合的教学系统设计过程模式）。

(二)教学系统设计过程模式的功能

在教学系统设计的实践工作中，教学系统设计过程模式主要发挥如下三个方面的作用：

(1)作为相互交流的有效手段。教学系统设计的任务通常是受学校或培训部门等用户的委托，为了让用户和设计者双方都能清楚设计过程的进行，需要用一个反映教学进程的模式图来进行沟通；另一方面，也可以使所有参加设计的人员比较明确地了解将要做什么和将如何做，以及在整个设计过程中各自的不同职责。

(2)作为管理教学系统设计活动的指南。模式中一般都要阐明设计所要完成的每一项任务，以保证设计过程中不会遗漏，同时也保证基本步骤能被严格遵循，使整个设计工作符合规范。

(3)作为设计过程决策的依据。它可以帮助设计者在设计过程中作出正确的选择与决策。

二、教学系统设计过程模式的发展

(一)教学系统设计过程模式的划分依据

在 20 世纪 80 年代后期，美国教育技术界鉴于教学系统设计领域多年来没有新的突破，因而强烈希望研发出新一代教学系统设计的理论与方法。1990年，梅瑞尔等人在分析了传统教学设计（instruction design，ID）的种种弊端之后，首次提出了建构新一代教学系统设计理论的构想①②，并称之为 ID2。而把在此之前的所有其他教学系统设计模式都称为 ID1。这是国际上有关教学系统设计模式的最早划分，也是较有影响的一种划分。但令人遗憾的是，尽管梅瑞尔等人历数了 ID1 的各种缺点，却并未能打中其要害。例如，在他们列举出的有关 ID1 的九条主要缺点中，有五条是属于缺乏系统论观点（如批评 ID1 对教学内容的分析、组织缺乏整体性，批评 ID1 的理论体系是一个封闭系统，并且教学开发的各个阶段彼此互不相关）；有两条涉及教学理论（一条批评 ID1 缺乏交互性，另一条批评 ID1 对课程内容的组织不理想）；有一条涉及开发效率（批评 ID1 是劳动密集型，投入产出比为 200：1，效率极低）；另外一条批评 ID1 对知识获取只作了有限的描述——如果是直接对知识如何获取进行讨论，这本来是学习理论的范畴，但这条批评是关于应如何对知识获取过程进行描述或说明，所以并未涉及学习理论的实质内容。由此可见，在以上所列出的有关 ID1 的诸多缺点中，没有一条真正涉及学习理论。

众所周知，教学系统设计的理论基础包括四个组成部分，即系统理论、学习理论、教学理论和传播理论。由于学生是认知主体，任何教学的目的都是为了促进学生学习质量与学习效率的提高，因此，研究人类学习过程内在规律的学习理论，显然在教学系统设计过程中起着关键性的指导作用，即学习理论应当是四种理论中最重要的理论基础。另外，在这四种理论当中，系统理论、教学理论和传播理论近几十年来对教学系统设计理论发展的影响比较稳定（从 20 世纪 60 年代末以来，几十年间这三种理论对教学系统设计的发展均起过较大的推动作用，但这种作用及影响没有太大变化）。唯有学习理论，由于自 20 世纪 50 年代以来，历经行为主义、认知主义和建构主义等不同发展阶段，因而对教学系统设计理论发展的影响特别显著，特别引人注目。所以我们认为③，对教学系统设计理论发展阶段的研究只有紧紧抓住学习理论，才有可能厘清教学系统设计理论的发展脉络，不致陷入各种教学系统设计过程模式所罗列的烦琐教学事件和具体细节之中，也才有可能真正对教学系统设计过程模式的发展作出科学的分代。

----

① Merrill M D，et al. Limitation of First Generation Instructional Design(ID1)[J]. Educational Technology，1990，30(1).

② Merrill M D，et al. Second Generation Instructional Design[J]. Educational Technology，1990，30(2).

③ 何克抗. 从信息时代的教育与培训看教学设计理论的新发展(上)[J]. 中国电化教育，1998(10)：9-12.

　　按照所运用的学习理论的不同，我们认为①，教学系统设计过程模式的发展迄今经历了三代——我们分别称之为第一代、第二代和第三代的教学系统设计模式（简称 ID1、ID2 和 ID3）。所谓 ID1 其主要标志是，在学习理论方面它以行为主义的联结学习（即刺激—反应）作为其理论基础；ID2 的主要标志是，在学习理论方面它以加涅的"联结—认知"学习作为其理论基础；ID3 的主要标志则是，在学习理论方面它以建构主义的学习理论作为其理论基础。其中，ID1 和 ID2 都属于"以教为主"的教学系统设计过程模式。

（二）ID1 的代表性模式——"肯普模式"

　　一般认为，ID1 的代表性模式应推"肯普模式"，它是由肯普（J. E. Kemp）在 1977 年提出，后来又经过多次修改才逐步完善（如图 2-1 所示）。该模式的特点可用三句话概括：在教学系统设计过程中应强调四个基本要素，需着重解决三个主要问题，要适当安排十个教学环节。

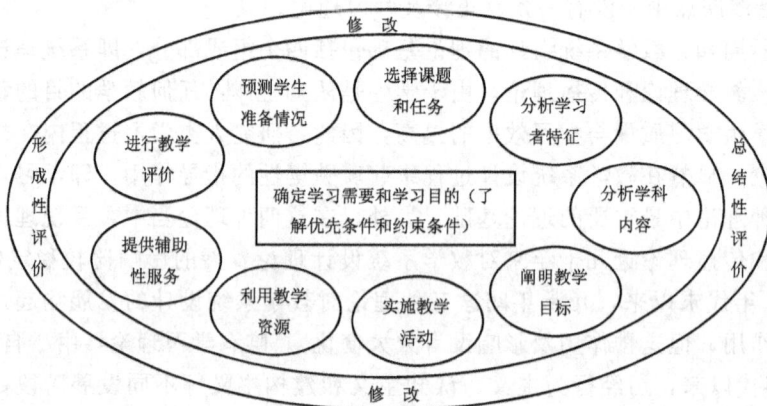

图 2-1　肯普模式

　　（1）四个基本要素：是指教学目标、学习者特征、教学资源和教学评价。肯普认为，任何教学系统设计过程都离不开这四个基本要素，由它们即可构成整个教学系统设计过程模式的总体框架。

　　（2）三个主要问题：肯普认为任何教学系统设计都是为了解决如下三个主要问题：①学生必须学习到什么（确定教学目标）；②为达到预期的目标应如何进行教学（即根据教学目标的分析确定教学内容和教学资源，根据学习者特征

---

　　① 何克抗. 从信息时代的教育与培训看教学设计理论的新发展（上）[J]. 中国电化教育，1998(10)：9-12.

分析确定教学起点，并在此基础上确定教学策略、教学方法）；③检查和评定预期的教学效果（进行教学评价）。

（3）十个教学环节：①确定学习需要和学习目的，为此应先了解教学条件（包括优先条件和限制条件）；②选择课题和任务；③分析学习者特征；④分析学科内容；⑤阐明教学目标；⑥实施教学活动；⑦利用教学资源；⑧提供辅助性服务；⑨进行教学评价；⑩预测学生的准备情况。

为了反映各环节之间的相互联系、相互交叉，肯普没有采用直线和箭头这种线性方式来连接各个教学环节，而是采用如图 2-1 所示的环形方式来表示教学系统设计模式。图中把确定学习需要和学习目的置于中心位置，说明这是整个教学设计的出发点和归宿，各环节均应围绕它来进行设计。各环节之间未用有向弧线连接，表示教学系统设计是很灵活的过程，可以根据实际情况和教师自己的教学风格从任一环节开始，并可按照任意的顺序进行。图中的"形成性评价""总结性评价"和"修改"在环形圈内标出，这是为了表明评价与修改应该贯穿在整个教学过程的始终。

由图 2-1 可见，在十个教学环节中有九个环节（即①②③④⑤⑦⑧⑨⑩）皆由教师自己完成，另外一个环节⑥是在教师主讲或起主导作用的前提下由师生共同完成。整个教学过程主要靠教师向学生传递（灌输）知识，其指导思想就是通过教师的教来促进和实现"刺激—反应"联结，学生在学习过程中的主动性、积极性较难发挥。显然，这是一个典型的"以教师为中心"的、以行为主义学习理论为基础的教学系统设计过程模式。

（三）ID2 的代表性模式——"史密斯—雷根模式"

ID2 的代表性模式应推"史密斯—雷根模式"，它是由史密斯和雷根（P. Smith，T. Ragan）于 1993 年提出。他们认为，教学系统设计过程主要完成三项设计活动：（1）实施教学分析以决定"到哪里去"；（2）设计教学策略以决定"怎样到达那里"；（3）开发和进行教学评价以决定"怎样知道我们已到达那里了"。所以，该模式包括教学分析、策略设计和教学评价三个阶段（如图 2-2 所示）。①

教学分析阶段也称为前期分析阶段，设计者主要分析三个要素：学习环境、学习者、学习任务。学习环境分析主要完成两项工作：（1）教学需求的具体化，以帮助学习者达成教学目标；（2）教学得以进行的学习环境描述。学习者分析主要分析学习者的特征和具体的起点水平。学习任务分析的基本步骤

---

① 蔡铁权，钱旭鸯. 教学设计过程模式的结构与规范[J]. 浙江教育学院学报，2008（7）：36-43.

图 2-2 中的流程图。

```
┌─────────────────────────────────────────────────────┐
│ 教学分析        ┌──────────────┐                      │
│                 │  学习环境分析 │                      │
│                 └──────────────┘                      │
│                 ┌──────────────┐                      │
│                 │ 学习者特征分析│                      │
│                 └──────────────┘                      │
│                 ┌──────────────┐   ┌──────────────┐   │
│                 │  学习任务分析 │   │ 编写测验项目 │   │
│                 │(包括教学目标、│   └──────────────┘   │
│                 │ 教学内容分析) │                      │
│                 └──────────────┘                      │
└─────────────────────────────────────────────────────┘
┌─────────────────────────────────────────────────────┐
│ 策略设计      ┌──────────────────────────────┐        │
│              │          设  计               │        │
│              │  ● 组织策略                   │        │
│              │    (教学组织策略)             │        │
│              │  ● 传递策略                   │        │
│              │    (教学媒体和交互方式选择策略)│        │
│              │  ● 管理策略                   │        │
│              │    (教学资源管理策略)         │        │
│              └──────────────────────────────┘        │
│                 ┌──────────────────┐                 │
│                 │ 编写与制作教学资料│                 │
│                 └──────────────────┘                 │
└─────────────────────────────────────────────────────┘
┌─────────────────────────────────────────────────────┐
│ 教学评价       ┌──────────────┐                      │
│                │ 进行形成性评价│                      │
│                └──────────────┘                      │
│                ┌──────────────┐                      │
│                │   修改教学   │                      │
│                └──────────────┘                      │
└─────────────────────────────────────────────────────┘
```

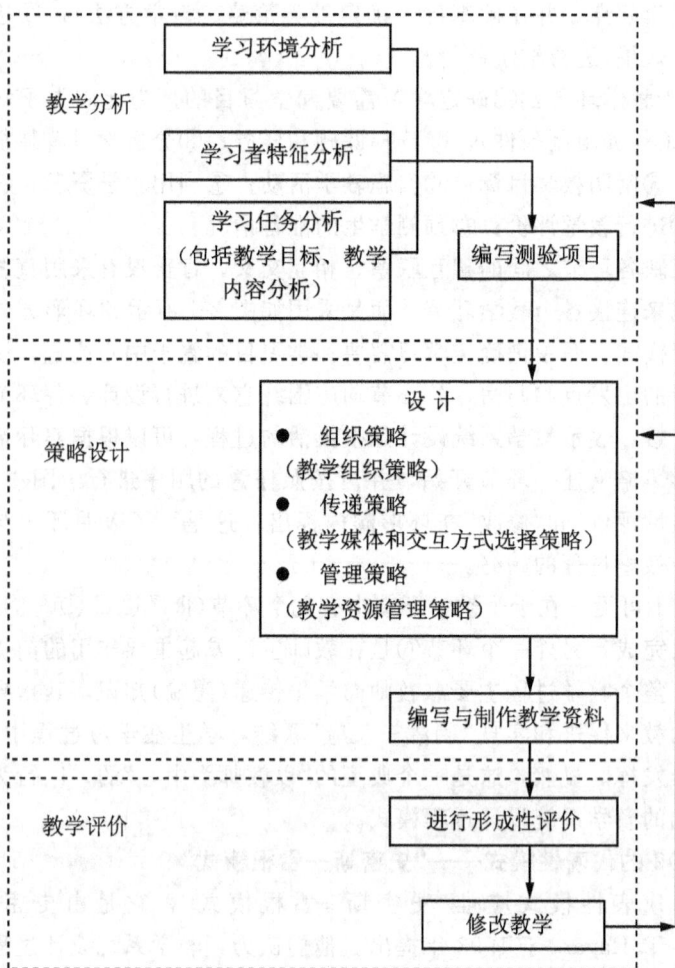

图 2-2 史密斯—雷根模式

有:(1)编写学习目标;(2)确定学习目标的类型;(3)进行信息加工分析;(4)分析先决条件,决定各类学习所需的先决知识和技能;(5)根据学习目标和先决条件,编写行为目标,并在上述分析的基础上,编写测试项目。

策略设计阶段应着重阐明组织策略、传递策略和管理策略的设计。组织策略主要包括:怎样确定教学顺序、呈现哪些教学内容、怎样呈现教学内容;传递策略主要包括:应当运用什么教学媒体以及学习者应如何分组;管理策略主要是指教学资源的安排和分配。在策略设计阶段,史密斯和雷根还吸收了瑞格卢斯的"细化理论"和梅瑞尔的"成分显示理论"中的指导思想——从宏观水平和微观水平两个维度阐明了教学组织策略，即"宏策略"和"微策略"两类。宏策略组织教学的原则是要揭示学科知识内容中的结构性关系，也就是各个部分之间的相互作用及相互联系；微策略则强调应按单一主题组织教学，其策略部件包括定义、例题和练习等。在实际教学中，宏策略用来指导对学科知识内容的组织和对知识点顺序的排列，它是从全局来考虑学科知识内容的整体性以及其中各个部分之间的相关性；微策略则为如何教特定的学科内容提供"处方"，它考虑的是一个个概念或原理(即每个知识点)的具体教学方法。在阐明策略的基础上，讨论了各类教学材料的编写与制作。

教学评价阶段主要阐明了形成性评价和总结性评价。尽管在模式图中没有体现出总结性评价，但史密斯和雷根还是关注到总结性评价在实施过程中应注意的相关问题。

由于史密斯—雷根模式所包含的教学分析、策略设计和教学评价等三个阶段都有赖于教师主导作用的发挥，而策略设计阶段(尤其是"传递策略"部分)则有赖于行为主义学习理论的支持；与此同时，该模式又吸取了加涅在"学习者特征分析"环节中注意对学习者内部心理过程进行认知分析的优点，而且为了使学生能更好地理解和接受各种复杂的新知识、新概念，对教学内容的组织和有关策略的制订还充分考虑到了学生的原有认知结构和认知特点。这就表明，该模式确实较好地体现了行为主义与认知主义的结合，能较充分地体现"联结—认知"学习理论的基本思想。

(四)ID3 的代表性模式——"建构主义学习环境设计过程模式"

在过去的 30 年中，强调"刺激—反应"，并把学习者看作是对外部刺激做出被动反应和知识灌输对象的行为主义学习理论，尽管仍有其积极的意义，但是在心理学界的主导地位已经让位给强调认知主体内部心理过程并把学习者看作是信息加工主体的认知学习理论。随着心理学家对人类学习过程、认知规律研究的不断深入，自 20 世纪 90 年代以来，认知学习理论的一个重要分支——建构主义学习理论日益引起人们的重视。近年来，由于信息技术的发展，特别是多媒体、超媒体、人工智能、互联网、虚拟现实等技术所具有的多种特性，特别适合于实现建构主义学习环境——即既能表征知识的内在结构，又能让学生积极主动地去自主建构知识，也可以为学习者群体提供社会化的、真实的协作学习情境。所以，随着多媒体计算机和基于 Internet 的网络教育应用的飞速发展，建构主义正愈来愈显示出其强大的生命力，建构主义指导下的教学系统设计理论和方法也在逐渐形成与发展。乔纳森用两个模型(如图 2-3 和图 2-4 所示)表示了建构主义对教学系统设计的影响。

图 2-3　建构主义的发展

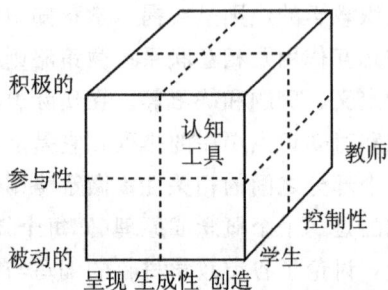

图 2-4　建构主义的特点

由图 2-3 和图 2-4 可见，建构主义确实为教学系统设计理论和方法提供了一种全新的思路，是学习理论由行为主义转向认知主义以后的进一步发展。其核心思想就是对"认知工具"的建构，从"参与性—生成性—控制性"三个维度来看，建构主义指导下的认知工具表现出"积极的—创造性的—学习者控制"的思想，这三个方面正好体现了建构主义在教学系统设计过程中的重要意义及指导作用。

建构主义指导下的教学系统设计特别强调学习环境的设计，其设计结果就是建构主义学习环境(constructivist learning environments，CLEs)。从这个意义上说，ID3 的代表性模式应推"建构主义学习环境设计过程模式"。乔纳森认为，CLEs 的构成部分主要有问题、相关案例、信息资源、认知工具、会话与协作和社会/背景支持六个部分(如图 2-5 所示)，并为学习者的意义建构提供三种教学策略的支持：建模策略、教练策略和支架策略。关于其具体的设计方法，我们将于第四章学习环境的设计中作进一步的说明。

乔纳森强调，该模式主要是为设计支持建构性学习的学习环境提供指导，而不是为教学过程提供支持。并且他认为，建构主义学习环境并不适合于所有的学习结果，而是比较适合于学习者个人的或者协作的知识建构和问题解决场合。

除了上述作为代表性的建构主义学习环境设计过程模式以外，随着建构主义学习理论的发展，还出现了其他的 ID3 模式。其中产生了较大影响的有：分层协商模式；基于混沌理论的模式；A-Maze 模式；R2D2 模式；基于目标的剧情设计模式；以贾斯珀系列为范例的抛锚式教学设计模式；基于问题的教学设计模式；四要素教学设计模式等。① 这些不同的教学系统设计过程模式作为

---

① 钟志贤. 面向知识时代的教学设计框架[M]. 北京：中国社会科学出版社，2006：18-26.

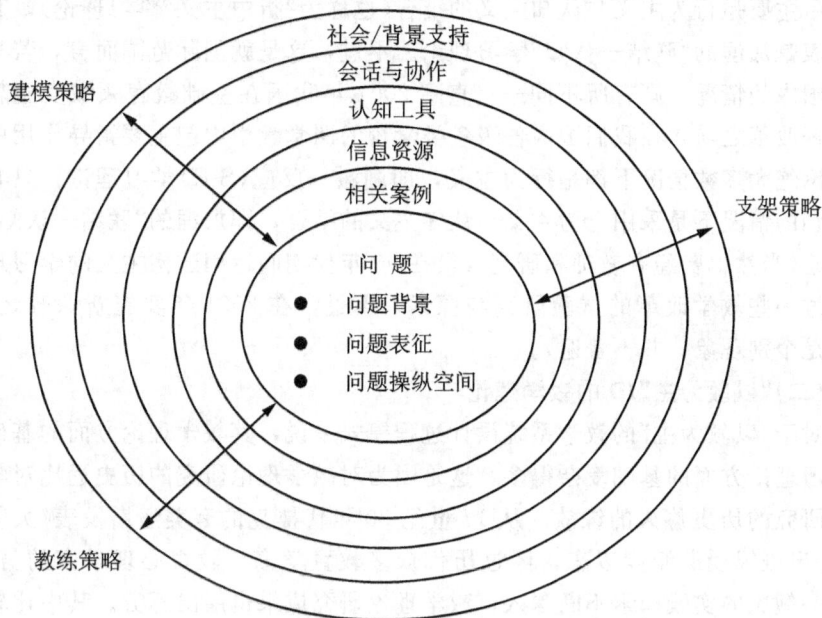

社会/背景支持
会话与协作
认知工具
信息资源
相关案例

问 题
● 问题背景
● 问题表征
● 问题操纵空间

建模策略

支架策略

教练策略

图 2-5 建构主义学习环境设计过程模式

发展中的教学系统设计范型，从不同的侧面和角度，反映了建构主义学习理论对拓展教学系统设计的视野具有多方面的启示及指导意义。

第二节 "以教为主"的教学系统设计过程模式

从我国教育实践的现实情况来看，20世纪90年代以前的教学系统设计过程模式基本上都是"以教为主"。这种模式的优点是有利于教师主导作用的发挥，便于教师组织、监控整个教学活动进程，便于师生之间的情感交流，因而有利于系统的科学知识的传授，并能充分考虑情感因素在学习过程中的重要作用。

一、"以教为主"ID 的理论基础

(一)"以教为主"ID 的学习理论

一般认为，在20世纪50～70年代，对于"以教为主"的教学系统设计过程模式来说，其学习理论方面的基础主要是行为主义，其典型代表是斯金纳(B. F. Skinner)的联结主义学习理论或称刺激—反应(S-R)学习理论；在70年代以后主要是行为主义与认知主义的结合(也称为"折中主义"学习理论),其典型代表是加涅的"联结—认知"学习理论。不过,这是就国际范围而言,若是仅考虑国内的情况,则有所不同——直到 2001 年我国在基础教育领域实施新一轮课程改革之前,在我们国内各级各类学校的课堂教学中起主要指导作用的学习理论绝大多数情况下都是行为主义,即刺激—反应(S-R)学习理论;只有在极个别的情况下是采用行为主义与认知主义的结合,即加涅的"联结—认知"学习理论(当然也曾经有教师和研究人员在 90 年代期间运用建构主义的学习理论进行过一些教学改革的试验研究与探索,不过,在 2001 年实施新课改之前,这只是个别现象,并不普遍)。

(二)"以教为主"ID 的教学理论

对于"以教为主"的教学系统设计过程模式来说,其教学理论方面的基础要比学习理论方面的基础复杂得多,这是因为对教学理论研究的历史远比对学习理论研究的历史悠久的缘故。从 17 世纪 30 年代捷克的夸美纽斯发表《大教学论》提出班级授课制度以来,经过历代众多教育学家、教育心理学家的努力,使这一领域的实践探索不断深入,教学理论研究成果也层出不穷。其中比较重要的有:

19 世纪德国赫尔巴特的"五段教学"理论——"五段"是指预备、提示、联系、统合、应用。

20 世纪苏联凯洛夫的教学理论——他运用马克思主义认识论对赫尔巴特的"五段教学"理论加以改造,提出一种新的五段教学理论,即激发学习动机、复习旧课、讲授新课、运用巩固、检查效果。

赞可夫的"发展观"——认为教学不仅应当促进儿童对知识与技能的掌握,而且应当促进儿童的一般发展,即儿童身心各方面的发展。

巴班斯基的"最优化"理论——"最优化"是指要从实际情况的具体条件出发,确定效果和时耗的双重质量标准,选定最佳教学方案,按照实施中的反馈信息及时调整教学活动进程,以期达到最大效益,并使每个学生都能得到最合理的教育和发展。

此外,还有美国布鲁纳的"学科结构论"。布鲁纳认为,不应强调增加教材的量,而应按照学科内容自身的体系结构,即应围绕学科的基本概念、基本原理和基本方法来进行教学,才能有效地促进儿童的智力发展。

布卢姆的"掌握学习"理论。布卢姆认为,只要能正确运用"掌握学习"的教学策略,绝大多数甚至 90％以上的学生都能很好地达到教学目标的要求。

加涅的"学习条件"理论以及建立在"学习条件"理论与加涅的"联结—认知"

学习理论基础上的"九段教学法"。

直到 20 世纪后半叶奥苏贝尔创立的"学与教"理论等。

尽管其中每一种理论都对"以教为主"ID 做出了自己的贡献,但真正能对"以教为主"ID 做出最全面支持的恐怕只有奥苏贝尔的"学与教"理论。这是因为,学习过程既涉及认知因素,也涉及情感因素。因此,若要对"以教为主"ID 给予全面的理论支持,必须既要研究认知因素对学习过程的影响,又要研究情感因素对学习过程的作用。为了能实现对教学过程的优化,真正提高学习的质量与效率,最好还能在上述两方面研究的基础上提出一套可以付诸实施的有效教学策略。按照这样的要求,再来看看上述各种理论,不难发现,其中有些理论完全没有(或很少涉及)认知心理学的研究基础(如赫尔巴特和凯洛夫的理论);有些虽然考虑了认知因素,但对认知学习理论的坚持不够彻底;其他理论或是对情感因素在学习过程中的影响重视不够,或是未能提出一套行之有效的教学策略。只有奥苏贝尔对这三个因素(即认知因素、情感因素和教学策略因素)都作了较为深入的研究与探索并取得重要成果。因此我们认为,以奥苏贝尔的"学与教"理论作为"以教为主"ID 的主要理论基础是恰当的(但是并不否认、更不排斥其他学习理论和教学理论也能对"以教为主"ID 在某一方面或某些方面提供有力的支持)。奥苏贝尔的"学与教"理论内容很丰富,主要涉及三个方面:"有意义学习"理论、"先行组织者"教学策略和"动机理论"。下面分别作扼要介绍。

1. "有意义学习"理论

奥苏贝尔将"学习"按照其效果划分为"有意义学习"与"机械学习"两种类型。所谓"有意义学习",是指用符号表示的观念,以非任意的方式、在实质上(而不是在字面上)与学习者已经知道的内容联系在一起;而"非任意的、实质性的联系",是指这些观念和学习者原有认知结构中的某一方面(如某个表象,某个有意义的符号、概念或某个命题)有联系。换句话说,要想实现有意义的学习——真正习得知识的意义,即希望通过学习获得对知识所反映事物的性质规律以及事物之间内在联系的认识,关键是要在当前所学的新概念、新知识(即"符号表示的观念")与学习者原有认知结构中的某个方面(表象、概念或命题)之间建立起非任意的实质性联系。只要能建立起这种联系就是"有意义的学习",否则就必然是死记硬背的"机械学习"。奥苏贝尔认为,能否建立起新旧知识之间的这种联系,是影响学习的唯一的最重要因素,是教育心理学中最基本、最核心的一条原理。正如他的代表性论著《教育心理学——一种认知观点》一书的扉页中用特大号字所表述的:"假如让我把全部教育心理学仅仅归结为一条原理的话，那么，我将一言以蔽之曰：影响学习的唯一最重要因素就是学习者已经知道了什么。要探明这一点，并应据此进行教学。"

奥苏贝尔指出，要想实现有意义学习可以有两种不同的途径或方式：接受式学习和发现式学习。接受式学习的基本特点是："所学知识的全部内容都是以确定的方式被(教师)传递给学习者。学习过程并不涉及学生自身任何独立的发现。学习者只需要把呈现出来的材料(无意义音节或配对形容词、一首诗或几何定理)加以内化或组织，以便在将来某个时候可以利用它或把它再现出来。"发现式学习的基本特点则是："要学的主要内容不是(由教师)传递的，而是在从意义上被纳入学生的认知结构以前必须由学习者自己去发现出来。"可见，前者主要是依靠教师发挥指导作用，并通过"传递—接受"教学方式(奥苏贝尔简称之为"接受式学习")来实现；后者则主要是依靠学生发挥认知主体地位，并通过"自主探究、自主发现"学习方式(也称"发现式教学")来实现。奥苏贝尔认为这两种教学方式都可以有效地实现有意义学习，关键是要能在新概念、新知识与学习者原有认知结构之间建立起非任意的实质性联系。反之，如不能建立起这种"联系"，不仅"传递—接受"教学方式将是机械的、无意义的，就是"发现式教学"也不可能实现有意义学习的目标。

2. "先行组织者"教学策略

奥苏贝尔认为，能促进有意义学习的发生和保持的最有效策略，是利用适当的引导性材料对当前所学新内容加以定向与引导。这类引导性材料与当前所学新内容(新概念、新命题、新知识)之间在包容性、概括性和抽象性等方面应符合认知同化理论要求，即便于建立新、旧知识之间的联系，从而能对新学习内容起固定、吸收作用。这种引导性材料就称为"组织者"。由于这种组织者通常是在介绍当前学习内容之前，用语言文字表述或用适当媒体呈现出来，目的是通过这种先行表述或呈现帮助学习者确立有意义学习的心向，所以又被称为"先行组织者"。不难看出，先行组织者实际上就是学习者认知结构中"原有观念"的具体体现——即通过适当的语言文字表述或通过某种媒体呈现出来的、与当前所学内容相关的"原有观念"。所以先行组织者不仅有助于建立有意义学习的心向，而且还能帮助学习者认识到当前所学内容与自己头脑中原有认知结构的哪一部分之间存在有非任意的实质性联系，从而有效地促进有意义学习的发生和习得意义的保持。关于"先行组织者"教学策略的具体实施方法，我们将在第三章中进行详细介绍。

3. 动机理论

在对学习过程的认知条件、认知因素进行深入研究的基础上，奥苏贝尔不仅提出了"有意义学习"理论和"先行组织者"教学策略，而且还使他注意到影响学习过程的另一重要因素即情感因素的作用。奥苏贝尔认为，情感因素对学习的影响主要是通过动机在三个方面起作用：

①动机可以影响有意义学习的发生；

②动机可以影响习得意义的保持；

③动机还可以影响对知识的提取（回忆）。

奥苏贝尔认为，动机应由"认知内驱力""自我提高内驱力"和"附属内驱力"三种内驱力组成。

◆ 认知内驱力：是指要求获得知识、了解周围世界、阐明问题和解决问题的欲望与动机。这种内驱力是希望通过学习活动本身来得到"求知欲"的满足，所以是一种内在的学习动机。由于有意义学习活动的结果就是对学习者求知欲的一种满足、一种激励，所以奥苏贝尔强调，这是"有意义学习中的一种最重要的动机"。

◆ 自我提高内驱力：是指学习者希望通过获得好的学业成绩，来提高自己在家庭和学校中地位的学习动机。随着年龄的增长，自我意识的增强，学习者愈来愈希望能在家庭和学校集体中受到尊重。这种愿望也可以推动学习者努力学习，争取好成绩，以赢得与其成绩相匹配的地位。自我提高内驱力强的学习者，所追求的不是知识本身，而是知识之外的地位满足（受人敬重、有地位），所以这是一种外在的学习动机。

◆ 附属内驱力：是指通过顺从、听话，以便从父母和老师那里得到认可，从而获得派生地位的一种动机。这种动机也不是追求知识本身，而是追求知识之外的自尊满足（家长和老师认可），所以也是一种外在的学习动机。

二、"以教为主"ID 的方法与步骤

"以教为主"ID 的方法、步骤通常包括如下几个环节。

(一)教学目标分析

通过教学目标分析，确定与该目标相关的教学内容及知识点顺序。在"以教为主"的教学系统设计中，进行教学目标分析的步骤是：从教学大纲所规定的总教学目标出发，逐步确定出各级子目标，并画出它们之间的形成关系图；再由形成关系图即可进一步确定为达到规定的教学目标所需的教学内容和教学顺序（知识点排列顺序）。

(二)学习者特征分析

教学系统设计的目的是为了有效促进学习者的学习，而学习者是学习活动

的主体，学习者所具有的认知、情感和社会三方面的特征都将对学习过程产生影响（认知特征包括认知能力、认知风格、知识水平等；情感特征涉及动机、态度、兴趣、爱好等；社会特征则与家庭、种族、宗教、社会环境及传统文化背景有关）。通过对学习者几方面特征的分析，可以了解学生原有的学习基础、认知特点与学习态度，从而可以确定教学起点，实现因材施教。

（三）教学媒体的选择

传统的书本、黑板以及随后出现的幻灯机、投影仪、电视机等教学媒体在教学中主要是发挥教学手段的作用，辅助教师传递教学的信息。而目前迅速发展的多媒体计算机技术、虚拟现实技术、网络通信技术、人工智能技术等不仅可以为学生创设多样化的学习环境，而且可以作为学生学习的认知工具。由于不同教学媒体的特性与教学功能不同，不存在一种能对任何教学都发挥最佳作用的媒体，因此，在教学过程中对媒体的使用需要进行选择。教学媒体的选择是"以教为主"的教学系统设计中的一个重要环节。在"以教为主"的教学系统设计中，我们需要在教学目标分析和学习者特征分析的基础上，结合每种媒体的特性和教学的需要，有针对性地对教学媒体进行选择。

（四）教学策略的运用

"以教为主"ID所遵循的教育思想是"以教师为中心"，因而其教学观念必定是强调"传递—接受"为标志的教与学活动（通常称之为"传递—接受"式教学观念）。在这种教学观念的指引下，教师主要通过"口授""板书"（在信息化教学环境下"板书"可由"PPT"文档取代）向学生讲解学科知识，传授专业技能，并释疑解难，帮助突破重点难点；学生则要用心听讲，认真记笔记，并进行必要的提问、操练，以便理解、消化，最终接受、掌握老师讲授的内容。因此，在"以教为主"的教学系统设计中，应在教学目标分析和学习者特征分析的基础上，根据当前的教学内容和教学对象的需求，恰当选取并综合运用各种"传递—接受"式策略，来实现有效的教学。

（五）开展教学评价

在实施上述几个教学系统设计步骤的过程中，还要适时开展形成性教学评价；在教学过程中的形成性评价可以有多种方式：提问、测验、考试、察言观色等（皆由教师在教学过程中完成），根据形成性评价所得到的反馈再对教学内容与教学方法、策略加以适当调整，从而使教学系统设计能更好地达到预期的效果。

第三节　"以学为主"的教学系统设计过程模式

20世纪90年代以后，随着多媒体和网络技术的日益普及，西方建构主义思想迅速流行。由于多媒体和网络技术能提供界面友好、形象直观的交互式学习环境，能提供图、文、声、像并茂的多种感官综合刺激，还能按超文本、超链接方式组织管理学科知识和各种教学信息，不仅有利于学生的自主发现、自主探究，还有利于发展联想思维和建立新旧知识之间的联系，从而促进学生认知结构的形成与发展。这是其他的教学媒体或其他学习环境无法比拟的，而这些学习环境特征正是建构主义学习理论所要求的，也是建构主义学习环境必须具备的基本属性或基本要素——没有这些基本属性或要素就无法实现学生对知识意义的自主建构。换句话说，具有这类属性或要素的建构主义学习环境是实现学生自主建构的必不可少的重要条件。

一、"以学为主"ID的理论基础

"以学为主"ID是随着建构主义理论日益流行而逐渐发展起来的，所以这种ID的理论基础主要是建构主义的学习理论与建构主义的教学理论，为了更好地理解建构主义的学习观、知识观、教学观以及相应的教学设计理论与方法，有必要对建构主义理论产生的哲学背景与心理学背景追根溯源。

(一)建构主义的由来与发展

1. 建构主义思想产生的哲学背景

作为一种学习的哲学，建构主义至少可追溯到18世纪文艺复兴时代意大利的哲学家、人文主义者詹巴蒂斯塔·维柯(Giambattista Vico)，他在《新科学》一书中以其深邃的洞察力指出人类具有一种本能的、与生俱来的、独特的"诗性的智慧"，指引他们以隐喻、象征和神话的形式对周围环境做出反应。因此，对神话恰如其分的解释可以被看成是"最初一些民族的文明史"。正是由于人类通过历史创造社会，塑造自己，因此永恒的人性是不存在的，每一种文化都与人类的创造有关。正是在这个意义上，他指出人们只能清晰地理解他们自己建构的一切。也正因为如此，当今激进建构主义的主要代表人物冯·格朗斯费尔德(Ernst von Glasersfeld)称维柯为"18世纪初建构主义的先驱"。从哲学角度看，建构主义扎根于康德对理性主义与经验主义的综合，他认为主体不能直接通向外部世界，而只能通过利用内部构建的基本的认知原则或范畴去组织经验，从而发展知识。

20 世纪美国著名的实用主义哲学家与教育家杜威(John Dewey)对建构主义思想的发展也产生过一定的影响。在实用主义哲学和生物进化论的指引下，杜威把经验看作现实世界的基础，他认为真正的理解是与事物怎样动作和事情怎样做有关的，真正的理解在本质上必然是跟动作相联系的。因此，杜威特别强调经验的能动性，认为经验的中心应该是主体在有目的选择对象基础上的主观"创造"；经验是由现在伸向未来的过程，是对现有事物的一种改造。杜威的这种经验主义并不满足于对过去事实的重复，而是给可能性和自由留下了空间，确认了经验以及整个认识是一个能动与发展的过程。由此，他将立足于"行动"的学习与不确定情境中的探索联系在一起。正是由于情境具有内在独特的不确定性，才能使探索存在，并激励和指导着探索的前进。杜威还进一步指出，这些情境必须发生于一定的社会背景之中，这样，学习者才能在其中创建学习共同体，并在该共同体中一起建构他们的知识。

2. 建构主义理论产生的心理学基础

(1)皮亚杰的认知发展理论

论及建构主义的产生和发展，不能不提瑞士心理学家皮亚杰(J. Piaget)，他既是 20 世纪对建构主义理论的诞生做出重要贡献的人物，也是个体认知建构主义学派的代表人物，他所创立的关于儿童认知发展的学派被人们称为日内瓦学派。皮亚杰的理论充满唯物辩证法，他坚持从内因和外因相互作用的观点来研究儿童的认知发展。他认为儿童不是只能被动地等待着环境刺激影响和塑造的生物体，而是刺激的主动寻求者、环境的主动探索者，他们是在与周围环境相互作用的过程中，逐步建构起关于外部世界的知识，从而使自身认知结构逐步形成与发展。在皮亚杰看来，不存在纯粹的客观现实，现实是主体依据已有的认知图式对环境信息进行的建构。客体只有在经过主体认知结构的加工改造后才能被主体所认识，主体对客体的认识程度完全取决于主体具有什么样的认知结构。因此，对现实的认识是一个能动的、积极的、活跃的建构过程，体现了主体与环境的相互作用。这种相互作用涉及两个基本过程："同化"与"顺应"。同化是指把外部环境中的相关信息吸收进来并结合到儿童已有的认知结构(也称"图式")中，即个体把外界刺激所提供的信息整合到自己原有认知结构内的过程；顺应是指外部环境发生较大变化，而原有认知结构无法同化新环境所提供的信息时(即无法将新信息纳入原有认知结构的情况下)，将引起原有认知结构的重组与改造——这个过程即是"顺应"。换句话说，"顺应"是指个体的认知结构因外部刺激的影响而发生重组与改造的过程。可见，同化是使原有认知结构在容量方面扩充(图式扩充)，而顺应则是使原有认知结构的性质发生改变(图式改变)。认知个体(儿童)就是通过同化与顺应这两种形式来达到与周围环境的平衡;当儿童能用现有图式去同化新信息时,他是处于一种平衡的认知状态;而当现有图式不能同化新信息时,平衡即被破坏,而修改或创造新图式(即顺应)的过程就是寻找新的平衡的过程。儿童的认知结构就是通过同化与顺应这两种方式逐步建构起来的,并在"平衡—不平衡—达到新平衡"的循环中不断得到丰富、提升与扩展。

基于皮亚杰的认知建构思想发展起来的个体认知建构主义理论认为,学习是儿童自身进行探索、发现和建构的过程,是学习者总结个人经验而不断重构个人的理解和知识的过程。不过,个体认知建构主义并不否认社会性交互作用的重要性。皮亚杰认为,学习者应与他们的环境(无论物理环境还是社会环境)相互作用,在这一交互作用的过程中,学习者应实实在在地接触跟他们建构的世界知识不一致的各种现象。

(2)维果茨基的"社会文化历史观"与"最近发展区"理论

俄国杰出的心理学家维果茨基(Lev S. Vygotsky)有关人的心理发展的研究对于理解建构主义也是十分重要的。在其"文化历史发展理论"中,维果茨基主张,关于人的意识的形成与心理的发展应该从历史的观点出发,在一定的社会环境之中、在与环境相互联系和相互作用的过程中去研究。并提出人所特有的被中介的心理机能不是从内部自发产生的,它们只能产生于人们的协同活动和人与人的交往过程中,人所特有的新的心理过程结构最初必须在人的外部活动中形成,随后才有可能转移至内部,内化为人的内部心理过程的结构。在此基础上以维果茨基为首的维列鲁学派深入地研究了"活动""社会交往"和"语言"在人的高级心理机能发展中的重要作用,指出社会性交互作用中活动和语言是人与其他生物之间最根本性的差异。除此之外,他还提出了关于"教学与发展"二者之间关系的"最近发展区"的概念,指出应该确定儿童发展的两种水平,他认为,如果不了解这两种水平,将难以达到良好的教学效果。维果茨基将第一种水平称之为"现有发展水平"——指儿童已经完成某种发展周期并由此而形成的相应心理机能发展水平;第二种发展水平即"最近发展区"是指儿童正在形成、正在成熟过程中(但目前尚未具有)的某种心理机能——表现为儿童在这一阶段还不能独立,但可以在他人的帮助下完成某种任务。据此,维果茨基认为教育应当以儿童发展的明天为目标。教学的本质特征不在于训练、强化已经形成的心理机能,而在于激发和促进目前尚未成熟的、处于最近发展区的心理机能。由于儿童的心理发展主要是在人际交往过程中、在活动中形成的,而通过人际交往与互动合作的教学能够最有效地促进儿童心理的发展并创造出儿童全新的心理活动机能。维果茨基的理论强调活动、强调社会交往在个体认知发展中的重要作用，从而使建构主义理论得到进一步的丰富、完善和发展。也正因为如此，在国际上，维果茨基被公认为是"社会认知建构学派"的代表人物（而皮亚杰，上面已经提到，他是"个体认知建构学派"的代表人物）。

受维果茨基的影响，社会认知建构主义强调知识的建构与发展是通过社会交往和互动合作等认知活动完成的，这种社会性的知识建构是通过两个或两个以上的人在从事持续的交往和互动的社会环境中实现的——在与别人讨论过程中帮助学习者学到新东西，扩大其认知结构，更清楚地表达他们自己的已有概念，检验那些与别人相左的观念，并加以重新建构。通过诸如此类的社会性建构，使学习者的认知结构得以更健康、更全面地发展。于是，合作学习（cooperative learning）、交互作用教学（reciprocal teaching）等学习（教学）方法应运而生。社会建构主义还认为，学校教学应该尽可能根据自然情境来建立其教学模式。学校常常是在人工环境中教学生那些从实际环境中抽象出来的一般性知识和技能，而这些一般性知识和技能常常被遗忘或只是保留在头脑内部，当社会实践中需要时往往不容易回忆或提取出来。为此，社会建构主义强调情境性学习、情境性认知，强调知行统一。为了使学生建构的知识能够保持并能应用于实际，我们必须使学生在社会环境中学习并应用，从而使学生真正理解所学内容的实际意义，而且能认真去讨论解决现实问题的种种可能的方法。

西方学者在将"最近发展区"的概念应用于教学时，提出教师应该完成三项任务，即评估、选择学习活动、提供教学支持，以帮助学生成功地通过最近发展区。

评估是指教师在进行教学时，首先应该检测学生对某一现实问题的认知能力，包括背景知识、推理能力、兴趣、态度等，以确定儿童的最近发展区。

选择学习活动的目的在于使学习要求能适应学生的认知发展水平，而不至于过难或过易。除了选择学习活动之外，教师还应该确定如何呈现学习任务——呈现学习任务的目标是通过教师和学生对任务的共同理解来产生理解的共享，而要达到理解的共享可以有两种途径：一是将任务镶嵌在有意义的情境之中，而不是用抽象方式提出大量问题；二是通过对话帮助学生分析他们所面对的问题，以达到理解的共享。

第三项任务是提供教学支持，即通过搭建"脚手架"帮助学生逐步攀登，以支持学生通过自主学习与探究，不断深化对知识意义的建构。

（3）布鲁纳的认知结构理论

布鲁纳是20世纪50年代对建构主义理论产生重要影响的一位心理学家。

他领导的美国课程改革运动虽然并不一帆风顺，但是它对心理学、教育科学以及教育实践的影响则意义深远。他和其他心理学家一起，对长期以来主导着心理学发展的行为主义和客观主义发起了一场深刻而彻底的认知革命，试图将人的高级心理过程纳入人类科学的研究轨道，并将"意义的建构"确立为心理学的中心概念。在他看来，知识是由概念、命题、基本原理及其彼此之间的相互联系组成的，这也就是知识的结构。因此，他非常重视对学科中基本概念、基本原理的学习，目的在于帮助学生形成良好的认知结构。布鲁纳认为，学习是由学生的内部动机（即好奇心、进步的需要、自居作用等）以及同伴之间相互作用驱动的积极主动的知识建构过程，该过程包括新知识的获得、知识的转换与知识的评价。在此基础上他进一步强调：由内部动机启发的学习应该是一种对未知知识的探索与发现的过程，学生应模仿科学家的科研活动方式去探索和发现未知领域，但是在这种探索过程中要求学习者既能从多重观点中建构知识的意义，又能对自己的观点和看法承担责任。与此同时，他认为在探索与发现过程中，个体的直觉思维活动有助于对不确定情境中事物整体性的直接感知。这种直觉思维常常是突发的、跳跃的，往往难以用语言描述，只能采用图像表征，并以并行方式同时呈现事物的各个要素，从而迅速做出对事物整体与本质的把握。由于学习者的学习是在他们以前学过知识的基础上进行的，因此课程应该以螺旋方式组织，这样学生就能依靠他们原先学过的知识来进行建构。

3. 由结构主义到建构主义

我们现在所谓的建构主义，有时也被称为结构建构主义，它是皮亚杰用发生认识论的观点对结构主义进行再思考的结果。那么结构主义和建构主义究竟有着什么样的渊源关系呢？结构主义在20世纪60~70年代曾经是一种盛行的哲学思潮，它作为一种具有广泛影响的哲学流派和方法论，曾渗透到各个学科，给哲学、文学、心理学、人类学、经济学、社会学等领域都带来了巨大的冲击。结构主义的发展历程及其与建构主义的关系可以用图2-6表示，图中展示了人们围绕"是否有结构""结构是从哪里来的"以及"如何建构"等问题，即对结构主义的研究逐步深入的过程。皮亚杰与布鲁纳属于个体建构论的结构主义——这就是通常所说的建构主义。维果茨基则发展了社会建构论的结构主义（建构主义的另一分支），与皮亚杰相比，这一分支的建构主义更强调社会历史文化在认知发展中的作用。

结构主义在20世纪60~70年代的兴起及其在各学科领域的应用，使得建构主义开始被人们所认识。但是，建构主义在教育领域真正引起人们的重视却是90年代以后的事情。美国《教育技术》杂志1991年设专刊探讨建构主义在教育中的应用(1991 年第 5 期和第 9 期),有力地推动了对建构主义的研究。此后,相关的研究与应用不断发展。越来越多的人认识到,教学系统设计在建构主义的影响下正在经历一次"范式转变"。

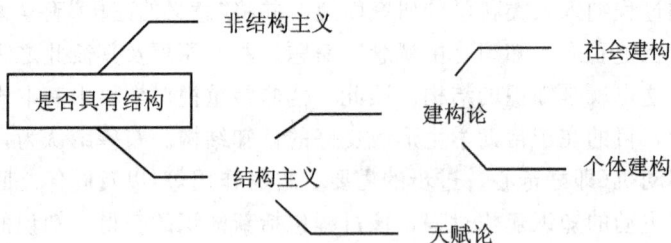

图 2-6　结构主义的各个分支

(二)"以学为主"ID 的学习理论

对于"以学为主"的教学系统设计过程模式来说,其学习理论方面的基础主要有:建构主义的学习理论、维果茨基的"最近发展区"理论、皮亚杰的儿童认知发展阶段论、布鲁纳的发现式学习理论、佩柏特(S. Papert)的基于 LOGO 语言的学习理论和范德比尔特大学(Vanderbilt University)的情境认知理论等。

其中,在实践中应用较广的是建构主义的学习理论。该理论的核心内容可以通过美国著名认知心理学家维特罗克(M. C. Wittrock)的"学习生成模型"来概括。维特罗克通过总结认知心理学将近 20 年的发展历程,以及他本人在学习理论方面(特别是在建构主义学习理论方面)的大量研究成果,于 1983 年提出了一个"人类学习的生成过程模型"(简称"学习生成模型",见图 2-7),这个模型比较集中、全面地反映了认知建构主义学习理论的成就,对于帮助我们深入了解人类学习的生成过程,帮助我们组织好各种类型、各门学科的教学活动(包括信息技术与课程整合的教学活动),以及帮助我们开展好网络课件的研制与开发都有重要的指导意义。学习生成过程是指学习者根据自己的态度、需要、兴趣和爱好以及认知策略(指学习者对信息进行加工的特殊方式,这种加工方式是通过以前的多次学习逐渐形成的,并且保存在大脑的长时记忆中)对当前环境中的感觉信息产生选择性注意,获得选择性信息并利用原有的认知结构(指储存在长时记忆中的各种表象、概念、事实、判断与结论,即通过长期的生活、学习所积累起来的知识与经验系统)完成对该信息的意义建构,从而获得新知识、新经验的过程。

长时记忆　　　　　　　　短时记忆　　　　　　外部环境
(各种表象、概念、　　　　(意义建构过程)　　　(各种外界刺激产生
事实与判断的储存)　　　　　　　　　　　　　的各种感觉信息)

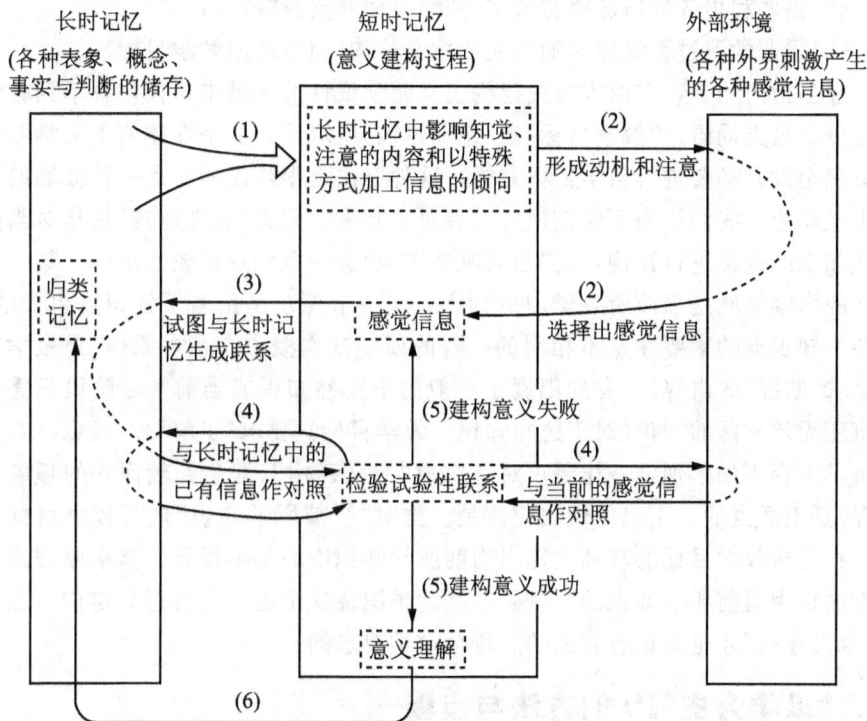

图 2-7　维特罗克的"学习生成模型"

(三)"以学为主"ID 的教学理论

对"以学为主"的教学系统设计过程模式来说,其教学理论方面的基础比较单一,主要有建构主义的教学理论。目前,建构主义教学理论主要由"建构主义的教学策略"和"建构主义的教学设计"两部分组成。

建构主义的教学策略包含"支架式教学(scaffolding instruction)策略""抛锚式教学(anchored instruction)策略""随机进入式教学(random access instruction)策略"和"自我反馈"策略等。

建构主义的教学设计(也称"以学生为中心"的教学设计),从指导思想与实施原则上看,它具有以下几个特点:

(1)强调以学生为中心(通过发挥学生的首创精神、让学生将知识外化并让学生实现自我反馈等三要素来体现以学生为中心的目标);

(2)强调"情境创设"对意义建构的促进作用;

(3)强调"合作学习"对意义建构的深化作用;

(4)强调对学习环境(非教学环境)的设计;

(5)强调利用各种信息资源来支持"学"(而非支持"教");

(6)强调学习过程最终目的是完成意义建构(而非达成教学目标)。

应当指出的是,在西方有关建构主义教学设计的文献中,往往看不到教学目标分析这类词语。"教学目标"被"意义建构"所取代,似乎在建构主义学习环境下完全没有必要进行教学目标分析。这种看法是很片面的,是一种极端的建构主义思想,我们认为不应该把这二者对立起来。因为"意义建构"是指对当前所学知识的意义进行建构,而"当前所学知识"这一概念是比较笼统的。某一节课文的内容显然是当前所要学习的知识,但一节课总是由若干知识点组成的,而各个知识点的重要性是不相同的:有的属于基本概念、基本原理(是教学目标要求"掌握"的内容);有的则属于一般的事实性知识或当前学习阶段只需要知道还无须掌握的知识(对于这类知识,教学目标只要求"了解")。可见,对当前所学内容不加区别,一律要求对其完成"意义建构"(即达到较深入的理解与掌握)是不适当的。正确的做法应该是:先对"当前所学知识"进行教学目标分析,在分析教学目标的基础上选出当前所学知识中的基本概念、基本原理或基本方法作为当前所学知识的"主题",然后再围绕这个主题进行意义建构。这样的"意义建构"才是真正有意义的、符合教学要求的。

二、"以学为主"ID 的方法与步骤

"以学为主"ID 的方法与步骤通常包括如下几个环节。

(一)教学目标分析

在"以学为主"ID 中,进行教学设计的目的,是为了确定当前所学知识的"主题"(即与基本概念、基本原理、基本方法或基本过程有关的知识内容)。由于主题包含在教学目标所需要的教学内容(即知识点)之中,通过教学目标分析得出总目标与子目标的形成关系图,即意味着得到了为达到该教学目标所需的全部知识点,据此即可确定当前所学知识的主题。

(二)情境创设

建构主义认为,学习总是与一定的社会文化背景即"情境"相联系的,在实际情境下进行学习,可以使学习者能利用自己原有认知结构中的有关经验去同化当前学习到的新知识,从而赋予新知识以某种意义;如果原有经验不能同化新知识,则要引起"顺应"过程,即对原有认知结构进行改造与重组。总之,通过"同化"与"顺应"才能达到对新知识的意义建构。所以,创设有利于学生自主建构知识意义的情境是"以学为主"ID 非常重要的环节。情境创设应分两种情况:一种是学科内容有严谨结构的情况(数学、物理、化学等理科内容皆具有

这种结构），这时要求创设有丰富资源的学习环境，其中应包含许多不同情境的应用实例和有关的信息资料，以便学习者根据自己的兴趣、爱好去主动学习、主动探索；另一种是学科内容不具有严谨结构的情况（语文、英语、历史等文科内容一般具有这种结构），这时应创设接近真实情境的学习环境，在该环境下应能仿真实际情境，从而激发学习者参与交互式学习的积极性，在此过程中去完成对问题的理解、意义的建构和对知识的掌握与运用。

（三）信息资源设计

信息资源的设计是指确定学习本主题所需信息资源的种类及其在学习本主题过程中所起的作用。对于应从何处获取有关的信息资源，如何去获取（用何种手段、方法去获取）以及如何有效地利用这些资源等问题，如果学生确实有困难，教师应及时给予帮助与辅导。

（四）自主学习策略设计

坚持"以学生为中心"的教育思想（这是"以学为主"ID 的基本特征），其教学观念必定是强调"自主—合作—探究"为标志的教与学活动（一般称之为"自主—探究"式教学观念）——在这种教学观念指引下，教师一般不进行课堂讲授，只是作为课堂教学的组织者、指导者，学生自主建构意义的帮助者、促进者，教学资源（包括学习资料与学习工具）的开发者、提供者；学生则通过自主学习达到对学科知识的初步认识与理解，通过自主探究进一步深化对所学知识的意义建构。由此，应考虑自主学习策略的设计，它是诱导学生自觉、主动地学习，并自主建构知识意义的内在因素。在设计自主学习策略时，应考虑三方面的问题：

①要在学习过程中充分发挥学生的主动性，要能体现出学生的首创精神；

②要让学生有多种机会在不同的情境下去应用他们所学的知识（将知识"外化"）；

③要让学生能根据自身行动的反馈信息来形成对客观事物的认识和解决实际问题的方案（实现自我反馈）。

有关自主学习策略设计的详细内容，可参看本书第四章"'以学为主'的教学系统设计"的有关部分。

（五）协作学习策略设计

建构主义认为，学习者与学习者之间的协作交流与互动，对于学习内容的理解（即对知识意义的建构）起着关键性的作用。协作学习的目的是为了在个人自主学习的基础上，通过小组讨论、协商和角色扮演等不同的协作学习策略，以进一步完善和深化对学习主题的意义建构。整个协作学习过程均应由教师组织引导，但讨论的问题可由教师提出也可由学生提出。有关协作学习策略设计的具体内容，可参看本书第四章"'以学为主'的教学系统设计"的有关部分。

(六)开展学习效果评价

"以学为主"ID打破了"以教为主"ID单纯由教师进行评价的方式，而是突出学生的主体地位，强调让学生自主进行评价。所以，在"以学为主"ID中，学习效果的评价包括学习小组对个人的评价和学生个人的自我评价。评价内容主要围绕三个方面：自主学习能力、对合作学习做出的贡献以及达到意义建构目标的程度。

根据小组评价和自我评价的结果，教师应为学生设计出一套可供选择并有一定针对性的补充学习材料和强化练习。这类材料和练习应经过精心的挑选，既要反映基本概念、基本原理，又要能适应不同学生的需求，以便通过强化练习纠正原有的错误理解或片面认识，最终达到符合要求的意义建构。

第四节 "学教并重"的教学系统设计过程模式

"学教并重"教学系统设计过程模式不论是从理论基础还是从具体的设计方法上看，都是"以教为主"和"以学为主"这两种教学系统设计过程模式相结合的产物。因此，要想理解和掌握"学教并重"教学系统设计过程模式的理论与方法，需要在对"以教为主"ID和"以学为主"ID的理论基础进行认真分析的基础上，阐明二者之间的优势互补性，再将上面介绍的"以教为主"ID和"以学为主"ID的具体设计过程与方法步骤有机结合起来，再加以必要的补充与扩展才可以。

一、两种理论的互补性与"学教并重"ID 的理论基础

(一)两种理论的互补性

通过以上分析可以看到，奥苏贝尔的"有意义学习"理论、"动机"理论和"先行组织者"教学策略是"以教为主"ID的主要理论基础，建构主义的学习理论与教学理论则是"以学为主"ID的主要理论基础。这两种教学系统设计过程模式均有其各自的优势与不足：前者主要关注教师的"教"，便于发挥教师的主导作用，便于教师监控整个教学活动进程，便于因材施教，因而有利于对前人知识经验的讲授与传承，有利于学生对学科基础知识的系统学习与掌握；但是这种教学系统设计忽视学生的自主学习，不注意调动学生的主动性、积极性与创造性，容易造成学生对教师、对权威和对书本的迷信，所以不利于创新意

识、创新思维与创新能力的培养。后者则相反，主要关注学生的"学"，重视学生的自主学习与自主探究，注意充分调动学生的主动性、积极性与创造性，因而有利于学生创新意识、创新思维与创新能力的培养；但是这种教学系统设计忽视教师的"教"，不太考虑教师主导作用的发挥，因此不能进行因材施教，不利于学生对学科基础知识的系统学习与掌握。

通过 20 世纪 90 年代以来 10 多年信息技术与课程整合的实践，中国的教育技术学者逐渐认识到，要想在信息化教学环境下实现教与学方式的根本变革，达到较理想的教学效果，最好能将上述两种教学系统设计过程模式有机结合起来，彼此取长补短，形成优势互补的"学教并重"教学系统设计过程模式。该模式的理论基础就是当代最有影响的两种"学与教"理论的结合，也就是上述奥苏贝尔的"学与教"理论和建构主义的"学与教"理论二者的结合。如上所述，建构主义理论的突出优点是有利于培养具有创新思维和创新能力的创新型人才；其缺点则是忽视教师主导作用的发挥（因而不利于学科基础知识的系统传授与学习，甚至可能偏离教学目标）和忽视情感因素在学习过程中的重要作用。通过前面对奥苏贝尔理论的介绍可以看到，它刚好与建构主义相反——优点是有利于教师主导作用的发挥（"有意义接受学习"教学方式和"先行组织者"教学策略都是建立在充分发挥教师主导作用的基础上，否则无法实施），并重视情感因素在学习过程中的重要作用（而且运用奥苏贝尔的动机理论能很好地控制与引导情感因素，使之在学习过程中发挥积极的促进作用，而不是相反）；其突出的缺点则是强调"传递—接受"式教学观念，否定发现式学习，在教学过程中把学习者置于被动接受地位，使学习者的主动性、创造性难以发挥，因而不利于创新人才的成长。所以，应将二者有机结合起来，实现优势互补，使之相得益彰。

在认识到"学教并重"ID 的理论基础是形成于两种理论互补性的同时，也应看到"学教并重"ID 的"教育思想"与"教学观念"，其形成过程也有类似的特点，并对"学教并重"ID 的实施起着重要的指导作用。所以在讨论"学教并重"ID 的方法与步骤应如何实施之前，有必要先对"学教并重"ID 的"教育思想"与"教学观念"进行认真的分析。

（二）"学教并重"ID 的教育思想

教育思想是如何实施教育的根本指导思想，教学观念则是从观念形态上对"如何开展教与学"活动作出的最高层次的抽象与概括。二者有密切联系，但在内涵及层次上有所不同。教育思想与教学观念是一切教育理论、教与学方式（包括一切学习方式与教学方式）、教学方法策略、教学设计、教学评价、教学

75

管理和教学实践等方方面面赖以形成和发展的基础。

我们先来看看"学教并重"ID 的"教育思想"是怎样形成的，其内涵有何特点，然后在此基础上再来探讨"学教并重"ID 教学观念的形成及内涵。

众所周知，自进入 20 世纪 90 年代以来，随着以多媒体计算机和网络通信为代表的信息技术（尤其是互联网）的快速普及，基于这类技术的 E-learning（即数字化学习或网络化学习）在西方乃至全球日渐流行。由于多媒体计算机的交互性有利于激发学生的学习兴趣和体现学生在学习过程中的认知主体地位，网络通信的诸多宝贵特性（如不受时空限制的跨地区协作交流、有无限丰富的网上资源可供学生自主探究及共享）有利于实现广大学生创新精神与创新能力以及合作精神与合作能力的培养。这就使人们在相当长的一段时间内认为 E-learning 这种前所未有的学习方式是人类最佳的学习方式。与此同时，"以学生为中心"的教育思想也就逐渐成为国际教育技术界（乃至整个国际教育界）占统治地位的教育思想，自然也就成为"以学为主"ID 所遵循的教育思想。

事实上，在西方（尤其是在美国）尽管在 20 世纪 90 年代以前，这种教育思想尚未成为主流，但是由于西方传统文化的影响——早在 20 世纪初（1900 年前后），杜威就已提出"以儿童为中心""以活动为中心"的教育理论，到了 20 世纪中叶（50～60 年代）布鲁纳又强调基于学生自主探究的"发现式学习"，从而为后来的以学生为中心的教育思想在西方的广泛流行奠定了基础。以学生为中心的教育思想，到 90 年代中期已经在西方教育界占据统治地位的这种状况，在教育技术领域也得到充分的反映。例如，美国 AECT 在 1994 年发表的关于教育技术的著名定义（AECT94'定义）就把"教育技术"的研究领域只限定在"学习过程"与"学习资源"这两大领域，研究范畴则是这两大领域所涉及的"设计""开发""利用""管理"与"评价"五个范畴（避而不谈"如何教"的问题）。可见，在这个定义中，只考虑了学生的"学"，基本上没有考虑教师的"教"，体现了典型的以学生为中心的教育思想。

反观我们中国，同样是因为传统文化的影响，但情况完全不同——2 000多年来，我们一直遵循"师道尊严、为人师表""传道、授业、解惑"的古训，"尊师重教"成为我们民族的优良传统。长期的耳濡目染，口授相传，使"以教师为中心"的教育思想根深蒂固地统治我们国家各级各类学校的课堂，当然也就成为"以教为主"ID 必须遵循的教育思想。

应该说，不同的传统文化所形成的不同教育思想有各自的特点与优势，也有各自的风格与不足。不能说哪种教育思想一定比另一种教育思想好。如上所述，以学生为中心的教育思想，关注学生的自主学习、自主探究，有利于激发学生的主动性、积极性，有利于体现学生在学习过程中的主体地位，因而有利于学生创新精神与创新能力以及合作精神与合作能力的培养（即有利于大批创新人才的成长）。其缺点是，由于只关注学生的"学"，而忽视教师的"教"，尤其忽视发挥教师在课堂教学过程中的主导作用，更不考虑因材施教，所以其后果必然是影响学生对系统科学知识的学习、理解与掌握，使中小学生难以打好必要的、有关各学科的知识与能力基础。以教师为中心的教育思想刚好相反，它关注教师在教学过程中主导作用的发挥，有利于教师组织、监控整个教学活动进程，有利于因材施教，因而有利于学生对系统科学知识的学习、理解与掌握，便于中小学生打下较坚实的、有关各学科的知识与能力基础。其缺点是，由于只关注教师的"教"，而忽视学生的"学"，尤其忽视体现学生在学习过程中的认知主体地位，更不考虑自主探究，所以其后果必然是使学生习惯于死记硬背，并容易迷信书本，迷信老师，从而影响创新精神与创新能力（即创新人才）的培养。

随着西方教育技术的引入（特别是 AECT94'定义在中国的日渐流行），"以学生为中心"的教育思想对中国各级各类学校产生愈来愈大的冲击。在整个 20世纪 90 年代（尤其是在 90 年代的中期和后期，有些部门和地区甚至一直到现在），"以学生为中心"成了教育领域最响亮、最先进、最时髦的口号；而"发挥教师的主导作用"则几乎成了保守与落后的代名词，不仅被忽视、被摈弃，甚至要遭到批判。

在这一形势下，中国教育技术界有一批学者并没有迷失方向，而是保持清醒的头脑——他们在继承和发扬中国电化教育重视教学媒体理论与应用研究的传统的基础上，既虚心吸取西方教育技术重视学习过程与学习资源的研究，并把教育技术的应用不仅通过有形的物化技术（即教学媒体），而且通过无形的智能形态技术（即系统方法指导下的教学设计）落实到课堂教学的长处；又借鉴西方教育技术倡导"以学生为中心"的教育思想，在教学过程中能有效调动学生的主动性、积极性乃至创造性，从而有利于创新人才培养的优越性。与此同时，他们并不妄自菲薄，唯洋人的马首是瞻，而是在看到西方以学生为中心教育思想优越性的同时，也看到它存在"重学轻教"的重大偏颇，并通过对自己传统的"以教师为中心"教育思想的认真总结，摈弃其"重教轻学"的固有缺陷，但充分肯定其有利于教师主导作用发挥的明显优势。

通过这样的总结与思考，我们发现西方的教育技术不仅有许多值得我们学习与借鉴之处，还发现西方倡导的"以学生为中心"的教育思想与我国传统的"以教师为中心"的教育思想之间存在很强的互补性：二者之间正好能够互相取长补短，从而做到优势互补。能实现这种优势互补的新型教育思想，既不是"以教师为中心"，也不是"以学生为中心"，而是既要发挥教师在教学过程中的主导作用，又要突出体现学生在学习过程中的认知主体地位。所以我们把它称为"主导—主体相结合"的教育思想。经过多年信息化环境下的教学实践检验和不同方式的测试（包括抽样测试和大范围的对比测试）证明：就促进学科教学质量与学生综合素质提升的效果而言，"主导—主体相结合"的教育思想确实明显优于"以教师为中心"和"以学生为中心"的教育思想。这样，就使中国教育技术界通过长期的实践探索，逐渐形成了具有浓厚中国特色的能用于有效指导中国自身教育技术理论与实践健康发展的新型教育思想，即"主导—主体相结合"的教育思想。这也正是"学教并重"ID一直在探寻、而且必须遵循的全新教育思想。

这种新型教育思想的合理性及科学性，不仅得到中国几百所各种不同类型学校（包括一大批办学条件很差的农村学校）教学实践的检验，而且与21世纪以来国际教育界在教育思想方面的最新发展不谋而合——如上所述，进入20世纪90年代以来，随着以多媒体计算机和互联网教育应用的快速普及，基于这类技术的E-learning（即数字化学习或网络化学习）在西方乃至全球广泛流行，并使人们认为E-learning这种前所未有的学习方式是人类最佳的学习方式。与此同时，"以学生为中心"的教育思想逐渐成为国际教育界占统治地位的教育思想。但是，在经历90年代将近10年的网络教育实践以后，国际教育界通过深入总结开办网络学院的经验并认真吸取这一过程中的教训，终于认识到E-learning作为一种全新的教与学方式（对于网络教育来说，E-learning也可以作为一种教学方式，因而更确切地说，这是一种全新的教与学方式），具有传统教与学方式所不具备的许多优点，尤其是在激发学生学习的主动性、积极性，便于资源共享、自主探究，有利于创新人才培养等方面更为突出。但是，E-learning也并非人类最佳的教与学方式。例如，在E-learning环境下，比较缺乏学校的人文氛围、学术氛围，难以直接感受到教师的言传身教和优秀教师的人格魅力，更难以实现因材施教。传统的教与学方式尽管有许多的缺陷（其中的最大缺陷是不利于发散性思维、批判性思维与创新精神、创新能力的培养），但也并非一无是处。如前所述，由于它能充分发挥教师在教学过程中的主导作用，便于因材施教，因而有利于学生对系统科学知识的学习、理解与掌握，有利于学生打下较坚实的知识与能力基础；另外，刚才提到的关于E-learning的主要不足（缺乏人文氛围、难以感受教师的人格魅力、难以实现因材施教等）则正好是传统教与学方式的优势所在。这表明，在以E-learning为代表的全新教与学方式和传统的教与学方式之间具有很强的互补性。

在这种背景下，自 21 世纪以来，在与 E-learning 有关的国际会议上和信息技术教育应用的有关刊物上，一个被称为 blended learning（或 blending learning，简称为 B-learning，也有文献称为 hybrid learning）的新概念日渐流行。严格说来，B-learning（或 hybrid learning）并不能算是一个新概念，因为这种说法多年以前就已经有了。不过，近年来它之所以受到关注并日益广泛地流行，却是因为被赋予了一种新的内涵，所以我们不妨把它看作是一个"旧瓶装新酒"的新概念。

"blended"或"hybrid"一词的含义是混合或混合物，blended learning 的原有含义就是混合式学习或结合式学习，也就是两种以上学习方式的结合。例如，运用视听媒体（幻灯投影、录音录像）的学习方式与运用粉笔黑板的传统学习方式相结合；计算机辅助学习方式与传统学习方式相结合；自主学习方式与协作学习方式相结合，等等。近年来，随着互联网的快速普及和 E-learning 的迅猛发展，国际教育界在总结 20 世纪 90 年代以来网络教育的经验与教训，从而对 E-learning 以及传统的教与学方式有了全新认识的基础上，利用 blended learning 原有的基本内涵却赋予它一种全新的含义：

所谓 blended learning 就是要把传统教与学方式的优势和 E-learning（即数字化或网络化学习）的优势结合起来。也就是说，既要发挥教师引导、启发、监控教学过程的主导作用，又要充分体现学生作为学习过程认知主体的主动性、积极性与创造性。目前国际教育界的共识是，只有将这二者结合起来，使二者优势互补，才能获得最佳的学习效果。

从 blended learning 的这一新含义可以看到，它绝不仅仅是指一种全新的学习方式或教学方式，而是代表一种全新的教育思想。这一概念的重新提出，不仅反映了国际教育界对教与学方式看法的转变，而且反映了国际教育界关于教育思想与教学观念的大转变、大提高。从表面上看，这种转变似乎说明当前国际教育界的思想观念是在回归，而实质上是在按螺旋方式上升，说明人们的认识在深化、在提高、在不断向前发展。这就清楚地表明，自进入 21 世纪以来，国际教育界的教育思想，从主流看，已经从 20 世纪 90 年代的"以学生为中心"占统治地位，逐渐转向以 blended learning 为标志的全新思想。而从刚才所介绍的 blended learning 新含义可见，它与中国教育技术界所倡导的"主导—主体相结合"教育思想的内涵完全相同。由此可以证明：中国学者所倡导的、用于指导中国特色教育技术理论与实践的"主导—主体相结合"教育思想，不仅其科学性及合理性已得到中国众多试验学校教学实践的检验，而且与 21 世纪以来国际教育界在教育思想方面的最新发展不谋而合。

(三)"学教并重"ID 的教学观念

1. 两种现有的主要教学观念

如前所述，教学观念是从观念形态上对"如何开展教与学"活动作出的最高层次的抽象与概括，所以一切教学方式、学习方式、各种教学模式、策略与方法，均应属于教学观念的下位概念。教学观念与教育思想一脉相承，有什么样的教育思想，就一定会有与之相适应的教学观念；反之亦然。

例如，若坚持"以教师为中心"的教育思想，其教学观念就一定是强调"传递—接受"为标志的教与学活动(可称为"传递—接受"式教学观念)——在这种教学观念指引下，教师主要通过"口授""板书"(在信息化教学环境下"板书"可由"PPT"文档取代)向学生讲解学科知识，传授专业技能，并释疑解难，帮助突破重点难点；学生则要用心听讲，认真记笔记，并进行必要的提问、操练，以便理解、消化，最终接受、掌握老师讲授的内容。

若坚持"以学生为中心"的教育思想，其教学观念就必定是强调"自主—探究—合作"为标志的教与学活动(可称为"自主—探究"式教学观念，或"发现式"教学观念)——在这种教学观念指引下，教师一般不进行课堂讲授，只是作为学生学习过程的组织者、指导者，学生自主建构意义的帮助者、促进者，学习资源(包括学习资料、学习工具与学习环境)的开发者、提供者。学生则通过自主学习达到对学科知识的初步认识与理解，通过自主探究进一步深化对所学知识的意义建构，然后在小组(或班级)的合作学习过程中，通过思想碰撞、协作交流、取长补短，以及教师的必要指导，来完成深入的认知加工，达到对所学知识的深层次意义建构，从而最终理解并掌握所学的知识。

而在"主导—主体相结合"教育思想指引下的教学观念，则是兼取"传递—接受"和"自主—探究"这二者之所长而形成的一种全新观念，它强调"有意义的传递与教师主导下的自主探究相结合"为标志的教与学活动(可称之为"有意义传递—主导下探究相结合"的教学观念)，这正是"学教并重"ID 必须遵循与贯彻的新型教学观念，也是能真正实现课堂高质量、高效率的教学观念——这种新型教学观念确实能兼取"传递—接受"式和"自主—探究"式这二者之所长，但并非这两种教学观念的简单叠加或组合，而是通过对二者的改进与发展而形成，并要以适当的方式加以贯彻实施，方能奏效。

下面就对形成这种新型教学观念的方法与实施方式作具体说明。

2. "有意义传递—主导下探究相结合"教学观念的形成

为了形成新型的教学观念，既要兼取现有两种教学观念之所长，也要对它们作适当的改进，这种改进主要体现在以下两个方面。

(1) 对"传递—接受"式教学观念的改进——要做到"有意义的传递"

对于"传递—接受"式教学观念来说，首先还是要强调原来的、以"传递—接受"为标志的教与学活动——即教师仍要通过"口授""板书"向学生讲解学科知识，传授专业技能，并释疑解难，帮助突破重点难点；学生仍要用心听讲，认真记笔记，并进行必要的提问、操练，以便理解、消化，最终接受、掌握老师讲授的内容。

这里唯一要做的改进是：教师在"讲解学科知识，传授专业技能，并释疑解难"的过程中，即在实施"传递—接受"式教学的过程中，应严格遵循奥苏贝尔的理论，真正做到"有意义的传递"——奥苏贝尔认为，若仅从效果考虑，可以将"学习"分为"有意义学习"与"机械学习"两种类型。而要想实现有意义学习可以有"传递—接受"式和"自主—发现"式这两种不同的教与学方式。奥苏贝尔认为这两种方式都可以有效地实现有意义学习，关键是要能在新概念、新知识与学习者原有认知结构之间建立起非任意的实质性联系。如果不能建立起这种"联系"，不仅"传递—接受"方式将是机械的、无意义的，就是"自主—发现"方式也不可能实现有意义学习的目标。所以我们在考虑"传递—接受"式教学的长处时，必须强调"要能在新概念、新知识与学习者原有认知结构之间建立起非任意的实质性联系"。能做到这点，就能实现有意义的学习，就是"有意义的传递"；反之，若做不到这一点，"传递—接受"式教学就会变成机械的被动灌输，不仅无长处可言，还将成为教学上的严重缺陷。奥苏贝尔还认为，能否建立起新旧知识之间的这种联系，是影响学习的唯一最重要因素，因而值得我们高度关注。

经过以上改进的教学观念，可称之为"有意义传递—接受"式教学观念。

(2) 对"自主—探究"式教学观念的改进——要实现"教师主导下的自主—探究"

对于"自主—探究"式教学观念（即"发现式"教学观念）来说，首先还是要强调原来的、以"自主—探究—合作"为标志的教与学活动——即教师仍要成为学生学习过程的组织者、指导者，学生自主建构意义的帮助者、促进者，学习资源的开发者、提供者。学生则首先通过自主学习达到对学科知识的初步认识与理解，再通过自主探究进一步深化对所学知识的意义建构，然后在小组（或班级）的合作学习过程中，通过思想碰撞、协作交流、取长补短，以及教师的必要指导，来完成深入的认知加工，达到对所学知识的深层次意义建构，从而最终理解并掌握所学的知识。

　　这里唯一要做的改进是：将"教师要成为课堂教学的组织者、指导者"改为"教师要成为课堂教学的组织者、主导者"。表面看只有一字之差（"指"导者改为"主"导者），实际上含义有很大的不同："指导者"强调的是学习者的自主学习、自主探究以及学习者之间的协作交流，只在必要时教师才进行适当的指导（但绝对不进行课堂讲授）；"主导者"则强调在学习者自主学习、自主建构以及学习者之间进行协作交流、深化意义建构的过程中，教师仍须发挥主导作用——即对于自主学习的主题、协作交流的重点、深化意义建构的难点等学习过程中的关键问题，教师仍须进行必要的引导、启发、分析、点拨，还包括进行适当的课堂讲授，以便使学生少走弯路、节省时间，能够优质、高效地达到学习目标。实践证明：那种完全放手让学习者自主学习，让学习者之间过于自由地进行协作交流的方式（即教师基本上不干预，只在学生提出问题时才进行指导的方式，也是"自主—探究"式教学观念指导下的常用方式），往往容易偏离既定的教学目标，或是纠缠在某些枝节问题上，使学生浪费大量时间，而真正有用的知识却没学到多少。可见，这里虽然对"自主—探究"式教学观念只是做了一个字的改进，而其实质却是要把这种完全放手、充分自由的自主学习与自主建构变成有教师主导作用介入的自主学习与自主建构。

　　经过这样改进与拓展的教学观念，可称之为"教师主导下的自主—探究"式教学观念。

　　再将经过以上两个方面改进与拓展后的教学观念有机结合起来，就可形成另一种全新的"有意义传递—主导下探究相结合"教学观念——它同时强调"有意义的传递—接受"为标志的教与学活动，以及"教师主导下的自主—探究"为标志的教与学活动。以上三种新型教学观念（即"有意义传递—接受"式教学观念、"教师主导下的自主—探究"式教学观念和"有意义传递—主导下探究相结合"的教学观念）正是"学教并重"ID 必须遵循的全新教学观念。

二、"学教并重"ID 的方法与步骤

（一）"学教并重"ID 的实施应区分不同学段与学科

　　如上所述，"学教并重"ID，并非是指上述改进后的某一种教学观念，而是同时包含上述改进后的三种教学观念；而且要真正体现这种优越性，其贯彻实施，应区分不同的学段和不同学科知识的性质，从而将涉及三种不同情况。

　　1. 学习者处于小学低、中年级（1～4 年级）学段的情况

　　当学习者尚处于小学低、中年级（即 1～4 年级）学段时，由于知识与能力的基础还很薄弱，学习的主动性、自觉性一般来说还不强，因而不太适合实施

"教师主导下的自主—探究"式教学观念(当然,没有教师主导作用介入的"自主—探究"式教学观念就更不适合了)。对于这一学段的学习者来说,最理想的教学观念,应是上述经过改进后的"有意义传递—接受"式教学观念。

2. 学习者处于小学低、中年级以上(包括小学高年级、初中、高中或大学等)学段、且当前所教知识的性质属于"良好结构"的情况

当学习者处于小学低、中年级以上(包括小学高年级、初中、高中或大学等)学段时,由于知识与能力的基础已逐步增强,学习的主动性、自觉性相对提高,因而有条件实施"教师主导下的自主—探究"式教学观念(当然,这时也有条件实施没有教师主导作用介入的"自主—探究"式教学观念,但其实施效果并不理想,所以我们不主张采用这种教学观念)。

有条件实施还不等于最适合实施。怎样才算最适合呢?还要看当前所教学科知识的性质是属于"良好结构"(即知识点之间存在较明确的内在联系,从而能形成较严谨的知识体系或结构)还是"非良结构"(即知识点之间不存在明确的内在联系,彼此孤立、离散,难以形成严谨的体系结构)。当学习者处于这一学段,且当前所教学科知识的性质属于"良好结构"的情况时,最适合实施的还是"有意义传递—主导下探究"相结合的教学观念。这样,既可以充分地发挥教师在教学过程中的主导作用,能有效地因材施教;又可以调动学生在学习过程中的主动性、积极性,使学生能更快、更多、更好地理解并掌握所教学科的知识与技能,从而为学生打下较系统、坚实的理论基础。

3. 学习者处于小学低、中年级以上(包括小学高年级、初中、高中或大学等)学段、且当前所教知识的性质属于"非良结构"的情况

当学习者处于这一学段,且当前所教学科知识的性质属于"非良结构"的情况时,最适合实施的则是"教师主导下的自主—探究"式教学观念——可以更充分地体现学生在学习过程中的认知主体地位,更有效地激发学生的主动性、积极性乃至创造性,从而有利于学生创新意识、创新思维与创新能力的培养,也非常有利于学生合作精神与合作能力的培养。

(二)"学教并重"ID 的实施流程

为了能更深入地认识与理解如何具体实施"学教并重"ID 的方法与步骤,我们首先绘出详细实施"以教为主"ID 和"以学为主"ID 的方法与步骤的流程图(分别如图 2-8 和图 2-9 所示)。然后通过把图 2-8 和图 2-9 的两种教学系统设计实施流程进行有机结合,并以上述"学教并重"ID 的教育思想和教学观念为指导,即可从中导出"学教并重"ID 的实施流程(如图 2-10 所示)。

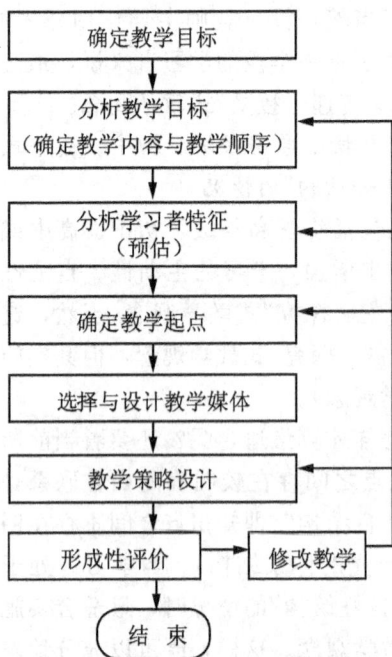

图 2-8　"以教为主"ID 实施流程　　　图 2-9　"以学为主"ID 实施流程

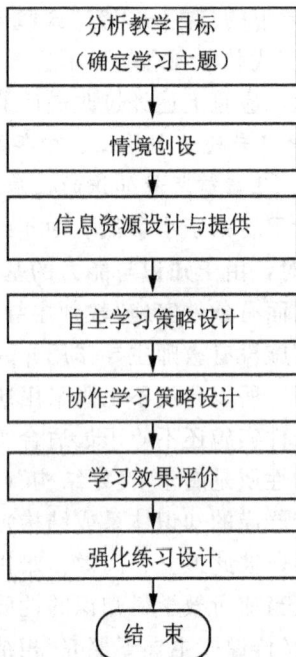

　　一般来说，对于中小学的课程（或教学单元）来说，其教学目标通常已由教学大纲给出，因而可以省去"确定教学目标"这一步骤。"分析学习者特征"这一环节一般包含对学习者的知识基础、认知能力和认知结构变量等三方面的分析（参看第三章有关"学习者特征分析"部分的内容），根据奥苏贝尔的教学理论，要实现"有意义的接受学习"（即有意义的"传递—接受"教学），比较有效的教学策略是"先行组织者"。由于"先行组织者"实际上是对学习者的认知结构变量进行操纵的一种策略，所以我们可以根据学习者的认知结构变量是否适合于运用"先行组织者"策略来决定是否选用"传递—接受"教学方式，从而形成如图 2-10所示的两个分支：

　　一是"传递—接受"教学分支——右分支。如上所述，在"学教并重"教学系统设计中，"传递—接受"式教学观念，已被改进为"有意义传递—接受"式教学观念，所以图 2-10 中的右分支实际上应称为"有意义传递—接受"教学分支。

　　二是"发现式"教学分支——左分支。如上所述，"自主—探究"式教学观念即是"发现式"教学观念；而在"学教并重"教学系统设计中，"自主—探究"式教学观念已被改进为"教师主导下的自主—探究"式教学观念，所以图 2-10 中的左分支实际上应被称为"教师主导下的自主—探究"教学分支（或简称为"主导下探究"教学分支）。

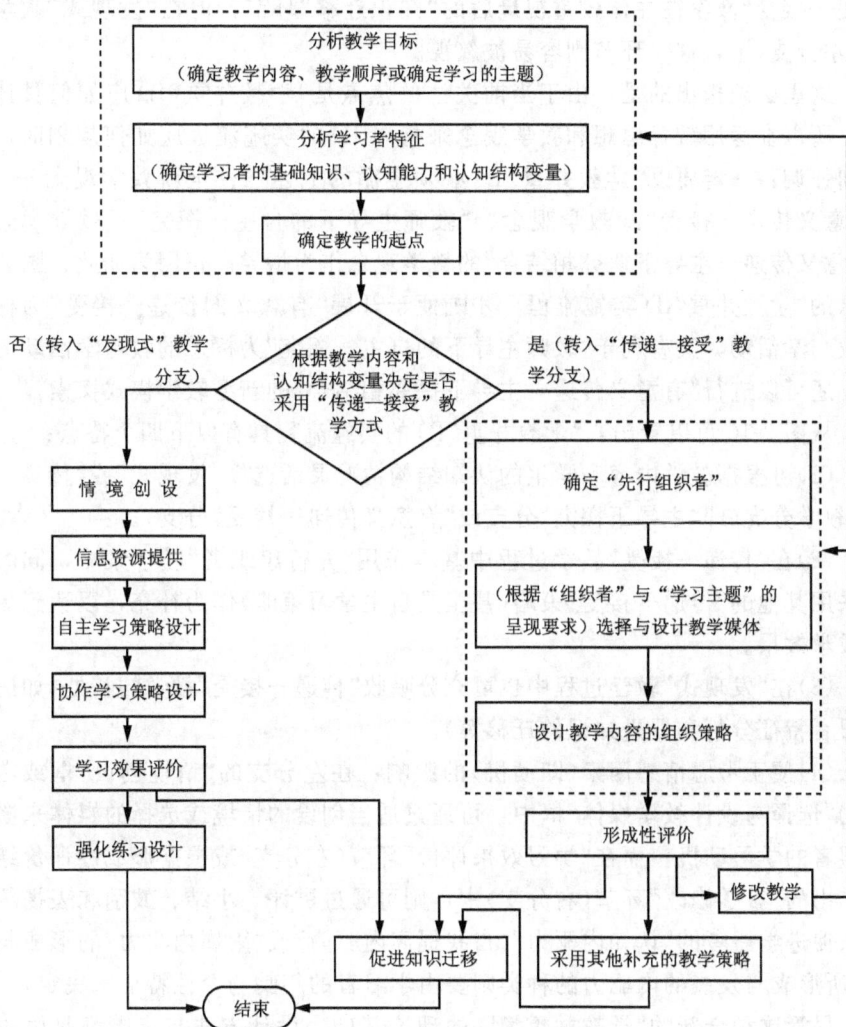

图 2-10 "学教并重"ID 实施流程

另外，在实施"先行组织者"策略的过程中，如果通过形成性评价发现实际效果并不理想，则除了可以调整教学内容和修正"先行组织者"策略的实施方式以外，还可以采取其他的"传递—接受"教学策略（甚至是自主学习策略）作为补充，以求达到更佳的教学效果。

在"有意义传递—接受"分支（右分支）中，由于强调教师主导作用的发挥，而促进习得知识的巩固与迁移是教师主导作用的基本内容之一，所以"有意义传递—接受"教学往往比较重视最后的"知识迁移"环节，但在"发现式"教学分支（左分支）中，这一环节则容易被忽视。

这里必须指出的是，由于当前关注的焦点是"学教并重"ID应如何具体实施，所以在运用教育思想和教学观念来指导ID的实施流程应如何规划时，应特别强调：一定要以"学教并重"ID必须遵循的上述三种全新教学观念——即"有意义传递—接受"式教学观念、"教师主导下的自主—探究"式教学观念和"有意义传递—主导下探究相结合"的教学观念作为指导。正因为如此，图2-10所示的"学教并重"ID实施流程，才既便于开展"有意义的传递—接受"为标志的教与学活动，又有利于"教师主导下的自主—探究"为标志的教与学活动的实施，还可以进行"有意义传递—主导下探究相结合"的新型教学模式探索。

从图2-10可以看出，"学教并重"ID的实施流程具有以下四个特点：

（1）可根据教学内容和学生的认知结构情况灵活选择"发现式"或"传递—接受"教学分支（即"主导下探究"分支或有意义传递—接受"分支）。

（2）在"传递—接受"教学过程中基本采用"先行组织者"教学策略，同时也可采用其他的"传递—接受"策略（甚至是自主学习策略）作为补充，以达到更佳的教学效果。

（3）在"发现式"教学过程中也可充分吸收"传递—接受"教学的长处（如进行学习者特征分析和促进知识的迁移等）。

（4）便于考虑情感因素（即动机）的影响：在左分支的"情境创设"框或右分支的"选择与设计教学媒体"框中，可通过适当创设的情境或选择的媒体来激发学习者的学习动机。而在"学习效果评价"环节（左分支）或根据形成性评价结果所作出的"教学修改"环节（右分支）中，则可通过讲评、小结、鼓励和表扬等手段来促进学习者的"认知内驱力""自我提高内驱力"或"附属内驱力"的形成与发展（所形成与发展的内驱力的种类则要由学习者的年龄与个性特征来决定）。

尽管这种全新的"学教并重"ID的理论基础、设计方法与步骤都是由中国的教育技术学者提出，尚未被国际上的教育技术界认同与接受（所以我们是否把这种教学系统设计过程模式称为ID4，可以暂且不论），但是大量的教学实践（包括大、中、小学的教学实践）已经证明：在信息技术支持的教学环境中，若能自觉运用"学教并重"的新型教学系统设计理论与方法去规划、设计整个教学系统并组织实施相关的教学活动过程，定能较好地达到预期的教学目标，取得较理想的教学效果（不论是人文学科还是数理学科皆是如此）。

【拓展资源】

[1] 何克抗. 中国特色教育技术理论的建构与发展[M]. 北京：北京师范大学出版社，2012.

[2] 何克抗. 信息技术与课程深层次整合理论[M]. 北京：北京师范大学出版社，2008.

[3] 盛群力. 教学设计[M]. 北京：高等教育出版社，2005.

[4] 乌美娜. 教学设计[M]. 北京：高等教育出版社，1994.

[5] 钟志贤. 面向知识时代的教学设计框架[M]. 北京：中国社会科学出版社，2006.

[6] 何克抗. 关于发展中国特色教育技术理论的深层思考（上）[J]. 电化教育研究，2010(5)：5-19.

[7] 何克抗. 关于发展中国特色教育技术理论的深层思考（下）[J]. 电化教育研究，2010(6)：39-54.

[8] 何克抗. 从信息时代的教育与培训看教学设计理论的新发展（上）[J]. 中国电化教育，1998(10)：9-12.

[9] 何克抗. 从信息时代的教育与培训看教学设计理论的新发展（中）[J]. 中国电化教育，1998(11)：9-16.

[10] 何克抗. 从信息时代的教育与培训看教学设计理论的新发展（下）[J]. 中国电化教育，1998(12)：9-13.

【思考题】

1. 试比较分析 ID1、ID2、ID3 的主要特点。

2. 分别举例说明"以教为主""以学为主"和"学教并重"三种教学系统设计过程模式方法与步骤的具体应用。

3."学教并重"教学系统设计过程模式是"以教为主"和"以学为主"这两种教学系统设计过程模式相结合的产物吗？试结合中国的国情谈谈你对此问题的认识与理解。

第三章 "以教为主"的教学系统设计

【本章学习要点】

　　"以教为主"的教学系统设计，也称传统教学系统设计，主要基于行为主义学习理论或认知学习理论，设计的焦点在"教师如何教"上——强调教师的主导作用，主张按照教学目标的要求来设计教学和组织教学，突出循序渐进、按部就班、精细严密地运用系统方法对教学进行设计。历经多年的研究与实践，"以教为主"的教学系统设计已形成一套比较完整、严密的理论体系，而且可操作性强，涉及教学内容分析、教学方法和教学策略的选择与运用、教学媒体的选择与运用以及教学评价的实施等环节。

　　本章主要对"以教为主"的教学系统设计的基本内容与方法进行详细介绍。第一节是关于学习者的认知特点、学习动机及学习风格等起点水平的分析，并对成人学习者特征的分析作了较详细的阐述；第二节在介绍布卢姆等人的教学目标分类理论、加涅的学习结果分类理论和我国的教学目标分类理论的基础上，对教学目标的设计程序与编写方法进行描述；第三节是对归类分析法、图解分析法、层级分析法和信息加工分析法等四种教学内容的分析方法进行讲解；第四节着重从"以教为主"的角度对教学方法、教学策略以及教学媒体的选择与应用进行了探讨；第五节则涉及教学评价的内涵、种类及原则，并介绍了教学设计成果的评价指标及过程。

【本章内容结构】

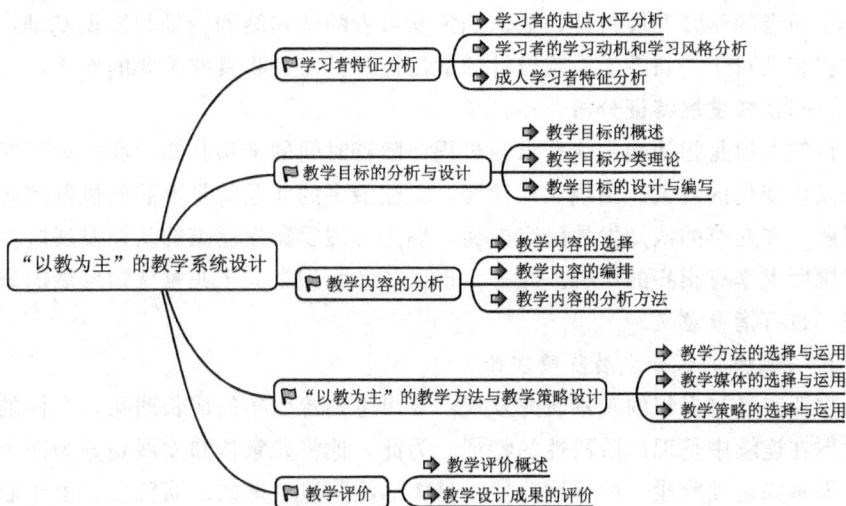

```
                                        ➡ 学习者的起点水平分析
                          🚩 学习者特征分析   ➡ 学习者的学习动机和学习风格分析
                                        ➡ 成人学习者特征分析

                                        ➡ 教学目标的概述
                          🚩 教学目标的分析与设计  ➡ 教学目标分类理论
                                        ➡ 教学目标的设计与编写

"以教为主"的教学系统设计                        ➡ 教学内容的选择
                          🚩 教学内容的分析      ➡ 教学内容的编排
                                        ➡ 教学内容的分析方法

                                        ➡ 教学方法的选择与运用
                          🚩 "以教为主"的教学方法与教学策略设计  ➡ 教学媒体的选择与运用
                                        ➡ 教学策略的选择与运用

                                        ➡ 教学评价概述
                          🚩 教学评价        ➡ 教学设计成果的评价
```

第一节 学习者特征分析

教学系统设计的目的是为了有效促进学习者的学习，而学习者是学习活动的主体，学习者具有的认知、情感和社会等特征都将对学习的信息加工过程产生影响，因此，教学系统设计是否与学习者的特征相匹配，是决定教学系统设计能否成功的关键因素。进行学习者特征分析，目的是了解学生的认知特点、学习风格和学习准备等，以便更好地为后续的教学系统设计步骤提供依据。虽然教学设计人员不可能对学习者的每种心理因素、生理因素、社会经济因素都进行分析，但是必须了解那些对教学设计有重要影响的心理因素。因此，在进行学习者特征分析时，应着重了解那些对当前教学系统设计将产生直接、重要影响的因素——这些因素通常包括：学习者的认知发展特征、知识基础与起点水平、对所学内容的态度以及学习动机与学习风格等。

一、学习者的起点水平分析

一般情况下，为能设计出对学习者最合适的教学设计方案，应尽可能了解学习者各方面的特征。然而在实践中不可能收集到学习者的所有特征，因为这个过程可能需要很长的时间并投入较高的物质成本；另一方面，也并非所有收集到的信息都对教学设计具有意义。因此，这里应该先了解那些对教学设计有重要影响的心理因素，并认真学会如何去分析这些心理因素——例如，该如何分析学习者的认知发展特征，如何确定学习者的认知结构变量与知识基础，掌握这些特征对于提高教学系统设计的适用性和针对性将具有重要的作用。

（一）认知发展特征分析

认知发展是指认知主体在求知过程中随着时间的推移其知识和能力不断增长和发生变化的现象。围绕认知发展，关注最多的问题就是发展的机制和阶段性问题。在儿童的认知发展研究方面，瑞士心理学家皮亚杰的认知发展阶段理论在国际上享有很高的声誉。此外，现代认知心理学关于儿童认知发展的研究对我们也有指导意义。

1. 皮亚杰的认知发展阶段理论

皮亚杰经过多年的观察研究发现，自出生到青少年的成长期间，个体的认知发展在连续中呈现出阶段性的特征。为此，他将儿童认知发展划分为四个阶段。即感知运动阶段、前运演阶段、具体运演阶段、形式运演阶段。由于后三个阶段与学校教育关系较密切，所以，在此着重介绍后三个阶段的主要内容。

（1）前运演阶段（preoperational stage）（2～6岁）

这一阶段正值入学之前与入学之初，在教育上特别重要。因而，对这一时期儿童认知发展所从事的研究最多。皮亚杰所界定的"运演"，其含义近似"逻辑思维"，所谓"前运演"是指思维能力尚未达到真正的逻辑思维要求——只是达到逻辑思维的前期阶段，换句话说，是指儿童遇到问题时会运用思维，但其思维方式尚处于较低级的阶段，还达不到基于命题假设的抽象逻辑思维要求，并具有以下特征：

①尚未具有守恒性（conservation）：守恒性是指认知主体能认识到：客体的外部形态虽有变化，但其原有的某种属性（如长度、面积、容量、质量等）仍将保持不变。处于前运演阶段的儿童一般还不具有这种守恒性，所以对事物的理解往往是单维的。例如，给4～5岁的儿童两个容积相同而形状相异的杯子A和B（一个高而窄，另一个矮而宽，但二者容积相同），由儿童自己分别向两个杯子倒满水，然后问儿童："A、B两个杯子中的水是不是一样多?"部分儿童回答说，B中的水比A中的多；另一部分儿童则说，A中的水比B中的多。之所以会出现两种不同答案，皮亚杰认为，这是由于处在前运演阶段的儿童，其思维还不具有守恒性——考虑高度时不能顾及宽度；反之，考虑宽度时又忽略了高度。心理学界通常把这种现象称为思维的"单维性"。

②尚未具有可逆性（reversibility）：思维的可逆性与不可逆性是两个相对

的概念。可逆性是指认知主体能够改变思维方向——从正反两个方向都可进行心理加工。换句话说,考虑问题时可以从正面出发,也可以从反面出发;可以从原因去看结果,也可以从结果去分析原因。因此,思维尚未具有可逆性就是指,儿童还不能改变思维的方向,还不能从正反两个方向来进行心理加工。

③以自我为中心(egocentric):皮亚杰用"以自我为中心"表示前运演阶段儿童所具有的一种思维特征,其含义并不带有"自私"的意思。只是用以说明处在这一认知发展阶段的儿童在面对问题情境时,只能从自己的角度、按自己的看法去观察、认识事物,而不会从别人的角度、别人的观点去看问题。换句话说,处在前运演阶段的儿童只能主观地观察、认识世界,而不能客观地观察、认识世界。

在语言方面,这个阶段的儿童已经掌握了本民族的口头语言,头脑中有了事物的表象,而且能用词语描述头脑中的表象;他们已能进行初级的抽象,已能初步理解和使用从具体经验中习得的概念以及概念之间的关系。

(2)具体运演阶段(concrete operational stage)(7~11 岁)

这一阶段的儿童思维已经具有了明显的符号性和逻辑性,例如儿童已能进行如下简单的逻辑推演:如果 A>B,B>C,则 A>C,基本克服了思维的自我中心性。但处在这个阶段的儿童的思维活动在很大程度上仍局限于具体的事物以及过去的经验,还缺乏抽象性。儿童进入具体运演阶段以后的最大收获是有了较强的心理操作能力。儿童可以运用这种能力去认识、表征和反映内、外部世界,从而使其认知活动更具深刻性、灵活性和广泛性。例如,处在具体运演阶段的儿童能在心里自如地转换物体的空间排列方式,能找到物体间的某种一一对应关系;处于这一认知发展阶段的儿童已能解决许多问题,但其思维的抽象程度还较低,在面对某些数学问题、物理问题以及社会问题时,仍显得无能为力。

在语言方面,尽管这一阶段的儿童已能通过下定义的方式获得概念,但在获得和使用此类概念时需要实际经验或借助具体形象的支持。

(3)形式运演阶段(formal operational stage)(12 岁以上)

处在这一认知发展阶段的青少年已开始具备基于命题假设的抽象逻辑思维能力。"基于命题假设"是指不仅可以考虑现实的情境,而且能够根据可能的情境进行逻辑思维;抽象思维是指能运用抽象的符号系统进行思维,而且在解决问题时能够在心理上控制若干变量,与此同时还能考虑到其他一些变量。在此阶段,认知趋于成熟的青少年逐渐摆脱了单纯依靠实际经验的支持,开始能够理解并使用相互关联的抽象概念。

皮亚杰认为，处在这一认知发展阶段的青少年，其思维的抽象性获得了很大的提高，他们可以在头脑中设想出许多可能的画面，尽管这些画面与其自身的经验相去甚远。他们开始思考许多诸如社会存在、公正、真理及道德等抽象的社会问题。

除了将儿童的认知发展划分为四个阶段以外，皮亚杰认为，认知发展的阶段性还包括以下几个方面的含义：一是在不同的发展阶段儿童的认知具有不同的质的特点；二是各阶段之间并非跳跃性的改变，而是在连续中呈现出由简单到复杂、由低级到高级的阶段性特征；三是在同一发展阶段内各种认知能力的发展水平是均衡的，即在不同的方面儿童所表现出来的认知能力水平是大体相当的；四是阶段间的顺序不能改变，任何个体都将按照固定的次序经历相同的认知发展阶段。

2. 现代认知心理学关于儿童认知发展的理论

现代认知心理学关于儿童认知发展的理论探讨主要集中在个体认知结构的组成成分、个体认知发展机制、个体认知发展阶段以及个体认知发展的条件等几个方面。代表人物有斯腾伯格（Sternberg）、凯斯（Case）、希格勒（Sieglar）等。

（1）关于个体认知结构的组成成分

现代认知心理学家斯腾伯格等认为，儿童认知发展不是由于认知结构本身的变化所导致的，而是通过原有认知结构所具有功能的不断激活、工作有效性的不断提高，以及认知结构间各元素相互作用的熟练程度提高而逐渐实现的。认知结构由三种成分组成：元成分、操作成分和知识获得成分。其中元成分的作用是制订计划、选择策略和监控具体操作过程；操作成分的作用是执行具体的心理加工过程，包括编码、联系和反应；知识获得成分的作用是选取问题情境中的有关信息，忽略无关信息，并将新选取的信息与记忆库中存储的原有知识联系起来。认知结构的这三种成分相互依存、相互联系，共同推动认知水平的不断提高与发展。

（2）关于个体认知发展机制

现代认知心理学对个体认知发展机制的分析更多的是集中在微观层面上，并不主张用一种统一的变化机制去解释儿童的认知发展，但其中认知心理学家凯斯提出的与儿童认知加工有效性相关的发展机制在学术界较有影响，具有一定代表性。

凯斯将个体的心理加工区域分为储存空间和操作空间两部分。储存空间是指用以储存信息的空间范围以及储存信息的容量，操作空间是指在进行具体的认知操作时所需的空间范围以及所投入的心理能量，两者合在一起则构成整个心理加工空间。凯斯认为随着个体储存空间的逐渐增大和操作空间的逐渐缩小，操作空间的心理能量向储存空间的不断转换，儿童的认知结构会越来越稳固，认知策略会越来越丰富，相应的认知能力也因此得到增强与发展。

（3）关于个体认知发展阶段

现代认知心理学虽然也承认个体认知发展具有阶段性，但大多数心理学家更强调个体认知发展的不平衡性。他们认为儿童对不同信息的加工组织和解释是依据不同的原则进行的，其认知水平要受每个儿童心理加工和表征信息的方式、一次所能加工信息的数量以及原有知识结构状况的影响；同一个体在不同领域的认知表现也具有很大的差异性，表现为个体认知的非协调性发展——例如某些儿童虽然能很好地完成某种任务，但却不能顺利完成简单的记忆任务。由此，现代认知心理学家认为用"水平"或者"步骤"来描述儿童个体认知发展的渐进性似乎比用"阶段"描述更为合适。

（4）关于个体认知发展的条件

现代认知心理学更强调教育和训练对儿童认知发展的重要作用，并认为教育和训练的具体功效主要体现在对儿童元认知能力的促进作用上。他们将教育和训练对儿童认知发展的影响作如下的表述：教育和训练（包括成熟的作用）→元认知的发展→具体认知能力的提高。

20世纪70年代中期以来，现代认知心理学家们开展了大量关于儿童元认知三种成分的研究，这三种元认知成分是指：元认知知识、元认知体验和元认知监控。发现年幼儿童在元认知的三个成分上都不如年长儿童，并发现这是导致年幼儿童不能很好地完成认知任务的重要原因。现代认知心理学家们对儿童元认知的第三个成分——"元认知监控"的研究最多。元认知监控是指个体在认知活动中主动地产生策略、选择策略并实现自我控制及调节的过程。有关研究发现，年幼儿童有时并不缺少完成某项认知任务的基本能力要素，所缺少的是将这些能力要素协调起来，组成策略并从中获益的能力。元认知能力的发展不单是由于个体的成熟，教育和训练也非常重要。个体若是缺乏基本的训练，即使到成人阶段，在这方面也不一定能达到理想的水平。

（二）确定学习者的认知结构变量

1. 认知结构的含义

奥苏贝尔在他的有意义学习理论中提出：当学习者能在当前教学内容与自己原有认知结构之间建立起非任意的实质性联系时，有意义学习就发生了。这一理论特别强调学习者原有的认知结构对学习的影响，这一观点已被众多教育心理学工作者和教学工作者所认可。按照奥苏贝尔的定义，原有认知结构是指认知个体经过多年的生活与学习而积累起来的知识与经验系统；原有认知结构是影响新的有意义学习与保持的关键因素，换句话说，有意义学习的发生与习得意义的保持效果，都必然会受到学习者原有认知结构特征的影响。

2．三个主要的认知结构变量

经过长期的实验研究和理论探索，奥苏贝尔发现在认知结构中有三方面的特性对于有意义学习的发生与保持具有至关重要的意义和最为直接的影响。由于这三方面的特性因人而异，所以奥苏贝尔就把学习者认知结构的这三方面特性称之为三个认知结构变量。

第一个认知结构变量是指认知结构的"可利用性"，即学习者原有认知结构中是否存在可用来对新观念（即新概念、新命题、新知识）起固定、吸收作用的观念，这个起固定、吸收作用的原有观念必须在包容范围、概括性和抽象性等方面符合认知同化理论的要求；若存在这样的"原有观念"，就表明原有认知结构具有可利用性。

第二个认知结构变量是指认知结构的"可分辨性"，即这个起固定、吸收作用的原有观念与当前所学新观念之间的异同点是否清晰可辨。新旧观念之间的区别愈清楚，愈有利于有意义学习的发生与保持。

第三个认知结构变量是指认知结构的"稳固性"，即这个起固定、吸收作用的原有观念是否稳定、牢固。原有观念愈稳固，也愈有利于有意义学习的发生与保持。

所谓确定学习者的认知结构变量，就是要确定学习者认知结构中的上述三方面特性。而首先要确定的就是学习者认知结构是否具有"可利用性"。对于当前所学的新概念、新命题、新知识来说，有可能起固定、吸收作用的原有观念与新观念之间通常有以下三种关系：类属关系、总括关系、并列组合关系。

（三）学习者的知识基础和起点水平分析

任何一个学习者都是把他原来所学的知识、技能、态度带入新的学习过程中，因此教学系统设计人员必须了解学习者原来具有的知识、技能、态度，这称之为起点水平或起点能力。

评定学习者在教学开始之前的知识技能，其目的有两个：明确学习者对于面临的学习是否有必备的学习基础，应该提供给学习者哪些"补救"活动，这称之为"预备能力的分析"；而了解学习者对所要学习的东西已经知道了多少，则称之为"目标能力的分析"。

1．预备能力的分析

对预备能力的预估通常需要编制一套预测题。教学系统设计者可以根据经验先在学习内容分析图上设定一个教学起点，将该起点以下的知识技能作为预备能力，并以此为依据编写预测题。如图 3-1 所示，如果将进位加法和三个数的连加作为教学起点，那么教学起点线以下的内容就可作为编写预测试题的依据。通过测验即可确定：对当前的教学内容，哪些方面学习者已经准备就绪，哪些方面学习者需要补习。

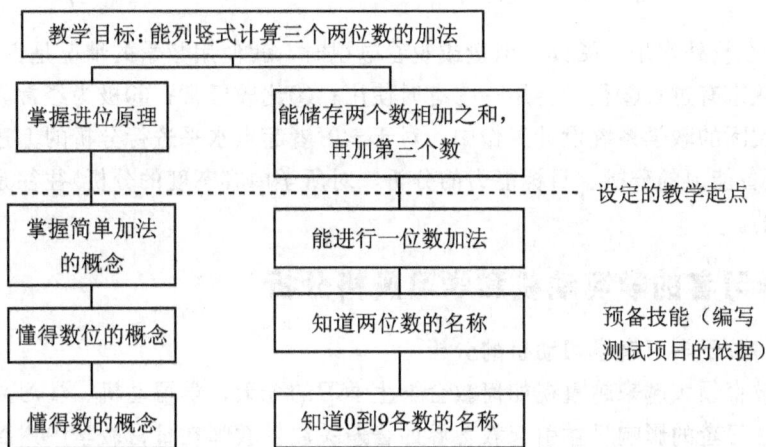

图 3-1 "两位数加法"学习内容的分析

2. 目标能力的分析

对目标能力的预测，有助于我们在确定教学内容方面做到更有针对性。当然，假如教师知道学习内容对学习者是完全陌生的，这类预测就失去意义。教学系统设计强调教学效果的评价应以预先确定的目标为依据，所以在学习结束时，要根据原定的学习目标来编写考试题目，以便检查学习者达到目标的程度，这样，在学习目标与测试题之间就存在一种内在的联系。据此，有的学者提出，可以直接使用期终考试题在学程开始之前对整个学程的教学目标所要求的能力进行预测（从理论上说，同样的考试题如分别用于预测和后测，那么前后两次成绩的差距也可用来评价教学效果）；另外，有些学者则建议，对目标能力的预测不一定像上面那样——直接使用期终考试的试卷，而是可以从期终考试的题库中，选择和组合一部分试题来对学习者进行预试。

3. 对所学内容的态度分析

对教学系统设计人员来说，学习者对待所学内容的态度同样影响教学效果。判断学习者态度最常用的方法是让学生填写态度量表。此外，观察、会谈等评价技术也可用于态度分析。下面是一份了解中学生对学习数学学科态度问卷的部分内容，通过学生的回答，即可了解学习者对待数学学科的学习态度。

(1)对于成为一名数学家，我觉得：

①毫无兴趣；②尚无兴趣；③不知道；④感兴趣；⑤极感兴趣。

(2)在校外，我使用数学的情况是：

①从不想用；②很少去用；③有时使用；④经常使用；⑤一有机会就使用。

(3)在校外娱乐、阅读、消遣或观看电视时，我使用数学的情况是：

①从未有过；②很少会用；③有时使用；④比较经常；⑤极为经常。

在实际的教学系统设计工作中，对于学习者起点水平进行分析的上述三个方面(预备能力的分析、目标能力的分析、对所学内容态度的分析)往往是结合在一起的。

二、学习者的学习动机和学习风格分析

(一)关于学习者学习动机的分析

在教育领域越来越重视如何教会学生学习的今天，学习动机、学习兴趣等因素对学习者的影响日益引起教育界的普遍关注。教师在日常教学中遇到的很多问题，都可以归结为学习动机问题。很多人知道学习动机对学习的重要性，但常常说不出它是什么以及如何有效地加以利用。

1. 学习动机对学习的影响

学习动机是指学习者进行学习活动的推动力，又称学习动力。它对学习者的学习行为和学习活动有着极为重要的影响，它决定个体活动的自觉性、积极性、倾向性和选择性。

学习动机和人类的学习活动是相辅相成的，动机能推动学习活动，而学习活动反过来也能增强学习动机。根据耶克斯—多德森律，动机中等程度的激发或唤起，对学习具有最佳的效果。动机过强或过弱，不仅对学习不利，而且对保持也不利。

2. 学习动机的分类

奥苏贝尔认为学习者所有的指向学业的行为或者说成就动机都可以从三个方面的内驱力加以解释，即认知内驱力、自我提高内驱力和附属内驱力。随着儿童年龄的增长，这三种内驱力在个体身上的比重会有所改变。

(1)认知内驱力

认知内驱力是一种了解和理解事物的需要、要求掌握知识的需要以及系统地阐述问题并解决问题的需要。一般说来，这种内驱力多半是从好奇心中派生出来的。但个体的这种好奇心或心理素质，最初只是潜在的而非真实的动机，还没有特定的内容和方向，要通过个体在实践中不断获得成功，才能真正表现出来，才能具有特定的方向。可见，学生对于某个学科内容的认知内驱力或兴趣，远不是天生的，而主要是获得的。在有意义的学习中，认知内驱力是一种最重要和最稳定的动机。

（2）自我提高内驱力

自我提高内驱力是个体通过自己的胜任能力或学习业绩来赢得相应社会地位的需要。这种需要从儿童入学开始，日益显得重要，成为成就动机的主要组成部分。自我提高内驱力与认知内驱力不一样，它并非直接指向学习任务本身；自我提高内驱力把成就看作是赢得社会地位与自尊心的根源，是一种外部动机。自我提高的内驱力虽然是一种外部动机，但它对学习的促进同样非常重要。

（3）附属内驱力

附属内驱力是一个人为了获得长辈（如家长、教师等）的赞许或认可而表现出来的、把学习搞好的一种需要。它的产生具有三个条件：第一，学习者与长者在感情上具有依附性，该长辈是学习者所追随和效仿的榜样；第二，学生从所博得的赞许或认可中将在某个特定群体内得到一种派生的地位；第三，享受到这种派生地位乐趣的人，会有意识地使自己的行为符合长辈的标准和期望，以便继续获得并保持长辈的赞许，这种赞许往往使一个人在某个特定群体内的地位更加确定、更加巩固。

认知内驱力、自我提高内驱力与附属内驱力在成就动机中所占的比例，通常因年龄、性别、社会地位、种族起源以及人格特质等因素的不同而有所变化。其中，附属内驱力在儿童早期最为突出，是成就动机中的主要成分。在此期间，儿童努力学习以求得到父母的赞许。到了儿童后期和青年期，附属内驱力不仅在强度方面有所减弱，而且开始从父母转向同辈中值得效仿的伙伴。

（二）关于学习者学习风格的分析

在各种学习情境中，每一个学习者都是带着自己的特点进入学习的。而学习者之间存在着生理和心理上的个体差异，不同学习者获取信息的速度不同，对刺激的感知及反应也不同。因此，要实现真正意义上的个别化教学，必须了解学习者的学习风格，并在此基础上为每一个学习者提供适合其特点的学习计划、学习资源和学习环境，而多媒体技术的发展和网上丰富的教学资源，使这种个别化教学成为可能。

1. 学习风格的含义

由于学习风格的研究历史不长，至今尚未有公认的定义，但关于学习风格的定义有很多。Keefe 在 1979 年从信息加工角度界定学习风格为："学习风格由学习者特有的认知、情感和生理行为构成，它是反映学习者如何感知信息、如何与学习环境相互作用并对之做出反应的相对稳定的学习方式。"①我国的谭顶良为学习风格所下的定义为："学习风格是学习者一贯的带有个性特征的学习方式，是学习策略和学习倾向的总和。"②在上述定义中，被广为接受的定义，相对来说是 Keefe 对学习风格的概念的界定。

目前关于学习风格的研究比较多，大多侧重于认知的研究，也有从情意的、综合的维度对学习风格进行研究。

2. 学习风格的认知因素的研究

(1)关于认知方式的场依存性和场独立性研究

场依存性和场独立性这两个概念来源于威特金(H. A. Witkin)对知觉的研究。场依存型的学习者在认知活动中，不那么主动地对外来信息进行加工，倾向于以外在参照作为信息加工依据，通常难以从包含刺激的背景中将刺激分辨出来，所以他们的知觉很容易受错综复杂的背景的影响(例如，如果在他们熟知图形的背景上添加一些纵横交错的线条，他们则可能感到难以认出这个原来熟悉的图形；他们在受到批评时，学习效果会显著下降；这种学习者喜欢有人际交流的集体学习环境，对社会学科材料的学习与记忆效果较好；较依赖于学习材料的预先组织，需要明确的指导和讲授，喜欢结构严密的教学)。场独立型的学习者在认知活动中倾向于更多地利用内在参照作为信息加工的依据，通常总是把要加工的刺激同背景区分开来；他们的知觉比较稳定，不易随背景的变化而改变；他们比较自主，当情境需要或内在需要时，能对所提供的信息进行改组；这种学习者善于学习理工学科内容，往往能明确提出自己的学习目标，能较深入地进行分析，愿意个人独立钻研，对所提供的学习材料能重新组织，较适应结构松散的教学方法。

(2)格雷戈克的学习风格分类

格雷戈克(Cregore)将学习者的学习风格分为具体—序列、具体—随机、抽象—序列和抽象—随机四种类型。具体—序列型风格的学习者喜欢通过直接的动手经验学习，希望教学组织得井然有序；采用学习手册、程序教学、演示

① Keefe J W. Learning Style：An overview[A]. In Keefe J W, Student learning styles：Diagnosing and prescribing programs[M]. Reston, Virginia：National Association of Secondary School Principals，1979：1-17.

② 谭顶良. 学习风格论[M]. 南京：江苏教育出版社，1995：12.

和有指导的实验练习，使他们的学习效果最佳。具体—随机型风格的学习者能通过试误法，从探索经验中迅速得出结论；他们喜欢教学游戏、模拟，愿意独立承担设计项目。抽象—序列型风格的学习者善于理解以逻辑序列呈现的词语或符号信息；他们喜欢通过阅读和听课的方式进行学习。抽象—随机型风格的学习者特别善于从演讲中抓住要点，理解意思，并能对演讲者的声调和演说风格做出反应。对这类学习者来说，参加小组讨论、听穿插问答的讲授或是看电影和电视，可以取得较好的学习效果。

(3)沉思型与冲动型

沉思或冲动的认知方式反映了个体信息加工、形成假设和解决问题过程的速度和准确性。沉思型学习者碰到问题时倾向于深思熟虑，用充足的时间来考虑、审视问题，权衡各种问题解决的方法，然后从中选择出一种能满足多种条件的最佳方案，因而错误较少。而冲动型学习者倾向于很快地检验假设，根据问题的部分信息或尚未对问题做透彻的分析就仓促做出决定，反应速度较快，但容易发生错误。

3. 学习风格的综合研究

美国教育技术专家克内克(F. G. Knirk)等人于1986年提出的有关学习风格的内容及其分类框架比较简明，有较强的可操作性。克内克等人指出，为了向学习者提出适合其特点的个别化教学最好能掌握有关学习者的下列情况：

(1)信息加工的风格。信息加工的风格包括以下类型：用归纳法呈示教材内容时，学习效果最佳；喜欢高冗余度；喜欢在训练材料中有大量正面强化手段；喜欢使用训练材料主动学习；喜欢通过触觉和"动手"活动进行学习；喜欢自定学习步调，等等。

(2)感知或接受刺激所用的感官。在这方面，不同学习者也有不同的风格。例如：有的喜欢通过动态视觉刺激(如电视、电影)来学习；有的喜欢通过听觉刺激(如听讲、录音)来学习；有的则喜欢通过印刷材料来学习；还有的喜欢通过多种刺激同时作用来学习，等等。

(3)对情感的不同需求。这类不同的情感包括：需要经常受到鼓励和安慰；能自动激发动机；能坚持不懈；具有负责精神，等等。

(4)社会性的需求。例如：喜欢与同龄伙伴一起学习；需要得到同龄伙伴经常性的赞许；喜欢向同龄伙伴学习，等等。

(5)对学习环境的需求。例如：喜欢安静；希望有背景声或音乐；喜欢弱光和低反差；喜欢一定的室温；喜欢学习时吃零食；喜欢四处走动；喜欢视觉上的隔离状态(如在语言实验室座位中学习)；喜欢在白天或晚上的某一特定时间学习；喜欢某类座椅，等等。

需要说明的是：学习风格本身没有好坏之分，每一个人都有自己独特的学习风格，它就像一个签名那样有个性。不同的群体——无论是以文化、学历还是以性别来划分，都包含了学习风格的所有类别。对于教学系统设计者而言，了解学习者风格的主要目的在于找出不同学习风格与教学内容的组织、教学方法的运用、教学媒体的选择之间的关系，以便为学习者提供适合其学习风格特点的教学。

三、成人学习者特征分析

在高速发展的信息社会，科技和生产以前所未有的速度迅猛发展，知识呈几何倍数增长，越来越多的人已经清醒地认识到，短暂而有限的学校教育使人难以应付变幻莫测的现代与未来社会，因此，教育和学习不仅需要扩展到人的一生，而且应该成为个体生命中最重要的组成部分。于是，成人教育开始成为我国教育的一个重要组成部分。而了解成人学习者的特征对于有效地促进成人的学习是非常重要的。成人学习者不同于在校学生的特点主要体现在以下几个方面：

（1）学习目的明确，学习动机强。成人学习者大多是带着职业的实际需要和工作中要解决的问题来开展学习的，因此，他们学习的针对性非常强，要求所学内容与他们的工作实际相关，并且能够学以致用。

（2）注重教学效率。对成人学习者来说，时间是非常宝贵的，因为他们很多人是在职学习。因此对他们教学安排应尽可能合理严密，各科教学都能够如期开始和完成。此外，成人学习者比较尊重知识渊博且教学效果好的教师，同样，他们也能够很快地判断出一个教师的教学准备是否充分。

（3）实践经验丰富。成人学习者都是带着个人的生活经验和工作经验进入学习的，这些经验既是成人学习的基础，也是非常宝贵的学习资源。在教学系统设计中，应充分利用成人学习者的学习资源来促进他们的学习。

（4）自律性和独立性强。成人学习者一般都具有较强的学习自主性和独立性。所以，当他们在学习中遇到问题时，他们更希望教师能够对他们的学习给以引导、组织和帮助，而不是以权威或领导的姿态出现。

（5）参与教学决策。成人学习者常希望与教师共同承担教学责任。他们希望能够和教师一起评估学习的目标与需求、选择教学活动以及决定如何评价他们的学习。

由于学习者的特点是多方面的，因此，在教学系统设计中既不可能也无必要对学习者的所有特点做面面俱到的分析，这就要求教学系统设计人员应能根据特定的教学任务要求判断学习者的哪些特点对本项目的教学设计是最重要的，从而具体列出这些特点，在此基础上利用合适的方法对这些特点进行分析，最后再做适当的总结。

第二节　教学目标的分析与设计

教学是促使学习者朝着目标所规定的方向发生变化的过程，因此在教学系统设计中，教学目标是否明确、具体、规范，直接影响到教学是否能沿着预定的、正确的方向进行。教学目标的分析与设计是教学系统设计中最重要、最基础的一个环节。

一、教学目标概述

(一)教学目标的概念

在我国传统教学论中，"教学目的"与"教学目标"没有清晰、确定的含义，在使用上也比较混乱，通常交替使用。然而，在具体教学实践中，教学目的往往规定得太笼统、太抽象，如"培养学生创新能力"，各人的理解可能相去甚远。此外，用以陈述教学目的的词语常常是用以说明学习者内部心理过程的词语，如"掌握""知道"等，这些内部过程的说明使人无法观察和测量，因而对教学过程与学习结果的测量与评估不能起到很好的指导作用。

教学目标是对学习者通过教学后应该表现出来的可见行为的具体的、明确的表述，是学习者在教学活动实施中应达到的学习结果或标准。对教学目标的阐明，可以使这种结果或标准具体化、明确化，从而可为制订教学策略提供依据。运用"教学目标"这一术语是为了更好地强调学习结果的可观察性和可测量性。

(二)教学目标的功能

教学目标的功能，是指教学目标所处的地位、作用对学习者的发展所产生的重要影响。概括地说，它具有导向、激励和调控三大功能。

1. 导向功能

教学目标的导向功能主要表现在两个方面：其一，它为教学活动的设计提供了依据。教师根据教学目标设计教学活动，规定教学过程的具体步骤与组织形式，并加以实施；其二，它为教学评价提供了标准。教学目标是对学习者的学习结果进行测量和评价的基本标准体系，它规定了学习者通过教学活动之后各个方面应该达到的基本要求和水准，借此可以评定、衡量学习者的知识水平、技能/能力以及情感态度等的状况。

2. 激励功能

要激发学习者的认识内驱力、自我提高内驱力和附属内驱力，必须让学习者了解预期的学习成果，这样，他们才能明确成就的性质，才能进行目标清晰的成就活动，才能对自己的行为结果作出成就归因，并最终获得认知、自我提高和博得赞许的喜悦。

3. 调控功能

根据控制论原理，教学过程必须依靠反馈进行自动控制。有了明确的教学目标，教师就可以此为标准，在教学过程中充分运用提问、讨论、交谈、测验、察言观色和评改作业等各种反馈的手段来调整、修正教学的过程。

二、教学目标分类理论

20世纪以来，许多心理学家和教育学家都对教学目标分类问题进行了深入研究，并从不同视角提出了不同的观点和主张，形成了丰富的教学目标分类理论。

(一)布卢姆的教学目标分类理论

布卢姆、克拉斯伍(D. R. Krathwohl)和辛普森(E. J. Simpson)等人将教学目标分为认知、情感和动作技能三大领域。每一领域又细分为若干目标层次，这些层次具有阶梯关系，即较高层次的目标包含且源自较低层次的目标。

1. 认知领域目标分类[①]

布卢姆将认知领域的教学目标由低级到高级共分为识记、理解、运用、分析、综合和评价六个层次。

(1)识记(knowledge)

识记是指对先前学习过的知识材料的回忆，包括对具体事实、方法、过程、理论等的回忆，如记忆名词、事实、基本观念、原则等。其所要求的心理过程主要是记忆。这是最低水平的认知学习结果。

(2)理解(comprehension)

理解是指把握知识材料意义的能力。可以通过三种形式来表明对知识材料的理解与领会，一是转换，即用自己的话或用与原先不同的方式来表达所学的

---

① Bloom B S. Taxonomy of Educational Objectives, Handbook Ⅰ: Cognitive Domain [M]. New York: David Mckay, 1956.

内容;二是解释,即对一项信息(如图表、数据等)加以说明或概述;三是推断,即预测将来的趋势(预期后果)。理解超越了单纯的记忆,代表了稍高一些的认知水平。

(3)运用(application)

运用是指能把学到的知识应用于新的情境。它包括概念、原理、方法和理论的应用。运用的能力要以识记和理解为基础,是较高水平的认知能力。

(4)分析(analysis)

分析是指能把复杂的知识整体分解为若干组成部分并理解各部分之间联系的能力。它包括对各个部分的鉴别、各部分之间关系的分析,并认识其中的组织结构。例如,能区分因果关系,能识别史料中作者的观点或倾向等。分析代表了比运用更高的认知水平,因为它既要理解知识材料的内容,又要把握其内在结构。

(5)综合(synthesis)

综合是指将所学知识的各个部分重新组合,从而形成一个新的知识整体。它包括发表一篇内容独特的演说或文章,拟订一项操作计划或概括出一套抽象关系。它所强调的是创造能力,即形成新的模式或结构的能力。

(6)评价(evaluation)

评价是指对材料(如论文、观点、研究报告等)作出价值判断的能力。它包括对材料的内在标准(如组织结构)或外在标准(如某种学术观点)进行价值判断。例如,判断实验结论是否有充分的数据支持,或评价某篇文章的水平与价值。这是最高水平的认知学习结果,因为它要求超越原先的学习内容,综合多方面的知识并要基于明确的标准才能作出评价。

在上述布卢姆的分类系统中,"识记"只要求对信息作简单的记忆,不需要对原输入的信息作多大改组或加工。而以后的五个层次与"识记"的不同之处在于:它们是对知识进行心理加工的方式,需要学习者在心理上对知识进行组织或重构。这个分类系统为我们确定教学目标提供了一个很好的分析框架。

2. 情感领域目标分类①

情感是对外界刺激做出肯定或否定的心理反应,如喜欢、厌恶等。个体的情感会影响他做出行为上的选择。情感领域教学目标的达成,对于形成正确态度或改变错误态度、提高鉴赏能力、更新价值观念、培养高尚情操等密切相

---

① Krathwohl D R, et al. Taxonomy of Educational Objectives, Handbook Ⅱ: Affective Domain[M]. New York: David Mckay, 1964.

关。这是教育的一个重要领域。

克拉斯伍等人依据价值观内化的程度，将情感领域的教学目标由低级到高级分为接受或注意、反应、价值的判定、价值的组织、价值与价值体系的性格化五个层次。

（1）接受或注意（receiving or attending）

接受或注意是指学习者想要关注某种特定的现象或刺激。例如：静听讲解、参加班级活动、意识到某个问题的重要性等。这方面的学习结果包括：从意识到某个事物存在的简单注意到选择性注意。这是最低级的价值观内化水平。

（2）反应（responding）

反应指学习者主动参与，积极反应，表示出较高的兴趣。例如：认真完成教师布置的作业，提出意见和建议，参加小组讨论，遵守校纪校规等。这方面的学习结果包括：默认、愿意反应和满意的反应。这类目标与教师通常所说的"兴趣"有些类似——都强调对特定活动的选择与满足。

（3）价值的判定（valuing）

价值的判定指学习者用一定的价值标准对特定的现象、行为或事物进行评判。它包括接受或偏爱某种价值标准和为某种价值标准做出奉献。例如：欣赏文学作品，在讨论问题中提出自己的观点，刻苦学习外语等。这方面的学习结果所涉及的行为，表现出一致性和稳定性，与通常所说的"态度"和"欣赏"类似。

（4）价值的组织（organization）

价值的组织是指学习者在遇到多种价值观念呈现的复杂情境时，将价值观组织成一个体系，对各种价值观加以比较，确定它们的相互关系及它们的相对重要性，接受自己认为重要的价值观，形成个人的价值观体系。例如：先处理集体的事，然后考虑个人的事；或是形成一种与自身能力、兴趣、信仰等协调的生活方式等。值得重视的是，个人已建立的价值观体系可以因为新观念的介入而改变。

（5）价值与价值体系的性格化（characterization by a value or value system）

价值与价值体系的性格化是指学习者通过对价值观体系的组织，逐渐形成个人的品性。各种价值观被置于一个内在和谐的构架之中，并形成一定的体系。个人言行受该价值观体系的支配；观念、信仰和态度等融为一体，最终的表现是个人世界观的形成。达到这一阶段以后，行为是一致的和可以预测的。例如：能保持谦虚态度和良好的行为习惯；在团体中表现出合作精神等。

克拉斯伍的分类启示我们，情感或态度的教学是一个价值标准不断内化的过程。教师或教科书上所介绍的价值标准，对学生来说是外在的，学生必须经历接受、反应和价值观的判定、价值观的组织等连续内化的过程，才能将它们转化为自己信奉的内在价值观。其次，情感或态度的教学不只是政治课或思想品德课的任务，各门学科也都包含有这方面的内容，因为任何知识、技能或行为、习惯都不可能离开一定的价值标准。例如，学生"重文轻理"或"重理轻文"的观念就反映了学生在知识、技能的学习中对某种价值观的接受或偏爱。

3. 动作技能领域目标分类①

动作技能领域的教学目标分类比情感领域的教学目标分类发布更晚，而且出现了好几种分类法。其中较有代表性的是辛普森的分类，他把动作技能领域的教学目标，由低级到高级分为知觉、准备、有指导的反应、机械动作、复杂的外显反应、适应和创新七个层次。

(1)知觉(perception)

辛普森所说的知觉是指，运动感官获得相关信息来指导动作——这里的相关信息包括：了解某种动作技能所需的知识、性质、功用等。

(2)准备(set)

准备是指对固定动作的准备，包括心理定向、生理定向和情绪准备(愿意活动)。知觉是其先决条件。

(3)有指导的反应(guided response)

有指导的反应是指能在教师的指导下表现出有关的动作行为，包括模仿和尝试错误。它是复杂动作技能学习的早期阶段，通过教师评价或一套适当的标准可判断操作的适当性。

(4)机械动作(mechanism)

机械动作是指经过一定程度的练习，学习者的反应已成为习惯，能以某种自信熟练地完成动作。这一层次的学习结果涉及各种形式的操作技能，但动作模式并不复杂。

(5)复杂的外显反应(complex over response)

复杂的外显反应是指包含复杂动作模式的熟练操作，操作的熟练性以精确、迅速、连贯协调和轻松稳定为指标。

(6)适应(adaptation)

适应是指技能的高度发展水平，学习者能修正自己的动作模式以适应特殊

---

① Simpson E J. The Classification of Educational Objectives in the Psychomotor Domain[M]. Washington：Gryphon House，1965.

的设施或满足实际情境的需要。

(7)创新(origination)

创新是指学生在学习某种动作技能的过程中形成了一种创造性的动作模式以适合具体情境的能力。要有高度发展的技能为基础才有可能进行创新。

(二)加涅的学习结果分类理论

美国当代著名教育心理学家加涅是继布卢姆之后，又一位对目标分类理论做出重要贡献的心理学家。他把学习结果或教学活动追求的目标分为五类：言语信息、智力技能、认知策略、动作技能和态度。[①]

1. 言语信息(verbal information)

言语信息作为一种学习结果，是指学习者通过学习以后，能记忆诸如事物的名称、符号、地点、时间、定义以及对事物的描述等具体的事实，并能够在需要时将这些事实陈述出来。它们所陈述的信息是基于一种或多种形式的句子(或命题)，由于是被言语化的，所以称之为"言语信息"。判断学生是否获得言语信息主要是看学生是否能把所获得的信息用语言表述出来。

2. 智力技能(intellectual skills)

智力技能作为一种学习结果，是指学习者通过学习获得了使用符号与环境相互作用的能力。智力技能与言语信息不同，言语信息与知道"是什么"有关，而智力技能则与知道"怎样做"有关。例如：知道什么是分数和小数，是言语信息的学习结果；而知道怎样把分数化为小数，则是智力技能的学习结果。言语信息的学习是从不知到知，由知之甚少到知之甚多的过程，智力技能的发展则是从简单到复杂、从低级到高级的过程。

智力技能又可以细分为若干小类，分别是"辨别""概念""规则"和"高级规则"。"辨别"是概念学习的基础；"概念"又是规则学习的基础；而"规则"揭示两个或更多概念之间的关系；"高级规则"将适合于解决不同内容范围的问题或是更复杂的问题，它是学习者在解决问题过程中的思维产物。

3. 认知策略(cognitive strategies)

认知策略，是学习者借以调节他们自己的注意、感知、记忆和思维等内部心理过程的技能。上面所述的智力技能是运用符号处理问题的能力，即处理外部世界的能力，而认知策略是自我控制与调节的能力，即处理内部世界的能力。学习者通过认知策略指挥他自身对环境中刺激物的某种特点予以注意，对

---

① 加涅 R M，布里格斯 L J，韦杰 W W. 教学设计原理[M]. 皮连生，庞维国，等，译. 上海：华东师范大学出版社，2001：43-48.

当前所要学习的事物进行选择和编码，对学习所得进行检索。学习者的认知策略还影响他对已掌握的言语信息和智力技能的综合思考，从而有可能在此基础上提出解决问题的高级规则。可以说，认知策略是学习者操纵管理自己学习过程和解决问题的独特方式，是学习者学会如何学习的核心成分。

4. 动作技能(motor skills)

动作技能，包括两种成分：一是描述如何进行动作的规则，即动作的程序；二是因练习与反馈逐渐变得精确和连贯的实际肢体运动。动作技能是一种习得能力，以此技能为基础的行为结果表现为身体运动的迅速、准确、连贯、有力等方面，如乐器演奏、绘画、实验操作、打球等。动作技能也可存在于不使用器具或设施的活动中——如竞走、练拳、唱歌、舞蹈等活动中也有动作技能。

5. 态度(attitude)

态度是习得的、影响个人对特定对象作出行为选择的有组织的内部准备状态。特定对象包括事物、人和活动。当教学目标是要求学习者形成先前未有的态度或改变当前积极的或消极的态度时，这意味着我们要求学习者从事一项有关态度的学习任务。

(三)我国对教学目标分类的探索

我国对教学目标分类的研究起步较晚，至今没有一个统一的说法。但是，确有不少研究者在这方面开展了积极的探索。

吴也显[1]在布卢姆的教学目标分类理论的基础上，为了使教学目标的编写更加科学化，以符合我国教育国情和教学实际，对认知、情感和动作技能三大领域中的目标层次进行了调整，将认知领域的目标由低级到高级细分为"记忆""理解""简单应用""综合应用"和"创见"五个层次；将情感领域的目标由低级到高级细分为"接受""思考""兴趣""热爱"和"品格形成"五个层次；将动作技能领域的目标由低级到高级细分为"模仿""对模仿动作的理解""动作组合协调""动作评价"和"新动作的创造"五个层次。每个层次又规定了具体的目标。

李秉德等人[2]在对教学的一般目标进行分类时，认为可从三个主要的维度展开：第一是教育目标的组成部分，即德育、智育、体育、美育、劳动技术教育，简称为德智体美劳；第二是通过教育教学所要形成的学生个性心理要素，包括知识、智能(智力、能力、创造力)、价值(理智的、道德的、审美的)、情

① 吴也显. 教学论新编[M]. 北京：教育科学出版社，1991：352.
② 李秉德. 教学论[M]. 北京：人民教育出版社，2005：54-55.

意(情感、动机、态度、意志)和行为(动作技能、行为规范、行为习惯);第三是各部分和各要素的发展水平。从这三个维度进行展开,就可形成一个完整的三维立体结构。在这个三维结构中,教育目标的各组成部分和作为教育教学结果的个性心理要素是统一的,"五育"中的每一育都包括知识、智能、价值和行为等主要个性心理要素。"五育"的发展水平也和各主要个性心理要素的发展水平有着对应关系。这种教学目标分类为确定分学科、分阶段、分课时的教学目标提供了一个参考框架。

黄甫全等人[①]在原有"三基教学"的基础上,提出构建"三基—个性"的教学目标体系设想——"授受基础知识,形成基本技能,发展基本能力,促进个性健康发展"。掌握知识、形成技能、发展能力和促进个性健康发展,四者相辅相成,密切相关。知识是形成技能的基础,它指导着技能的形成,使技能变得准确和精练;而技能的形成,也会巩固和深化对知识的理解,并为新知识的学习提供条件和手段。能力的发展是在掌握和运用知识技能的过程中完成的;同时,能力水平又制约着知识掌握的程度和技能形成的速度。一个人的知识、技能、能力对气质和性格等个性的形成和变化,影响非常之大——在某种程度上,对个人动机、兴趣、理想和信念的发展、形成乃至变化,具有决定性意义;而个性的差异,反过来对一个人的知识掌握、技能形成和能力发展的种类、速度以及品质,在一定意义上也起着关键性的作用。

随着我国基础教育课程改革的推行,"改变课程过于注重知识传授的倾向,强调形成积极主动的学习态度,使获得基础知识与基本技能的过程,同时成为学会学习和形成正确价值观的过程"[②]成为构建新时期课程目标的导向。2001年6月,教育部在《基础教育课程改革纲要(试行)》中提出了"新课程三维目标",即知识与技能目标,过程与方法目标,情感、态度与价值观目标。知识与技能目标,是指通过一定的教学活动,要求学生的学习行为变化应该达到的结果表现,如获得哪些基础知识,提高哪些基本技能等;过程与方法目标,是指为了实现教学目标和完成教学任务而必须经历的活动程序和应采用方法(尤其是指学生的学习方法)的描述,其本质在于强调教学过程的亲历体验,要让学生通过经历过程和探索方法,来获得知识与技能;情感、态度与价值观目标,是指对学习者亲身经历过的某种体验性认识以及在此基础上所应产生的行

① 黄甫全,王本陆. 现代教学论学程[M]. 北京:教育科学出版社,1998:40-42.
② 钟启泉,崔允漷. 为了中华民族的复兴,为了每位学生的发展——《基础教育课程改革纲要(试行)》解读[M]. 上海:华东师范大学出版社,2001:3-29.

为、习惯、情感、态度等方面变化的描述。

上述三维目标之间是相互联系，相互作用的。首先，知识与技能是达成过程与方法目标，形成良好情感、态度、价值观的基础，是学生经历体验性学习过程、掌握学习方法的前提，也是提高能力、培养情感、培育正确态度和价值观的载体；其次，过程与方法是掌握知识与技能以及形成情感、态度、价值观的中介机制，并贯穿于知识与技能、情感、态度、价值观形成的全过程；而情感、态度与价值观则是掌握必要的知识与技能、逐步形成科学的过程与方法的动力，并对前两个目标具有明显的调控作用。① 新课程三维目标的提出，受到了广大教育工作者的广泛关注，并逐渐在中小学课程教学中得到普遍认同与实践。当然，作为新生事物，新课程三维目标自提出以来，就引发了各界人士的争论，形成了具有争议性的不同学术观点，导致个别教师在教学实践中遇到过一些"尴尬"。尽管如此，它仍可以为教学目标分类提供一个有价值的参考框架；但如何进一步科学论证，并将其细化使之在教学实践中更具可操作性，以形成独具中国特色的教学目标分类体系，则还有较长的路要走。

三、教学目标的设计与编写

(一)教学目标的设计程序

教学目标设计通常包括"目标分解""任务分析""起点确定""层级确定"和"目标表述"五个基本步骤。

1. 目标分解

按照系统论的观点，教学目标是一个系统，它由教学总目标决定，包括学科目标、单元目标和课时目标三个层次。通过逐层具体化，这个教学目标系统就构成一个上下贯通、有机联系的完整体系(如图 3-2 所示)。

教学总目标是作为统贯教学活动全局的一种指导思想而存在的，它是教学领域里为实现教育目的而提出的一种概括性的总体要求，它所把握的是各学科教学的发展趋势和总方向。但是，教学总目标毕竟只是对教学活动的一种原则性规定，对于复杂的教学活动来说，只有原则性的规定是不够的，还需要有具体化的教学目标，以便对教学活动作出具体的规定。这就需要对教学目标进行分解。教学目标的分解是一个自上而下、不断具体化的过程，任何下一级教学目标的确定，必须以其上一级目标为依据。课时目标是教学目标体系中最为具

① 李香娥. 新课程三维目标内涵解读及设计[J]. 贵州教育学院学报(自然科学)，2009，20(3)：60-63.

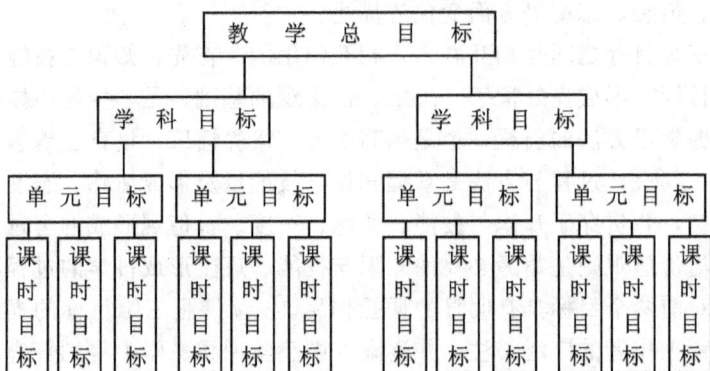

图 3-2　教学目标体系

体的目标。要设计课时目标，就必须明确本单元目标以及本单元内各个课时目标之间的相互关系；要设计单元目标，就必须牢牢把握住本学科教学目标以及本学科内各个单元目标之间的相互关系；要设计学科目标，就必须弄清楚教学总目标以及各学科之间的相互关系。

2. 任务分析

任务分析，是指为了达到课时目标的规定，应该对学习者需要学习的相关知识、技能、能力、态度、情感以及它们之间的相互关系，进行具体的剖析。通常人们也将任务分析称为教学内容分析（有关教学内容的分析方法详见本章"教学内容的分析"一节）。

3. 起点确定

为了确定教学的起点，需要对学习者与学习任务有关的已有知识、技能、能力、态度和情感等进行分析和厘清。一般说来，这将涉及三方面的分析工作：对学习者预备能力的分析、对学习者目标技能的分析，以及对学习者学习态度的分析（有关教学起点的分析方法详见本章"学习者特征分析"一节）。

4. 层级确定

在进行教学内容的分析以后，利用教学目标和教学内容之间的二维层次分析模型（如图 3-3 所示）①，可以找到教学内容与教学目标之间的对应关系，从而确定教学目标的层级——把各个教学内容的认知领域教学目标，依次确定为识记、理解、应用、分析、综合和评价等不同层级。

---

① 李克东，谢幼如. 多媒体组合教学设计[M]. 北京：科学出版社，1994：45.

				（15） 问题—综合
			（10） 原理—分析	（14） 问题—分析
		（6） 技能—应用	（9） 原理—应用	（13） 问题—应用
	（3） 概念—理解	（5） 技能—理解	（8） 原理—理解	（12） 问题—理解
（1） 事实—识记	（2） 概念—识记	（4） 技能—识记	（7） 原理—识记	（11） 问题—识记

图 3-3　教学目标—教学内容二维层次分析模型

5. 目标表述

在进行教学目标设计时，必须对学习者通过每一项相关知识、技能和能力等的学习以后应达到的结果做出具体而明确的表述，从而确保为后续的教学策略设计与教学评价提供科学依据。教学目标表述的方法多种多样，且操作性较强，为此，下面将对教学目标的表述或编写方法，作进一步的介绍。

(二)教学目标的编写方法

关于如何表述教学目标，存在着行为主义心理学和认知主义心理学两种观点。前者强调用可观察或可测量的行为来描述，后者则强调用内部心理过程来描述。尽管上述两种观点存在分歧，但普遍认为，教学目标应该说明学习者行为或能力的变化。下面将具体介绍"行为目标的 ABCD 表述法""内部过程与外显行为相结合的表述法"和"表现性目标的表述法"三种教学目标的表述或编写方法，以供学习者学习使用。①

1. 行为目标的 ABCD 表述法

1962 年，马杰(R. F. Marger)根据行为主义心理学，提出了行为目标的理论与技术。行为目标，是指用可观察和可测量的行为表述的目标。马杰认为，一个教学目标的表述包括四个要素，分别是"对象""行为""条件"和"标准"，取这四个要素的英文单词的首字母，简称为"行为目标的 ABCD 表述法"。

---

① 本部分以下内容参考：谢幼如，尹睿. 网络教学设计与评价[M]. 北京：北京师范大学出版社，2010：103-108.

(1)对象的表述

在教学目标的表述中应明确指出教学对象，例如"小学五年级的学生"。有的学者还主张要在教学目标中说明对象的基本特点。应当强调的是，教学目标的对象必须是学习者，而不能是教师。因此，诸如"培养学生的英语听说能力"这样的目标表述是不恰当的。

(2)行为的表述

教学目标中，行为的表述是最基本的成分，说明学习者在教学结束后，应该获得怎样的知识和能力。描述行为的基本方法是使用一个动宾结构的短语，其中行为动词说明操作的行为，宾语则说明学习的内容。例如："记住长方形的面积公式""列举生活中的圆柱体""找出课文中描述职业的英语单词"。教学目标的表述明确与否，很大程度上取决于行为动词的可观察性和可测量性，所以应尽量避免使用"理解""掌握""欣赏"等含义不易确切把握的词语。另外，某一类型的行为动词反映的是学习结果的某一种类型和层次，所以应该选择合适的行为动词加以表述。

(3)条件的表述

条件表示学习者完成规定行为时所处的情境，也就是表明在评价学习者的学习结果时，应在哪种情况下进行评价。条件包括如下六种因素：①环境因素（空间、光线、气温、室内外噪声等）；②人的因素（个人单独完成、小组集体进行、个人在集体的环境中完成、在教师指导下进行等）；③设备因素（工具、设备、图纸、说明书、计算器等）；④信息因素（资料、教科书、笔记、图表、词典等）；⑤时间因素（速度、时间限制等）；⑥问题明确性的因素（为引起行为的产生，应提供什么样的刺激和刺激的次数及强度）。

(4)标准的表述

标准是行为完成质量可以被接受的最低程度的衡量依据。对行为标准做出具体描述，是为了使教学目标具有可测量性。标准一般从行为的速度、准确性和质量三个方面来确定，例如："在 5 分钟内（速度）""判断 6 个中的 3 个（准确性）""至少达到 90 分（质量）"。

以下是运用 ABCD 方法表述的目标例句：

(1)提供 10 道应用题，小学四年级学生能在 60 分钟以内正确列出算式，并写出答案。

(2)历史系二年级的学生阅读所布置的 7 篇材料后，能撰文对两种古代文化的差异进行比较，至少列举每种古代文化的 5 种特征。

(3)提供一篇议论文，初中二年级学生能准确地找出文章中有关论点、论据、论证的句子，准确率达90％。

2．内部过程与外显行为相结合的表述法

行为目标虽然避免了用传统方法表述目标的含糊性，但它本身也有缺点：只强调了行为结果，而未注意内在的心理过程，因而可能引导人们只关注学习者外在行为的变化而忽视其内在的心理和情感的变化。认知心理学家认为，学习的实质是内在心理的变化。因此，教育的真正目标不在于具体的行为变化，而是内在的能力或情感的变化。但这些内在心理变化，如理解、欣赏、热爱等，不便于直接进行客观观察和测量。为了能间接地观察和测量这些内在心理变化，还需要列举反映这些内在变化的行为表现。格朗伦（N. E. Gronlund）在《课堂教学目标的表述》中，提出先用描述内部心理过程的术语来表述学习目标，以反映理解、运用、分析、创造、欣赏、尊重等内在的心理变化，然后列举反映这些内在变化的例子，从而使这些内在心理变化可以观察和测量。这就是内部过程与外显行为相结合的表述法。例如：

理解议论文写作中的"类比法"

- 用自己的话语解释运用类比法的条件；
- 在课文中找出运用类比法阐明论点的句子；
- 对提供的含有类比法和喻证法的课文，能指出包含有类比法的句子。

上述这一目标表述的第一个层次是内部心理过程，第二个层次是反映心理活动的外显行为。"理解"是一种内部心理过程，无法观察和测量，但有后面这些证明"理解"能力的行为实例，原来的目标就具体化了。

格朗伦的方法强调列举出能力方面的例证，既避免了用内部心理特征表述目标的抽象性，也防止了行为目标的机械性与局限性。

3．表现性目标的表述法

有时人的认识和情感变化并不是参加一两次教育活动以后就能见效的，教师也很难预期通过一定的教育活动后学生的内部心理过程将会发生什么变化，这种情况在情感教育方面尤为明显。为了弥补上述编写方法的不足，艾斯纳（E. W. Eisner）提出了表现性目标。表现性目标，关注学生在具体的教育情境、教学活动和学习活动中的个性化表现。这种目标要求明确规定学习者应参加的活动或项目，但不精确规定学习者应从教学活动中习得什么。例如：

(1)观看北京奥运会纪录片，交流自己的想法。

(2)用画图工具创作小学语文《四个太阳》的意境。

(3)运用 MP＿Lab 工具，设计一个边界最小的密铺图形。

其中，"交流自己的想法""创作小学语文《四个太阳》的意境"和"设计一个边界最小的密铺图形"，均指出学习者应参加的活动或项目，对学习者应达到什么样的学习结果并未指定。因此，表现性目标只能作为教学目标具体化的一种补充。

第三节　教学内容的分析

为了保证教学目标的实现，要求教学必须有正确的、合乎目的的内容。教学内容，就是指为了实现教学目标，要求学习者系统学习的知识、技能和行为规范的总和。分析教学内容的工作以总的教学目标为基础，旨在规定教学内容的范围、深度和揭示教学内容各组成部分之间的联系，以保证达到教学最优化的内容效度。

一、教学内容的选择

（一）教学内容的类属

在课程与教学论领域，"教学内容""教育内容"和"课程内容"三个术语常常被交替使用。但在教学设计领域，人们使用"教学内容"这一术语居多。教学内容，通常是指在一个科目、一个单元或一节课、一个具体教学活动中，作为师生教学对象的具体知识、主题、事实、观念和原理等。教学内容具有一定的结构层次。每门课程都是由若干个章节（或单元）组成，每一节（或课）又可分为若干个知识点。可见，教学内容分析实际上就是知识点分析。在确定教学内容后，应将教学内容分解为若干知识点，然后根据美国教育心理学家加涅对学习内容的分类[①]，确定每个知识点内容的属性，分析这些知识点的内容究竟是属于事实、概念、技能、原理、问题解决中的哪一个类别。

1. 事实

是指一些术语，如姓名、时间、地点、一些事件的名称，以及可确定的事件。

2. 概念

是指将具有同样特征的事物进行归类并用来表征这种事物的属性以及名称的名词。例如：小学数学中有关图形识别所涉及的"三角形""长方形""正方形""圆"等表征图形的概念；初中生物中有关细胞构成所涉及的"细胞壁""细胞膜""细胞液""细胞核""细胞质"等概念。

---

① 李克东，谢幼如. 多媒体组合教学设计[M]. 北京：科学出版社，1992：31.

3. 技能

是指一系列动作的连锁化(语言＋智力＋手工＋机械操作＋综合)。这里涉及的主要是智力技能。例如：用圆规绘制圆，用几何画板绘制椭圆。

4. 原理

是指能把若干个概念组合在一起，并用来陈述事物的因果关系或某种规律的深层次知识点。例如："三角形的全等定理：全等三角形的对应边、对应角相等""杠杆的平衡条件：动力×动力臂＝阻力×阻力臂""光的折射定律：折射光线与入射光线、法线在同一平面内；折射光线和入射光线分居法线两侧"。

5. 问题解决

是指发现问题、分析问题、搜集资料并设法加以解决的程序与方法。

(二)教学内容的选择方法

教学内容的选择一般从单元层次开始。单元是指一门课程内容的划分单位，依据学科特点的不同，单元的具体划分也不相同。例如：语文课程的单元通常是指一组体裁相同的课文；数学课程的单元相当于教材的一章，大致是某类数学问题；而外语课程的单元则可以指教材中的一课。一个单元的内容有相对的完整性。单元实质上反映了课程编制者或教师对一门学科结构的总的看法，以及在此基础上对这种结构按教学要求所做的分解和逻辑安排。

教学内容的选择主要涉及三个基本方面：范围、重点和序列。

范围主要是确定教学内容覆盖的广度和深度。一般在决定单元范围时，要从课程的连续性以及社会发展、个人发展的需要出发，确定单元内容中各种事实、概念、技能、原理和问题解决等知识点，从而选取难度适当的核心内容。

重点是要确定内容中的关键成分——即哪些是需要学习者着重学习的内容，哪些是学习者难以理解的内容；通常，可以依据课程标准、教学起点等加以确定。

序列是指内容展开的顺序。一般在确定内容的序列时，要注意新旧知识之间的联系，以保证新知识的学习是以原有知识的学习为基础而展开。

在选择教学内容时，为防止遗漏教学的重点和要点，应尽可能多收集与课程目标有关的内容资料。在确定教学内容时，可以考虑合并相关内容或删除不必要的部分。

二、教学内容的编排

教学内容的编排，即教学内容的组织。它是对已选定的教学内容按一定的结构进行组织排序，使其具有一定的系统性或整体性。在一门课程中，各单元教学内容之间的联系一般有三种类型：一是相对独立，各单元在顺序上可互换位置；二是一个单元的学习构成另一个单元的基础，这类结构在序列上极为严格；三是各单元教学内容的联系呈综合型。

20世纪以来，在教学内容的组织编排研究中，出现了不同的主张。其中，较有影响的是以下几种观点。

（一）纵向结构与横向结构

纵向结构，也称序列结构，就是将教学内容按照纵向顺序加以组织编排。"直线型"和"螺旋型"都是其典型代表。

"直线型"是由加涅提出的，他从学习层级论的观点出发，把教学内容转化为一系列习得能力目标，然后按这些目标之间的关系，从较简单的辨别技能的学习到复杂的问题解决技能的学习，将全部教学内容按等级来排列——每一个简单的部分都是复杂部分的先决条件，复杂部分的教学都是以简单的教学为基础的。可见，"直线型"体现了由浅入深、由易到难的编排原则。

"螺旋型"则是由布鲁纳提出的，他认为教材应该把反映该学科发展水平的最基本的概念和原理作为主体呈现给儿童，让儿童尽早有机会接触和掌握该学科的基本结构，而且这样的教材只有与儿童智力发展水平相适应，才能使基本概念和原理的教学顺利进行。学科的基本概念和原理可分别从动作的、表象的、符号的三种不同智力发展水平加以组织——直观程度逐渐降低，抽象程度不断提高，内容不断加深，使儿童能逐步深入学习。可见，"螺旋型"是根据某个学科的概念结构，配合学习者的认知结构，以促进学习者认知能力发展为目的的一种内容编排形式。

实际上，教学内容的纵向编排，既不存在单一的直线型，也不存在纯粹的螺旋型，而是二者的有机结合，呈现出"阶梯型"①，即按照学生发展的动态水平层次，把内容按难度高低分解后由简单到复杂、从低级到高级地排列成一道波浪式上升的阶梯，从而在课程实施中促进和适应学生的发展，使之跃上一个又一个台阶，最终达到把内容内化为学生发展的目的。

横向结构，是指打破学科的界限和法定的知识体系，用一些"大观念"或"广义概念"作为教学内容组织的要素，使教学内容与学习者的已有经验有效地联系起来，并具体表现为学科内容的整合。在教学活动中，存在两个层面的整合：第一个层面是同一学科内相邻知识间的整合，例如，小学数学中有关平面图形（长方形、正方形、平行四边形、三角形、梯形）面积计算等系列知识的整

---

① 黄甫全. 阶梯型课程引论[M]. 贵阳：贵州人民出版社，1996.

合；小学英语中有关时间学习(日、星期、月、季节)等系列知识的整合。第二个层面是跨学科的相关知识的整合，通常以文化主题、社会问题、焦点话题等作为核心进行整合。例如，围绕"丝绸之路"这一文化主题，将语文、地理和历史学科的相关知识加以整合；围绕"酸雨污染及其防治"这一社会问题，将化学、生物学科的相关知识加以整合。

(二)逻辑顺序与心理顺序

逻辑顺序是指以知识的学科逻辑体系和内在联系来组织教学内容。目前，在教学实践中，绝大部分教学内容都是采用这种顺序来组织编排的，目的是要突出知识的系统传授。心理顺序则是指根据学习者的心理发展规律和特点，以及他们的兴趣、需要和经验背景等来组织教学内容。事实上，在教学设计中，很少有人单纯只从学科逻辑顺序或者学生的心理顺序来组织编排教学内容，而是倾向于将二者结合起来——学科的逻辑顺序是客观事物内在联系的反映。然而，教学内容的对象是学习者，只有符合学习者的认知特点，才能实现有效教学。例如，奥苏贝尔既关注要在新知识与学习者原有的知识体系之间建立起内在联系，又强调应依据学生的认知结构水平和认知发展规律，按一定的逻辑顺序呈现新知识。为此，他从实现有意义学习的目标[①]出发，提出了"渐进分化"和"综合贯通"的教学原则。"渐进分化原则"是指教学过程中要先教那些比较概括的或包容性较广的观念，然后再教比较具体的或初级的观念；通过逐步分化，最终完成从最广泛的观念到最具体观念的教学。"综合贯通原则"则是指在教学中应比较观念间的相同点与不同点，并在观念之间建立起联系；通过综合贯通，使彼此分立的各种观念相互联系起来，从而体现出学科的整体性。

(三)非线性网状组织与树状组织

随着计算机多媒体技术的出现，教学内容的组织编排可以呈现出非线性网状结构或树状结构。

非线性是相对线性而言，线性是指单一方向的演化，而非线性则是朝多方向的扩展——这是一种自由的、多方向和不确定的组织方式。这种组织方式是建立在多媒体独具的超链接特性的基础之上，可以实现教学内容之间横向、纵向的跳跃式呈现，从而使教学内容的组织更符合人类非线性的思维方式和人类

---

① 有意义学习的过程即原有观念对新观念加以同化的过程，它必须具备三个前提条件：①学习材料本身必须具备逻辑意义，所谓逻辑意义是指学习材料可以和学习者认知结构中的适当观念建立起非任意的实质性联系；②学习者必须具备有意义学习的心向，即积极主动地把新知识与学习者认知结构中原有的适当知识联系起来的倾向性；③学习者认知结构中必须具有同化新知识的适当观念。

自身的认知规律。

树状组织结构可以将教学过程所涉及的问题、案例和情境等各种教学内容，通过这种结构使彼此联系起来，而且树状结构的每一个分支又都能不断延伸出新的树状结构，从而把相关知识点逐渐组织成越来越有深度和广度的教学内容①。

三、教学内容的分析方法

对教学内容进行选择和编排之后，基本上确定了教学内容的基本框架。为了对教学内容的知识点逐一分析，还需要进一步采用不同的内容分析方法。目前，常用的分析教学内容的基本方法有归类分析法、图解分析法、层级分析法和信息加工分析法等几种。

(一)归类分析法

归类分析法主要是对有关教学内容信息进行分类的方法，旨在鉴别为实现教学目标需要学习哪些知识点。例如，一个国家的省市名称可按地理区域的划分来归类，人体外表各部位的名称可由上向下，按头、颈、躯干、上肢、下肢分类等。确定分类方法后，可用图示或列提纲方式，把实现教学目标所需学习的知识点归纳成若干方面，从而确定教学内容的范围(如图 3-4 所示)。需要说明的是，从形式上看，图 3-4 所示的归类分析图与后面将要讨论的层级分析图有类似之处，但在归类分析法中，各知识点之间本质上不存在难度的层级关系。

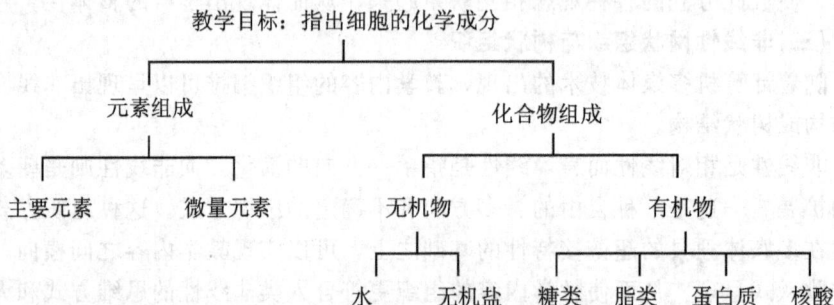

图 3-4　细胞化学成分的归类分析

---

① 张武威，黄宇星. 精品课程的课程内容知识组织探究[J]. 中国电化教育，2009 (12)：68.

(二)图解分析法

图解分析法是一种用直观形式揭示教学内容要素及其相互联系的内容分析方法，主要用于对认知类教学内容的分析。图解分析的结果是一种简明扼要、提纲挈领地从内容和逻辑上高度概括教学内容的一套图表或符号。图 3-5 是一个关于 DNA 内容的图解分析结果，从证据、结构和功能三个方面将 DNA 的相关内容简洁地反映在图表之中。这种方法的优点是便于分析者觉察内容的残缺或多余部分以及相互联系中的割裂现象。

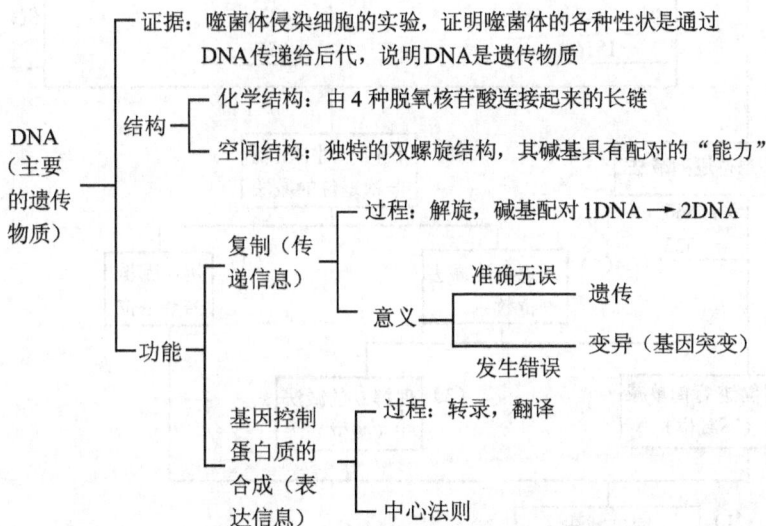

图 3-5 关于 DNA 是主要遗传物质的图解分析

(三)层级分析法

层级分析法是用来揭示教学目标所要求掌握的从属技能的一种内容分析方法。这是一个逆向分析过程，即从已确定的教学目标出发，考虑学习者为了掌握该目标所要求的概念或能力必须先掌握哪些低一级的从属概念或能力；而要掌握这些低一级的概念或能力又要先掌握哪些更低一级的从属概念或能力，依此类推……可见，在层级分析中，各层次的知识点具有不同的难度等级——愈是在底层的知识点，难度等级愈低（愈容易），愈是在上层的知识点难度愈大。图 3-6 是对"整数减法"教学内容进行层级分析的示意图。由图可见，给定的教学目标(11)的实现以(7)(8)(9)和(10)四项从属技能的学习为前提条件，该层级分析一直继续到最低一级的子目标(简单减法)为止。

层级分析的原则虽较简单，但具体做起来却不容易。它要求参与教学设计的学科专家、学科教师或教学设计人员熟悉学科内容、了解教学对象的原有能力基础，并具备较丰富的心理学知识。

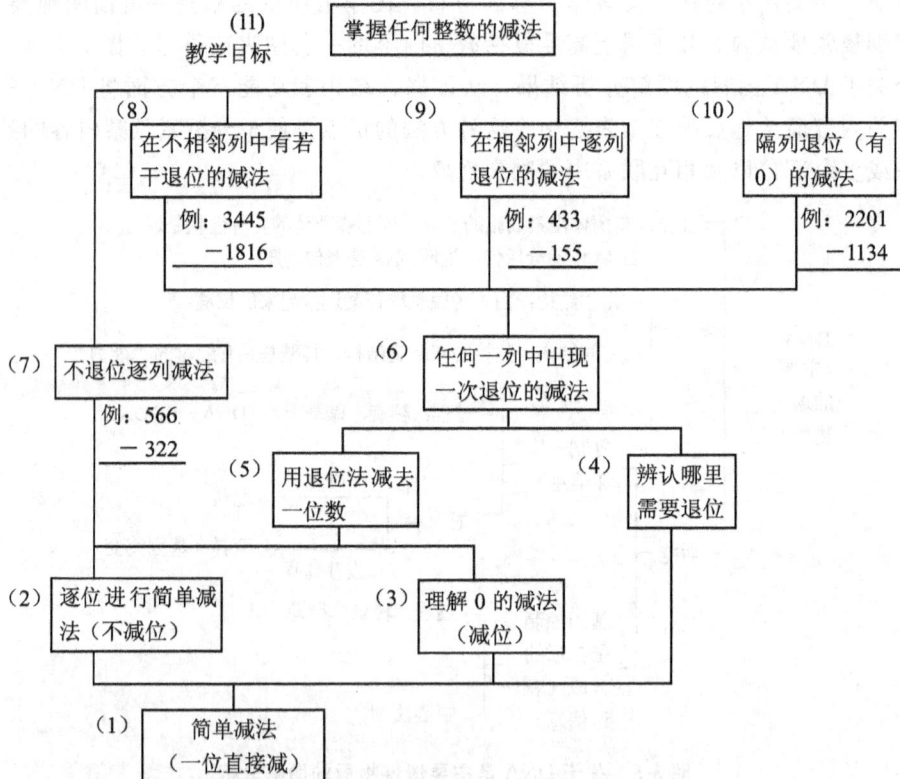

图 3-6　"整数减法"教学内容的层级分析

(四)信息加工分析法

信息加工分析法是将教学目标要求的心理操作过程揭示出来的一种内容分析方法。这种心理操作过程及其所涉及的能力，就构成教学内容。例如，求算术平均数的解题过程即反映了这种信息加工过程(如图 3-7 所示)。

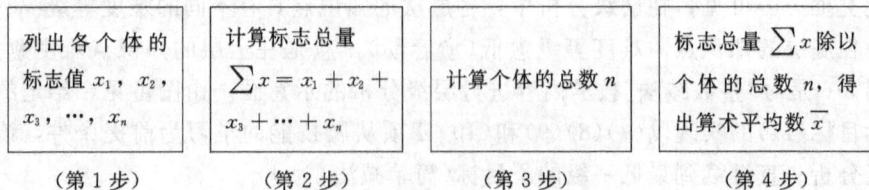

图 3-7　求算术平均数的信息加工分析

在许多教学内容中，完成任务的操作步骤不是按"1→2→3→···→n"的线性程序进行的。当某一步骤结束后，需根据出现的结果判断下一步怎么做。在这种情况下，就要使用流程图来表现该操作过程。流程图除直观地表现出整个操作过程及各个步骤以外，还表现出其中一系列决策点及可供选择的不同行动路线。信息加工分析不仅能将内隐的心理操作过程显示出来，也适用于描述或记录外显的动作技能的操作过程。

第四节 "以教为主"的教学方法与教学策略设计

在教学活动中，选择与运用恰当的教学方法、教学媒体和教学策略，是达到优化教学的重要前提，也是影响教学最优化的重要因素。如果教学方法使用合适、教学媒体选择得当、教学策略运用有方，往往能使教学起到事半功倍的效果。可见，教学方法的选择与运用、教学媒体的选择与运用以及教学策略的选择与运用是教学系统设计过程中的三个重要而关键的环节。

一、教学方法的选择与运用

教学是教与学的双向活动，既涵盖教师的"教"和学生的"学"，也强调"教"与"学"的统一。从这个意义上说，教学方法是为了有效达成一定的教学目标，由教师组织引导学生对专门的知识内容开展学习活动所采用的方式、手段及程序的总和，它包含了教师的教法与学生的学法。教法，是教师为完成教学任务所采用的方式、手段与程序；学法，则是学习者在教师指导下学习知识、获得技能、发展能力和形成个性过程中所采用的方式、手段与程序。

(一)常用的教学方法

古今中外，经过长期的教学实践积累，人们创造的教学方法多种多样，数不胜数。下面，我们借鉴美国媒体技术专家海涅克（R. Heinich）通过将传统教学方法与媒体选择有机结合来形成教学方法分类的设想，并参照学术界对教学方法的研究，在此基础上，我们拟从其中选出九种较常用、有效的教学方法，作扼要介绍。

1. 讲授法

讲授法是教师通过口头语言，辅以板书、挂图、幻灯、投影或其他媒体向学生传授言语信息的方法，主要是一种教师讲、学生听的活动。讲授法又可进一步区分为讲述、讲解和讲演三种具体方法。讲述是对某个事物或事件作系统的叙述和描绘；讲解是对某个概念或原理进行解释、分析和论证；讲演是不仅描述事实，而且还对事实作较深入的分析和论证，并在此基础上给出科学结论。讲授法能在较短时间内让学生获得大量系统的科学知识，但运用此方法时，师生难以及时获得反馈信息，学生之间的互动作用少。如果教师运用不当，极易陷入"满堂灌"的误区，变成"填鸭式"教学，难以调动学生学习的主动性与积极性。

2. 演示法

演示法是借助实物、图片或使用幻灯、投影、电影、电视等将要感知的过程或要学习的技能记录下来进行播放。这是一种通过直观的演示、观摩来增强学生的感性认识或在已有理性认识的基础上，再通过感性材料来深化理性认识的教学方法。演示中常用的教学媒体有三类：实物（包括文物、模型、标本等）；图片（包括图画、照片等）；音视频资料（包括幻灯、投影、电影、电视以及计算机仿真等教学资源）。这些教学媒体可在教学过程中随时演示或播放，有时还可以化静态为动态，变片段为序列，因而其逼真程度和直观程度更高。

3. 情境法

情境法是指在教学过程中，教师根据教学目标和教学内容要求，创设以形象为主体、富有感情色彩的场景或氛围，以引起学生的情感体验和学习情绪，从而帮助学生学习知识、获得技能、发展能力和形成个性的一种教学方法（这种方法对于情感、态度、价值观的培育，特别是促进情感的体验与内化更为有效）。情境创设的方式有①：以生活展现情境，以实物演示情境，以图画再现情境，以音乐渲染情境，以表演体验情境，以语言描绘情境。幻灯、投影、录音、电影、电视、多媒体计算机以及计算机仿真等媒体手段为情境创设提供了便利条件。为了保证情境教学法的有效实施，情境创设要符合学生的认知水平，要具有吸引力；情境创设应力图多样化，以满足学生个性化学习需要。在情境创设中教师起着至关重要的主导作用——不仅情境的内容和媒体的选择完全由教师决定，而且在教学过程中教师还要对学生作适当的讲解和引导。

4. 讨论法

讨论法是师生之间互动交流最为直接的一种方法。它是在教师指导下，由全班或学生小组围绕某一问题进行切磋交流、形成思想碰撞，从而相互学习的方法。这种方法既可以发挥教师的主导作用，也能有效地体现学生的主体地位——学生在群体思考过程中互相启发、彼此砥砺，可以有效地加深学生对所学知识的理解。但是要想保证讨论法实施的有效性，关键在于教师提出的问题

---

① 夏惠贤. 当代中小学教学模式研究[M]. 桂林：广西教育出版社，2002：40-43.

是否能有效地引起学生的争论，是否确实具有启发性。如上所述，电影、电视以及多媒体计算机等媒体手段在创设问题情境方面具有独特的优势，这种优势也可应用于"讨论法"中——为学生创设相对完整、真实的问题情境，从而更有效地激发学生的学习兴趣和解决问题的欲望。

5. 训练和实践法

训练和实践法是让学生通过一系列设计好的实践活动去进行练习，并运用所学知识去解决同类任务，以增加技能的熟练程度或增加新能力的一种方法。使用训练和实践法的前提是假设学生在练习之前已经基本掌握了与某种训练有关的概念、原理和技能。现代多媒体技术、人工智能技术和虚拟现实技术可以为学生创设逼真的实践情境，使学生能在真实的情境中进行模拟训练。

6. 合作学习法

随着"学习是社会建构"的隐喻出现，合作学习法逐步成为目前教学中使用最为广泛的一种教学方法。其理论基础是维果茨基的社会建构主义理论。维果茨基认为，人的内部心理活动不可能从其外部行为及其发生的社会情境中分离出来，人的社会结构和心理结构是相互贯穿和渗透的。由此，学习将经由社会中介的合作过程而发生。[①] 通过合作学习，学生在与他人互动讨论、协商交流中逐步完善自身的认知结构。当代，多媒体计算机技术和网络通信技术的发展，为合作学习法的广泛应用提供了良好的条件。学生可以在各自的计算机终端上，通过网络与其他学生在分离的状态下就某个问题进行深入探究，也可以将计算机作为虚拟的学习伙伴进行交互学习。

7. 发现法

发现法是指在教学过程中，教师只给学生一些案例和问题，然后指导学生通过独立地阅读、观察、实验、思考、讨论等途径去探究，最终让学生自行解决问题的一种学习方法。运用这种方法时，要求教师能依据教材特点和学生的实际水平，正确地选定探究主题，努力创设一个有利于学生进行自主探究、自主发现的良好情境，并提供相关材料，给予明确与积极的引导，以促进学生的独立思考与探索。如上所述，现代多媒体技术可以为学生创设灵活多样的问题情境，从而激发学生发现问题的欲望。

8. 示范模仿法

示范模仿法是通过教师示范和学生模仿来教授和学习如何有效、灵活地运

---

① 钟启泉，高文，赵中建. 多维视角下的教育理论与思潮[M]. 北京：教育科学出版社，2004：29.

用内外部肌肉以获得某种技能的方法。为了加深学生对动作要领的理解，防止机械、盲目地模仿，教师一般在作示范时要给予适当的讲解——将示范与讲解相结合，才能够有效地促进学生对技能的学习。在运用这种教学方法时，由于电影、电视及录像具有强大的表现力和重现力，若能适当加以利用，将会有效地帮助学习者学习并掌握相应的技能。

9. 强化法

强化法是适用于态度习得的一种教学方法。它可分为直接强化与间接强化两种方式。直接强化是在学习者选择某一期望的行为时，给予及时的肯定和鼓励；或是在某些期望行为产生后，帮助学习者去完成目标，使他们获得成功的喜悦。总之，是通过对期望行为的不断强化来促使学习者获得预期的情感目标。间接强化是通过模仿和观察榜样人物而产生期望行为后得到表扬和奖励，从而促进学习者情感内化，使学习者间接习得相关情感、态度的一种学习方法。由于电影、电视及录像具有丰富的表现力并对情绪、情感具有强烈的渲染力，所以若借助这些媒体开展强化教学，将有助于学习者对榜样行为的学习。

以上仅概括性地介绍了九种教学中常用的教学方法，而在实际教学中，究竟哪种方法与哪种教学媒体结合最为有效，还需要教师结合具体的教学内容和实际的教学对象去不断地进行尝试与探索。

(二)教学方法的选择和有机组合

面对多种多样的教学方法，哪些是教学系统设计中应优先考虑的方法呢？这些方法又该如何有机地结合在一起？这都是教学方法选择中的最核心问题。实践证明，"教师只有按照一定的科学依据，综合考虑教学的各有关因素，选取适当的教学方法，并能合理地加以组合，才可望使教学效果达到最优化的境地。"①一般认为，应该根据教学目标、学生特点、学科特点、教师特点、教学环境、教学时间、教学技术条件等诸多因素来选择教学方法。其中，教学目标与教学方法的关系最为重要，二者之间的优选关系如表 3-1 所示。

---

① 李秉德. 教学论[M]. 北京：人民教育出版社，2005：202.

表 3-1　教学目标和教学方法的关系①

教学方法 ＼ 教学目标	记忆事实	记忆概念	记忆程序	记忆原理	运用概念	运用程序	运用原理	发现概念	发现程序	发现原理
讲授	△	★	○	★	★	○	□	□	○	□
演示	★	○	○	○	○	□	□	□	★	○
谈话	△	★	□	★	★	○	□	□	○	□
讨论	□	△	□	□	★	○	★	□	△	○
练习	○	□	★	★	□	★	□	△	□	△
实验	★	△	□	□	△	★	□	□	□	★

★：最好　　□：较好　　△：一般　　○：不定

要实现教学方法的优化，除了需要依据一定的原则，还需要考虑适当的选择程序。苏联教育家巴班斯基等人通过调查研究，归纳出教师在选择教学方法时的一般决策步骤，对于广大教师进行教学方法选择具有一定的指导意义。巴班斯基提出的教学方法选择程序由七个步骤组成：

第一步：决定选择由学生独立地学习该课题的方法，还是选择在教师指导下学习教材的方法；

第二步：决定选择再现法，还是选择探索法；

第三步：决定选择归纳的教学法，还是选择演绎的教学法；

第四步：决定关于"口述法、直观法和实际操作法三者如何结合"的问题；

第五步：决定关于"激发学习活动的方法选择"的问题；

第六步：决定关于"检查和自我检查的方法选择"的问题；

第七步：认真考虑所选择的各种方法相结合时的不同方案。

前面我们介绍了若干类教学方法，目的是为了使各类教学目标都能有相应的教学方法来保证使其得以实现，而不至于让某些教学目标在教学系统设计中被忽视或偏废。但是，这并不意味着各种教学方法只能各司其职，只能分开使用；相反，各种教学方法如果能结合起来使用，将更能达到事半功倍的效果。当然，这也是教学方法选择中的一个难点。

教学方法的整体效应与多种教学方法在教学过程中的相互联系、相互作用有关。这种联系和作用可以是并列的——即同时采用几种教学方法，如教师演示实物，同时用词语描述它，并画出结构图和写出每一部分的名称，学生也进

---

① 乌美娜. 教学设计[M]. 北京：高等教育出版社，1994.

行相应的活动；也可以是连贯式的——即一种活动方式结束之后再开始另一种，例如，可采用：演示→讨论→讲授的组合法；讲授→实验→讨论的组合法；谈话→讲授→练习的组合法，等等。教师可以在谙熟各种教学方法特点的基础上，根据不同的教学目标、教材、学生和环境，灵活地组合出各种不同的教学方案。

二、教学媒体的选择与运用

教学中使用的媒体通常有两种含义：一种是指以储存和传递教学信息的各种教学机器(硬件)，例如幻灯机、投影仪、录音机、电影机、电视机、录像机、计算机等；另一种是指承载教学信息的各种载体(软件)，例如教学幻灯片、投影片、电影片、录音带、录像带、计算机课件等。媒体的硬件和软件是不可分割的统一体，只有配套使用，才能发挥媒体存储与传递信息的功能。因此，教学媒体的选择是根据教学内容和学习目标要求，选择记录和储存教学信息的载体(软件)，使之直接介入教学活动进程，以便用来传递和再现教学信息的过程；教学媒体的选择也可以是根据教学内容和学习目标的需要，选择出能把教学信息转化为对学习者的感官作出最有效刺激的信号的教学设备(硬件)的过程。[①]

(一)教学媒体选择的原则

1. 目标控制原则

教学目标是贯穿教学活动全过程的指导思想，它不仅规定教师进行教学活动的内容和方式，指导学生对知识内容的选择和吸收，而且还控制媒体类型和媒体内容的选择。以外语教学为例，让学生掌握语法规则和要求学生能就某个情境进行会话，是两种不同的教学目标。前者往往通过文字讲解并辅以各种实例来帮助学生形成语法概念；后者则往往通过反映实际情境的动画和声音使学生在具体的语言环境中去掌握正确的言语技能。总之，不同的教学目标将决定不同的媒体类型和媒体内容的选择。

2. 内容符合原则

学科内容不同，适用的教学媒体也不同；即使同一学科，各章节的内容不一样，对教学媒体的要求也不一样。以语文学科为例，散文和小说体裁的文章最好通过能提供活动影像的媒体来讲解，使学生有身临其境的感觉，以加深对

---

① 张祖忻，章伟民，刘美凤，等. 教学设计——原理与应用[M]. 北京：高等教育出版社，2011：183.

人物情节和主题思想的理解。对于数理学科中的某些定理和法则，由于概念比较抽象，最好通过动画过程把事物的运动变化规律展现出来(或把微观的、不易观察的过程加以放大)以帮助学生对定理和规律的理解和掌握。同是化学学科，在讲解化学反应时最好用动画一步步模拟反应的过程；而在讲解分子式、分子结构以及元素周期表等内容时，则以图形或图表的配合为宜。

3. 对象适应原则

不同年龄阶段的学生其认知结构有很大差别，教学媒体的选择必须充分考虑不同年龄阶段学生的认知特点，绝不能套用某种固定的、僵化的模式。一般来说，在小学低年级阶段各学科媒体选择的重点应放在如何实施形象化教学，以适应学生的直观、形象思维图式，因而应多采用图形、动画和音乐之类的媒体，使图、文、声并茂；在小学高年级阶段则要把重点放在如何帮助学生完成由直观、形象思维向抽象思维的过渡，因而这一阶段的形象化教学可适当减少；在中学阶段则应着重引导学生学习抽象概念，学会运用语言符号去揭示事物的内在本质及规律，逐步发展学生的逻辑思维能力。在初中阶段尽管形象化教学仍不可缺少，但是只能作为一种帮助理解抽象概念的辅助手段，而不能像小学那样以形象化教学为主，否则将会喧宾夺主，达不到教学目标的要求——从形式上看很生动、很美观，而内容却无助于学生认知能力的发展，最终无法达到预定的教学目标。

4. 重复作用原则[①]

重复作用是将同一内容在不同的场合呈现或用不同的方式重复呈现，以达到增强教学效果的目的。这里所说的重复作用有两层含义：第一层含义是指将同一内容在不同的场合重复呈现。例如，在物理教学中，讲解"热胀冷缩原理"的内容时，可以分别在固体、液体和气体三种媒体材料中加以呈现，以帮助学生深刻理解热胀冷缩的基本原理。又如，在语文教学中，解释"骄傲"概念时，可以分别提供"不谦虚"和"使人兴奋自豪"两种不同情境的媒体材料，以强化学生对概念的认识和理解。第二层含义是指将同一内容在同一场合用不同的方式重复呈现。例如，同时或先后用文字、声音或图像等不同的媒体形式呈现某一内容，以加深学生对问题的理解。当然，这种重复不应是机械的、无效的重复，而是不同形式的、有效的重复。

---

① 南国农，李运林，祝智庭. 信息化教育概论[M]. 北京：高等教育出版社，2010：54.

5. 条件可行原则①

教学中能否选用某种媒体，还要看当时当地的具体条件，其中包括资源状况、经济能力、师生的使用技能、使用环境和管理水平等因素。例如，众所周知，多媒体课件具有很强的呈现力、重现力、交互性和可控性，使用多媒体课件辅助教学能带来较好的教学效果。但是，不少学校用于学科教学的多媒体课件匮乏，购买课件的资金不足，教师编制课件的能力有限，从而影响了媒体的选择和运用。

（二）教学媒体选择的方法

1. 算法式

算法式是通过模糊的数值计算来决定媒体选择的一种方法。在运用此方法时，一般先对备选媒体使用的代价、功能和管理上的可行性等诸因素都给出一个定值，然后对备选媒体的效益指数运用公式加以计算，从而确定优选的媒体。其具体算法是：

$$备选媒体的效益指数 = \frac{功能（媒体）}{代价（媒体）}$$

例如，根据教学内容的要求，需要提供事物形象，而幻灯、投影、录像以及多媒体课件都具备上述功能，这时需要对各种媒体所能达到的教学功能及所要付出的代价（经济成本、开发时间及要求的技术水平的高低）进行计算，分别得出各种备选媒体的效益指数，在此基础上通过比较，最终确定效益指数最高的媒体，作为优先选用的媒体。

2. 矩阵式

矩阵式最早是由艾伦（W. Allen）提出，这种方法是将各种媒体与教学目标或类别用二维形式排列，从而可确定在特定教学要求下哪种媒体具有最佳的效果（如表 3-2 所示，表中的效果用"高、中、低"三档区分）。后来，加涅以"九段教学事件"作为矩阵式的一个维度，以媒体的种类作为另一个维度，从而提出了媒体选择的另一种矩阵式，由于其形式与艾伦的矩阵式基本相同，在此就不再列出了。

---

① 张祖忻，章伟民，刘美凤，等. 教学设计——原理与应用[M]. 北京：高等教育出版社，2011：186.

表 3-2　教学媒体选择的二维矩阵图

教学媒体＼类别	教学目标					
	学习事实信息	学习直观辨别	学习原理、概念和规则	学习过程程序	执行技能化的知觉运动动作	发展期望的态度、观点和动机
静止图像	中	高	中	中	低	低
电影	中	高	高	高	中	中
电视	中	中	高	中	低/中	中
三维物体	低/中	高	低	低	低	低
录音	中	低	中	中	低	中
程序教学	中	中	中	高	低	中
演示	低	中	低	高	中	中
印刷教材	中	低	中	中	低	中
口头表达	中	低	中	中	低	中

　　除了二维矩阵以外，还有"一维排列"和"多维排列"的矩阵式。前者如戴尔 (E. Dale)的"经验之塔"就是典型的一维排列，它将教学媒体按其所能提供知识经验的抽象程度不同而划分为 11 个层次，由低层向高层，抽象程度逐渐增加。后者如托斯提(D. T. Tosti)和鲍尔(J. R. Ball)的"六维排列"方法，所涉及的六个维度分别是：信息呈现状态、信息呈现的持续时间(或间隔频率)、呈现的信息要求学生作出的反应类型、要求学生作出各种反应的频率和时间、管理的形式和意图以及管理的频率等。这种方法可以考虑更多的与教学情境有关的因素，但实际操作起来比较困难。

　　3. 问题表

　　问题表方法是先列出一系列有关媒体选择的问题，然后让教师对所列问题逐个进行认真考虑，从而找出最适合完成指定教学任务的媒体。[①] 例如，可列出这样一组问题：

- 教学媒体是在集体讲授时呈现还是用于个别化学习？
- 教学媒体是用来创设情境，还是用来显示过程，或是用来示范演示？
- 教学媒体是用图片，还是用图像或动画来呈现？
- 教学媒体是制作成投影片，还是录像带或多媒体课件？

---

① 李秉德. 教学论[M]. 北京：人民教育出版社，2005：253.

• 是否有相关的教学媒体可以利用？如果没有，还需要考虑哪些？

4. 流程图

流程图方法是建立在问题表基础上，并利用计算机算法程序设计的一种比较复杂的媒体选择方法。它将选择过程分解成一套按次序排列的步骤，每一个步骤都设有一个问题，根据对问题的"是"或"否"的回答，而引入不同的逻辑分支。回答完最后一个问题后，就基本上确定了一种或一组被认为是最适合于特定教学情境的媒体。目前，已开发出的流程图有多种形式，其中较有影响的是美国著名教学设计专家肯普提出的针对集体化教学、小组教学和个别化教学三种不同教学组织形式的媒体选择流程图、英国教育技术专家罗密斯佐夫斯基（A. J. Romiszowski）提出的视觉媒体选择流程图以及本教材作者提出的多媒体教学的视觉媒体和听觉媒体选择的流程图。图 3-8 即为多媒体教学的视觉媒体选择流程图。

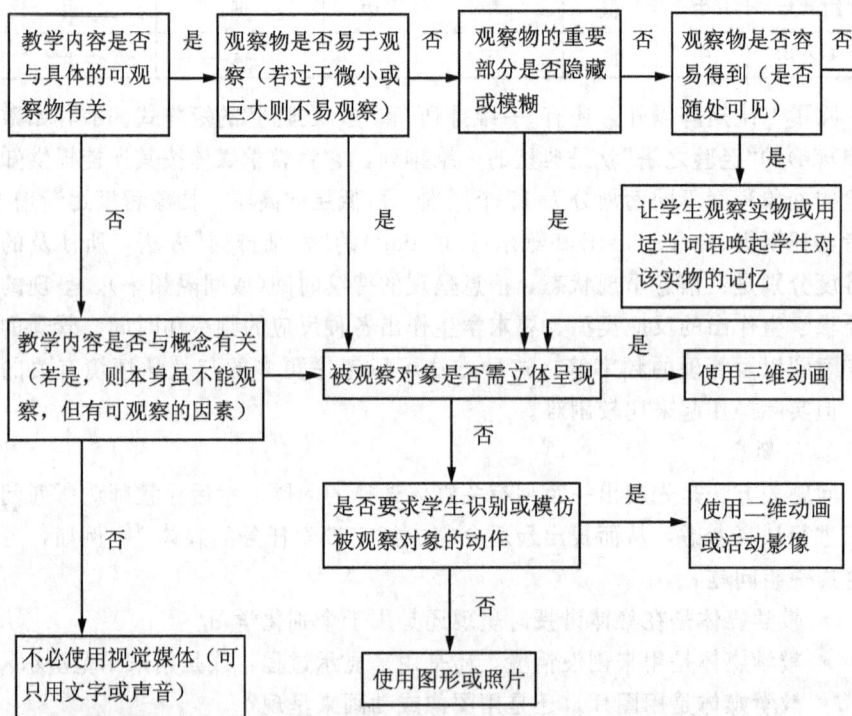

图 3-8　多媒体教学的视觉媒体选择流程图

(三)教学媒体选择的程序

教学媒体选择的操作程序主要包括三个步骤：

第一，在确定教学目标和知识点的基础上，决定当前使用媒体的具体目的，这些具体目的可以是：创设情境、引发动机；反映事实、显示过程；示范演示、验证原理；提供练习、训练技能，等等。

第二，选择所需媒体的类型——可借助上面介绍的教学媒体选择的原则和方法进行。

第三，选择所需的媒体内容。媒体内容是指把教学内容转化为对学习者的感官产生有效刺激的媒体信息成分，通常包括：画面资料、画面组合序列、教师的活动、语言的运用、刺激的强度等内容；媒体内容选择可通过选编、修改、重新制作等三种途径进行。

三、教学策略的选择与运用

教学策略是指在不同的教学条件下，为达到不同的教学目标所采用的方式、方法及手段的总和。它具有综合性、可操作性和灵活性等特征。在教学研究和实践中，人们从不同角度、立足于不同理论提出了各种教学策略。针对认知、情感和动作技能三类教学内容，下面将对几种常用的教学策略作简要介绍，以便于广大教师根据实际需要选择并综合运用这些策略，去开展有效的教学。

(一)"先行组织者"教学策略

"先行组织者"教学策略是奥苏贝尔的有意义学习理论的一个重要组成部分。奥苏贝尔认为，有意义学习的过程即学习者认知结构中原有的适当观念对新观念加以同化的过程。所以，他特别强调学习者的认知结构对学习的重要影响，而先行组织者就是改进认知结构和促进新知识保持的重要手段。所谓先行组织者，是指在学习任务开始之前呈示给学习者的引导性材料，它比当前要学习的知识点具有更高一级的抽象性和包容性。先行组织者在三个方面有助于促进学生有意义学习的发生[1]：首先，如果设计得当，它们可以使学生注意到自己认知结构中已有的那些可起固定作用的概念，并把新知识建立在其之上；其次，它们通过把有关方面的知识吸纳进来，并说明统领各种相关知识的基本框架或原理，从而为新知识提供一种便于学习与理解的脚手架；最后，这种稳定、清晰的具有内在联系的知识结构框架，使学生对当前知识点的学习，不必采用死记硬背的机械学习方式。所以，提供先行组织者的目的就在于用先前学

---

① 施良方. 学习论——学习心理学的理论与原理[M]. 北京：人民教育出版社，2000.

过的材料去解释、联系和整合当前学习任务中的材料（并帮助学习者区分新材料和以前学过的旧材料）。奥苏贝尔区分了两类先行组织者[①]：一类是说明性组织者（expositive organizer），用于提供适当的类属者，它们与新的知识点之间形成一种上下位关系；另一类是比较性组织者（comparative organizer），既可用于新观念与认知结构中基本类似概念的整合，又可用于增加本质不同而貌似相同的新旧概念之间的可辨别性。

奥苏贝尔还认为每一门学科都有一个按层次排列的概念结构，较高层次是一些抽象概念，较低层次是一些较具体的观念。每一个学科的概念结构都不难确定，而且能够教给学生。对于学生来说，这些概念不仅可以用来分析具体领域，还可成为解决这些领域诸多问题的"智力地图（intellectual map）"。人的大脑也具有与上述学科概念结构相类似的信息储存系统——也是一个按照层次组织的概念体系（即通常所说的认知结构），它为信息和概念的学习提供了"固着点（anchors）"，并成为这些信息和概念的储存库。所以，教材的组织形式（教材结构）与人们在头脑中组织知识的形式（认知结构）应该是一致的。

在上述理论基础上，奥苏贝尔认为先行组织者教学策略的教学过程主要由三个阶段组成，具体内容如表 3-3 所示，这种教学策略主要适用于认知类内容的教学。

表 3-3　先行组织者教学策略的教学过程

	教学过程	教学活动
阶段 1	呈现先行组织者	• 阐明本课的目的 • 呈现作为先行组织者的概念：确认正在阐明的概念的属性；给出例子；提供上下文 • 使学习者意识到相关知识和经验
阶段 2	呈现学习任务和材料	• 使知识的结构显而易见 • 使学习材料的逻辑顺序外显化 • 保持注意 • 呈示材料 • 演讲、讨论、放电影、做实验和阅读有关的材料

---

① 施良方. 学习论——学习心理学的理论与原理[M]. 北京：人民教育出版社，2000.

	教学过程	教学活动
阶段3	扩充与完善认知结构	• 使用整合协调的原则 • 促进积极的接受学习 • 提示新、旧概念(或新、旧知识)之间的关联

运用先行组织者教学策略,需要有一定的教学条件,它们是:

(1)教师起呈现者、教授者和解释者的作用;

(2)教学的主要目的是帮助学生掌握教材,教师直接向学生提供要学习的概念和原理;

(3)教师需要深刻理解奥苏贝尔的有意义学习理论和先行组织者策略;

(4)学生的主要任务是掌握观念和信息;

(5)个人的原有认知结构是决定新学习材料是否有意义、是否能够很好地获得并保持的最重要因素;

(6)学习材料应是学生能够掌握的,因而必须用学生熟悉的语言加以组织以便于同化;

(7)需要预先准备好"先行组织者"。

(二)"掌握学习"教学策略

"掌握学习"教学策略是由布卢姆等人提出的,旨在把教学过程和学生的个别需要及学习特征结合起来,让大多数学生都能够掌握所教内容并达到预期教学目标的教学策略。它是在"所有学生都能学好"的思想指导下,以集体教学为基础,辅之以经常、及时的反馈,为学生提供必要的个别化辅导以及所需的额外学习时间,从而使大多数学生都能达到课程目标所规定的掌握标准。该教学策略主要适用于认知类内容的教学,其实施步骤包括:

1. 为学生定向

在这一阶段,教师要向学生详细说明教学目标,使学生了解所谓"掌握"是什么含义,自己应提供哪些证据证明自身已经达到教学的要求。在此,布卢姆提倡制订绝对标准(这种标准是根据学生的实际水平和常模标准制订),而不是根据相对标准(学生在班上的相对水平)来评定学生,以防止由于成绩比较所带来的竞争压力,从而促进学生相互合作、相互帮助,最终使所有学生都有可能得到最好的发展。

2. 学习方法指导

在进行正式教学之前,必须花上一些时间对尚未接受"掌握教学"的学生进行一定的指导，使学生明白这种教学的程序与方法。主要指导事项包括：确立进行个别化教学的新观念和新态度；依据考试表现对每个学生单独评定成绩（同学之间不作比较），并鼓励每一个同学都获得优异成绩，都成为知识与能力的掌握者；鼓励同学之间的互帮互助；学生在每一个单元教学之后，均须接受测验并提供反馈/矫正程序；学生可以用不同方法实现预定的教学目标。

　　3. 实施教学

　　"掌握学习"的教学实施，其组织形式是按传统的班级结构；其教学内容则是按单元顺序进行——每个教学单元结束后，要实施本单元的形成性测验，根据测验结果，把学生分成掌握组与非掌握组。对于非掌握组应给予补救性教材与教学，直至其掌握以后，方可进入下一个单元教学；对于掌握组则应给予充实性教学后，再进入下一个单元教学。教师在单元教学中应严格遵循"起始班级教学、诊断进步测验、证实掌握或实施个别修正"的原则及顺序加以贯彻并实施；在学期结束时，教师还应对全班同学做总结性评价。

　　实施"掌握学习"教学策略中的一个核心问题，是要为教师和学生提供及时的反馈，使教与学过程中出现差错后马上能把它们揭示出来，并为学生提供他们所需要的补充材料以矫正差错。因此，反馈通常采用诊断式的形成性测验的方式。[①] 其目的不在于将学生区分等级，而是检验学生是否真正具有完成下一个单元学习任务所必需的知识技能。布卢姆等人认为，只要能提供必要的时间和帮助，绝大多数学生应该都能够掌握教学目标的要求，只是不同学生对学习特定内容所需的时间和媒体种类可能会有所不同。

　　（三）"情境—陶冶"教学策略

　　"情境—陶冶"教学策略也称暗示教学策略，是由保加利亚心理学家洛扎诺夫（G. Lozanov）首创，主要通过创设某种与现实生活相类似的情境，让学生在轻松愉快的环境中进行学习，以形成学习的最佳心理状态，从而充分发挥学习潜力，达到陶冶个性和培养人格的目的。这种策略通常用于情感类目标的教学（也有用于语言教学）。该教学策略主要包括以下步骤：

　　1. 创设情境

　　是指教师通过语言描绘、实物演示和音乐渲染等方式创设一个形象生动的场景，以激起学生的学习兴趣。

　　2. 自主活动

　　是指教师安排学生参与游戏、唱歌、听音乐、表演、操作等各种活动，使

---

　　① 施良方. 学习论——学习心理学的理论与原理[M]. 北京：人民教育出版社，2000：371.

学生能在特定的环境及氛围中积极主动地从事各种智力操作，从而在潜移默化中让品格受到陶冶、情感得到内化。

3. 总结转化

是指通过教师的总结、启发，使学生领悟所学内容主题的情感基调，达到情感与理智的统一，并使这些认识和经验最终转化为指导其思想、行为的准则。

要有效实施"情境—陶冶"教学策略，还应具备若干必要条件，如教学设施方面，要有较宽敞的、布置雅致的教室；学生人数要少一些(1 个班只能 10 多个人)；教师不仅要有专业知识和教学能力，而且还要能运用心理学知识，要能运用音乐、戏剧、舞蹈等综合艺术形式。

(四)"示范—模仿"教学策略

"示范—模仿"教学策略是指教师有目的地把示范技能作为有效的刺激，以引起学生的相关行为(即模仿)，从而使他们通过模仿有效地掌握必要技能的一种策略。其理论基础源于费茨(T. M. Fitts)和波斯纳(M. I. Posner)的运动技能学习的三阶段模型——把运动技能学习划分为认知阶段、联结阶段和自动化阶段。认知阶段，主要强调学习者对任务的认知，即认识和理解动作技能的要领和要求；联结阶段，重点是使学习者能在动作的各个组成部分之间建立起固定的联系，并能把动作的各个组成部分联合成一个整体，从而建立起动作连锁(形成连贯性动作)；自动化阶段，到了这一阶段，其动作技能的程序步骤已不再需要通过思考即能熟练完成。这种策略主要应用于运动和操作技能的教学，也可以用于道德习惯和行为的习得，主要包括以下几个步骤：

1. 动作定向

是指教师向学生阐明需掌握的行为技能及技能的操作原理，同时要向学生作出具体的动作示范，以便使学生明确要学会的行为技能要求。

2. 参与性练习

是指教师指导学生模仿练习一个个分解的动作，并及时提供反馈信息，以改正错误的动作，强化正确的动作，最终使学生对所学的动作由不精确、不熟练逐渐走向精确、熟练。

3. 自主练习

在这一阶段，学生已基本掌握了动作要领，可以将单个的技能结合成整体技能。于是，通过反复的自主练习，将使技能更加熟练。

4. 技能的迁移

在这一阶段，学生动作技能已基本达到自动化的程度，可以不需要思考便能完成行为技能的操作步骤，并且还可以把当前获得的技能与其他技能相组合，以形成更为综合的能力。

由于学生的需求不同、教学目标和教学内容的不同，事实上不存在适用于一切教学活动的最优教学策略。作为一名教师，必须认真积累、注意掌握一系列适用于不同目标、内容及对象的各种教学策略，才有可能在具体教学实践中，作出正确的选择并有效加以运用，从而取得最佳的教学效果。

第五节　教学评价

依据教育目的对教育活动结果进行评价的工作由来已久，但真正受到国际教育界的重视，却是在第二次世界大战以后。特别是到 20 世纪 60 年代，国际教育成就评价协会成立，积极倡导教育评价运动。与此同时，联合国教科文组织还把教育评价的技术水平，作为衡量一个国家教育发展水平的重要标志。教学评价是教育评价的一个重要组成部分。那么，什么是教学评价？教学评价在教学系统设计中又有何作用呢？

一、教学评价概述

(一)教学评价的含义及作用

最广泛意义上的评价是一种普遍的人类活动。在日常生活中，我们经常根据某一价值体系，评估活动或事件的价值。狭义的评价是针对某一具体领域的，如课程、教学、产品等。但不管是针对何种对象的评价，其共同特征都是对事物的价值作出评定。教学评价是指以教学目标为依据，制订科学的标准，运用一切有效的技术手段，对教学活动过程及其结果进行测定、衡量，并给出价值判断。

虽然在一般的教学系统设计过程模式中，往往是将评价放在模式的最后环节，但这并不意味着评价是在教学过程结束之后才进行的。实际上，教学系统设计的评价从确定教学目标时就已经开始，并贯穿在整个设计过程的始终。例如，分析学习需要的过程，从某种意义上说，就是对内部需要或外部需要进行评价的过程。又如，分析教学内容时，在对学习任务进行了选择、组织和分类之后，需要对所选内容进行一次初步评价。再如，当建立起教学目标体系后，往往要立即进行目标价值的判断，使之能够成为以后评价教学成果的科学基准。教学系统设计要以评价、反馈为手段，用来检验设计并不断修改完善设计所产生的计划、方案，从而使教学系统设计及其成果更趋有效。可以说，没有评价环节，教学系统设计过程就会缺少一种重要的内部动力，教学系统设计的成果也难以达到真正完美。

教学系统设计中的评价环节还是对设计者关于工作成果的价值观念进行认同的重要措施，而价值观念的被认同是对教师最直接、最有力的鼓舞与奖赏，能使其在心理上获得成就感和满足感。因此，教学评价还可以起到奖励和监督的作用，使教师和学生在评价中受到激励和鞭策，从而进一步促进教师的教学技能，并激发学生的学习动力。

(二)教学评价的种类

依照不同的分类标准，教学评价可分为不同的类型。

1. 按评价基准的不同，教学评价可分为相对评价、绝对评价和自身评价

相对评价是在被评价对象的群体或集合中建立基准，然后把各个对象逐一与基准进行比较，来判断群体中每一成员的相对优劣。对学习成绩的评定就是以群体(例如班级)的平均水平为基准，以个人成绩在这个群体中所处的位置来判断其优劣。为相对评价而进行的测验一般称为常模参照测验。它的试题取样范围广泛，命题方式直接明确，测验成绩主要表明学生学业的相对等级。由于所谓的常模实际上近似学生群体的平均水平，所以这种测验的成绩自然形成了正态分布。利用相对评价可以了解学生的总体表现和每个学生之间的差异，并确定每个学生在该群体中的学习成绩排名。它的缺点是，基准会随着群体的不同而发生变化，这样易使评价标准偏离教学目标，因而难以反映教学上的优缺点和为改进教学提供依据。

绝对评价是将教学评价的基准建立在被评价对象的群体或集合之外，把群体中每一成员的某种指标逐一与基准进行对照，从而判断其优劣。例如，教学评价的标准就是建立在被评价对象群体之外的教学大纲以及由此确定的评判细则。为绝对评价而进行的测验一般称为标准参照测验。它的试题取样就是预先规定的教学目标，测验成绩主要表明达到教学目标的程度，所以这种测验的成绩分布通常是偏态的，如低分多高分少，为正偏态，反之则为负偏态。绝对评价的优点是评价标准比较客观，如果使用得当，可以使每个被评价者都能看到自己与客观标准之间的差距，从而不断向标准靠拢。另外，教学管理部门通过这种评价，还可以直接鉴别各项教学目标的完成情况，明确今后工作的方向与重点。它的缺点是，在制订和掌握评价标准时，易受评价者的原有经验和主观意愿的影响，而且难以分析出学生之间的学习差异。

自身评价既不是在被评价群体之内确立基准，也不是在群体之外确立基准，而是对被评价个体的过去和现在进行比较，或者是对他自身的若干侧面进

行比较。例如，某学生上学期的数学成绩是 70 分，这学期是 80 分，这说明他的数学进步了；若该生的语文成绩两个学期都在 80 分以上，说明他的语文比数学要好些。自身评价的优点是尊重个性特点，关注个别差异，通过对个体内部的各个方面进行纵横比较，来判断其学习的现状和趋势。但是如果被评价者没有经过与具有相同条件的其他学生作比较，将难以判定他的实际水平和差距，这样评价的结果，其激励功能不会明显。因此，在实践中往往要把自身评价和相对评价结合起来使用。

2. 按评价功能的不同，教学评价可分为诊断性评价、形成性评价和总结性评价

诊断性评价也称教学前评价或前置评价。一般是在教学单元、学期、学年开始时，即正常的教学活动尚未纳入轨道之前，对学生的知识和技能、智力和体力以及情感等状况进行"摸底"，通过了解学生的实际水平和准备状况，判断他们是否具有实现当前教学目标所必需的基本条件，从而为教学决策提供依据，使教学活动适合学生的背景和需要。教育中的"诊断"是一个较宽泛的概念——除了辨认缺陷和问题，还包括对各种优点和特殊才能禀赋的识别。诊断性评价的目的就是要设计出可以满足不同起点水平和不同学习风格的学生所需的教学方案，并分别将学生置于最有效的教学程序当中。

形成性评价是在某项教学活动的过程中，为使活动效果更好而不断进行的评价，它能及时了解阶段教学的结果和学生学习的进展情况、存在问题等，以便及时反馈，及时调整和改进教学工作。形成性评价需要经常进行(例如 1 个章节或 1 个教学单元后要有小测验)。形成性评价一般又是绝对评价，即着重判断前一段工作的达标情况。教学系统设计活动中进行的评价主要是形成性评价，例如对新的教学方案进行评价通常是在该方案试行过程中进行的，其目的就是要为修改该方案收集可靠的数据和资料。对于提高教学质量来说，重视形成性评价比重视总结性评价更有实际意义。

总结性评价又称事后评价，一般是在教学活动告一段落后，为了解教学活动的最终效果而进行的评价。例如，学期末或学年末各门学科的考核、考试，目的是检验学生的学业成绩是否已达到各科教学目标的要求。总结性评价关注的是教与学的结果，以便对被评价者所取得的业绩作出全面鉴定。与此同时，还有对被评价者给予等级区分并对整个教学方案的有效性作出评定。

3. 按评价分析方法的不同，教学评价可分为定性评价和定量评价

定性评价是对评价作"质"的分析，是运用分析和综合、比较和分类、归纳和演绎等逻辑分析方法，对评价所获取的数据资料进行思维加工。分析的结果

有两种：一种是描述性材料，其数量化水平较低甚至没有数量化；而另一种是与定量分析密切结合的定性分析。一般情况下定性评价不仅用于对成果或产品作评价分析，更关注对于过程和相互关系的动态分析，以便确切评价并把握变量之间的相互影响过程。

定量评价则是从量的角度出发，运用统计分析、多元分析等数学方法，从繁纷复杂的评价数据中总结出规律性的结论。由于教学涉及人的因素，有关的变量及其关系是比较复杂的，因此为了揭示数据的特征和规律性，定量评价的方向、范围必须由定性评价来规定。事实上，定性评价与定量评价是密不可分的，二者互为基础、互相补充，切不可片面强调一个方面而忽视另一个方面。

(三)教学评价的原则

为了做好各种教学评价工作，必须根据教学的规律和特点，确立一些基本的要求，作为评价的指导思想和实施准则。一般来说，教学评价应贯彻以下几条原则。

1. 客观性原则

客观性原则是指在进行教学评价时，从测量的标准和方法到评价者所持的态度，特别是最终的评价结果，都应符合客观实际，不能主观臆断或掺入个人情感。因为教学评价的目的是要对学生的学和教师的教作出客观的价值判断，如果缺乏客观性就会完全失去意义，还将提供虚假信息，导致错误的教学决策。

2. 整体性原则

整体性原则是指在进行教学评价时，要对组成教学活动的各个方面作多角度、全方位的评价，而不能以点代面、以偏概全。由于教学系统的复杂性和教学任务的多样性，使得教学质量往往从不同的侧面反映出来，表现为一个由多种因素组成的综合体。因此，要真实地反映教学效果，必须把定性评价与定量评价结合起来，使其相互参照，以求全面准确地判断评价客体的实际效果。但与此同时也要把握主次，区分轻重，抓住主要矛盾，在决定教学质量的主导因素和环节上花大力气、下大功夫。

3. 指导性原则

指导性原则是指在进行教学评价时，不能就事论事，而应把评价和指导结合起来，要对评价的结果进行认真分析，从不同角度查找因果关系，确认产生的原因，并通过及时的、具有启发性的(而非行政命令的)信息反馈，使被评价者明确今后努力的方向。

4. 科学性原则

科学性原则是指在进行教学评价时，要从教与学统一的角度出发，以教学目标体系为依据，确定合理统一的评价标准，认真编制、预试、修订评价工具。在此基础上，使用先进的测量手段和科学的评价程序与方法，对获得的各种数据资料进行严格的处理，而不是靠经验和直觉的主观判断。

二、教学设计成果的评价

教学设计成果的评价属于教学评价范畴，它是教学设计成果趋向完善的重要环节。始于20世纪30年代的现代教学评价理论和技术对教学设计成果的评价具有直接指导作用。教学设计成果评价的实质是从结果和影响两个方面对教学活动给予价值上的确认，并引导教学设计工作沿着预定目标的方向进展。

(一)教学设计成果的评价指标

所谓教学设计成果，可以是一种新的教学设计方案，也可以是一项新的教学资源(如教科书、教学视频、教学课件)，还可以是一个更大的系统(如网络课程等)。这些设计成果一般在推广使用之前，要在小范围内试用，以便测定它的可行性、适用性和有效性以及其他情况，即要进行教学设计成果的评价。既要进行评价，就必须要有一个统一的指标。美国教育评价专家米德尔提出有关学校评价的两个要素：第一，必须具有统一的标准、准则或教育质量特征描述；第二，必须具有程度恰当的判断，以判定学校符合这些特征、准则和标准的程度。与此类似，确定统一的指标也是教学设计成果评价的首要条件。由于教学设计的成果较多地体现在课堂教学设计方案和教学资源之中，本节将分别介绍这两类成果的评价指标。

1. 课堂教学设计方案的评价指标

传统的评价课堂教学质量的指标很多，大致包括教学目标、教学内容、教学方法、知识传授、能力培养、师生活动、教学效果等方面。但是教学系统设计的最终目的在于有效地促进学生的学习，因此，一个教学设计方案的优劣，必须通过实施，从教师的"教"与学生的"学"两个方面进行综合评定，才能对设计的教学方案进行比较全面、准确的评价。

(1)与教师因素有关的指标

首先是教学能力方面的指标。可以从讲述内容中判断教师的专业水平，从选用教材上判断教师吸收、处理和传递知识的能力；从讲授的准确程度和严谨情况可判断教师的逻辑思维能力；从讲解时能否随机应变可判断教师对学生反应的敏感程度和及时调整能力；从教学全过程的整体素养上可判断教师是否经过系统的师范教育训练。

其次是与教学方法有关的指标。在教学方法方面，要判断所选用的方法和策略是否符合学生的特点；能不能维持学生的注意和兴趣；能不能促进学生的理解和记忆；对排除影响教学顺利进行的智力障碍和情绪障碍有没有好处；能给学生带来多大的满足感；是否有助于培养逻辑思维能力；以及能否有效地培养学生的创新精神和实践能力等。

还有和教学内容因素有关的指标。从教材内容体系与学生实际水平之间差距弥合的程度，可判断其是否符合教学目标，以及教学内容是否吸收了本领域的最新成果和反映了学科发展的最新动态；从授课过程中可判断是否精选了教材，选材是否根据学生的兴趣和学科的特点，是否对日常生活有实用价值；从讲授的内容上可判断知识体系是否完整，条理是否清晰，层次是否分明，是否注意到了前后呼应和触类旁通；从教材难易程度上可判断重点是否明确，难点是否可能解决。

（2）与学生因素有关的指标

从学生角度进行评价，首先要考虑的就是学生在通过实施新的教学设计方案后，其认知、情感及动作技能方面的达标程度。在前面，我们曾经介绍过国外学者加涅、布卢姆等人提出的学习结果和学习目标的分类体系，从这些理论可以直接推衍出对学生上述三个方面进行评价的指标。例如，对认知领域的评价可根据具体学科的特点，设立不同的层次。

在我国，对理科知识学习的评价一般分为知道、理解、应用三个层次。所谓"知道"是对那些具体知识、结构和科学现象知识的初步认识和记忆；既能说出具体知识（如水、桥梁、光学纤维等概念、现象），还能说出结构知识（如定律、定理、公式以及与科学现象有关的知识）。所谓"理解"是对已经知道的知识有更深入的认识，例如理解某种现象是如何随条件的改变而出现；概念、定律是怎样建立的；还能把所学的知识运用到日常生活中，并能根据公式、定理进行简单计算。所谓"应用"是能把理解了的知识应用于实际，例如，能对所学的知识进行分析、比较、论证或综合，并在此基础上运用知识去解决实际问题。文科有理解和能力两方面的目标要求：理解方面包括叙述和说明两个层次，所谓"叙述"是能对课文中的目的、表现和实现条件的各部分进行清楚分析；"说明"则是要根据教学目标要求运用有关背景知识，达到对课文的理解。能力方面则包括观察能力、资料活用能力和思维能力；所谓观察能力是指能从观察中发现些什么，而且在此基础上还能进一步提出问题和探索新问题；所谓资料活用能力表现为能不能把一堆零乱的资料加以分类，或将已有的资料用于实际；所谓思维能力是指能确定概念内涵或概念之间的关系，并能把事实或概念组成一个整体，还能从表面现象推导出事物本质特点。①

其次，可以通过学生在课堂上的表现来分析学生对新方案实施的反应，例如，可从表情上分析学生对讲课内容和速度的适应性；可以从课堂提问中分析学生对功课的理解程度；还可以从课堂秩序上分析学生对学习的注意或投入程度，是否有学习的爱好和需求，是否乐意在教师的指导下学习，等等。

除了课堂教学质量与学生因素外，评价一个教学设计方案的优劣，还应考虑时间因素，即运用此方案于教学时所需时间的多少，包括教师的教学时间、学生的学习时间等。教师的教学时间应包含教师布置给学生做作业的时间以及教学占用学生的课外时间等。

2. 教学资源的评价指标

教学资源的范围广泛、种类繁多。当前，教学资源的评价主要是针对数字化教学资源进行。我国教育技术界针对此类教学资源曾总结过所谓"五性"的编制原则，这些原则不仅是传统教材评价的基本依据，同时也是现在各类数字化教学资源评价的基本依据。五性原则是：

(1)教育性：看其是否能用来向学生传递教学大纲所规定的教学内容，为实现预期的教学目标服务。

(2)科学性：看其是否正确地反映了学科的基础知识或先进水平。

(3)技术性：看其传递的教学信息是否达到了一定的技术质量。

(4)艺术性：看其是否具有较强的表现力和感染力。

(5)经济性：看其是否能以较小的代价获取较大的效益。

(二)教学设计成果的评价过程

教学设计成果的评价一般包括形成性评价和总结性评价两种形式，但它不同于其他评价的地方在于，教学设计成果的评价主要以形成性评价为主，也就是说，教学设计成果要在其形成的同时进行评价，教学设计成果的这种形成性评价通常包括制订评价计划，试用设计成果和收集资料，归纳和分析资料，报告评价结果四个环节。

1. 制订评价计划

制订评价计划涉及多项工作，例如要确定评价活动的目的、评价的对象、评价的指标体系、在何种情况下实施评价、实施评价后必须做出哪些决策，和在什么时候、什么地方实施测量以获取信息，以及如何组织实施评价等。下面对其中一些主要工作作进一步的说明。

---

① 乌美娜. 教学设计[M]. 北京：高等教育出版社，1994.

(1)确定评价目标、指标体系和标准

确定评价目标、指标体系和标准是进行评价的基础。对教学的评价主要是以教学目标为依据，据此制订评价指标体系，即评价的标准(也就是量度的尺度，如测验中分数的价值、各项指标的权重系数等)。每一次评价可根据对象和目的不同，选择一项、几项以至多项指标进行综合评价，并依据评价目标制订一个测量和评价的具体方案。如果评价的是课堂教学，可以从与内容因素有关的指标、与学生因素有关的指标、与教师因素有关的指标、与教材因素有关的指标以及与教学方法及管理因素有关的指标等多方面制订评价的指标体系；如果评价的是教学资源，通常可以从教育性、科学性、技术性、艺术性和经济性等角度建立相应的评价指标体系。

这样形成的评价指标体系，实质上是在评价时所要考虑的全部因素的集合，真正要成为可以衡量和比较的评价标准，还应将指标体系中的各个指标依其主次关系进行权重分配，并要为所有指标进行定性描述或定量赋值。因此在确定评价标准的时候，应当尽可能采用定性与定量相结合的方法。另外，还应注意到，这里所确定的任何标准都是尝试性的、凭经验暂定的，需要在评价实施过程中加以检验和修改。

(2)确定收集资料的类型、方法和处理统计数据的技术手段

教学设计成果所需要的资料主要有两类：一是学生的学习成绩；二是教学过程情况。学生学习成绩反映的是：设计成果的使用将会给学生带来的行为变化和达到教学目标的程度。这类资料通常用数据表示，而数据的来源则是学生对一系列测试项目的反应。教学过程情况反映的是：设计成果在特定情境中的运用及所起的作用情况，这类情况通常用文字资料来陈述，陈述对象可以是影响学习成绩的各种相关因素的状况分析。在教学评价中，经常使用测验题、调查表和观察表来获取有关资料。其中测验结果是最重要的资料——它比较适合于涉及认知类内容的评价；调查表则比较适用于了解被调查者学习的兴趣、态度和学习习惯，也可以用于了解各方面对教学过程、教学效果、教学资源(或教学产品)的意见，并据此判断教学的有效程度或教学资源的优劣水平；观察表可以将观察者的注意力引向所收集的行为表现资料，使观察者能快速、方便且有条不紊地将所需资料记录下来，以获得比较真实、可靠的即时反馈信息。

关于处理统计数据的技术手段、方法与程式，通常要根据测量工具及评价要求的不同来选择。例如，若使用计算机统计，就要选择和编制适当的软件程序；如果是大型评价，那么数据统计工作可能还将包括对评价人员的选拔与培训。

(3)选择被试并阐明试用成果的背景条件

既然教学设计成果的评价主要以形成性评价为主，就不可能、也不应该用许多学生和教师来做试验，而只能挑选极少数学生和个别教师作为被试样本；这就要求这个样本应当具有代表性，即样本的认识水平和能力应该呈常态分布。一般可用随机抽样的方法挑选被试人员，然后再略作调整。样本学生人数要适当——太多会耗费过多的时间和精力，太少又不能说明问题。由于以样本代表全体，误差总是难免的，因此，对于那些比较重要的教学设计项目，在条件许可的情况下就应该增加样本人数。

最后，设计人员应当说明：教学设计成果的试用要在什么背景下进行，其过程如何展开，其间应具备或提供什么条件，并将受到哪些限制。通常教学设计成果的试用应当尽量在没有外部干扰的自然状况下进行，如果需要使用录音、录像器材来帮助收集资料，则应注意尽量避免因这类器材的使用而影响教学环境的气氛。

2. 试用设计成果和收集资料

试用设计成果和收集资料是两项不同性质的工作，但却几乎是同时进行的。其步骤如下：

(1)试用前的准备工作

在实施评价前，应当让师生知道评价的有关情况，如相关的程序、所需的时间、参与的活动类型及应注意的事项等。与此同时，还应收集有关资料以供分析使用，应该了解要以什么态度和方式做出反应，在涉及现场试教、问卷调查等活动时，更应取得被评价者的合作，以消除他们的顾虑，从而获得尽可能真实、客观的信息。

(2)试行并观察教学

这种试验性质的教学应当具有可复制性特点，即用相同方式对另一些同年级学生再进行这种教学时，如果他们的水平也属常态分布，应能获得大致相近的教学效果。由于这样的教学具有典型性，通过评价就可获得推广价值。而要保证某一教学过程能重复开展，就必须确认这一过程是有一定的方案可以遵循，而且教学活动背景也应尽量避免由人为设置，以免造成为试用而试用的假象。

在试行教学的同时，需要组织部分评价人员在适当的地方观察教学过程，并围绕以下情况做好记录：各项教学活动所花去的时间——每个知识点是如何进行指导的，尤其要注意教学有没有背离设计所规定的内容；由学生提出的所有问题以及这些问题的性质和问题间的相关性；教师如何处理学生所提出的问题；学生在课内完成的练习、作业，以及在教学各阶段中学生的注意力、情绪反应、主动参与性、思维活跃的程度等。观察教学的工作也可以通过看现场录像，在事后来进行。

(3)后置测验和问卷调查

教学设计成果试用后一般应及时进行某种形式的测验和问卷调查。前者用来收集学生的学习成绩资料；后者则用来收集有关人员对教学过程的意见。测验题和问卷表可分开印发，对于学生也可以把测验题和问卷印在一起。此项活动通常是紧接着试行教学后进行，但如果为了要了解该设计成果对于知识的保持是否有作用，那么收集成绩资料的测验，就应适当推延一段时间才进行。

3. 归纳和分析资料

通过观察、测验和问卷等手段，评价者将收集到一系列所需的资料。为了便于分析，可以根据不同目的，将这些资料进行不同的统计处理，并制成图表；制成图表后，评价者对于由资料得出的图表数据、应当先作一次初步的分析比较——拿这些数据与评价标准进行比较，用以分析、考察各种现象的相互关系。经过上述初步分析，可能会发现一些重要问题，这时应当对这些问题作出解释，并通过适当的途径、方法证实自己的解释。例如，当几种评价手段提供的数据对设计成果的某些方面显示出共同的趋势，而这种趋势与预期的教学目标相悖时，应予以特别关注。设计者可就这些问题咨询、访问教育学家、心理学家、学科专家和有经验的教师，或与被试(师生)进行个别交谈或集体座谈。这些访谈的目的是希望各方人士能够认同设计人员的初步分析结果及改进意见。为此，设计人员应抱有虚心、诚恳、坦率和求实的态度，而当该成果遭到激烈批评时，也应保持冷静，以便所有被访者都能毫无保留地谈出自己的意见；最后可将访谈结果与初步分析结果二者综合起来，以便对评价资料作深入的分析，并在此基础上进一步修改、完善设计成果方案。

4. 报告评价结果

由于修改设计成果的工作不一定马上就进行，也不一定由原设计人员来做，因此有必要把试用和评价的有关情况和结论写成书面报告。在这里，评价人员需根据评价报告的性质和报告的读者对象来确定报告的内容、形式。报告可以是正式的，也可以是非正式的；可以是描述性的，也可以是包含数据分析的。在向有关部门通报评价结果时，评价人员所要做的不仅仅只是提出报告、表明结果，还应该展示出他们是如何对资料作出解释，是如何从分析中得出结论以及他们对解决问题的建议。评价报告的内容一般包括：设计成果的名称和宗旨、使用的范围和对象、试用的要求和过程、评价的项目和结果、对结果的分析和修改建议及措施、参评者的名单和职务，以及评价的时间等。评价报告以简明扼要为宜，相关的具体资料（如各种数据、访谈记录、分析说明等）可以作为附件。

以上对"以教为主"教学系统设计的各个要素分别进行了细致的分析，但这只是对教学过程的一种静态的分析。在实际的教学活动过程中，各要素之间并不是独立的、互不相关的。以往人们对教学过程的研究，习惯于采取以分析思维为主导的研究方法，只重视对教学系统的各个部分分别进行细致的研究，而忽视对各个部分相互关系的研究，即缺乏对教学结构的关注。所谓教学结构，是指在一定的教育思想、教学理论、学习理论指导下的，在一定环境中展开的教学活动进程的稳定结构形式。也就是按照什么样的教育思想、理论来组织教学活动的进程，它是教育思想、教学理论、学习理论的集中体现，是教学系统四个要素（教师、学生、教学内容、教学媒体）相互联系、相互作用的具体体现。

关注教学结构，可以帮助我们从整体上去认识和探讨教学系统设计过程模式中各种因素之间的关系及其多样化的表现形态，有利于我们从动态的角度去把握教学系统设计过程的本质和规律，无论是在实践探索还是在理论研究上都具有十分重要的指导意义。

【拓展资源】

［1］加涅，等. 教学设计原理［M］. 上海：华东师范大学出版社，1999.

［2］科林·马什. 理解课程的关键概念［M］. 徐佳，吴刚平，译. 北京：教育科学出版社，2009.

［3］安德森，等. 学习、教学和评估的分类学［M］. 皮连生，等，译. 上海：华东师范大学出版社，2007.

［4］安德森，等. 布卢姆教育目标分类学（修订版）——分类学视野下的学与教及其测评［M］. 蒋小平，等，译. 北京：外语教学与研究出版社，2009.

［5］加涅 R M. 学习的条件和教学论［M］. 皮连生，王映学，郑葳，等，译. 上海：华东师范大学出版社，1999.

［6］张祖忻，章伟民，刘美凤，等. 教学设计——原理与应用［M］. 北京：高等教育出版社，2011.

［7］乌美娜. 教学设计［M］. 北京：高等教育出版社，1994.

［8］李克东，谢幼如. 多媒体组合教学设计［M］. 北京：科学出版社，

1992.

[9] 李秉德. 教学论[M]. 北京：人民教育出版社，2005.

[10] 黄甫全. 现代课程与教学论学程[M]. 北京：人民教育出版社，2006.

[11] 李森. 现代教学论纲要[M]. 北京：人民教育出版社，2005.

[12] 吴刚. 现代教育评价基础[M]. 上海：学林出版社，1996.

【思考题】

1. 教学中通常分析学习者的哪些特征？这些特征会对学习产生哪些影响？

2. 成人学习者有哪些特点？

3. 试比较分析布卢姆等人的教学目标分类理论、加涅的学习结果分类理论和我国教学目标分类的异同。

4. 试述教学内容分析对教学方法、教学媒体和教学策略的选择与应用有何影响？并举例说明。

5. 选择一个单元内容（课时内容），运用所学的内容分析方法完成内容分析，并编写相应的教学目标，制订教学方法、教学媒体与教学策略的选择方案。

6. 教学评价具有哪些种类？教学设计成果的评价应该如何开展？应注意哪些问题？

第四章 "以学为主"的教学系统设计

【本章学习要点】

从 21 世纪开始，人类已经进入创建学习科学的新纪元，一场彻底变革人类学习理念与学习方式的革命已经兴起——"学习是人的一种天性，是人与生俱来的潜能"这种新观念正日益得到彰显。在这场史无前例的"学习革命"中，教育研究的范式也悄然发生嬗变——从关注教师如何"教"的研究，转向关注学生如何"学"的研究；并从研究学生如何"学"出发，进一步整合对教师如何"教"的研究，从而实现"以学为本，因学论教"。在此背景下，若考虑教学系统设计研究领域，自然会形成"以学为主"的教学系统设计。"以学为主"的教学系统设计强调要体现学生在学习过程中的主体地位，要发挥学生的主动性、积极性与创造性，要重视通过学习环境的营造以及各种学习方式(如自主学习、协作学习、研究性学习等方式)的设计为学生提供主动参与学习的机会，以激励学生自主发现、自主探究的学习意识。与此同时，还要重视通过评价观念的转变，建立起促进学生主动发展的多元评价方式，从而培养学生的创新思维能力与实践能力。

本章主要从学习环境、学习方式和学习评价三个角度阐述"以学为主"教学系统设计的方法。第一节主要分析学习环境的基本内涵，介绍了建构主义学习环境的设计、基于 Web 学习环境设计的基本内容；第二节对自主学习和协作学习两种"以学为主"的典型学习策略的设计方法进行了阐述；第三节在强调研究性学习对于基础教育课程改革重要性的基础上，较详细地介绍了研究性学习的特点、主要环节和典型的研究性学习设计案例；第四节是关于"以学为主"教学系统设计的评价——着重介绍基于学习文件夹的评价，与此同时，对以建构主义为指导的网络学习评价的方式、要素及过程也进行了扼要的描述。

【本章内容结构】

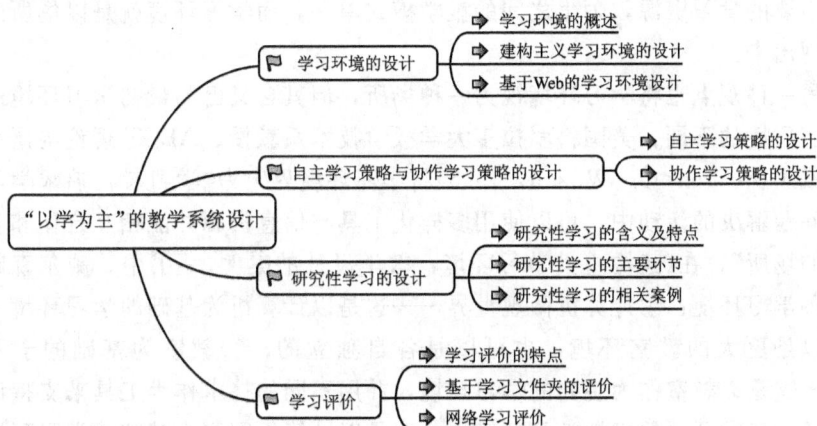

- "以学为主"的教学系统设计
  - 学习环境的设计
    - ⇨ 学习环境的概述
    - ⇨ 建构主义学习环境的设计
    - ⇨ 基于Web的学习环境设计
  - 自主学习策略与协作学习策略的设计
    - ⇨ 自主学习策略的设计
    - ⇨ 协作学习策略的设计
  - 研究性学习的设计
    - ⇨ 研究性学习的含义及特点
    - ⇨ 研究性学习的主要环节
    - ⇨ 研究性学习的相关案例
  - 学习评价
    - ⇨ 学习评价的特点
    - ⇨ 基于学习文件夹的评价
    - ⇨ 网络学习评价

第一节　学习环境的设计

在建构主义的教学系统设计理论中，学习环境是一个非常重要的概念，甚至在有些教育技术文献中，学习环境设计几乎成为教学系统设计的代名词。虽然这种看法有些片面，但也在一定程度上反映出学习环境设计在"以学为主"的教学系统设计中的重要地位。

一、学习环境的概述

尽管建构主义教学设计理论特别强调学习环境的设计，但对于什么是学习环境，至今尚未达成共识。影响较大的有以下几种观点。

（一）学习环境是一种场所

在教学论中，教学环境往往被定义为"由学校和家庭的各种物质因素构成的学习场所"或"课堂内各种因素的集合"（田慧生，1996），主要内容包括家庭、学校、课堂中的物质因素等；而文献中有时又把教学环境称之为学习环境。因此教育技术学文献中的学习环境也往往成为教学环境的代名词，没有含义上的明确区别，如美国教育技术学家 F. G. Knirk 就明确将学习环境定义为"由学校建筑、课堂、图书馆、操场以及家庭中的学习区域所组成的学习场所"。依据上述"学习环境仅仅是物质环境"的判断，很多人认为物理环境是学习环境的主体，进而形成学习环境的场所观，即把学习场所和学习环境等同起来，这是对学习环境的最原始的理解。为什么会形成这种观点，这与延续到现在的几百年来的传统课堂教学形式有密切的关系。在传统的课堂教学形式中，教师、教材是最主要的学习资源，师生之间的教学模式单一，而学习环境就是以场所的形式展现出来。

另一种观点也将学习环境视为一种场所，但其含义已与最初学习环境的理解有实质性的不同。美国科罗拉多大学教学技术系教授、AECT 理论与研究部主任威尔森(Brent G. Wilson，1995)将学习环境界定为"学习者在追求学习目标和问题解决的活动中，可以使用多样化工具与信息资源并能相互合作和相互支持的场所"。在《建构主义学习环境：教学设计的案例》一书中，威尔森归纳了三种学习环境：①计算机微观世界——这是以计算机为基础的学习环境，它们可以是更大的教室环境，也可以是各自独立的；②教室为基础的学习环境——这是以教室作为主要的学习环境，并用不同的技术作为工具来支持课堂学习活动；③开放的虚拟学习环境——这是以计算机网络为基础的学习环境并且是开放系统，不仅学习资源和网上工具向学习者开放，还要求学习者与其他参与者之间开展互动。

随着以计算机多媒体技术、网络通信技术为核心的信息技术在教育教学领域的普及应用，学习资源越来越丰富，并且可用数字化的形式统一处理，这就为各种教学思想、教学策略的实施提供了得天独厚的土壤。特别是在基于 Internet 的网络教育环境下，学习者既可以进行个别化学习，又可以进行协作式学习，还可以将二者结合起来，从而使教学模式变得多种多样，甚至可以按照个人的需要进行选择——学习内容、学习时间、学习方式甚至指导教师都可以按照学习者自己的意愿或需要去选择；学习者既可以在学校里学习，也可以在家里、办公室甚至在旅途中学习，场所在学习环境中的作用越来越小，这样，就使学术界对"学习环境"概念提出了新的理解。

(二)学习环境是学习资源和人际关系的组合

这一观点认为学习环境不再是简单的物理意义上的场所，而是学习资源和人际关系的组合。其中既有丰富的学习资源，又有人际互动的因素。学习资源包括学习材料(即信息)、帮助学习者学习的认知工具(用来获取、加工、保存信息的工具)，以及学习空间(如教室或虚拟的网上学习空间)等。人际关系包括学生之间的人际交往和师生之间的人际交往，学生不仅能得到教师的帮助与指导，而且学生与学生之间也可以相互协作和相互支持。

(三)任务情境是建构主义学习环境的核心①

这种观点将建构主义学习环境概括为一种支持学习者进行建构性学习的各种学习资源的组合。其中学习资源不仅包括学习材料、认知工具、教师等物理资源，还包括任务情境资源。任务情境在学习环境中起着集成其他各种学习资源的作用。一种学习环境是否是建构主义的，关键是看任务情境的性质。因此任务情境是建构主义学习环境的核心，而所谓的任务情境是指呈现给学习者的问题解决情境——它蕴含着等待学生去学习的知识和智力操作。建构主义学习环境的学习任务是真实性任务，这种真实性是指"任务情境"与"知识技能被应用的实际情境"相关联的程度。

(四)学习环境是学习活动展开过程中赖以持续的情况和条件②

这种观点认为学习环境是相对某项中心事物而言的，而环境意味着中心事物在其特定活动展开过程中赖以持续的情况和条件。由此推及学习环境，它当然是学习活动展开过程中赖以持续的情况和条件。由于学习活动的主体是学习者，因而也可以把学习环境说成学习者在学习过程中进行学习活动的情况和条件。学习环境中的"情况"是学习活动的起点和某一时刻的状态，而"条件"则是学习活动继续进行的保证。学习环境中的"条件"包括物质条件和非物质条件，物质条件主要是指学习资源；非物质条件包括我们常说的学习氛围、学习者的动机状态、人际关系，此外还包括系统所采用的教学模式和教学策略。可见，学习环境是一个动态概念，学习环境与学习活动进程是共存共生的，随着学习活动进程的展开，学习环境的情况和条件也会不断发生变化。例如，当学习者遇到困难时，教学系统要通过诊断来调整教学内容和教学策略，或者通过协作学习活动来支持学习者。因此，学习环境和动态的学习进程是紧密联系在一起的，若把二者割裂开来，就会导致静态的学习环境观。只有把学习环境放到动态的学习进程中去考察，才有可能设计出有效的教学系统和学习系统，也才能真正把握住学习环境的本质。

(五)学习环境是指促进学习者发展的各种支持性条件的统合③

其中，"促进学习者发展"规定了学习环境存在/创设的指向或意义；"各种支持性条件"包括各种资源、工具、人、活动、师生关系等要件；"统合"是指，围绕学习者的发展，将各种支持性条件加以统一与整合的可能性和必要性。这

① 杨开城. 建构主义学习环境的设计原则[J]. 中国电化教育，2000(4)：14-18.
② 武法提. 基于 WEB 的学习环境设计[J]. 电化教育研究，2000(4)：33-38，52.
③ 钟志贤. 论学习环境设计[J]. 电化教育研究，2005(7)：35-41.

种观点认为对学习环境的理解可以从以下几个方面考虑：（1）学习环境是为促进学习者发展，特别是高阶能力发展而创设的学习空间，包括物质空间、活动空间和心理空间。（2）学习环境是各种支持性力量的结合，这些力量可能来自于各种资源、工具、教师的支持以及个人心理等要素。但是各种要素的自然堆砌不可能构成整体的、积极的支持力量，它们需要综合设计。（3）学习环境所支持的学习，通常是以学生为中心的学习方式。它对学习者、教师、学习内容的呈现、学习活动方式、效果评价等方面受到建构主义倾向的引导。

以上各种定义为全面认识学习环境提供了富有启发性的多元视角，且为进一步的综合发展提供了可能。我们倾向于认为学习环境是学习资源和人际关系的一种动态组合。其中既有丰富的学习资源，又有人际互动的因素。学习资源包括学习材料（即信息）、帮助学习者学习的认知工具（获取、加工、保存信息的工具）、学习空间（如教室或虚拟网上学校）等。人际关系包括学生之间的人际交往和师生之间充分的人际交往，学生不仅能得到教师的帮助和指导，而且学生之间也可以相互协作与相互支持。

二、建构主义学习环境的设计

建构主义学习环境强调以学生为中心，不仅要求学生由外部刺激的被动接受者和知识的灌输对象转变为信息加工的主体、知识意义的主动建构者，而且要求教师要由知识的传授者、灌输者转变为学生主动建构意义的帮助者、促进者。具体地说：（1）在情境要素方面，建构主义强调学习内容和活动的真实性，主张以问题、项目的方式呈现跨学科的学习内容，要求学习者自己建构学习目标、定义问题领域等。（2）在资源、工具和评价要素方面，特别强调运用丰富的网络资源、多样化的信息技术工具和真实性的评价。（3）在学习共同体方面，强调人际互动、广域学习空间、交流协作、知识的社会性建构、群体学习等在学习过程中的重要作用。（4）在学习者/教师角色方面，要求学习者的学习是主动的、情境化的、复杂的、协作的、建构的，教师的角色主要是帮促者，为学习者提供支架（包括概念支持、元认知支持、过程和策略支持），学习者的学习是"做中学"。

建构主义学习环境的设计是"以学为主"教学系统设计的主要内容之一。那么该如何进行学习环境的设计呢？下面以当前国际上很有影响的建构主义代表人物乔纳森在 1997 年提出的建构主义学习环境（constructivist learning environment，CLE）模型为基础，来分析和阐述学习环境设计的主要内容及步骤。该模型如图 4-1 所示。

社会/背景支持

会话与协作

建模策略

认知工具

信息资源

相关案例

支架策略

问　题
● 问题背景
● 问题表征
● 问题操纵空间

教练策略

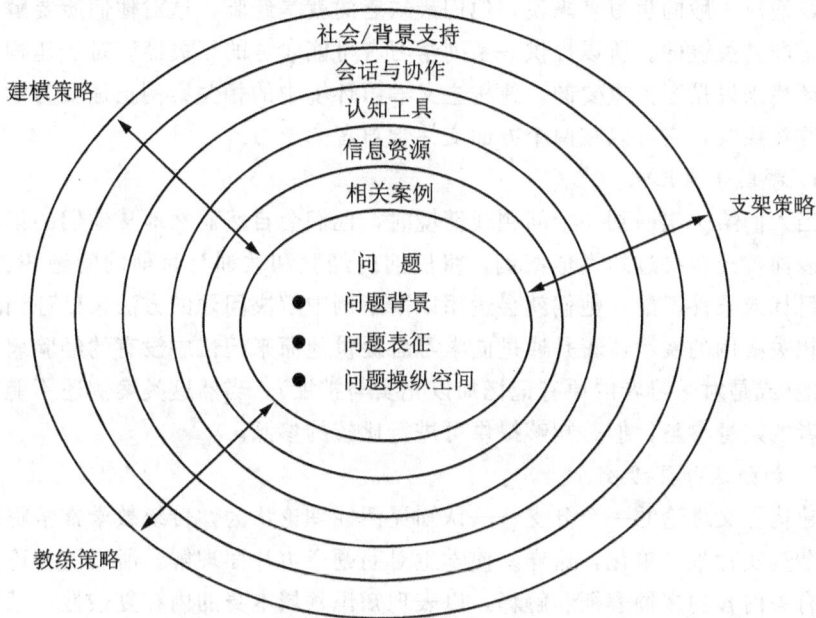

图 4-1　乔纳森的建构主义学习环境(CLE)模型

由图 4-1 可见,建构主义学习环境由六个部分组成。

(一)问题(包括疑问、项目、个案等)

建构主义学习环境的中心是学习者想尝试解决或决心要解决的各类问题。因此,学习环境主要用于支持基于问题的、个案的或项目的学习。建构主义学习环境中的问题包括三个整合的成分:问题背景、问题的表征和模拟以及问题的操纵空间。

其中问题背景是指,要说明问题发生的物理的、组织的和社会文化的背景。

问题的表征必须是有趣的、有吸引力的、能够使学生积极参与的,能使学生对问题产生心理躁动的。这可以通过高水平的电视剧情设计来引入问题,使学生参与,也可以通过虚拟现实的方法或讲故事的方法来表征问题——将故事用文本、视频或音频方式呈现。

问题的操纵空间是指,学生必须通过操纵某些东西、建构一个产品、做出某种决策或用某种方式影响环境,才能使他们积极地投入学习。所以,应给学习者提供操纵特定问题环境所必需的客体、符号和工具。

(二)相关案例

理解任何问题都需要学习者对该问题有一定的经验并能够建构相应的心理

153

模型，而对一般的学习者来说，他们最缺乏的就是经验，这对他们所要解决的问题是非常关键的。所以提供一系列学习者可能参考的相关经验对于建构主义学习环境来说是至关重要的。建构主义学习环境中的相关案例正是要为学习者提供这类经验，它可以在两个方面支持学习者的学习。

1. 帮助学生记忆

当人们第一次遇到一个问题或情境时，他们会自然而然地从他们的记忆中查找以前曾经解决过的类似案例，将以前的经验和教训与目前的问题相比较，如果目标或条件匹配，他们就会运用以前案例中解决问题的方法来处理当前问题。相关案例的展示，正是通过向学习者提供他原来记忆中没有的经验表征来帮助他(或是对学习者的原有记忆加以充实与扩展)。当然这类案例还不能代替学习者的亲身参与，但是能够提供可进行比较的参照。

2. 加强认知灵活性

建构主义理论的一个分支——认知灵活性理论认为，传统教学常常将问题的复杂真实背景简单化，这样易使学生对问题产生片面理解。所以该理论主张提供有关内容的多种表征和解释，以表现知识领域本身的内在复杂性、某一观点或概念间的内在联系，这就要用多重的相关案例来传达在某些问题上的多种观点。可见，为了强调学生的认知灵活性，相关案例应当提供所要解决的问题的各种观点和视角。

(三)信息资源

学习者为了了解问题的背景和含义、建构自己的问题模型和提出解决问题的假设，需要知道有关问题的详细背景，并要学习必需的预备知识，所以丰富的学习资源是建构主义学习环境必不可少的一个部分。在设计建构主义学习环境时，必须确定：为了理解问题，学生需要哪类信息；建构主义学习环境应当提供给学习者可以选择的、丰富的和随时可得到的、与问题解决相关的各种信息资源(包括文本、图形、声音、视频和动画等)以及通过 Web 浏览器可从 Internet 上获取的各种相关资源。

(四)认知工具

认知工具是支持和扩充使用者思维过程的心智模式和设备(Derry，1990)，通常是可视化的智能信息处理软件，如知识库、语义网络、几何画板、专家系统等，学习者可以利用它们来进行信息与资源的获取、分析、处理、编辑、制作等，并可用其来表征自己的思想，替代部分思维，并与他人通信和协作。认知工具在帮助和促进认知过程，在培养学生批判性思维、创造性思维过程中起着重要作用，它可以作为个人认知能力的脚手架发挥作用。个人由于先前知识和感官输入信息能力的局限，认知资源的获得会受到约束，而认知工具可以描述很广泛的信息系统，可以提供组织或呈现信息的机制，所以学习者可以通过与认知工具的交互中获得认知结构的发展和改变(Kozma，1991)。它还可以帮助学习者更好地表述问题(如视频工具)，更好地表述学习者所知道的知识以及正在学习的客体(如图表工具)，或者通过认知工具自动解决一些低层任务或代替做一些任务来减轻某些认知活动(如计算工具)。此外，认知工具还可以帮助学习者搜集并处理解决问题所必需的各种信息。常用的认知工具有以下几类：问题/任务表征工具、静态/动态知识建模工具、绩效支持工具、信息搜集工具。

(五)会话与协作

由于学习在很多情况下不是由个别学习者孤立进行，而是由许多学习者共同合作来解决问题，因此建构主义学习环境应当提供知识建构和信息共享的工具以帮助学习者通过合作对知识进行社会性建构与共享——在这种学习环境下，学习者可以通过相互交流、讨论、协商，共同建构知识的深层意义。而计算机网络的发展则可以为合作学习提供技术上的支持，从而使学习者可以在广泛的议题上进行讨论，并通过与他人的共同探讨，使学习者能更清楚地表达他们的已有概念、更有效地检验那些与别人相左的观念，然后加以重新建构，进而扩大自身的认知结构。

(六)社会/背景支持

回顾教育技术发展的历史，我们不难发现，很多项目失败的原因在于未能得到很好的实施——设计人员或技术革新者往往忽视了影响实施的环境和背景的因素，他们想要实施自己的革新设想，却没有考虑到其革新所在的物理的、组织的和文化方面的环境。因此，在设计和实现建构主义学习环境时，考虑实际的情境因素对于该学习环境的成功实施非常重要。

依据乔纳森的上述模型所设计的建构主义学习环境，可以为学生的自主学习、自主建构提供三种教学策略支持。

(1)建模策略：建模是 CLE 中最常用的教学策略。有两种不同类型的建模：显性的行为建模和隐性的认知过程建模。显性行为建模用来表明，学习者在学习活动中应该执行哪些活动以及如何执行这些活动；隐性认知建模则说明，学习者在从事这些学习活动时应当使用的推理结构与推理方法。提供操作工具与手段就是"问题求解型"行为建模最常用的一种方法；对认知过程的建模则要复杂一些——为此要对学习活动中的思考过程事先进行记录、整理和分析，以便从中提炼出能帮助学习者加深对问题理解的推理结构。

(2)教练策略：正确的教练策略有利于激发学习者的学习动机。这种策略可以观察、指导学生的操作并提供反馈；通过分析学生的成绩还可以对他们的下一步学习提出中肯的建议。教练策略的最主要内容是监控、分析和调节学习者各种能力的发展（包括言语信息、智力技能、认知策略、学习态度、动作技能等方面能力的发展）。

(3)支架策略：这是根据维果茨基的最近发展区理论，对较复杂的问题事先为学习者搭建"支架式"概念框架，让学习者能自己沿着"支架"逐步攀登，从而完成对复杂概念意义建构的一种教学策略。

最后乔纳森强调，上述模型主要是为设计支持建构性学习的学习环境提供指导，而不是为一般的教学提供指导；并且他还指出，建构主义学习环境比较适合于学习者个人的或协作的知识建构和问题解决的场合，而不一定适合于其他学习方式的场合。

除了提出上述建构主义学习环境模型以外，乔纳森还从大量实践中总结出了设计建构主义学习环境的八项原则，它们是：

(1)构造仿真世界的环境，运用与学习相关的情境。

(2)着重于解决真实世界问题的方法。

(3)教师应成为教练和策略分析者。

(4)强调概念之间的关系，提供多种表示和观点。

(5)教学目标应该协商而不是强加。

(6)评估应该成为自我分析的工具。

(7)提供工具和环境以帮助学生使用多种观点阐释世界。

(8)学习活动应该由学生自我控制和协调。

总之，乔纳森认为，在设计学习环境时，应该提供对世界知识的多种不同表征，以体现世界本身固有的复杂性；学习应该着重关注意义建构的过程而不是知识产品；学习环境应该表现真实世界里的任务（即与情境相关的任务），而不是抽象的任务；要提供真实世界的、基于案例的学习环境，而不是预先确定的教学过程——这些学习环境要便于学生进行与情境相关的知识建构（即能支持通过交流与合作来进行的知识建构）。

从图4-1所示的模型以及乔纳森对其中包含要素的分析来看，其学习环境的设计几乎囊括了基于建构主义的"以学为主"的教学系统设计的主要内容。例如，他将问题的设计与案例的设计都视为学习环境设计的要素，似乎基于建构主义的、"以学为主"的教学系统设计就是建构主义学习环境的设计——即如何设计出适合于学习者自主建构知识意义的学习环境。这就使学习环境的设计成为建构主义教学系统设计的核心内容，对于在此环境下开展的学生自主学习，乔纳森只提供了三条教学策略予以支持，而没有把"自主学习设计"放在重要与核心的位置来加以考虑，显然这样做有些喧宾夺主，是乔纳森理论的有失偏颇之处。

三、基于 Web 的学习环境设计

在分析了加涅的自下而上的教学设计方法和建构主义提倡的自上而下的教学设计之后，我国武法提博士认为两种教学设计方法都有各自的优点和局限性，它们都有其特定的适应范围。相比较而言，采用加涅的自下而上的设计方法，对概念、事实、规则等良构领域的知识可能教学效率更高一些，而采用自上而下的教学设计对于非良构领域的知识（如问题解决、策略学习等）则更为合适。因此，他提出应当区分不同的知识领域，有针对性地进行设计，而不应当简单地以一种设计方法去否定另外一种设计方法。基于以上观点，并在参考相关模型的基础上，他提出了一种基于 Web 的学习环境设计模型——WBLED（Web-based learning environment design）模型。[①]

（一）WBLED 模型

学习环境的设计可以从学习内容和教学策略两个方面分别进行，通过相互协调的循环设计，最后形成稳定的教学模式而融合到统一的学习环境中。

学习内容设计主要是考虑在创建学习环境时应如何组织知识领域——包括问题情境中的知识序列和链接的设计、学习资源的设计、认知工具的设计。

教学策略设计是指在学习环境中，教师应如何指导、暗示学习者，如何影响学习者决定学习的进程，协作和交流应如何进行。

通过对学习内容和教学策略的循环设计形成稳定的教学进程模式或学习进程模式，从而创设出学习环境。根据这个思想，他得出以下的 WBLED 模型，如图 4-2 所示。

这个模型的假设是：教练的角色，既可以由计算机承担，也可以由教师承担。在设计中，该模型努力将预定的教学目标和学习者的学习目标区分开来。预定的教学目标代表设计人员希望学习者在学习环境中建构的知识。学习者的学习目标则是学习者在自主学习过程中自己确定的目标。传统教学系统设计模型主要关心的是预定的教学目标，WBLED 的设计思想则是把学习者的目标放在第一位，而基于 Web 的学习环境的作用正是支持和帮助学习者，使其能更

---

① 武法提. 基于 WEB 的学习环境设计[J]. 电化教育研究，2000(4)：33-38，52.

好地达到他自己确定的学习目标。

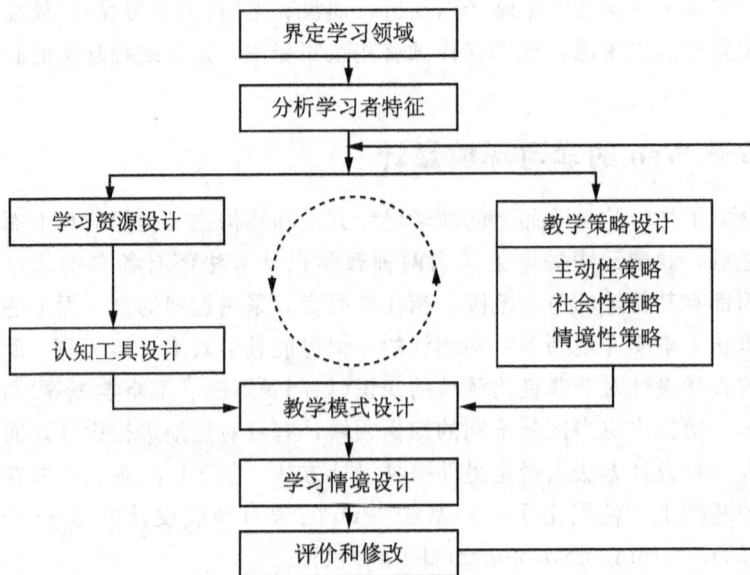

图 4-2　WBLED 模型

(二)基于 Web 的学习环境设计的主要内容

1. 界定学习领域

在学习环境设计中，需要首先界定学习环境所覆盖的领域知识有哪些，并区分领域内不同的知识类型：良构知识或非良构知识。在这一步骤上，WBLED 模型需要根据不同的内容区分预定的教学目标和学习者的学习目标，以便在下一步设计教学策略时确定不同的学习路径。良构领域的知识通常采用预定的教学目标，非良构知识则常常由学习者自己生成学习目标，但系统允许学习者选择是否提供有关学习目标的参考性建议。

2. 分析学习者特征

这一步骤是要分析学习者现有的知识结构和认知特点，据此建立学生模型，以供智能教学系统咨询。学生模型是开放的，随着学习者不断使用系统，学生模型也随之被修改和补充。需要指出的是，目前的教学系统不论是 ITS（智能教学系统）或 Agent（智能代理系统），都还没能较好地解决学生模型的建构问题，因为学习者的认知特点很难量化，不易于测定。

3. 教学策略设计

教学策略设计是 WBLED 模型的核心部分。对于预定的教学目标内容，往往采用有指导的学习路径；若是由学习者自己生成学习目标，则允许学习者自己控制学习路径。在有指导的学习路径的情况下，需要通过某一种或几种教学策略来创建一个引导学习者在这个领域开展学习的路径；但有指导不等于强制，学习者仍然有很多自由选择的空间。在由学习者自己控制学习路径的情况下，学习者可以自己选择想要学习的知识，而无须设计人员预先提供学习路径。但在这种场合，系统必须提供学习资源、认知工具和相应策略的支持。应当注意的是，在这种场合学习者的控制是相对的，系统仍然会在学习者需要帮助的时候通过某种策略来影响学习者的决策（如通过教练策略和合作学习策略等）。

教学策略设计还应包括媒体的选择——即对某个知识点所包含的内容应当采用"何种媒体表现形式"以及"何种交互方式"进行选择。

基于 Web 的学习环境中主要的教学策略有九种，分属于三类（如表 4-1 所示）。必须指出的是，这种分类并非是绝对的，在九种教学策略中，某一种策略可能既体现了主动性原则的要求，又体现了社会性原则和情境性原则的要求，之所以将它们分类，只是为了突出该策略的主要特点。

表 4-1　基于 Web 的学习环境中的主要教学策略分类

主动性策略	教练策略、建模策略、支架与淡出策略、反思策略
社会性策略	合作学习策略、小组评价策略
情境性策略	抛锚策略、学徒策略、十字交叉形策略

4. 学习资源、认知工具设计

在学习过程中，如果学习者自己生成的学习目标和设计人员预定的目标不一致，那就需要给学习者提供必要的资源和工具，以支持他实现自己的学习目标。设计人员应当针对当前学习主题，为学习者提供充分的资源支持和各种认知工具的支持。

5. 教学模式设计

教学模式设计是学习环境设计的落脚点，是通过对目标、资源、工具、策略设计诸因素的综合，从而在操作上形成的、关于整个教与学活动进程的稳定程序。前面四个设计步骤需要经过多次循环往复，而且各个设计环节之间还需相互协调、相互参照，才能最终形成有效的教学模式。

6. 学习情境设计

前面几个设计环节经过循环往复，最终形成教学模式后，还必须在一个统一的学习情境中去实现，这就要涉及学习情境的设计。在学习情境设计中需要将上述策略、资源、工具及模式以人机界面的形式呈现给学习者，而且学习情境的设计还要尽量采用与学习主题有关的、真实的问题情境。

7. 评价和修改

由学习者、学科专家和教学设计专家对已设计完成的学习环境进行评价，提出修改意见，并根据意见作进一步的修改，从而使设计不断完善。

第二节 自主学习策略与协作学习策略的设计

学习策略设计是"以学为主"的教学系统设计中用于促进学生自主完成意义建构的关键性环节。其中，自主学习策略的设计是保证学生充分发挥主动性、体现学生主体地位的重要保证，是学生自主完成意义建构的基础，而协作学习策略的设计则是为了使学生在个体意义建构的基础上，通过与他人的交流、协作，进一步完善和深化对主题的意义建构。在本章中，我们将自主学习策略的设计与协作学习策略的设计分开阐述，是为了使学习者能对建构主义的学习策略有一个更加清楚的认识，也是为了分类的需要。但在实际的教学中，各种学习策略是很少孤立运用的，它们常常是相互交叉、相互渗透。

一、自主学习策略的设计

自主学习策略的核心是要发挥学生学习的主动性、积极性，充分体现学生的认知主体地位，其着眼点是帮助学生如何"学"。因此这类教学策略的具体形式虽然也是多种多样，但有一条主线贯穿始终——这就是"自主探究、自主发现"。所以通常也把这类教学策略称为"自主学习策略"或是"发现式"教学策略。目前在国内外比较流行的自主学习策略主要有以下几种。

(一)支架式教学策略

根据欧共体"远距离教育与训练项目"(DGX Ⅲ)的有关文件，支架式教学策略被定义为：这种策略"应当为学习者建构对知识的理解提供一种概念框架 (conceptual framework)。这种框架中的概念是为发展学习者对问题的进一步理解所需要的，为此，事先要把复杂的学习任务加以分解，以便于把学习者的理解逐步引向深入"。很显然，这种教学策略是来源于苏联著名心理学家维果茨基的"最近发展区"理论。维果茨基认为，在儿童智力活动中，对于所要解决的问题和原有能力之间可能存在差异，通过教学，儿童在教师帮助下可以消除这种差异，这个差异就是"最近发展区"。换句话说，最近发展区是指，儿童独立解决问题时的实际发展水平(第一个发展水平)和教师指导下解决问题时的潜在发展水平(第二个发展水平)之间的距离。可见儿童的第一个发展水平与第二个发展水平之间的状态是由教学决定的，即教学可以创造最近发展区。因此教学绝不应消极地适应儿童智力发展的已有水平，而应当走在发展的前面，不停顿地把儿童的智力从一个水平引导到另一个新的更高的水平。

建构主义者正是从维果茨基的思想出发，借用建筑行业中使用的"脚手架"(scaffolding)作为上述概念框架的形象化比喻，其实质是利用上述概念框架作为学习过程中的脚手架。如上所述，这种框架中的概念是为发展学生对问题的进一步理解所需要的，也就是说，该框架应按照学生智力的"最近发展区"来建立，因而可通过这种脚手架的支撑作用(或称"支架作用")，不停顿地把学生的智力从一个水平提升到另一个新的更高水平，真正做到使教学走在发展的前面。

支架式教学策略由以下几个步骤组成：

(1)搭脚手架——围绕当前学习主题，按"最近发展区"的要求建立概念框架。

(2)进入情境——将学生引入一定的问题情境(概念框架中的某个层次)。

(3)独立探究——让学生独立探究，探究内容包括：确定与当前所学概念有关的各种属性，并将这些属性按其重要性大小顺序排列。探究开始时要先由教师启发引导(例如演示或介绍理解类似概念的过程)，然后让学生自己去分析。探究过程中教师要适当提示，帮助学生沿概念框架逐步攀升——起初的引导、帮助可以多一些，以后逐渐减少、愈来愈多地放手让学生自己去探索，最后要争取做到无须教师引导，学生自己就能在概念框架中继续攀升。

为了更好地理解支架式教学策略，下面介绍澳大利亚"伟治·柏克小学"利用支架式教学策略进行的自然课的教改试验①。试验班由小学三年级和四年级的学生混合组成，主持试验的教师叫玛莉，要进行的教学内容是自然课中的动物。玛莉为这一教学单元进行的教学设计主要是：让学生自己用多媒体计算机设计一个关于本地动物园的电子导游，从而建立起有利于建构"动物"概念框架的情境(如前所述，概念框架是实现支架式教学的基础，它是帮助学生向上发展智力的"脚手架")。玛莉认为这种情境对于学生非常有吸引力，因而能有效地激起他们的学习兴趣。她把试验班分成若干小组，每个小组负责开发动物园中某一个展馆的多媒体演示。玛莉让孩子们自己选择——愿意开发哪一个展馆和选哪一种动物；是愿意收集有关动物的图片资料还是愿意为图片资料写出相

---

① Toomey R，Ketterer K. Using Multimedia as a cognitive tool[J]. Journal of Research on Computing in Education，1995，27(4).

应的文字说明；或是直接用多媒体工具去制作软件，都由孩子们自己选择。然后，在此基础上组成不同的学习小组。这样，每个展馆就成为学生的研究对象，孩子们都围绕自己的任务努力去搜集资料——例如，他们到动物园的相应展馆去实地观察动物的习性、生态；到图书馆和网上去查询有关资料，以获取动物图片和撰写说明(将学生引入一定的问题情境，使学生处于概念框架中的某个节点)。在各小组完成分配的任务后，对于如何到图书馆和网上去搜集素材，玛莉要适时给予学生必要的帮助；对于所搜集到的各种素材如何按重要性大小进行分析比较，玛莉也要给学生以适当的指导(帮助学生沿概念框架攀升)。在此基础上，玛莉再组织全班学生进行交流和讨论。这种围绕一定情境进行主动探究的学习方式，不仅大大促进了学生学习的自觉性、主动性，充分体现了学生的认知主体地位，而且通过在此过程中开展的合作学习，只要教师引导得法将能有效促进学生对概念的理解，深化学生对所学知识意义的建构。例如，在全班交流过程中，当演示到"袋鼠"这一动物时，玛莉向全班同学提出一个问题："什么是有袋动物？除了袋鼠有无其他的有袋动物？"有些学生举出"袋熊"和"卷尾袋鼠"。于是玛莉又问这三种有袋动物有何异同点，并让学生们围绕这些异同点展开讨论，从而在相关背景下，锻炼与发展了儿童对事物的辨别、对比能力。玛莉在这里连续向学生提出的几个问题，可看作是按照维果茨基的"最近发展区"理论，用支架式策略将学生的概念理解从一个水平提升到另一个新水平的典型例证。

(二)抛锚式教学策略

抛锚式教学策略是由范特比尔特认知与技术小组开发的。这种学习方式要求建立在有感染力的真实事件或真实问题的基础上。确定这类真实事件或问题被形象地比喻为"抛锚"，因为一旦这类事件或问题被确定了，整个教学内容和教学进程也就被确定了(就像轮船被锚固定一样)。教学中使用的"锚"一般是有情节的故事，而且这些故事要设计得有助于教师和学生进行探究。建构主义认为，学习者要想完成对所学知识的意义建构，即达到对该知识所反映事物的性质、规律以及该事物与其他事物之间联系的深刻理解，最好的办法是让学习者到现实世界的真实情境中去感受、去体验(即通过获取直接经验来学习)，而不是仅仅聆听别人(例如教师)关于这种经验的介绍和讲解。

若要设计抛锚式学习，教师应根据事先确定的学习主题，在相关的实际情境中选定某个典型的真实事件或真实问题，然后围绕该问题组织进一步的学习。主要包括以下环节：

(1)创设情境。创设与现实情况基本一致或相似的学习情境，作为问题产生的宏观背景，让学生能在真实、具体、熟悉的情境中去解决问题，从而获得更加直接的学习体验。

（2）确定问题。在上述情境下，选择出与当前学习主题密切相关的真实性事件或问题作为学习的中心内容（让学生面临一个需要立即去解决的现实问题），选出的事件或问题就是"锚"，这一环节的作用就是"抛锚"。确定"锚"以后，教师需要依据学生的特征与能力，以及问题的难易程度，在问题的分析上给予适当的指导、帮助，让学生能进一步明确问题，并能将复杂的问题分解为若干个较为简单的子问题。

（3）自主探究。在面对问题时，教师不是直接告诉学生如何去解决当前的问题，而是向学生提供解决问题的有关思路与线索（例如需要搜集哪一类资料、从何处获取有关的信息资源以及现实中专家解决类似问题的探究过程等），并要特别注意发展学生的"自主学习"能力。自主学习能力包括：

①确定学习内容表的能力（学习内容表是指为完成与给定问题有关的学习任务所需要的知识点清单）。

②获取有关信息与资源的能力（知道从何处获取以及如何去获取所需的信息与资源）。

③利用、评价有关信息与资源的能力。

在运用抛锚式教学策略进行教改尝试方面，澳大利亚"门尼·彭兹中心小学"的试验[①]具有一定的代表性。该试验班为小学六年级，有30名学生，教师名字叫安德莉亚，当前要进行的教学内容是关于奥林匹克运动会。首先，安德莉亚鼓励她的学生围绕这一教学内容拟订若干题目，例如奥运会的历史和澳大利亚在历次奥运会中的成绩等问题（确定与主题密切相关的真实性事件或问题作为学习的中心问题——这是"抛锚"），然后要确定媒体在解决这些问题的过程中所起的作用，并要求学生用多媒体形式直观、形象地把自己选定的问题表现出来。经过一段时间在图书馆和网上查阅资料以后，其中米彻尔和沙拉两位小朋友合作制作了一个关于奥运会历史的多媒体演示文档；在这个文档向全班同学播放以前，教师提醒大家注意观察和分析软件表现的内容及其特点，播放后立即进行讨论。一位学生说，从奥运会举办的时间轴线，他注意到奥运会是每四年召开一次；另一位学生则提出不同的看法，他认为并不总是这样，例如1904年、1906年和1908年这几年是每两年举行一次；还有一些学生则注意到

---

① Toomey R，Ketterer K. Using Multimedia as a cognitive tool[J]. Journal of Research on Computing in Education，1995，27(4).

在时间轴线的 1916 年、1940 年和 1944 年这几个年份没有举行奥运会。这时教师提出问题："为什么这些年份没有举办奥运会?"有的学生回答,可能是这些年份发生了一些重大事件,有的学生则回答发生了战争,有的则更确切地指出 1916 年停办是由于第一次世界大战,1940 年和 1944 年停办是由于第二次世界大战。经过大家的讨论和协商,认为有必要对米彻尔和沙拉开发的多媒体软件作两点补充:

①说明第一、第二次世界大战对举办奥运会的影响;

②对奥运会历史时期的几次过渡性(两年一次)奥运会作出特别的解释。

这时候有位小朋友提出要把希特勒的照片通过扫描放到时间轴上的 1940 年这个点上,以说明是他发动了第二次世界大战。教师询问全班其他同学:"有无不同意见?"沙拉举起手,高声回答说:"我不同意用希特勒照片,我们应当使用一张能真实反映第二次世界大战给人民带来巨大灾难(例如大规模轰炸或集体屠杀犹太人)的照片,以激起人们对希特勒的痛恨。"教师对沙拉的发言表示赞许。从这个课例可以看到,教师为这个教学单元进行的教学设计主要是让学生用多媒体计算机建立一个有关奥运会某个专题的情境,并以奥运会历史或澳大利亚在历次奥运会中的成绩这类真实性事件或问题作为"锚"(学习的中心内容),用以激发学生的学习兴趣和主动探究精神,再通过讨论,把对有关教学内容的理解逐步引向深入。

(三)随机进入教学策略

由于事物的复杂性和问题的多面性,要做到对事物内在性质和事物之间相互联系的全面了解和掌握,即真正达到对所学知识的全面而深刻的意义建构是很困难的。往往从不同的角度考虑可以得出不同的理解。为克服这方面的弊病,在教学中就要注意对同一教学内容,要在不同的时间、不同的情境、为不同的教学目的、用不同的方式加以呈现。换句话说,学习者可以随意通过不同途径、不同方式进入同样教学内容的学习,从而获得对同一事物或同一问题的多方面的认识与理解,这就是所谓"随机进入学习"。显然,学习者通过多次"进入"同一教学内容将能达到对该知识内容比较全面而深入的掌握。这种多次进入,绝不是像传统教学中那样,只是为巩固一般的知识、技能而实施的简单重复。这里的每次进入都有不同的学习目的,不同的问题侧重点。因此多次进入的结果,绝不仅仅是对同一知识内容的简单重复和巩固,而是使学习者获得对事物全貌的理解与认识上的飞跃。

这种方式的基本思想源自建构主义学习理论的一个新分支——"认知弹性理论"(cognitive flexibility theory)。"所谓认知弹性,是指以多种方式同时重建自己的知识，以便对发生根本变化的情境领域做出适宜的反应。"①它承认知识需要多重表征，这是由于事物具有复杂性和多面性，我们要想做到对事物内在性质和事物之间相互联系的全面了解和掌握，如果只是从单一视角提出看法或观点虽不是虚假或错误的，但却是不充分的。若是能从多个视角提出若干个观点或不同看法，则有助于增强学习者对知识本身的理解，真正达到对所学知识的全面而深刻的意义建构。可见，这种理论的宗旨是要提高学习者的理解能力和他们的知识迁移能力（即灵活运用所学知识的能力）。这就表明，随机进入教学策略对于同一教学内容，在不同时间、不同情境、为不同的教学目的、用不同的方式加以呈现的要求，正是针对发展和促进学习者的理解能力和知识迁移能力而提出的，也就是根据认知弹性理论的要求而提出的。

随机进入教学策略，要求教师从不同侧面、不同角度去创设能表现当前学习主题的多种情境，以便学生在自主探究过程中随意进入其中任意一种情境去学习。扼要地说，随机进入教学策略的实施主要包括以下环节：

（1）呈现基本情境。根据学习主题的不同侧面特性，向学生呈现与当前主题的基本内容相关的情境；在创设各种不同情境时，既要体现情境之间的相对独立性，又要注意情境之间的相互联系，以形成共同表现当前学习主题的系统性，并要符合认知的规律。

（2）随机进入学习。学生根据自己的兴趣或能力选择当前主题的某个侧面进入学习——为此，要运用各种学习工具和学习资源，对于主题的这个侧面进行认真学习，以便达到对于主题这一侧面的较为深入的认识与理解；然后再通过其他途径、从其他侧面多次进入同一主题，来学习该主题各个侧面的特性，从而最终形成对于该主题全面而系统的认识。在此过程中教师应注意发展学生的自主学习能力，使学生逐步学会自己学习。

（3）思维发展训练。由于随机进入学习的内容通常比较复杂，所研究的问题往往涉及许多方面，因此在这类学习中，教师还应特别注意发展学生的思维能力。其方法是：

①教师与学生之间的交互应在"元认知级"进行（即教师对学生应加强思维方法的指导——向学生提出的问题，应有利于促进认知能力的发展而非纯知识

---

① Spiro R J, Jehng J. Cognitive Flexibility and Hypertext：Theory and Technology for the Non-liner and Multidimensional Traversal of Complex Subject Matter[G] // Nix D, Spiro R J. Cognition，Education，and Multimedia. Hillsdale，New Jersey：Erlbaum，1990：165.

性提问)。

②要注意建立学生的思维模型，即要了解学生思维的特点(例如教师可通过这样一些问题来了解学生的思维模型："你的意思是指?""你怎么知道这是正确的?""你对这个问题怎样进行分析?""这是为什么?"等等)。

③注意培养学生的发散思维(这可通过提出这样一些问题来达到："还有没有其他的含义?""请对 A 与 B 之间作出比较。""请评价某种观点。"等等)。

美国华盛顿州立大学农学院在 R. E. Calza 和 J. T. Meade 教授的领导下建立了一个"遗传技术"(gen technique)课程教学改革试验研究组①，其目的是以建构主义学习理论为指导，在 Internet 环境下开发具有动画和超文本功能的交互式教学系统，所用的学习方式主要是随机进入式。该教学系统可满足以下要求：帮助学生形成学习动机；可用于学习分子遗传学和生物技术的有关内容；学习重点侧重基本概念、基本原理和变异过程。通过该教学系统的随机进入式学习，学生不仅要能完成所学知识的意义建构，还要能够进行实际验证。该系统的教学过程按以下六个步骤实施：

①确定主题——通过教学目标分析确定本课程的若干学习主题(即确定与基本概念、基本原理以及与遗传变异过程有关的知识内容，例如细胞结构、染色体的组成、DNA 的化学成分和遗传代码以及 DNA 的复制方式等)。

②创设情境——创设与分子遗传和生物技术有关的、多样化的实际情境(为随机进入学习创造条件)。

③自主探究——根据学生的意愿可选学不同学习主题，而在学习某一主题的过程中，学生可随意观看有关这一主题的不同演示，以便从不同侧面加深对该主题的认识与理解(即开展"随机进入式"学习)。可供选择的学习主题有：

学习主题 1：阅读有关细胞知识及结构的课文，观看有关细胞结构的动态演示。

学习主题 2：阅读有关染色体的组成成分及其相互作用的课文，观看相应的动态演示。

学习主题 3：阅读有关 DNA 的化学成分、结构和遗传代码的课文，并观看相应的动态演示(学生在三维空间中，可通过多种不同的变化形式，多侧面地观察、了解、认识 DNA 的结构成分及遗传特性，即可通过"随机进入式"学习)。

学习主题 4：阅读有关 DNA 复制(合成)机制、复制方式的课文，并以病

---

① Calza R E, Meade J T. Gen technique: learning molecular biology within a networked environment[C]. Proceeding of CAL, 1997: 165-168.

毒、微生物和哺乳动物作为模型观看有关 DNA 复制机制、复制方式的动态演示(可通过"随机进入式"学习,来加强对本主题的理解)。

④协作学习——在上述自主探究的基础上,开展基于 Internet 的网络专题讨论,在讨论过程中教师可通过公告板和 E-mail 对学生布置作业(让学生对讨论中的观点加以评判)或是对学生进行个别辅导。

⑤自我评价——为检验对知识的建构情况,学生在经过上述学习阶段后应进行自我评价,为此该系统设计了一套自我测试的练习题,练习内容均经过精心挑选,使之能有效地测试出学生对基本概念、基本原理和基本过程的理解。

⑥深化理解——根据自我测试结果,对薄弱环节进行有针对性的补充学习与练习,以加强和深化对知识的理解与验证能力。

二、协作学习策略的设计

协作学习策略是一种既适合于教师主导作用的发挥(即"以教为主"),又适合于学生自主学习、自主探究(即"以学为主")的教学策略。

(一)协作学习的内涵

协作学习(collaborative learning)是 20 世纪 70 年代初兴起于美国,并逐渐蓬勃发展起来的一种学习方式。这种学习方式是学生以小组形式参与,它涉及为达到共同的学习目标,在一定的激励机制下、最大化个人和他人习得成果而开展合作互助的一切相关行为。① 它被看作是为多个学习者提供对同一问题用多种不同观点进行观察比较和分析综合的机会,这种机会显然将对问题的深化理解、知识的运用和能力的训练提高大有裨益。

协作学习具有五个基本要素②:

(1)积极的相互依赖(positive interdependence)

积极的相互依赖,指的是学生们要知道他们不仅要为自己的学习负责,而且也要为其所在小组的其他同伴的学习负责。换言之,"一荣俱荣,一损俱损"。通常可以采用积极的目标互赖、积极的奖励互赖、积极的角色互赖、积极的资源互赖等方式。

① 黄荣怀. 计算机支持的协作学习理论与方法[M]. 北京:人民教育出版社,2003:3.
② 以下内容参考、修改自 Johnson D W,Johnson R,Smith K. 合作性学习的原理与技巧——在教与学中组建有效的团队[M]. 刘春红,孙海法,译. 北京:机械工业出版社,2001;黄荣怀. 计算机支持的协作学习理论与方法[M]. 北京:人民教育出版社,2003;王坦. 合作学习的理念与实施[M]. 北京:中国人事出版社,2003.

(2)面对面的促进性交互(face-to-face promotive interaction)

面对面的促进性交互，是指为了达到小组的目标，鼓励个人并促进彼此努力以完成任务。具体表现为：个体彼此提供有力且高效的帮助和支持；分享和交流所需的信息和资源，以便更有效地处理和加工信息；对小组其他成员提出的见解、观点和推理提出质疑，相互之间提供反馈，以提高决策的质量和对所研究问题的理解；相互鼓励，协调、缓解小组的压力和焦虑水平，以提高小组的学习绩效。

(3)个体与小组责任(individual and group accountability)

个体与小组责任，是指每个学生都必须承担一定的学习任务，避免小组学习出现"搭便车"现象。通常，可以通过限制小组人数规模、制订小组活动规则、单独测量个人业绩等方式加以确保。

(4)人际与小组技能(interpersonal and small group skills)

人际与小组技能是维持小组协作学习顺利、持续开展的关键要素。学生只有具备良好的人际与小组技能，才能有效地投入小组协作学习。人际与小组技能包括创建小组的技能、组织小组活动的技能、相互交流的技能等，而这些技能的习得，通常最好由教师来传授。

(5)小组加工(group processing)

小组加工，指的是小组成员对小组在某一时期内的活动情况和结果进行的一种反思。其目的在于及时发现小组协作学习过程中存在的问题并分析其原因，并提出改进建议或意见，以便明确今后的目标和方向，从而提高小组协作学习的有效性。

(二)协作学习的发展

随着以计算机为媒介的通信技术(computer-mediated communication, CMC)和 Internet 的迅猛发展，协作学习已经打破传统课堂的"围墙"界限，从传统教室环境下的协作学习(cooperative learning，CL)走向"计算机支持的协作学习"(computer-supported cooperative learning，CSCL)。计算机支持的协作学习，是指利用计算机技术(尤其是多媒体和网络技术)来辅助和支持协作学习。

1.CSCL 与传统 CL 的比较

与传统的协作学习相比，计算机支持的协作学习具有如下特点：

(1)使协作范围在时空上实现突破

纽曼(D. Newman)认为，传统的学校教育是高度分离的：科目分立、学年制、班级制等。而网络打破了学校设置的各类分隔屏障，实现了时间和空间上的延续与拓展。教师和学生不再受教室的局限，协作的范围从班上的小组到整个班级乃至班与班之间、年级与年级之间甚至校与校之间。学生的学伴可能是日常生活中天天相伴的同班同学，也可能是素昧平生、而且知识背景相差甚远的另一个国家里的学生。这样，各种形式的交互都可能发生在协作圈里，就可以使学生获得不同程度、不同形式的多种参与经验。不仅如此，网络还让学习突破了学校的束缚，变成一种大环境下的学习，从而极大地促进了学习社会化和社会学习化。

(2)使协作过程中的控制权得到合理分配

在传统教室环境下开展的协作学习，经常会遇到协作演变成教师主控的情况。原因是教室环境下的协作关系一般是由默认的共负责任、相互依赖的规则和意念来维系的，并无具体的支持系统。而已经习惯于控制整个教学过程的教师，将有意或无意地在学生协作学习中由参与、指导、咨询逐渐变成领导、控制、讲授，最终使学生的协作变成教师主导下的逻辑有序安排。而在计算机支持的协作学习环境中，协作的建立是由计算机相关技术搭建的协作平台实现的，教师和学生不能脱离此平台来达到学习目标，这样就能保证协作学习过程中控制权的合理分配(避免教师主控情况的发生)，使学生在协作过程中的主动性、积极性得到较好的发挥。

(3)使繁杂的事务性工作得到简化

在计算机支持的协作学习环境中，由于有相关计算机技术的支持，将使协作学习过程中遇到的繁杂事务性工作(如言语信息记忆、资料分类、数据计算等)均可得到简化，从而让学生能够把主要精力集中在有关问题分析、探究、决策等高级认知活动的协作过程当中。

(4)有利于问题情境的创设与展现

创设问题情境，开展基于问题解决的学习，能激发学生的发散思维，促进学生主动发现和探索、进行积极的意义建构，从而习得高级智力技能和认知策略。计算机支持的协作学习环境既便于创设问题情境，又能够较容易地做到向协作学习小组展现问题的全貌，尤其能够说明一些与日常生活经验、传统思想观念相距甚远的问题(如医学上的复杂病例)，这在传统教室环境下是绝对无法做到的。

(5)能提供丰富的在线资源

数据库技术、网络技术、人工智能技术等现代教育技术手段为计算机支持的协作学习提供了丰富的在线资源，这就使学习者既可以因为面临各种挑战而保持高度的学习热忱和求知欲，又不会因为困难重重而陷于窘境，从而失去学习兴趣和自信。这在传统教室环境下也是难以实现的。

(6)教师角色的转变

传统的教室、课桌、讲台、黑板以及板书、演示、批改作业等一系列的教学活动对于教师来说都是极为熟悉的，而且相当一部分教师在这种环境下积累了丰富的教学经验。当这一切被网络、屏幕、数字化信息、统一的印刷字体等技术支持的产品替代时，教师的挫败感以及无措感是可想而知的。更重要的是，绝对控制课堂的地位已经不复存在，教师已成为学习共同体中的一员，其角色也转变为指导者、咨询者、设计者、调解者。事实上，在协作学习过程中，教师要关注的不仅仅是教学内容的逻辑序列和教学目标的合理安排，更多关注的应是协作学习进程的规划设计以及学生的协作学习情况。

2. CSCL 的几种主要形式

根据计算机支持的协作学习中学习者在时间和空间中的双维位置关系，可以将 CSCL 按照双维度划分为：实时同地 CSCL、非实时同地 CSCL、实时远距 CSCL 和非实时远距 CSCL 四种类型。

(1)实时同地 CSCL

如果学生同处一地，又能够实现面对面的交流沟通，那么计算机的交流平台作用在面对面交流媒介的强大功能面前就显得比较薄弱。因此，如何发挥计算机协作平台、认知工具的作用就成为应用计算机支持协作学习的重要考虑因素。目前，大量实现实时同地 CSCL 方式的系统都采用"一个协作小组共享一台计算机"或"各用一台已联成局域网的计算机"这种策略。如"多用户输入控制"协作组(J. B. Lauren，1995)——该协作组的学生只能操纵自己的控件以改变某些可能影响最终整体任务完成的变量值。可以说，因为学生只能控制问题的一个方面，所以如果要想获得成功，就必须与协作组其他成员协商交流。

(2)非实时同地 CSCL

这种方式下的 CSCL，学生虽然同处一地，空间距离没有给交流带来明显的障碍，但是协作组成员摒弃了面对面的实时同步交流方式，而是采用非实时的异步交流方式来完成协作学习的任务。

(3)实时远距 CSCL

作为远距 CSCL，首先要解决的基本问题是学习者与学习者之间通信的问题，这有赖于计算机网络平台的搭建。同时，学习者需要在协作组内或协作组之间进行交互，以实现协商讨论、协同工作或协同解决问题。目前，已有一些较为成熟的异地同步群件系统管理软件工具可以用来支撑实时远距 CSCL(比如可以采用 Chat、Brain Storming 或 Multimedia Conference 等工具)。

(4)非实时远距 CSCL

非实时远距 CSCL 同样有基本的远程通信要求，但由于各个学习者的学习并不同步，交互过程发生在不同的时空内，因此和实时远距 CSCL 相比较而言，对网络通信的带宽和速度的要求没有那么严格。也正是由于异步的原因，学习者在某一个时刻进行的是没有其他伙伴的个人学习。那么，怎样才能把每个人的、阶段性的个别学习整合到拥有多个协作同伴、共同学习的大背景中去呢？

詹姆斯(R. D. James，1995)等人的答案是运用"共享笔记本"(CoNote)的策略。所谓"共享笔记本"是指，一组学生可以通过互联网对一套电子文件进行共享和注释，学生可以在学习内容相关的地方书写自己对内容或他人注释的理解与评论。这样，就好像在一组进行协作学习的学生群体中有了一本共同的笔记本，从而形成了异步的"交流论坛"。

布莱恩(R. G. Brain，1995)等人对解决上述问题的答案则是运用"概念图"的策略。这种"概念图"是交互性的，可以进行编辑，以便增添学生自己的研究内容；学习者还可以使用可视化语言来描述——例如用节点和弧来编辑不同形式的概念图(在其弹出式菜单中有与节点类型相关的内容)。这样，学生们就可以开发出他们各自感兴趣的概念图，并链接相关的材料，然后再对这些概念图进行评论、修改或增添，从而形成新的概念图形式。

(三)协作学习的常用策略

协作学习的常用策略有"课堂讨论""角色扮演""竞争""协同"和"伙伴"五种。

1. 课堂讨论

这种策略要求整个协作学习过程均由教师组织引导，讨论的问题也由教师提出。通常有两种不同情况：一是学习的主题事先已知，二是学习主题事先未知。多数的协作学习是属于第一种情况，但是第二种情况在教学实践中也会经常遇到。例如，中小学的语文课上，在多媒体网络教学环境下，让学生当堂进行看图作文或命题作文，然后在课堂的后半段利用多媒体教室网络进行全班性的评议交流。在此情况下，事先只确定了一个目标——通过集体的评议交流来促进全班的作文学习，而具体的评议内容即学习主题在事先并不清楚。

对于第一种情况，课堂讨论策略的设计应包括以下内容：

(1)围绕已确定的主题，设计能引起争论的初始问题。

(2)设计能将讨论一步步引向深入的后续问题。

(3)教师要考虑如何站在稍稍超前于学生智力发展的边界上(即稍稍超前于

171

学生的最近发展区)，通过提问来引导讨论，切忌直接告诉学生应该做什么(即不能代替学生思维)。

(4)对于学生在讨论过程中的表现，教师要适时作出恰如其分的评价。

对于第二种情况，由于事先并不知道主题，这时的课堂讨论设计没有固定的程式，主要依靠教师的随机应变和临场的掌握，但应注意以下几点：

(1)教师在讨论过程中应该认真、专注地倾听每位学生的发言，仔细注意每位学生的神态及反应，以便根据学生的反应及时对他提出问题或对他进行正确的引导。

(2)要善于发现每位学生发言中的积极因素(哪怕只是萌芽)，并及时给予肯定和鼓励。

(3)要善于发现每位学生通过发言暴露出来的关于某个概念(或某种认识)的模糊或不准确之处，并及时用适合学生接受的方式予以指出并纠正(切记不要使用容易挫伤学生自尊心的词语)。

(4)当讨论开始偏离教学目标或纠缠于枝节问题时，要及时加以正确的引导。

(5)在讨论的末尾，应该先由学生自己对整个协作学习过程进行小结，然后再根据小结的水平决定是否需要再由教师对"小结"作出补充或进一步的提升。

2. 角色扮演

每个人都有这样的经验——关于某个问题给别人作了详细讲解之后，自己对该问题往往会有新的体会与理解。也就是说，在帮助别人学习的过程中，也能促进自身学习的提高。教学过程中实施的角色扮演策略，通常有两种不同的形式：一是师生角色扮演，二是情境角色扮演。

师生角色扮演就是让不同的学生分别扮演学习者和指导者的角色，学习者被要求解答问题，而指导者则要检查学习者在解答问题过程中是否有错误；当学习者在解题过程中遇到困难时，指导者应当对学习者提供必要的指导与帮助。在学习过程中，他们所扮演的角色可以互换。而让学生分别扮演指导者和学习者的前提是他们对学习问题有"知识上的差距"，怎样衡量和认识这种知识上的差距，是运用这种师生角色扮演策略的难点之一。

情境角色扮演是要求若干个学生，按照与当前学习主题密切相关的情境分别扮演其中的不同角色，以便营造一种身临其境的气氛，使学生能设身处地去体验、去理解学习的内容和学习主题的要求。例如，在学习《鸿门宴》的语文课中，让学生分别扮演刘邦、项羽、张良、范增、项庄、樊哙等历史人物，去重现当时紧张激烈的斗争场面；在学习与法律有关的课程中，让学生分别扮演法官、陪审员、原告、被告、证人等不同角色，这些都是运用"情境角色扮演"策略的典型实例。

3. 竞争

竞争是指两个或多个学习者针对同一学习内容或学习情境，通过一般的学习方式（或计算机网络方式）进行竞争性学习，看谁能够首先达到教学目标的要求。由于学习者之间的竞争关系，学习者在学习过程中，会很自然地产生人类与生俱来的求胜本能，所以学习者在学习过程中必然会全神贯注，从而易于取得较好的学习效果。在运用"竞争"这种协作学习方式时，教师须注意恰当选择竞争对象，巧妙设计竞争主题，而且既要避免学生产生受挫感，又要巧妙利用学生不愿服输的心理，来刺激进一步的学习。另外，协作学习过程中的竞争，一定要设法使之形成正能量——要努力使各个成员的努力彼此相互促进，某个成员的成功应作为外界激励，经过竞争使之在其他成员身上产生积极的促进作用，从而对整个协作小组的成功产生正反馈。

基于竞争的协作学习，一般是由教师（或计算机系统）先提出一个问题，并提供学生解决问题的相关信息；学习者在开始学习时，要先从班上选择一位竞争对手（也可选择计算机作为竞争对手），并协商好竞争协议；然后开始各自独立地解决由教师（或由系统）提出的问题。在学习过程中，学习者可以看到竞争对手所处的状态以及自己所处的状态，学习者可以根据自己和对方的状态及时调整自己的学习策略。

4. 协同

协同是指多个学习者共同完成某项学习任务，在共同完成任务的过程中，学习者可以选择他们自己认为最有效、最合适的合作方式。在此期间，学习者发挥各自的认知特点，相互争论、相互帮助、相互提示或者是进行分工合作，学习者对于学习内容的理解和领悟就在这种和同伴紧密沟通与协作的过程中逐渐形成。基于计算机网络的协同学习系统，可让多个学习者通过网络来解答系统所呈现的同一任务（或问题）——他们之间的交流和协作通过公共的工作区实现，一般都要依靠紧密的合作或分工才有可能完成任务（或解决问题）。在开始时，每个学习者都要先与其他学习者交流、讨论彼此的观点，然后共享集体的智慧，最终在学习者之间对如何完成任务（或解决问题）达成一致的共识。

5. 伙伴

协作学习中的"伙伴"策略是指，协作学习过程中为了完成某项学习任务，应在学习者之间结成一种伙伴关系——伙伴之间可以就共同关心的问题展开讨论与协商，并从对方那里获得问题解决的思路与灵感。伙伴之间的关系一般是融洽的，但是也可能会为了解决某个问题而产生意见分歧，然后在争论中达成共识，进而促进问题的解决。如果是在计算机网络环境下，应用这种"伙伴"策略则效果更佳。这是因为在此种环境下，学习者有更多的学习伙伴可供选择，而且具有获取信息的便利条件——在计算机网络系统中，学习者通常先选择自己需要学习的内容，并通过网络查找正在学习同一内容的学习者，然后选择其中之一，经双方同意结为学习伙伴。当其中一方遇到问题时，双方便相互讨论，从不同角度交换对同一问题的看法，互相帮助和提醒，直至问题解决。此外，学习伙伴也可以由计算机充当——但由计算机充当的学习伙伴需要人工智能技术的支持，这种伙伴可对学习者的学习状态进行实时评判，还可对学习者提出问题或者为问题解决提供对策。目前智能程度较高的协作学习系统能够做到让学习者自主选择计算机学习伙伴，或根据学习者的特征为其配对学习伙伴。

(四)协作学习的设计案例：初中生物《小小营养家》①

本课的教学目标是要求学生了解食物中的营养物质和各种营养物质对人体的作用，以及食物的热价；知道如何选择和搭配食物，以形成良好的饮食习惯。本案例的授课过程如下：

1. 提出问题，创设情境：教师首先提出"人的身高与食物的营养之间的关系"问题，然后创设情境——让学生浏览相关网页（能提供"合理营养可促进身高"案例的网页），从中去寻找答案，以激发起学生学习的欲望与兴趣，并由此引出本课的学习主题——"探究食物中营养含量"。

2. 小组协作，在线计算：教师用投影展示五份食谱，提出任务：计算分析各食谱的营养物质及其营养含量。然后将全班分成五个小组，每个小组选择一份食谱，采用协同的方式，运用营养在线测评系统对食谱中各种食物的营养物质及其热价、含量等进行在线计算，从而得出各食谱的营养物质总量。

3. 汇报结果，组织讨论：各小组汇报计算结果，在此基础上教师组织课堂讨论，分析各食谱营养含量计算的合理性。在讨论过程中，教师适当给予讲解和指导，以帮助学生更好地了解食物中的营养物质和各种营养物质对人体的作用，以及食物的热价。

4. 小组协作，设计食谱：根据不同国家和地区人们的饮食习惯，教师呈

---

① 该案例是中央电化教育馆"十五"重点课题"网络环境下的教学模式与教学设计的理论与实践"的研究成果，由广东省广州市恒福中学老师设计并实施。案例入选时略有改动。

现了 5 个国家(地区)的饮食要求,并提出任务:根据各国(地区)的饮食要求,要求五个小组分别设计一份合理的食谱。于是学生运用先前所学的知识,在小组内进行分工协作,通过查阅资源、收集材料、在线计算、分析数据等手段,最后制订出一份符合饮食要求的科学合理的食谱。

案例分析:《小小营养家》这节课,在教学系统设计上的特点主要表现在两方面:

一方面,教师不是单纯采用讲授式教学,而是灵活运用协同、课堂讨论等小组协作的方式,让学生围绕学习主题开展学习,以完成以下两项学习任务——其中任务 1 是计算分析各食谱的营养物质及其营养含量;任务 2 则是根据 5 个不同国家和地区人们的饮食习惯,分别设计一份合理的食谱。

另一方面,教师为学生提供了丰富的网络学习资源和有效的学习支持工具(如营养在线测评系统),因而能充分体现"基于网络资源学习"的优势——对于增强学生收集信息、分析信息、加工信息、处理信息的能力,以及培养学生利用信息解决问题的能力,均有显著的促进作用。

第三节 研究性学习的设计

研究性学习是 20 世纪 80 年代末以来国际教育界比较公认和普遍推崇的一种新兴学习模式。1995 年美国国家研究理事会推出的《国家科学教育标准》明确指出,科学探究是科学教育的核心,学校教育要把科学探究作为获取知识和认识世界的一种方法,突出了学生的自主探究学习在整个教育中的地位与作用。我国近些年也非常重视研究性学习的教改探索,2000 年 1 月教育部颁布的《全日制普通高级中学课程计划(试验修订稿)》第一次在我国基础教育课程中增设了"综合实践活动"板块,而研究性学习是该板块中的一个重要组成部分。此外,研究性学习也是《基础教育课程改革纲要(试行)》所规定的重要内容。由于研究性学习综合了自主学习策略设计、协作学习策略设计和学习环境的设计,比较好地体现了"以学为主"的教学系统设计思想,所以本教材在此单列一节,对其内涵、特点、实施的主要步骤(即教学过程涉及的主要环节)以及典型案例作较为详尽的介绍。

一、研究性学习的含义及特点

研究性学习一般是指要结合实际的科学研究活动来进行学习。具体来说,是指这样一种学习方式:学生在教师指导下,从自然界或社会生活中选择某个真实问题作为专题去进行研究，要求学生在研究过程中主动地获取知识，并要应用所学知识去解决当前选定的真实问题。研究性学习以转变学生的学习方式为目的，强调一种主动探究和创新实践的精神，着眼于培养学生终身受用的学习能力。它改变了短促的、单一的、以教师为中心的传统课堂教学，取而代之的是强调较长时间的、跨学科的、以学生为中心的学习活动。由于要研究的问题是来自人们生活着的现实世界，因此学生的学习处于一种动态的、开放的、多元的学习环境中。

必须说明的是，"研究"作为研究性学习的基本实施方式，可以是涉足于未知领域的探究，也可以是对已有知识进行个性化的再认识，不一定要具有前沿性或是前所未有；研究结果也不一定要造福人类，或具有创造性。研究性学习实际上是关注研究的过程，而不是研究的结果；是关注学生的情感、态度、价值观与创造性的培养，而不是关注现成的结论。研究性学习的根本目的是，让学生更多地感受、理解知识的产生和发展的过程，更好地培养学生的科学精神与创新思维，切实有效地提高学生收集处理信息的能力、获取新知识的能力、分析解决问题的能力，以及团结协作和从事社会活动的能力。研究性学习不同于其他学习方式的特点如下：

（一）强调学习的研究性

研究性学习强调选择自然界和社会生活中的真实问题作为学习与研究的主题，即以问题或项目作为研究性学习的载体。学生的知识获得与能力培养，都是在对自然和社会的客观规律进行科学研究的过程中、在解决实际问题的探究过程中来完成的。

（二）强调学习的实践性

研究性学习强调理论知识与自然界、与社会生活实际的紧密联系；强调学习与研究的主题必须具有实践性——即必须具有现实意义和实用价值。所以研究性学习特别关注环境问题、生态问题、人类与大自然和谐相处问题，特别关注社会现实问题、国际热点问题以及现代科学技术对人类生活和社会发展产生重大影响的问题。

（三）强调学习的体验性

研究性学习强调学生的学习过程，特别是学生在学习过程中的真实感受和亲身体验。之所以特别关注学生的真实感受和体验，是因为感性认识是人类全部认识的基础。按照马列主义认识论的观点，人类的一切认识都来源于感性认识，但感性认识应当提高到理性认识，并将理性认识再运用于革命实践，才能实现对客观事物（包括自然界和社会上的各种事物）的完整认识过程。即人类的认识必须完成三个阶段(感性认识、理性认识、革命实践)和两个飞跃(由感性认识→理性认识的飞跃、由理性认识→革命实践的飞跃),才有可能实现对客观事物规律的认识、理解与掌握(而不是一知半解或纸上谈兵)。这就是研究性学习不仅重视学习过程中的理性认识(如对概念、原理的理解),还十分重视感性认识(即真实的感受、体验)和实践运用的理论依据所在。

(四)强调学习的自主性

研究性学习强调学习的自主性。学习的主题,既可以由指导教师确定,也可以由学生根据当前所学课程内容并结合自己的兴趣、爱好自主选择。换句话说,从开始选题、收集资料、撰写研究报告,到成果展示和进行答辩、交流、总结的全部学习过程,都是由学生通过自主学习、自主探究、自主发现来完成的(由学生个人或小组自主完成),教师在这一过程中只起组织者、指导者和学生自主建构意义的帮助者、促进者的作用。

(五)强调学习的开放性

研究性学习强调学习的开放性。研究性学习的主题和由该主题展开的学习内容不是已经确定的知识体系,也没有相关学科的研究性学习专用教材(虽然有关于"研究性学习"教学模式应如何实施的文字资料,但这主要是为教师提供教学参考,而不是供学生作为学习用的教材),研究性学习的主题和内容是来源于自然界和社会生活的真实问题。所以,如上所述,研究性学习特别关注社会现实问题、国际热点问题……显然,这些都是与时俱进的、不断更新的、涉及领域极为宽广的开放性问题。

由以上分析可见,研究性学习的"研究性"主要体现出在"学习目的"方面的特征——对知识、技能的学习,不仅要能从原理、概念上认识与理解,而且要能够真正掌握——即能运用所学的知识技能去解决自然和社会中的真实问题。为此,就必须在科学研究的过程中,即解决真实问题的过程中来进行学习(为此要强调"实践性")。"体验性"主要反映研究性学习在"认知"方面的特征——不仅重视理性认识,也要重视感性认识,只有完成上述"三个阶段、两个飞跃"的完整认识过程(即认知过程),才有可能全面而深刻地认识并掌握客观事物的规律。"自主性"则体现出研究性学习在"学习方式"上的特征。而从研究性学习在"学习内容"方面的特征看,则主要体现在"开放性"和"实践性"上面。

二、研究性学习的实施步骤

由于研究性学习同我国传统的教与学方式相比,其实施、指导、管理和评价的内容和方法都有很大的差异,如何在新课程背景下实施研究性学习,是一线教师必须面对的挑战。与此同时，在我国东部和中部的许多学校，信息化基础设施建设也已初具规模，如何充分、有效地利用以多媒体和网络技术为代表的信息技术的优势，对广大青少年学生在信息技术环境下的研究性学习进行正确的指导，已是当前社会的迫切需求，也是新一代教师的必备技能。

研究性学习通常包含以下五个教学环节，即提出问题、分析问题、解决问题（通过深入的调查研究和广泛收集信息，形成解决问题的初步方案；通过小组的协作交流，进一步优化解决问题的方案）、实施方案和评价总结（包括形成性评价、总结性评价；自我总结、小组总结、教师总结）。具体实施步骤正是这些环节的依次落实。

（一）提出问题

在此环节中，教师通过创设问题情境激发学生学习与研究的兴趣，并由此引出当前研究性学习的主题——自然界或社会生活中有待解决的某个真实问题。在刚开始进行研究性学习的初始阶段（学生们对研究性学习还知之甚少），用这种方式由教师向学生提出问题，从而为当前的研究性学习确定主题是比较恰当的。随着研究性学习的开展，学生们对研究性学习的了解逐步增多，教师就要帮助学生学会由自己提出问题——通过仔细观察、认真思考、深入挖掘让学生自己学会从自然界或社会生活中去发现问题，然后在此基础上进一步筛选，再从中提炼出比较有意义、有价值的真实问题作为当前研究性学习的主题（实施这一步骤的关键是要善于观察和认真思考）。

（二）分析问题

在此环节中，教师应该首先向学生介绍分析问题的方法（例如：由表及里、由浅入深、由近及远、透过现象看本质、突出重点抓主要矛盾、运用逆向思维、换位思考、用两点论而非一点论看问题、既看到事物的正面也看到反面、既看到有利因素又看到不利因素……），然后再根据问题的性质和研究的需要教给学生相关的研究方法（如问卷调查法、访谈法、文献调研法、案例收集法、实验法、行动研究法、数据统计分析法等），并对研究性学习的策略给出建议和指导。

学生运用上述各种分析问题的方法，联系目前所学的学科知识和过去已有的知识与经验，深入分析当前的问题，以确定该问题的基本性质及解决该问题的关键所在。由于研究性学习的对象是自然界或社会生活中的真实问题，一般都比较复杂，所以还应设法把它分解为若干个相对简单的子问题（子任务），并要确定各个子问题的基本性质以及解决该子问题的关键。这一环节的学习成果主要以学习者能将所研究的主题分解为若干项子任务来体现（实施这一步骤的关键是要能掌握分析问题的方法）。

（三）解决问题

这一环节通常包含两个子环节：提出解决问题的初步方案和优化解决问题的方案。

解决问题方案的主要内容涉及两个方面：一是要阐明"是什么问题"（问题的基本性质、解决这个问题的关键点，即要害在哪里），二是要讲清楚"如何解决这个问题"。如上所述，一般都要先把它分解为若干个子问题，然后再为每一个子问题给出可行的解决方案，而要能够找到有效的解决方案，除了需要学习有关的知识与技能以外，还必须进行广泛、深入的调查研究（除了上网搜集有关资料以外，还应通过个别访谈、问卷调查、实际测量等多种其他手段来获取相关的信息与资料），并且还要掌握科学的研究方法。

研究性学习中的研究主体，可以是学习者个人，也可以是学习小组。如果研究主体是学习者个人，那么，前一个子环节（即"提出解决问题的初步方案"）是由学习者个人在深入分析问题的基础上自主完成；后一个子环节（即"优化解决问题方案"）则是由学习小组集体完成——以学习小组活动形式对本组内各成员（即学习者个人）所提出的解决问题的初步方案，从科学性、有效性、可行性等几个方面进行审核，提出修改意见，使之逐步完善并优化。如果研究主体是学习小组，那么，前一个子环节（提出解决问题的初步方案）是由各个学习小组在深入分析问题的基础上集体完成；后一个子环节（优化解决问题方案）则是由全班来共同完成——以全班讨论形式对本班内各个学习小组所提出的解决问题的初步方案，从科学性、有效性、可行性等几个方面进行审核，提出修改意见，使之逐步完善并优化。

不管研究主体是个人还是学习小组，教师在解决问题过程中的主要活动都是协助组织好（各学习小组或全班的）讨论交流活动——监控讨论交流活动的内容、进度、效果，对需要帮助的小组或个人及时提供资源、技术、方法等方面的帮助与指导，而不应越俎代庖（实施这一步骤的关键是要能掌握相关的研究方法并组织好小组或全班的讨论交流活动，使解决问题方案真正得到优化）。

（四）实施解决问题方案

如果研究主体是学习者个人，这一步骤就完全由学习者个人去实施；如果研究主体是学习小组，则这一步骤的实施就要由学习小组集体来完成。为了少走弯路、减少人力、物力和时间的浪费，不论研究主体是个人还是小组，在实施解决问题方案的过程中，都应注意做好形成性评价，并随时收集反馈信息，进行经常性反思。对于解决问题的方案，在可能的情况下可以作必要的修正或调整，以免大返工甚至重起炉灶。在学生实施方案过程中（不论是个人实施还是小组实施），教师的主要活动都是要为学生提供自主探究工具、问题解决工具和协作交流工具等支持；与此同时，教师还要给予学生有关问题解决方法与协作学习策略等方面的帮助与指导（对于研究主体是学习者个人的场合，也不排除、甚至还提倡学习者个人和其他学习者之间的协作与交流），目的是使研究性学习能更有效地开展，从而达到更为理想的学习效果（实施这一步骤的关键是要做好形成性评价，注意收集反馈信息，并在可能情况下对解决问题方案作适当调整）。

（五）总结提高

研究性学习中的总结包括个人自我总结、小组总结和教师总结，而且小组总结应在个人自我总结基础上进行，教师总结又要在个人总结和小组总结的基础上进行。

个人自我总结和小组总结都应将研究成果的汇报、展示与书面总结相结合（研究成果可能是调研报告、重要数据的统计分析、某种应用软件、某种仪器设备、某种产品的原型、某种解决问题方案……）。总结内容应包括该项研究的背景（国内外的研究现状）、意义、目标、主要研究内容、主要研究成果与创新点以及努力方向（或不足之处）等。

教师的总结不是要取代学生个人的或小组的总结，而是要帮助他们把自己原来的总结做得更全面、更深入，特别是要帮助他们把对客观事物的认识由感性上升到理性，使他们对科学概念与原理的认识和理解由片面、零碎、局部过渡到全面、系统、深入；尽量使每一个学生都能做到不仅知其然，而且知其所以然（实施这一步骤的关键是首先做好个人自我总结和小组总结，与此同时，也不应忽视教师在这方面的促进与提升作用）。

依据不同的目标定位和主客观条件，研究性学习的实施可以有不同的切入点和操作方式。下面介绍的几个研究性学习案例就体现出各自不同的特色。

三、研究性学习的相关案例

（一）加拿大《酸雨》的研究性学习

这是一个关系人类生存环境的真实问题的研究性学习。

教师首先列举出生活中的一些现象，引出学生要学习与研究的内容。例如，树木为什么会死去？湖里为什么没有鱼？爸爸的小车为什么黯然失色？每年春天校园里难闻的臭鸡蛋味是哪里来的？这些问题的答案很简单——酸雨，是酸雨造成了今天这么多严重的环境问题。答案虽然简单，但要解决酸雨带来的问题可不那么容易。

然后教师向学生提出研究主题和项目任务：当地的一个公民组织雇用了你们和其他一些研究人员来调查酸雨。你们要分别扮演一个角色——有化学家、生物学家、健康专家和经济学家，要从他们的角度来研究问题；你们在小组活动中，还要建立一个网站，谈论酸雨引起的问题，并提出缓解这些问题的建议。

在小组内要决定由谁担任什么角色、每个角色要研究和解决哪些问题（这对后期调查至关重要）。虽然每个小组成员各自负责报告的一部分，但对于如何与酸雨做斗争的问题，每个成员都要和组内其他成员一起提出一系列建议。下面是各个角色所要研究和解决的问题。

1. 化学家所要研究和解决的问题
- 什么是酸雨？
- 什么化学物使得雨变酸，这是怎么发生的？
- 这些化学物来自何处？我们如何测量雨的酸度？什么是酸度？
- 描述 pH 的范围，并列出与 pH 各个水平相应的东西。
- 正常雨的酸度是多少？酸度到什么程度就危险了？

2. 生物学家所要研究和解决的问题
- 酸雨对树木和土壤造成什么影响？
- 酸雨对树木和土壤造成的后果对我们有何影响？
- 当湖水和水生植物组织变酸后会出现什么情况？
- 酸的水源对我们有何影响？
- 我们这个地区的水生植物是否受到酸雨的影响？如果是，到了什么程度？
- 水生植物受到酸雨侵害的危险信号是什么？

3. 健康专家所要研究和解决的问题
- 酸雨怎样危害人类？
- 酸雨对人类有哪些直接危害？有没有与酸雨有关的健康问题？
- 酸雨对人类有哪些间接危害？酸雨会影响我们的食品来源、水和空气吗？
- 酸雨对人们的影响造成了什么后果？

4. 经济学家所要研究和解决的问题
- 酸雨对建筑材料有影响吗？
- 酸雨对建筑有影响吗？

• 酸雨对道路、公路和桥梁有什么影响?

• 酸雨对金属制品,如机动车、火车、公共汽车以及其他交通工具有什么影响?

• 就金钱而言,对酸雨造成的影响,我们要付出多大代价?

• 酸雨对渔业、林业和农业带来了什么样的经济上的后果?

每个小组成员在查找各自需要的信息时,应找出解决酸雨带来的问题的办法。在报告的最后,虽然提出的建议是整个小组的,但组内每个人都要提出解决自己所关心问题的办法。

教师在向学生提出问题和任务后,应同时给学生提供相关的网上资源(见表 4-2),以便供学生浏览、查阅。要求学生最终提交的成果是做一个"网络报告"(即利用自行开发的专题网站进行汇报),其内容是介绍酸雨的起因和造成的影响。尽管报告中的建议和结论要通过整个小组的合作才能形成,但每个"科学家"(即组内每个人所"扮演的角色")都要负责好自己的那一部分,并要做到:

(1)共同讨论决定谁担任什么角色;对酸雨开展"头脑风暴",为最终的"网络报告"献计献策;要制订一个行动计划来决定网络报告的组织形式、内容及外观;要了解小组研究的主要目标,并列出网站上有哪些信息的提纲。

(2)利用资源网站进行搜索(参看表 4-2),从中选择和自己扮演角色相关的信息并加以整理,同时要收集一些照片来帮助说明酸雨的成因和它带来的问题。

(3)上网搜寻资料时要做好笔记;对有用的站点还要做好书签,以便必要时可以迅速上去再查看;要记住界定抄袭的标准——凡是剽窃别人的想法、作品或把它们作为自己的东西就是抄袭,也不允许成员在使用书本里、文章里或网站上的内容时隐瞒其作者。

(4)调查完成后开始写报告的第一稿时,一定要先写一段引言,使读者了解你们在做什么;要记住解决酸雨造成的问题只是一系列环境问题中的一个答案而已;还要有读者意识——你们知道在写什么,并不意味着读者也一样知道。

(5)一旦每个"科学家"都完成了自己的那一部分任务,就要在小组内碰头,拿出各自起草的调查发现,并向小组其他成员征求修改意见,以便形成各自的最终调查文稿。

(6)对酸雨,整个小组最终要形成一个共识——决定在报告中提出哪些建议、作出什么结论;还要决定"建议及结论"由小组的哪些成员来写,以及由谁负责把报告的各个部分整合在一起。

最后，对学生开展研究性学习的评价，可参照下面的标准进行（见表4-3）。

表 4-2 《酸雨》研究性学习的网上资源

- ACE 在线事实报告——空气质量和酸雨：http：//www. doc. mmu. ac. uk/aric/ace/factsheets/facts_html. html
- EPA 酸雨计划：http：//www. epa. gov/airmarkets/acidrain/
- 酸雨：http：//www. ns. ec. gc. ca/aeb/ssd/acid/acidfaq. html
- 佩萨芬尼的酸雨页面：http：//www. geocities. com/RainForest/Vines/7050/index2. html
- 酸雨基础知识：http：//qlink. queensu. ca/～4lrm4/table. htm
- 加拿大环境——酸雨主页：http：//www. ec. gc. ca/acidrain/
- 做一个卷心菜汁 pH 记录器：http：//www. howstuffworks. com/experiment1. htm
- 酸雨：http：//www. soton. ac. uk/～engenvir/environment/air/acid. home. html
- 大气环境百科全书：http：//www. doc. mmu. ac. uk/aric/eae/index. html
- 国家公园服务：http：//www2. nature. nps. gov/ard/lessons. html
- 什么是酸雨，如何测量：http：//www2. nature. nps. gov/ard/lessons. html

表 4-3 《酸雨》研究性学习评价标准

	初级 1	中级 2	完成得较好 3	典范 4
调查与收集信息	没有收集与主题相关的信息	收集的信息非常少，只有少许和主题有关	收集了一些基本信息，大部分与主题有关	收集了大量的信息，都与主题有关
小组角色职责完成情况	对分配的角色未尽一点责任	很少尽责	差不多完成了所有的职责	完成了角色的所有职责
平等分享	工作总是依靠别人	几乎不做布置的工作，总是要人提醒	常常做布置的工作，偶尔要人提醒	无须别人提醒，总是做布置的工作
与组员的合作	从不和组员合作	很少和组员合作	有时和组员合作	常常和组员合作
引言	关于报告中将写些什么没有提供任何信息	关于报告中将写些什么提供了一些信息	有较充分的信息使读者了解这是个什么报告	引言用很充分的信息说明问题，且非常简明，显示了作者具有读者意识

续表

	初级 1	中级 2	完成得较好 3	典范 4
角色	未回答布置给角色的问题	回答了几个布置给角色的问题	回答了多数布置给角色的问题	回答了布置给角色的所有问题，还提供了许多有趣的事实
任务	对酸雨造成的各种问题，没有做出说明，没有提出任何建议	对酸雨造成的各种问题，有些做了详细说明，但没有建议	对酸雨造成的各种问题，有些做了详细的说明，并提供了若干建议	对酸雨造成的各种问题，都做了详细的说明，并提供了相关的建议
结论	对研究未做阐述	对研究的阐述不太清楚	对研究的阐述较清楚，还提出了一些可能的解决办法	对研究做了较精辟的阐述，并提出了许多可能的解决办法
打印作品	语法和拼写经常出错，让人难以看懂整个报告	语法和拼写有一些错误，个别段落或句子让人难以理解	有个别的拼写错误，但不影响对报告内容的理解	基本没有语法和拼写错误，且表述清楚

(二)上海大同中学《施肥对草坪影响的研究》①

针对学校现有草坪出现枯黄、"斑秃"的现象，上海大同中学五位高二年级学生选择了与校园草坪相关的《施肥对草坪影响的研究》主题，对学校草坪为何不绿的原因进行研究，从而找到养护草坪的一些办法，并对学校建设提出建议。在老师指导下，他们认真地完成了这一研究项目，并在探究过程中获得了许多有益的知识和体验。他们的研究性学习主要由以下四个部分组成：

1. 课题的选定和计划

这一课题的准备主要包括课题的选定和计划两个环节。在选题过程中，学生们经历了"初选—改进—重选"的决策过程。高二上半学期，教师提出开展课题研究活动的要求：可以运用学校内任何实验器材、用品，针对生活中的一些

① 该案例引自《学校草坪为何不绿——〈施肥对草坪影响的研究〉课题活动个案报告》，上海教育科研，2000，149(5)：41-46.

问题、现象进行分析、研究，并要总结归纳出解决问题的方案以及自身体会。为了启发学生，教师设计了部分研究主题。其中一项"金属离子对于植物的影响"引起了五位高二同学的兴趣；在准备这一研究主题的过程中，他们发现所定主题涵盖太广，为了使研究更具实际意义，最终决定结合校园情况，研究施肥对于草坪的影响，从而选定《施肥对草坪影响的研究》这一主题（他们认为，施肥不当，可能是草坪不绿的主要原因），并制订出下面的研究计划：

课题研究计划

一、研究目的

对人工改造的草坪而言，施肥是管理的一项重要养护措施，因为施肥是为草坪提供养料的方式——它能使草坪叶色浓绿，生长繁茂，并促进其平衡生长，增强草坪的抵抗能力和耐踏能力。

本研究的两个目的是：

1. 通过实验研究，了解氮、磷、钾等几种主要肥料对草坪生长的影响，从而对学校施肥情况进行评价。

2. 通过文献搜集，了解合理施肥、浇水等草坪护理的方法，从而对学校草坪护理提出新建议。

二、研究方法

1. 实验法：对十盆盆栽的草坪草苗开展施不同肥料的实验。

顺序为：①只施氮（N）肥；②缺氮肥；③缺磷（P）肥；④缺钾（K）肥；⑤N、P、K肥具备，缺微量元素；⑥N、P、K肥、微量元素具备；⑦N、P、K肥、微量元素具备，加生长素；⑧N、P、K肥、微量元素具备，加酸；⑨N、P、K肥、微量元素具备，加碱；⑩N、P、K肥、微量元素皆无。

2. 文献研究法：通过多种途径，搜集草坪施肥及与施肥有关的建植草坪的正确方法。

3. 调查法：对草坪护养员等进行访谈。

其中以实验法为主。

三、实验研究进程

11月～1月：实验准备，设计实验计划；

2月～3月：草苗培育，资料收集，调查访谈；

3月～4月：施肥实验，资料搜集与分析；

4月～6月：分析整理实验结果；

6月底：写出研究报告。

2. 课题的研究与进展

五位同学的课题实验研究是从买草籽开始的。在历经周折，终于将草籽买回之后，他们将草籽分别种在几个盆里；然后又买了试验用的肥料——尿素、草木灰(主要成分是 K_2CO_3)、磷酸二氢钾以及饼肥(富含微量元素)等。在得到了实验所需的所有肥料后，他们在其中的两盆草中分别加入适量醋酸(CH_3COOH)和碳酸氢钠，开始观察加入酸、碱后植物(草)的生长状况并与之前进行比较，还撰写了观察日志。他们发现，加入醋酸和食碱后，草有明显的发黄和倒伏现象。通过高二上半学期的生物课学习，他们知道生长素能明显地促进茎和胚芽的伸长生长，对果实的生长也有促进作用；并且生长素的浓度不同，对植物生长产生的效果也不同。于是他们选择在实验盆⑦(N、P、K 和微量元素均具备)的草内，加入少量生长素。发现加入生长素后，盆⑦内的草茎变粗，且生长异常迅速——整盆草的密度很高，但草尖略有卷起现象。在此基础上，他们写出了"不同类肥料对草坪的影响"的实验报告。但他们的实验并没有到此为止，在实验中，他们还有意外的发现。

3. 实验之外的发现

在实验的过程中，他们又进一步设想：草坪不绿可能并不完全是由于施肥不当造成的，与草坪的使用存在着不合理之处也有一定的关系。于是他们查阅全校体育课表，计算了体育课的草坪使用率，发现草坪使用确实存在过于频繁的现象，从早晨到下午，许多班级不停地在该草坪上体育课，使草坪缺乏必要的休养期，这是造成草坪不绿的另一个重要原因。在此基础上，他们提出了两种可用于改进草坪不合理使用状况的方案。

4. 总结草坪不绿的主要原因

在调查了学校对草坪施肥的原有方法、了解了草坪的使用情况后，结合实验的结果，并搜集有关草坪护理的资料，最终他们归纳出草坪不绿的三个主要原因：

第一，草坪大面积施尿素，以致氮肥过剩，而其他元素偏少，因而生长虽快，但草坪质量不高。第二，草坪的使用也存在不合理之处，没有采用交替使用的方法，以致草坪生长不均匀，利用率较低。第三，施肥方法不合理。3月以前本应第一次施肥，8月末、9月初本应第二次施肥，而且施肥时必须全面、均匀——应把要施的肥均分成2份，一份东西向撒施，另一份南北向撒施，这样才能保证每一寸草皮生长均匀；但事实上，校园草坪的施肥未能按这种方法进行，所以并不合理。

改进方法：重新考虑施肥配方；建立合理施肥制度；采用循环使用等方法促进草坪合理使用。

通过上述课题的研究，学生们普遍反映增强了他们的社会活动能力，培养了发散思维与创新意识，使他们能够真正地将所学知识应用于实践。教师们在经历了对学生课题研究的指导后，也感触良多——他们发现学生们对研究性学习都非常积极投入，学生们在实验过程中，发挥出超乎寻常的潜力，特别是平时鲜见的实践能力、创造能力和解决问题的能力，在课题研究活动中都能较充分地得到迸发。

(三)上海南码头小学《可爱的花》①

《可爱的花》是上海南码头小学以"花卉"为主题而开展的基于"研究性学习"的教学模式案例。研究主题源自班上的一位同学生病，大家想到应带着花去看望他。一个同学提出"同学生病了该送什么花？还有很多花不认识"这个问题，引起了大家的争论和兴趣，在争论未能达成一致意见的情况下，引发了这次研究活动。实施过程如下：

1. 成立小组

根据学生提出的问题(例如，春天有哪些花？什么花最美丽？老人生日送什么花？每种花代表什么意思等)将全班学生分成四组，分别研究"花的礼仪""每个月开什么花""花之最""名花欣赏"这四个子课题(四个小组分别称之为"礼仪组""月花组""花之最组"和"名花组")。在分组的同时考虑如下因素：将家中有计算机的学生分散到各组以便上网查询资料，将性格较外向的学生分到需外出考察(去花店或小花园)的小组。

2. 收集信息

各小组采用不同方式分别收集资料和信息。比如，"礼仪组"的资料主要来自互联网；"月花组"的学生首先对校园里栽种的各种花卉进行研究，在对校园花卉有所了解的基础上，再通过上网查询和走访花店老板等途径进一步掌握不同花卉的不同开花季节；"名花组"的前期研究主要是对各个花园进行观赏与实际考察，后期则主要是在网上进行查询检索；由于一般学生很少有机会接触到奇花，因此"花之最组"的研究主要是对社会上喜爱奇花异草的名人雅士进行采访，在采访中增长知识，与此同时，学生也从网上查找到许多原来并不熟悉的花卉及相关内容。

3. 交流信息

经过一段时间的信息收集，学生手中掌握了第一手资料，但由于各小组研究的子课题不同，本班同学对于班内其他小组研究的内容及成果并不了解，因

---

① 该案例为教育部基础教育司教学改革重点项目"学科'四结合'教学改革试验研究"成果，入选时有改动。

此信息的交流显得格外重要。比较常用而有效的交流方式有：个人汇报(让每个学生介绍自己收集到的资料——最好能制作成多媒体文稿形式进行演示)、小组汇报(让各小组推选代表向全班介绍本组收集到的资料)、知识竞赛(让学生将自己学到的知识编写成一道道竞赛题让全班同学竞答，以此巩固并扩散所学知识)等多种。

4. 开展研究

收集好大量的信息和资料以后，学生们就可以积极开动脑筋，在各组组长带领下按各子课题的要求开展研究。"礼仪组"着重研究与花有关的礼仪、与花有关的语言；"月花组"研究每月开什么花，若按季节分每季又有什么花；"花之最组"研究了什么是最大的花和最小的花、什么是开花期最长和开花期最短的花等一系列问题；"名花组"则对中国的十大名花和每个省市的市花作了研究。在此过程中，还要求学生把获得的知识制作成表格和网页形式保存。随着时间的推移各个小组的研究成果陆续涌现，当看到自己或小组的作品出现在眼前时，学生们都因充满成就感而高兴和自豪。

5. 成果展示

每个小组推选一位代表展示本小组的研究成果："礼仪组"介绍不同的花有不同的内涵，所以对不同的人应送不同的花；"月花组"通过小品表演介绍不同的月份开出不同的鲜花；"花之最组"运用智力竞赛形式进行花之最的介绍；"名花组"则把各种珍奇鲜花制成精美的网页让大家欣赏。

6. 总结评价

总结在小组成果展示基础上进行。先由学生完成自我总结与小组总结，然后由教师组织小组间的总结汇报活动。在总结汇报的同时，教师也要组织好评价的实施(在总结阶段进行的评价一般是指总结性评价，但是在学生开展研究的过程中也不应忽视形成性评价，所以教师还应提前设计好形成性评价的实施方式)。

课外的专题研究性活动对于小学生来说具有挑战性。利用研究性活动，让学生在一种开放的环境中学会主动学习——学生们在实践中以感兴趣的花及相关知识为起点，将兴趣转化为问题，主动地投入到研究活动中去，然后从多种渠道收集花卉方面的知识。这十分有利于促进学生的成长。

研究活动给学生的学习提供了一个比书本广阔得多的空间，在整个研究过程中学生们表现出主动学习的极大热情。为了了解和掌握花卉知识，学生们去图书馆、逛书店、并上网查找有关资料，还到公园进行社会实践活动。除了上网收集资料能在课内进行，其他任务都需要在课外去完成，而在课外时间开展研究性活动，学生可以根据自己的能力自由选择活动方式，充分施展自己的特长，使学生的个性得到较充分的发挥。在访问花店老板的过程中，学生不仅获得了大量有关花卉的知识，还培养了人际交往的能力、锻炼了自己的胆识。由于许多活动都以小组形式进行，这就要求学生应具有团队精神，要善于和别人合作，这对于那些习惯于以自我为中心的学生是一种很好的教育。使这些学生对集体这个概念有了亲身的体验与认识，知道每一个人的努力都与小组的成功或失败相关。

第四节 学习评价

"以学为主"的教学系统设计理论强调发挥学生的主动性、积极性，重视通过各种自主学习策略与协作学习策略培养学生的创新思维和实践能力，而传统的重视对事实性知识的记忆、重视对学生学习结果进行测验的标准化考试评价方法，无法测量出学生在校所参加的基于项目研究的、综合性的、探究性的、复杂有趣的学习经验，也无法对那些经过反复尝试错误来进行学习的过程以及复杂的创造性思维过程进行测量和评价。在此情况下，基于建构主义学习理论的"以学为主"的评价应运而生。"以学为主"的评价具有以下特点：重视对动态的、持续的学习过程及学习者的进步进行评价（而不是仅限于对结果进行评价）；强调基于任务的、有真实背景驱动的评价；而且采取多样化的评价标准和评价方法；并特别重视高层次学习目标的评价。下面就是对这些特点的具体阐述。

一、学习评价的特点

(一)重视对动态的、持续的学习过程及学习者的进步进行评价

建构主义学习理论认为学习是知识建构的过程，因此，评价学习者如何进行知识建构，要比评价由此产生的结果更重要。基于建构主义学习理论的评价强调尽量少用强化工具和行为控制工具，较多使用自我分析和元认知工具；主张尽可能将评估与教学过程结合起来，以便使评价成为学生有意义学习经验的组成部分；评价侧重于知识获得的过程，而不仅仅是结果。所以"以学为主"的评价非常重视教学过程中的不断的、持续的形成性评价对学习者的学习过程及学习进步的重要意义与作用。

(二)强调基于任务的、有真实背景驱动的评价

建构主义学习理论认为学习是学习者在一定的社会文化背景（即"情境"）下，利用自己独特的知识经验去同化当前学习到的新知识，从而赋予新知识以

189

某种意义的过程。因此,"以学为主"教学系统设计的评价,应尽可能基于真实任务(即具有某种有意义的真实背景)——要围绕真实的情境来讨论学习的结果并进行评估。换句话说,评价的背景应像教学背景一样真实和丰富,要尽量避免简单化和脱离实际情境的倾向。

(三)采取多样化的评价标准和评价方法

由于每个学习者都是基于自己的知识经验来建构对事物的理解,所以不同学习者对同一事物的理解不尽相同,其学习结果必然也是多方面的和多样化的,因而对学习结果的评价也应采取多种形式与方法。例如,在评价形式的问题上,可以考虑将小组评价、个体评价和教师评价结合起来,并将形成性评价和总结性评价也结合起来;在评价方法上,可以将传统的标准参照测验方法和现代的基于学习文件夹的评价方法相结合;而在评价人员的构成上,则应认识到:不仅专家、教师是评价的主体,学生也是评价小组的主要成员,从而体现评价主体的多元性。

(四)重视高层次学习目标的评价

如前所述,建构主义学习理论强调知识的建构过程,而知识的建构过程不同于传统教学中学习者对教师讲授或教材知识的复制、回忆、再认过程。知识的建构过程含有学习者对知识的探究与发现、对学习的监控与调节以及对知识的综合运用等多种高水平的智力活动过程。因此,"以学为主"的评价更注重知识的建构过程,更注重对学习者的知识探究水平、认知策略的掌握水平以及知识综合运用水平等高层次学习目标的评价。

二、基于学习文件夹的评价

基于学习文件夹的评价又称档案袋评价,这种评价方法起源于哈佛大学的艺术教育工程"零点项目"中对于学生的学习过程和学习结果所进行的评价,后来受到世界各国教育界的重视。其最早的构思是由"零点项目"的推进者、美国的心理学家加德纳(Gardner)提出的。加德纳根据他对英国教育实践的长期考察,发现那里的学生们经常搜集和保存一种称为"成就记录(records of achievement)"的文件,在该文件夹中包括有邻近学校教师参加的讨论会上的意见和自己学校教师的评语。加德纳觉得很受启发,就将这种由学生搜集和保存文件夹的方式应用于艺术教育工程"零点项目"中对于学习过程和学习结果的评价。不久以后,这种评价方法不仅在艺术教育、而且在其他学科中也被广泛采用,从而在美国逐渐普及开来。

(一)学习文件夹的含义

对学习文件夹内涵的界定目前学术界尚未取得共识,有人认为学习文件夹所搜集的不仅是有助于学习者理解并扩展学习的有关文件，而且还有那些可以帮助阅读者吸纳信息，可以提升学习者洞察力的种种提示语或作品等（C. Porter，J. Cleland，1995）；也有人认为学习文件夹是由教师和学生所搜集的，是为审视学生的知识、技能、态度而建立的有系统的、有组织的证据（D. J. Cole，1995）。综合目前的各种看法，我们认为，学习文件夹是由教师和学生共同搜集的，主要用于存放反映学生学习过程和学习进步的各类学习成果（如文章、美术作品、文学作品、作业、试卷、评语、调查记录、照片等），可以是一学年的，也可以是一学期的。这些学习记录按照一定的顺序存放，形成文档，以便用于学习者对学习过程的回顾或自我评价（也可用于其他形式的外部评价）。

根据学习文件夹内容的不同，还可以进一步将其细分为成果文件夹、过程文件夹和进步文件夹三种类型。其中，成果文件夹亦称展示文件夹，主要收集学生学习的成果——如一盘表演的录像带、一个模型、一篇作文或一件艺术品；过程文件夹有时亦被称为努力文件夹，主要收集的材料是一些关于工作如何开展、如何达到优化的证据——内容包括产品完成之前的所有草稿、描述在小组实现共同目标过程中学生所扮演的角色等；进步文件夹是比较学生不同时期同类作品的文件夹，其中包括学生首次和最后一次所完成的学习任务或项目任务中所布置的相似作业。在实际教学中，教师可以根据需要，和学生协商一起建立一个包含有成果、过程或进步证据的综合性文件夹。

（二）学习文件夹的设计

在设计学习文件夹时，首先要明确建立学习文件夹的目的，主要是用于评价学生的学习进步，还是评价学生的学习过程或学习结果，抑或是对上述三个方面都进行评价。

在明确了建立学习文件夹的目的之后，教师和学生就可以协商文件夹的内容。文件夹的内容可以是多种多样的，如光盘、日记、信件、发明、阅读书单、论文或报告、设计、海报、科学日志或模型、录像带、问题解决方法、测试题和测试成绩等，教师一般可以根据学习主题来确定文件夹的内容。例如，一位教师设计了一个关于热带雨林的综合学习单元，同时设计了一个学习文件夹，目的在于展示学生最好的作品，并建议学生在该单元学习结束后举行一个文件夹聚会——每位学生可以邀请一名家族成员、一名其他班的学生、一位教师、一位午餐助手、一位看门人或一位邻居来参会。聚会可以达到两个目的：一是让他人了解学生学到了什么，二是教给他人关于雨林生态系统的知识。教师要求学生从该单元的学习中选择出五个自己认为是质量最好的作品——为帮助学生反思所选择的各个作品的质量，要求学生完成下面的评价表（见表 4-4）。教师还要求学生对自己的文件夹建立一个内容目录表，如表 4-5 所示。

表 4-4 最好作品评价表①

学生姓名：

任务题目：

注意：用通顺、流畅的句子写出你对下述问题的回答。

1. 这件作品为什么是你认为的最好作品？

2. 从完成任务过程中，你学到了哪些新东西？

3. 如果再次让你完成这项任务，你对该任务或最终产品会做哪些改变？

4. 你要给将来承担该项任务的同学提哪些建议？

表 4-5 关于"热带雨林"学习单元文件夹的内容目录②

目录

A 温室模型的照片 ……………………………………………………………………… 1

温度示意图

最好作品评价表

B 关于"雨林受到破坏以及我们如何保护雨林"的论文 ……………………………… 4

同伴反映记录

最好作品评价表

C 关于热带雨林的世界地图 ………………………………………………………… 8

关于我为什么认为雨林会在赤道上或位于赤道附近原因的文章

最好作品评价表

D 雨林旅游指南 ……………………………………………………………………… 11

我完成的指南评价表

最好作品评价表

E 认识雨林海报的照片 ……………………………………………………………… 14

我完成的海报评价表

最好作品评价表

可以看出，基于学习文件夹的评价，是一种注重对动态的、持续的学习过程及学习进步进行评价的方法。通过上述关于"文件夹的建立""文件夹的聚会"

---

① 陈霞. 在教学中运用真实性评价的理论与方法[J]. 全球教育展望，2002，31(4)：41-45.

② 同上.

以及"评价表的填写"等活动，可以有效地克服学习者的学习不胜任感，提高学习者的自我反省意识和问题解决能力，还可以使教师把教学重点放在知识的运用以及学生如何学习上面。显然，这是一种"以学习者为中心"的评价方法。

三、网络学习评价

计算机技术与网络通信技术的结合打破了时间、空间的界限，建立了开放型的网络学习环境。网络学习与传统课堂教学相比，学习者进行的学习，主要是基于网络的探究、发现、竞争、协作和角色扮演等一系列自主学习活动。由于网络学习活动具有在时空上分离、需要可靠而安全的传输系统等特点，因此，网络学习评价也有着鲜明的自身特色。

(一)网络学习评价的特点

(1)注重过程性评价，强调对网络学习过程进行实时的监控，利用及时反馈信息来指导、调控甚至补救网络学习活动，并充分考虑学习者在学习过程中的行为、态度、实践。

(2)注重学习效果的多维度综合评价——不是仅仅依据学习者获取了多少知识来评价，更要考虑学生对知识的理解深度、对知识的应用能力，以及网络探究能力、信息处理能力、自主意识的培养等方面的发展。

(3)能实现网络学习评价系统与网络学习支撑系统的无缝结合——利用学习支撑系统中的评价工具以及该系统对学习活动的自动记录功能来获取评价数据，从而实现对网络学习的动态评价与动态调控。

(4)充分利用了互联网的技术优势，因而能及时反馈评价结果、缩短评价周期，而且有助于优化考务工作、降低费用，并大大提高评价工作的效率。

(5)网络学习的评价模型是依据不同的评价目标、对不同的评价对象采取不同类别的评价，为此还制订了适合于网络学习评价的评价指标和要素，因而能对网络环境下的教与学过程及效果进行较充分的评估，以达到促进网络环境下学习的目的。

(二)网络学习评价的内容

1. 网络学习过程的评价

在网络学习评价中，对学生学习过程的评价尤为重要。因为通过对学习活动过程的评价，可以发现学习者在学习过程中遇到哪些困难和问题，从而为我们改进教学、及时反馈提供依据。此外，通过对学习者在学习活动过程中的表现进行监控、评价，我们还能够了解学习者的积极性、主动性、学习态度、学习风格等不易直接观察而又对学习至关重要的方面，从而为学习者提供个性化的服务与帮助。另外，对学习活动过程的评价还能够帮助学习者发现其当前学习的不足，找到努力的方向，从而促进学习者的学习效果。对学生学习过程的评价主要包括：对学生参与学习活动情况的评价（如交互程度、答疑情况、解决问题的策略与能力等）；对学生资源利用状况的评价；对学生学习态度的评价三方面。

（1）对学生参与学习活动情况的评价

通过学生利用各种网络交流工具辅助学习的情况，可以了解学生主动参与学习活动的情况，即学生与教师、同伴和教学资源进行交互的程度。例如，根据聊天室的发言数据量可以了解学生对所学知识的认知状况，了解学生与他人合作学习的主动性与积极性；通过学生在网上发表的问题数、浏览问题解决的次数以及提供解决方案的次数等信息，也可以反映学习者对所学知识的理解程度以及主动学习的情况。

（2）对学生资源利用情况的评价

对资源利用情况的评价包括对网络教学平台及其中资源使用情况的评价。例如，通过记录学习者登录系统的时间及注销登录的时间来确定学习者的在线学习时间；通过课程内容页面的浏览范围及次数来确定学习者的学习范围、学习进度等有关信息；利用问题资源及电子图书馆资料的浏览情况来了解学习者学习的深度与广度；利用学习者向问题中心提交的问题和解决方案、在讨论区或聊天室的发言情况以及在电子图书馆中发表的资料、甚至是对网络课程的修改，来了解学习者对学习的态度、对学习主题的理解，以及对问题如何解决等。

（3）对学生学习态度的评价

学习态度是习得的、影响个人对学习做出行为选择的、有组织的内部准备状态或反应的倾向性。一般来说，态度是由三种具有层次性的心理成分组合而成的，这三种成分是：

认知成分——主要是对事物的了解和评价；

情感成分——主要是对事物的喜爱或厌恶程度；

意向成分——主要是反应的倾向性或行为的准备状况。

特定的学习态度并不一定能导致特定的行为表现，但学习态度在一定程度上可以导致学习行为的某种趋向。一般情况下，意向成分制约着人对某一事物的行为方式，所以我们可以通过对行为方式的测量，进而推测其认知和情感成分。同样，由于态度具有可变性，我们也可以通过对学习活动中前后两种学习态度进行对比，来实现对学习态度的测量评价。

2. 网络学习结果的评价

通过对学生学习结果的评价，我们可以了解教学对学生所产生的影响。对学生学习结果的评价主要是依据通过网络课程的学习以后学生达到教学目标的程度、完成任务的情况、达标测试的成绩、实践作品的优劣、信息素养的提高和创新精神的培养等多方面的学习结果来进行。

(1)教学目标达成度

教学目标达成度是预期教学要求的实现程度。布卢姆(B. Bloom)等人将认知领域的教学目标从低到高分为六级，即识记、理解、应用、分析、综合与评价。通常可以设计出各种测验来对学生的知识获取与能力发展状况进行测试，以评估学生达到教学目标的程度。

(2)完成任务的情况

对学习任务完成情况的评价主要应从学习任务的完成质量和完成效率去考察。在学习活动开展过程中，学生参与讨论问题、与他人交流对问题的看法、自己思考问题、收集与问题相关的资料、最后提出问题的解决方法以及对问题下结论等，都是完成任务情况的具体表现。整个完成任务情况的全过程，通常可划分为三个阶段，包括：问题的提出、问题的解决和对问题解决方案的评价。所以对完成任务情况的评价可以从这三个方面展开，也可以从解决问题的每个步骤入手进行评价。

(3)达标测试

达标测试就是根据评价目的，让学生在规定时间内，按指定的方式，解答教师事先准备的测试题目或量表题目，其结果用数值形式表示，这种测试结果可作为全面评价学生的基础数据。达标测试通常是教学评价的一种测量手段和资料收集手段，主要有成绩考试、水平测验和诊断测验等几种类型。

(4)实践作品

在开展网络教学过程中，教师通常会采用任务驱动策略，通过学生完成任务的情况对学生的学习进行评价。任务完成的具体表现形式可以是口头报告、作品、个人主页、专栏、实验等实践作品。实践作品在一定程度上反映了学生的学习过程，也体现了学生学习的效果，从中可以看出学生对知识技能的理解、掌握和实际能力提高的程度。

(5)信息素养

对学生信息素养的评价主要从三个方面进行：

信息知识——即一切与信息有关的理论、知识和方法；

信息能力——即获取信息、加工处理信息以及创造新信息的能力；

信息意识和信息伦理道德——信息意识是指在学习、工作和生活中能处处认识到信息及信息技术的重要性并想努力加以运用的一种想法；信息伦理道德则是与"信息及信息技术运用"有关的社会行为规范与公共道德。

(6)创新精神

在网络学习评价中，学生的创新精神主要体现在以下几方面：能自觉发现社会需求；能根据需要，自我制订学习目标；能自我规划、自我管理、自主寻找实现目标的途径等。网络环境为培养学生的创新精神与实践能力提供了良好的条件，学生可以充分利用信息资源，通过主动探究完成学习任务，并在此过程中，使自身的知识技能、创新意识与创新能力都得到较好、较快的发展。

对网络学习过程与学习结果的评价可以通过教师评价、同伴评价以及学习者自我评价进行。不同的学习方式还可以采用不同的评价手段。例如，协作学习效果的评价，可以通过教师评价、同伴评价和自评实现；而对于自主学习，则采用自评手段可能更为有效。但是在网络环境下，学生进行的多是自我建构性学习，即使在同样的学习环境中，对于不同的学生，其学习的内容、途径也会有一些差异，如何能客观公正地对他们的学习过程与结果作出评价变得相当困难。很明显，对他们实施统一的、客观性评价是不合适的。事实上，最为有效的评价是让学习者去完成一个真实任务，并让学习者对自己的意义建构情况作出合适的评价。不管是教师评价还是同伴评价，都不能真正决定学习者意义建构的效果。这两种评价手段的最终效果只能是用来促进学习者的自我评价。

（三）网络学习评价的方法

随着网络技术在教育教学领域的迅速发展和广泛普及，网络学习评价的方法也出现了新的工具支撑，除了传统的课堂练习、教学测验等评价方法外，量规、概念图、电子学档等评价方法逐渐在网络学习评价中受到广大教师的关注与应用。

1. 基于量规的评价

量规是一个评分工具，它为一个作品或其他成果表现（比如一篇文章的观点、组织、细节、表达、布局等）列出标准，并且从优到劣明确地给出每个标准的水平。为了更好地运用量规进行网络学习评价，设计量规时要注意以下两点：

（1）要根据教学目标和学生水平设计结构分量。例如，在评价学生的电子作品时，通常从作品的选题、内容、组织、技术、资源利用等方面考虑；而在评价学生的网络学习参与性时，又会从学生的点击率、回答问题情况、作业完成情况、小组合作情况等方面考虑；另外，学生的水平也是决定量规结构的一个重要方面，不符合学生水平的结构分量在评价时往往是没有意义的。

（2）要用具体的、可操作性的描述语言说明量规中的每一标准。例如，在评价学生的信息收集能力时，如果标准是"学生具有很好的信息收集能力"，则此标准形同虚设；而如果标准是"能从多种电子和非电子的渠道收集信息，并正确地标明出处"，则此标准就明确得多。这里提供一些评价量规设计的案例，如网络协作活动评价量规（见表4-6）、学生协作能力评价量规（见表4-7）、电子报刊作品评价量规（见表4-8）等，以便借鉴。

表 4-6　网络协作活动评价量规①

项目 (100分)	分数	标准描述	得分
主题 (30分)	10	主题对所有参与交流的活动者都是明确的	
	10	主题经过提炼，涉及的范围宽窄适中，便于交流	
	10	主题有较高的学习、研究价值，同时还具有一定的社会价值	
内容 (30分)	15	所有参与交流的人员都对交流进行了充分的准备，交流活动内容充实	
	10	交流内容中包含了本主题所在领域的当前最新动态	
	5	交流中对主题进行了跨学科的综合思考	
效果 (40分)	10	所有参与人员都积极参加了交流，无消极应付现象	
	10	参与者在交流中都可共享由其他伙伴开发出来的新的教学资源	
	10	交流活动中分工明确、井然有序、高效、科学	
	5	交流活动在知识、思维、技能三方面都取得了可测量的效果	
	5	交流中所有参与者对网络和资源的利用都是合理的、有效的，无明显的偏差发生	
评价日期		评价者	总得分

① 谢幼如，柯清超. 网络课程的开发与应用[M]. 北京：电子工业出版社，2005.

表 4-7　学生协作能力评价量规①

一级指标	二级指标	优秀 9～10	良好 7～8	一般 5～6	差 0～4
人际交流技能	通过口头的形式或者利用网络明确说出自己的想法				
	通过口头或者利用网络与其他同学针对某一问题进行深入的讨论				
	积极听取小组成员给本人提出的意见				
	能认真观看其他小组在论坛上的发言，并根据他们的发言找出对自己学习有帮助的内容				
合作完成任务技能	能及时、认真地完成组长分配的任务				
	能利用网络搜集、处理和加工各种有用的学习资源				
	经常积极参与小组活动				
评价技能	认真地对小组内其他学习伙伴的表现作出评价				
	能对自己的作品或小组作品进行评价				
	能对其他小组上传到网站的作品发表自己的看法，并提出相应的修改意见				
总分					

---

① 陈黎明. 网络环境下设计性问题协作知识建构活动的设计[D]. 广州：华南师范大学，2009.

表 4-8　小学信息技术课程电子报刊作品评价量规①

结构指标	单项指标	评价等级				学生自评	教师评价
		优90 以上	良75~90	达标60~75	待达标60 以下		
思想性(30 分)	选取的主题明确、内容健康向上，能科学、完整地表达主题思想(10 分)						
	注意联系社会、生活和学习的实际(10 分)						
	文字内容通顺，无错别字和繁体字(10 分)						
创造性(20 分)	题材新颖、构思独特、设计合理、原创成分高(10 分)						
	作品具有想象力、具有个性的表现力(10 分)						
艺术性(20 分)	版式设计生动活泼，各页面风格协调(10 分)						
	版面设计合理、图文并茂、文字清晰易读(10 分)						
技术性(30 分)	选用的创作工具和表现技巧恰当(10 分)						
	包含报刊的各要素(10 分)						
	技术运用准确、适当(10 分)						
综合得分(学生自评占 40%，教师评价占 60%)							

2. 基于概念图的评价

20 世纪 60 年代，美国康奈儿大学诺瓦克(J. D. Novak)教授等人在奥苏贝尔有意义学习理论的基础上，提出运用概念构图的方式来检测学生的认知结构

---

① 黄妙辉. 小学信息技术课程中电子作品创作的教学策略与学习评价的研究[D]. 广州：华南师范大学，2005.

及学生对知识之间相互关系的理解程度。概念图是组织和表征知识的工具，概念图由置于方框内（或圆内）的概念以及表示概念之间关系的命题组成，它是表示概念与概念之间相互关系的空间网络结构图。应用概念图来评价学习者对某一知识领域的理解不仅能发现学生认知理解上的问题所在，也可以发现学生的学习风格特点和思维习惯，从而在后续的教学中作出相应的调整。图 4-3、图 4-4 分别是教师在讲授"各种环境中的动物"和"金属钠"时，为检验学生的学习效果，要求学生自主画出的概念图。

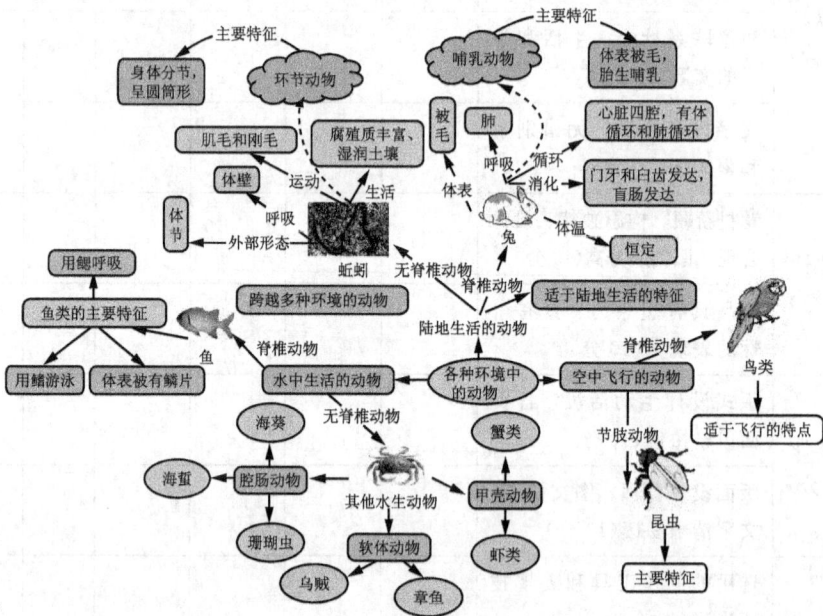

图 4-3 "各种环境中的动物"概念图

3. 基于电子学档的评价

电子学档是利用网络和数据库技术，根据一定的学习目的，由学习者负责对学习过程中有关学习目的、学习活动、学习进步、学习成果等情况所作的记录，以及学习者本人或他人对学习过程和学习结果所作的反思与评价的集合体。可见，这个集合体（即电子学档）包含"记录""反思"与"评价"三方面内容。基于电子学档的评价，其要素涉及目标、读者、体现能力的证据、测评的标准和反思等，而反思是电子学档中必不可少的组成部分，否则电子学档就成了作品集。基于电子学档的评价是一种注重对动态的、持续的学习过程进行评价的方法，其关注的焦点是学生在学习过程中所表现出来的能力，它有助于全面、

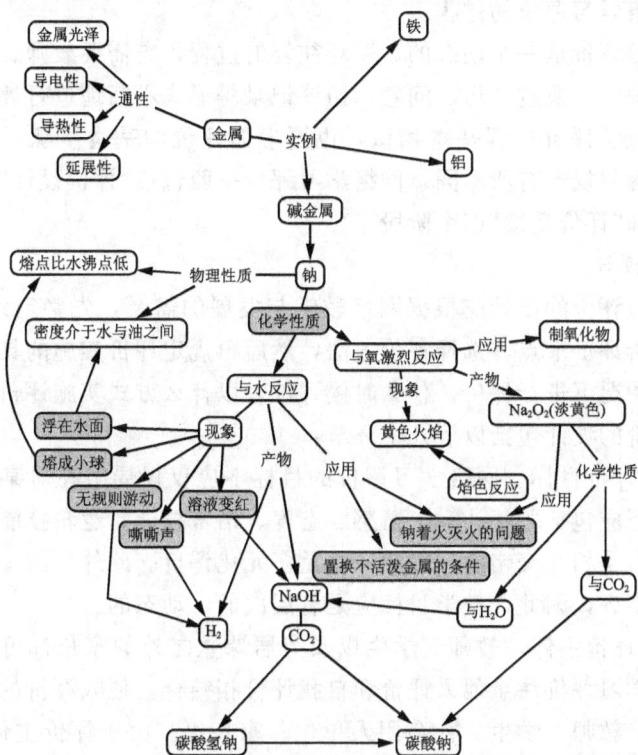

图 4-4 "金属钠"概念图

完整地展示学生的成长和发展。图 4-5 是教师组织学生利用网页开发工具所设计的"语文电子学档"界面。

图 4-5 语文电子学档的界面

(四)网络学习评价的过程

网络学习评价是一个动态的、循环往复的过程，它需要教师、学生、管理者在使用过程中，通过论坛、问卷、访谈记录等形式不断地进行评价。其评价过程和其他教学评价过程基本相似，也要遵循评价的基本步骤，只是评价目的、评价内容与规模有所不同。网络学习评价一般包括"评价设计""评价实施""评价分析"和"评价反馈"四个阶段。

1. 评价设计

网络学习评价的设计应根据网络教学与发展的需要，先确定评价的目标、主体，再分析评价重点、选择评价方法，然后再规定评价实施的具体步骤。例如，在何种情况下进行评价，什么时候评价，以什么方式实施评价，等等。具体来说，评价的设计包括以下几个环节：

(1)确定评价目标。网络学习评价的目标不应仅仅局限在对某些知识点的掌握程度，还应包括关于认知、情感、态度、语言技能、逻辑技能等方面的评价。很多能力是相互交错的，因此应注重多元化评价。此外，由于网络学习者的水平参差不齐，因此，教学目标应是有层次的、动态的。

(2)确定评价主体。教师、学生以及身居课堂之外的家长都可以是评价的主体。网络学习评价注重他人评价和自我评价相结合。他人评价的主体可以是学校管理者、教师、学生、社会用人单位、家长等。由于评价主体的多元化，就有可能从多个方面、多个角度出发，对学习活动进行更全面、更客观、更科学的评价。

(3)分析评价重点。网络学习评价特别注重评价的过程——充分考虑学习者在学习过程中的行为、态度与实践。与此同时，也强调要着重对学习效果进行多维度的综合评价——不能只看学习者获取了多少知识，还应关注学习者对知识理解的深度，对知识的应用能力、网络探究能力、信息处理能力以及是否能进行自主意识的培养等。

(4)选择评价方法。评价的目标不同，评价的方法也应有所不同。测验是网络学习评价的一种重要方法，一般用来了解学生关于认知目标的达标程度；调查也是网络学习评价的重要手段，它可以了解学生的学习兴趣、态度、习惯和意向，能从各个方面获得对学习过程和学习效果的意见。除此之外，还可利用其他的评价工具对网络学习过程与结果进行评价，例如教师设计的量规、学生的电子作品、概念图和电子学档等。

2. 评价实施

评价的实施是评价人员根据评价方案，利用各种评价手段，完成网络学习评价计划所规定的任务，以达到评价目标要求的过程，它是网络学习评价的具体化与实际化。

（1）发放评价标准。评价的组织者可以从网络平台提供的试题库或问卷库中选择已有的试题或问卷直接使用或者稍加修改后使用；也可以手动或自动生成试卷、问卷或评价量表；还可以向学生明确提出评价的具体内容——例如要求学生完成实践作品或电子作品等，然后再依据一定的评价量表，对学生的作品进行评价。

（2）收集评价数据。为了进行评价，通常需要通过多种途径收集有关资料。学习评价所需要的资料主要来自学习过程（包括一些反映学生学习结果的数据资料和描述学生学习过程的描述性资料），根据所要收集资料的不同，通常需要先选择或设计相应的评价工具（包括测验题、调查问卷、观察表格、电子学档等工具）。

3. 评价分析

首先要用 Excel 和 SPSS（统计产品与服务解决方案，Statistical Product and Service Solutions）等工具对评价的数据进行初步的分析和处理（包括获取信息、去除无效信息、进行误差诊断、鉴别资料的使用价值等），以确保评价的有效性。然后再对资料作进一步分析——将各类数据与评价标准作比较，考察各种现象之间的相互关系，对反映学生学习过程和结果的资料及数据进行归纳和分析，以形成综合判断，并得出结论。

数据分析和处理的最终目的是为了对教学的效果进行诊断或价值判断，从而得出评价结论——通过诊断教学或学习中的问题，可以找到解决该问题的策略与方法，并最终形成评价结论和报告。

4. 评价反馈

评价结果的反馈主要是指，要把评价过程中所发现的问题以及学生在学习过程中所存在的问题及时反馈给教师和学生本人，以便明确今后学习过程中促进学生发展的改进要点，并制订相应的改进计划。网络学习评价的及时反馈，能够使师生充分认识到自己的长处与不足，从而调整教与学的方法策略，彼此相互补充，教学相长，共同提高。评价反馈作为网络教学过程的一个重要环节，始终交织于教学过程当中。教师对反馈信息的处理是否得当，将直接影响教学过程中教师和学生之间的互动质量，并最终体现在教学的效果上。

【拓展资源】

[1] R. 基思·索耶. 剑桥学习科学手册[M]. 徐晓东，等，译. 北京：教育科学出版社，2010.

[2] 诺伯特·M. 西尔，等. 教学设计中课程、规划和进程的国际观[M]. 任友群，等，译. 北京：教育科学出版社，2009.

[3] 何克抗. 信息技术与课程深层次整合理论[M]. 北京：北京师范大学出版社，2010.

[4] 谢幼如，尹睿. 网络教学设计与评价[M]. 北京：北京师范大学出版社，2010.

[5] Priscilla Norton，Karin M. Wiburg. 信息技术与教学创新[M]. 吴洪健，倪男奇，译. 北京：中国轻工业出版社，2002.

【思考题】

1. 梳理当代建构主义学习理论的发展脉络，尝试以此为视角分析"以学为主"的学习方式所蕴含的理论依据。

2. 查阅文献，分析自主学习、协作学习和研究性学习的发展动态。

3. 请谈谈新课程倡导的评价理念对学习评价有什么样的指导意义。

4. 查阅文献，分析信息时代学习评价理论、方法、工具的发展趋势。

第五章 "学教并重"的教学系统设计

【本章学习要点】

当前教学改革的主要目标之一是改变传统的"以教师为中心"的教学结构，构建一种既能发挥教师主导作用又能充分体现学生主体地位的新型教学结构，并在此基础上逐步实现教学模式、教学内容、教学手段和教学方法的全面改革。"学教并重"的教学系统设计正是适应了这一改革趋势，这种教学系统设计不论是从理论基础还是从实际的设计方法上看，都是"以教为主"和"以学为主"这两种教学系统设计相结合的产物，它兼取这两种教学系统设计的优点，同时具有较强的实用性与灵活性，能够很好地适应我国不同类型、不同地区学校教育的实际。

由于"以教为主"和"以学为主"这两种教学系统设计的具体方法与步骤，在前面几章中已作了较为详尽的讲解，所以本章着重对"学教并重"教学系统设计中"资源与过程设计"的具体方法、步骤进行阐述。第一节从教学资源设计的角度出发，运用"学教并重"教学系统设计方法对网络课程（或课件）的脚本进行设计；第二节则从教学过程设计的角度出发，分别对"有意义传递—接受"和"教师主导下的自主—探究"这两种教学方式的"学教并重"教学过程作详细介绍。

【本章内容结构】

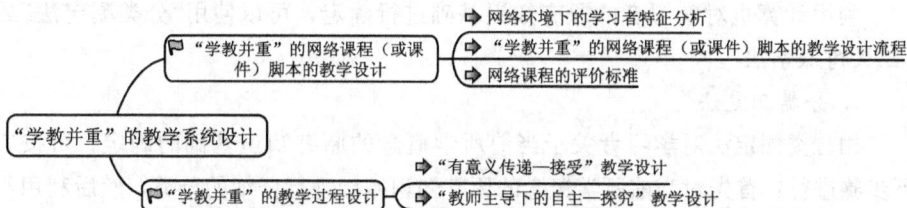

```
                                        ➡ 网络环境下的学习者特征分析
            ┌ "学教并重"的网络课程（或课        ➡ "学教并重"的网络课程（或课件）脚本的教学设计流程
            │    件）脚本的教学设计              ➡ 网络课程的评价标准
"学教并重"的教学系统设计 ┤
            │                              ➡ "有意义传递—接受"教学设计
            └ "学教并重"的教学过程设计          ➡ "教师主导下的自主—探究"教学设计
```

第一节 "学教并重"的网络课程(或课件)脚本的教学设计

网络课程(或课件)是网络环境下教学的主要资源。一个好的网络课程(或课件),必须既能充分体现学习者的主体地位,又能充分发挥教师的主导作用。"学教并重"的教学系统设计方法为网络课程(或课件)的设计提供了很好的分析框架。

一、网络环境下的学习者特征分析

学习者的特征涉及智力因素和非智力因素两个方面。与智力因素有关的特征主要包括知识基础、认知能力和认知结构变量;与非智力因素有关的特征则包括兴趣、爱好、动机、情感和态度等。迄今为止,由于计算机还难以对非智力因素作出形式化的处理,另外,在教学设计的其他环节中(如情境创设、协作学习以及"先行组织者"教学策略的运用过程中),将会不同程度地考虑激发兴趣、动机、陶冶情操和培养意志、性格等方面的问题,所以目前在教学设计尤其是在课件设计中,关于"学习者特征的分析"这一环节,一般只考虑与智力因素有关的内容。换句话说,对学习者的特征进行分析就是要运用适当的方法来确定学习者关于当前所学知识点的原有知识基础、认知能力和认知结构变量三种特征。了解学习者的原有知识基础和认知能力是为了确定当前所学新概念、新知识的教学起点;分析学习者的认知结构变量则是为了据此判定对当前学习者是否适合采用"有意义传递—接受"教学方式。所以,对学习者特征进行认真分析是实现个别化教学和因材施教的重要前提。下面就来介绍对学习者的上述三种特征进行分析的方法。

(一)确定学习者的原有知识基础

利用计算机对学习者的原有知识基础进行确定,可以使用"分类测定法"或"二叉树探索法"。

1. 分类测定法

用分类测定法对学习者关于当前所学概念的原有知识基础的确定,可按以下步骤进行:首先对当前所学概念的原有知识基础进行仔细的分类,然后利用与知识基础分类密切相关的问题对学习者进行测试,最后根据测试结果即可推知学习者关于当前所学概念的知识基础类型。下面我们以"滑轮和滑轮组"的学习为例(即当前所学概念是"滑轮和滑轮组"),说明原有知识基础的分类及确定方法。

为了进行"滑轮和滑轮组"的学习，显然要求学习者具有杠杆原理方面的预备知识。每个学习者都是根据自己原有的杠杆原理知识来学习有关滑轮和滑轮组的新知识。按照教师的经验和对学生的调查不难发现，就"滑轮和滑轮组"的学习来说，其原有知识基础(即对杠杆原理的认识与理解)可划分为五种不同的类型，如表5-1所示。

表5-1　关于"滑轮和滑轮组"概念的知识基础分类

类型	对杠杆原理的认识
1	由力矩＝力×力臂公式求出力矩，再根据两侧力矩的大小决定杠杆向哪侧倾斜
2	力臂相同时杠杆朝力大的一侧倾斜；力相同时杠杆朝力臂大的一侧倾斜；当力臂大的一侧所受力较小时不能判定杠杆的倾斜方向
3	不考虑力臂，仅由力的大小关系决定杠杆的倾斜
4	不考虑力，仅由力臂的大小关系决定杠杆的倾斜
5	对杠杆的平衡条件完全不了解

在教学设计过程中，应根据上述五种知识基础分类，选择若干个与之相对应的杠杆问题对学生进行测试，根据测试结果即可确定该学生关于当前所学概念(滑轮和滑轮组)的原有知识基础类型，从而可以做到对该学生进行更有针对性的教学。

2. 二叉树探索法

二叉树探索法是根据已学过概念的难易程度对问题进行仔细划分，并将它们按由易到难的程度线性排列。目前在教学过程中，已可借助教学软件运用"二叉树探索法"从中选出最符合学生实际水平的问题，从而也就确定了该生关于当前所学概念的原有知识基础。

以"加减法运算能力"的学习为例，我们可以将"个位加"作为能力轴线上的起点(最容易)，把3位数的加减法作为终点(最困难)，中间再划分20个(或30个)等级，则起点的难度等级为0，终点的难度等级为20(如图5-1所示)。学习开始时，先提出能力轴中间位置的问题 Q_1，让学生回答；如果回答正确表示该生这方面的能力已超出 Q_1 水平，下一次应选 Q_1 与终点中间的问题 Q_2 让学生回答；如果这次回答

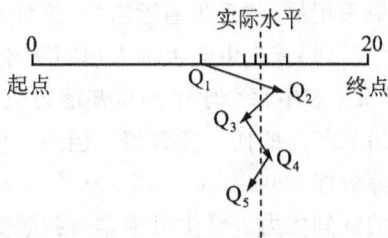

图5-1　二叉树探索法

出错，表示该生这方面的能力低于 Q_2，下一次应选 Q_1 与 Q_2 中间的问题 Q_3 让学生回答……如此继续下去，很快可以找到适合当前学习者实际水平的问题，从而也就确定了该生在"加减法运算能力"方面的原有知识基础。

(二)确定学习者的认知能力

为了确定学习者的认知能力，必须首先解决认知能力如何表征的问题。按照美国著名教育心理学家布卢姆的"教学目标分类"理论，教学目标应当包括三个领域的内容，即认知能力领域、动作技能领域和情感领域。其中认知能力的目标按智力活动的复杂程度又可划分为六个等级：

- 识记——记忆或重复以前呈现过的信息的能力(即知识保持能力)；
- 理解——用自己的语言来解释(说明)所获得的信息的能力；
- 应用——将知识(概念、原理或定律)应用于新情况的能力(即知识迁移能力)；
- 分析——将复杂的知识分解为若干个彼此相关的组成部分的能力；
- 综合——将有关的知识元素综合起来形成新知识结构或新模式的能力；
- 评价——根据已有知识和给定的标准对事物作出评价和鉴定的能力。

上述六个等级的认知能力划分是按智力活动从简单到复杂和从具体到抽象的程度依次递增的，即识记和理解属于较简单的低级认知能力，而应用、分析、综合和评价则属于较复杂的高级认知能力。显然我们应当特别关注学生高级认知能力的培养。

在课堂教学中，教师对于学生的认知能力一般是采取"预估"——根据原来对学生的了解、接触所得到的印象作出估计。为了使计算机能了解学生的认知特点，在计算机辅助教学(computer assisted instruction，CAI)系统中，要用适当的数据结构来描述认知能力。这就不仅需要解决认知能力的表征问题，还要进一步解决认知能力的定量评估与测量问题。根据认知能力的评估与测量方法的不同，可以有不同的确定学生认知能力的方法，其中比较适合于在 CAI 中采用的是"逐步逼近法"。这种方法的实施步骤如下：

(1)首先由学生本人填写关于自己认知能力的评估表。评估表的格式见表5-2，表中每个学生的认知能力值由每个学生本人给出。能力值的范围是 $0\sim1$ 闭区间内的任一实数值，但为了便于学生估值，这时将 $0\sim1$ 闭区间分成 11 个等级即 0.0、0.1、0.2、…、0.9、1.0，其中 1.0 和 0.0 分别对应最强和最弱的认知能力。学生可根据自我感觉给出关于自己每一项认知能力的估计值。例如，若自我感觉"分析"能力为中等，则可在 $0.4\sim0.6$ 之间选取某一个值作为估计值(此值不要求很准确，取 0.45、0.50 或 0.55 均可，因为以后还可以采用"逐步逼近法"对这些估计值加以修正）。这样，我们就可以得到表 5-2 所示的六项认知能力值，我们称之为"初始估计值"。

表 5-2 认知能力的自我评估表

学生代号 \ 认知能力值 \ 认知能力	识记能力	理解能力	应用能力	分析能力	综合能力	评价能力
1	0.6	0.6	0.8	0.7	0.6	0.5
2	0.8	0.9	0.7	0.8	0.8	0.7
3	0.7	0.7	0.6	0.5	0.4	0.3
⋮	⋮	⋮	⋮	⋮	⋮	⋮
40	0.6	0.4	0.3	0.5	0.3	0.3

（2）利用这个初始估计值，就可以从领域知识库中选出与该学生的认知能力相适应的知识进行教学。这里应当指出，若要采用"逐步逼近法"来修改初始估计值，不能忽略一个先决条件，就是事先必须对领域知识进行认知分类——即在领域知识库中，要对每个知识元素标出它在学生认知能力培养方面的特性。例如，若某个知识元素主要是对学生的"分析"能力培养起作用，则应将此知识元素标记为"分析类"；若是对学生的"综合"能力培养起作用，则应标记为"综合类"。

这样，在教学过程中当系统记录下学生所学习的新内容后，由于每个新内容均带有认知分类标记，所以系统很容易检验出学生通过本次学习后各项认知能力的进步情况。据此，系统即可修改该学生的初始估计值。例如，可通过以下方式进行修改——用不同认知分类的知识元素对学生进行提问或测验，学生每答对一个一般难度的问题可将他相应的认知能力值加 0.05 分，每答错一个一般难度的问题则扣 0.05 分；当问题的难度较大时，答对加分值可大于0.05，答错扣分值可小于 0.05；当问题较容易时，答对加分值应小于 0.05，而答错扣分值则应大于 0.05（如上所述，认知能力值共分 11 级，每级之间的级差为 0.1 分）。这样就可得到该生经过一次学习后的六项认知能力的修正值，我们称之为"一次评估值"。显然，一次评估值与初始估计值相比，在对学生认知能力的评估上要更切合实际一些。

（3）然后根据"一次评估值"，再次到领域知识库中去选取与该学生认知能力相适应的知识，继续对该学生进行教学，在教学过程中，系统同样记录下学生的学习内容和在认知能力方面的进步情况。于是，系统根据学生经过第二次学习后的实际情况，并运用和第一次相同的提问或测验方法，可再次修改评估值，从而得到六项认知能力的"二次评估值"。显然，二次评估值与一次评估值相比，在对学生认知能力的评估上是更接近了一步。如此继续下去，学生每学习一遍，认知能力评估值就要修改一次，而每一次修改都要比前一次朝精确的估计值更接近一步，这就是"逐步逼近法"名称的由来。

(三)测量学习者的学习方式

对学习风格的划分可以从多个角度进行，下面我们以北京师范大学儿童心理研究所编制的《中小学学习者学习方式测验量表》(目前只有中小学学习者学习方式的常模表)为基础，结合计算机处理数据的特点，尝试从学习者反应速度与准确度两个维度出发，考虑对学习者学习方式的具体测量。

《中小学学习者学习方式测验量表》把学习者的学习方式分为四种类型：敏捷、冲动、反省、迟钝。整个测验量表由一个例题和三十个测验题组成；每个测试题由一个标准图(位于最上方)和六个可选择图组成；在六个可选择图中，只有一个与标准图相同，其余均有一定差别。学习者需要从六个可选择图中，挑出与标准图完全相同的图来。测验的记分标准分为两个部分：一部分是选对答案的得分(满分为三十分)；另一部分是反应时间的长短(以秒为单位)。答案部分每答对一道题得一分，答错不得分；先记录总时间，再计算反应的平均时间；最后通过将"学习者的得分"以及"反应平均时间"与所在年级的常模进行比较来确定学习者的学习方式。各年级的常模如表 5-3 所示。

表 5-3　各年级的常模(时间单位：s)

		敏捷型	冲动型	反省型	迟钝型
一年级	得分	≥11.35	<11.35	≥11.35	<11.35
	时间	<24.32	<24.32	≥24.32	≥24.32
二年级	得分	≥14.16	<14.16	≥14.16	<14.16
	时间	<35.06	<35.06	≥35.06	≥35.06
三年级	得分	≥16.18	<16.18	≥16.18	<16.18
	时间	<33.43	<33.43	≥33.43	≥33.43
四年级	得分	≥15.41	<15.41	≥15.41	<15.41
	时间	<28.88	<28.88	≥28.88	≥28.88

		敏捷型	冲动型	反省型	迟钝型
五年级	得分	≥17.15	<17.15	≥17.15	<17.15
	时间	<29.37	<29.37	≥29.37	≥29.37
六年级	得分	≥19.02	<19.02	≥19.02	<19.02
	时间	<30.34	<30.34	≥30.34	≥30.34

(四)学习者特征库描述

学习者特征库通过特征测量获得，主要记录学习者的认知能力、知识水平和学习方式。这种特征库既可用于了解学习者的主要特征，又可用于协作分组。根据教学的需要，目前的学习特征库包括认知能力表、知识水平表、学习方式表，同时为了测量三类学习者特征，还包含有认知能力测试表、知识水平测试表、学习方式测试表。三个学习特征表通过关键字"注册号"关联，其中：

认知能力＝{识记、理解、应用、分析、综合、评价}

学习方式＝{敏捷型、冲动型、反省型、迟钝型}

在学习过程结束后，通过教师的评定和系统自动记录的学习者过程信息，可以对学习者特征库中有关学习者三方面特征的数据作出进一步的修正。

二、"学教并重"的网络课程(或课件)脚本的教学设计流程

有关"学教并重"教学系统设计的方法与步骤已在第二章中专门论述。这里应当注意的是，在"学教并重"教学系统设计流程图中，在"发现式"教学分支，即"以学为主"的左分支中，由于强调要由学生主动建构知识的意义，所以在学习过程中主要使用"自主学习"策略，"协作学习"则被作为外在于学习者的学习环境来加以考虑。这是因为"协商""会话""讨论"等协作学习方式都必然要涉及学习者和学习内容以外的其他客体，而在"以学为主"的教学系统设计中，"学习者个体"和"学习内容"以外的其他客体一般均被认为是学习环境的一部分；但是在"以教为主"的教学系统设计中，则是把教师、学生（这里的"学生"是指特定场合内的所有学习者而非某一个"学习者个体"）和学习内容以外的其他客体才看作是教学环境的一部分。因此，在"以教为主"的教学系统设计中对于协作学习的看法和"以学为主"的教学系统设计并不相同，它不是把协作学习看成是教学环境的一部分，而是看成教学策略的一部分。换句话说，根据观察角度的不同（从"学"的角度或是从"教"的角度），可以把"协作学习"看成是"环境"，也可以看成是一种"策略"，二者并无实质上的差别。这样，在"学教并重"教学

设计流程图中，对"传递—接受"教学分支来说，就可以统一地把"自主学习"和"协作学习"都看作是"策略"。如果想要更多地培养学生的合作精神和探究、发现能力，或是"先行组织者"教学策略的运用未能达到预定的教学目标时，即可选择这类"自主学习"或"协作学习"策略作为另一种并用的教学策略，或是作为原定教学策略（"先行组织者"）的一种补充，以便达到特定教学目标的要求或更佳的教学效果。另外，在教学过程中具体运用哪种策略以及策略运用的顺序是要由教学内容和教学对象来决定的。所以对于课件脚本的设计来说，策略的运用顺序实际上有较大的灵活性——可以先进行自主学习，然后再协作学习；而在某些情况下，也可以将这个顺序颠倒过来。综合上述多方面的考虑，最后得出的基于互联网的课件脚本设计流程将如图 5-2 所示。事实上，该流程图不仅适合基于互联网的 CAI 课件脚本设计，而且也适合于其他多媒体网络教学系统（例如教室网或校园网）的 CAI 课件脚本设计，甚至还适合基于这类教学系统的课堂教学设计。

"学教并重"的网络课程（或课件）脚本的教学设计流程除了具有一般的"学教并重"教学系统设计流程的四个特点以外，还具有以下两个特点：

（1）不论是左分支还是右分支都可以将"自主学习"和"协作学习"策略作为基本的教学策略加以运用，而在"学教并重"教学系统设计流程图中，这两种策略往往只作为"先行组织者"策略的一种补充。

（2）和"学教并重"教学系统设计流程图相比，对于不同教学策略的选择及运用，具有更大的灵活性，因而更能适合不同学科和不同教学内容课件脚本的设计要求。

由图 5-2 可见，在"学教并重"教学系统设计过程模式基础上形成的课件脚本教学设计流程（如上所述，它也适合基于多媒体网络教学系统的课堂教学设计），由于具有两个分支（右分支对应"传递—接受"教学，左分支对应"发现式"教学），所以显然它应能支持"以教为主"或"以学为主"这两类不同模式的教学系统设计。此外，由于这两个分支既有公共部分又可相互跳转，因而还可方便地实现"学教并重"教学模式的教学设计要求。考虑到教学过程中教师可以选择多种不同的具体教学策略，例如"协作学习"策略还可进一步细分为"竞争""协同""伙伴"和"角色扮演"等不同子策略（"自主学习"策略也可进一步加以细分），加上有些策略之间可以相互跳转且有多条不同的出口通路，因而图 5-2 能够满足多种多样的教学情况。事实上，图 5-2 所提供的对教学系统设计的支持（包括对课件脚本设计的支持）几乎能涵盖除动作技能类以外的所有认知类和情感类教学目标的要求。

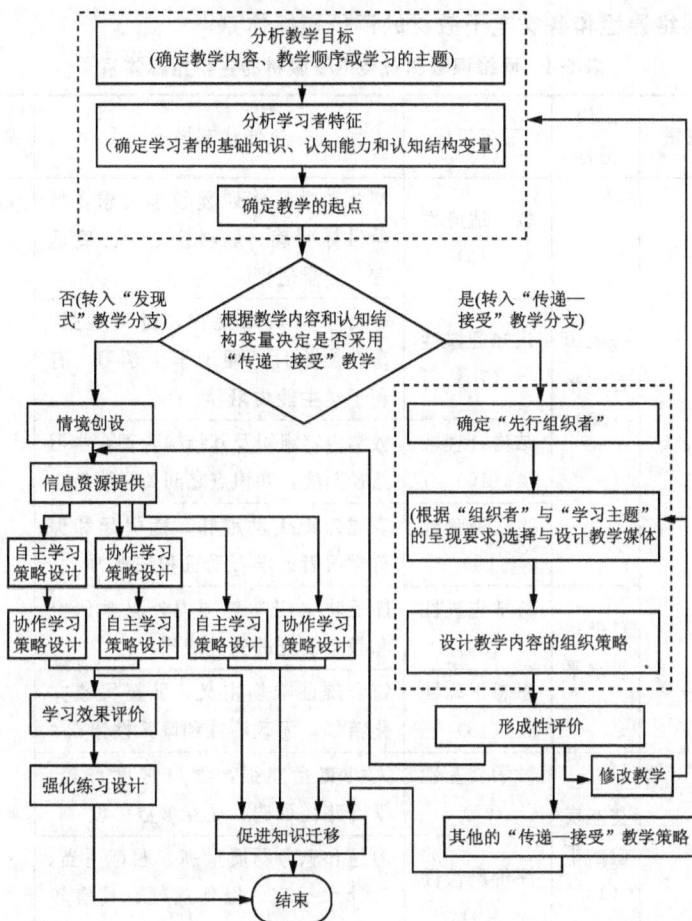

图 5-2 "学教并重"的网络课程(或课件)脚本的教学设计流程

三、网络课程的评价标准

网络课程与电子教材不同，网络课程是远程教学中用于完全代替或部分代替传统课堂教学的一种形式，并以此作为主要的教学设计目标。由于要模拟传统课堂的教师讲授，所以网络课程应主要由"教师讲课"和"电子教案"组成。利用远程网络课程进行"教与学"的教师和学生需要有该网络课程的文字教材(或电子教材)，以便作为"教"或"学"的主要媒介。网络课程一般是由教师的讲课录像(或模拟讲课)和电子教案组成，这里也可以把网络课程视为课件。下面给出的是适用于网络课程和各类电子教材的评价指标体系，以及对各指标项内涵的具体说明(可供网络课程设计人员和评价人员参与)。

(一)网络课程和各类电子教材的评价指标体系[①]

表 5-4 网络课程和各类电子教材的评价指标体系

一级指标	权重	二级指标	三级指标	最佳状态描述	得分	总体评价
教学指标	0.40	教学内容水平（35）	教学适应性（10）	符合本学科或课程教学要求，教学目标明确、取材合适、深度适宜、分量适度		
			认知规律性（10）	符合学生认知规律，逻辑性强、富有启发性、便于学生学习、有利于学生能力培养		
			结构合理性（10）	教学内容组织及其结构合理，学习路径明确，知识点之间关联清晰		
			生动趣味性（5）	表述知识生动趣味，能引起和保持学习者的学习动机和注意力		
		科学思想水平（35）	科学先进性（20）	能反映本门学科国内外科学研究和教学研究的先进成果		
			思想正确性（15）	符合辩证唯物主义，弘扬民族文化精华，无政治性和政策性错误		
		交互反馈水平（15）	教学交互性（7）	人机交互性强，学习进度可控，学习路径可选，交互参数可设		
			评价反馈性（8）	习题和思考题质量高、题型适当、设计水平高、操作简便、具有较好的学习评价和反馈		
		媒体规范水平（15）	文字与图表（8）	文字表达规范，字体、字号和色彩适合阅读，图表清晰准确，符号、公式和计量符合国际标准		
			音频视频素材（7）	讲解、配音和对白的教学水平高，标准普通话播音，视频的制作符合电教片规范		
小计						

[①] 吴敏. 电子教材及课件质量评估指标体系[J]. 中国大学教学，2002(12)：23-25.

续表

一级指标	权重	二级指标	三级指标	最佳状态描述	得分	总体评价
软件指标	0.30	软件运行水平（50）	软件运行（15）	软件安装方便、运行正常、可靠性高、兼容性强，退出或中断后恢复原系统状态		
			软件性能（20）	各功能正确无误，划分明确合理，响应速度快		
			软件容错（15）	软件对错误输入和错误操作的容忍性强		
		软件操作水平（20）	用户指导（10）	附有用户手册，内容完备、表述简明、便于使用		
			操作使用性（10）	操作界面友好、步骤明确、使用简便		
		辅助功能水平（30）	求助与管理（10）	求助功能强，具有一定的管理功能		
			性价比（15）	教学软件的教学性价比高		
			开放扩展性（5）	具有较好的内容调整、组合、更新和补充等开放性和可扩展性功能		
小计						
媒体指标	0.30	媒体质量水平（40）	界面设计（15）	界面设计简明、布局合理、色彩协调、美观大方、重点突出		
			素材质量（25）	音效质量高、图片与录像清晰、动画生动准确、技术指标高		
		整体设计水平（35）	媒体选择（10）	根据教学内容优选图、文、声、像等媒体类型		
			媒体优势（10）	能解决教学中的重点和难点		
			教学设计（15）	多媒体教学设计水平高		

续表

一级指标	权重	二级指标	三级指标	最佳状态描述	得分	总体评价
媒体指标	0.30	智能化水平（25）	检索书签功能（10）	具有较强的检索、学习记录和书签功能		
			智能性（10）	具有较好的人工智能和专家系统性能		
			媒体辅助功能（5）	具有多种媒体的学习提示、交叉参考、导航和定位等辅助功能		
小计						
附加分（10）				有显著特色与创新，可显著提高教学质量与效率，受益面广		
总分						

注：总分＝$\sum$（每项一级指标得分×权重）＋附加分，理论上满分为110分。

（二）关于"网络课程和各类电子教材评价指标体系"各指标项内涵的说明

1. 教学指标项

（1）教学适应性——用以评估教学内容、知识层次、内容组织和表述水平适合预定教学对象的程度。测量依据为：与本电子教材或课件（网络课程也可看作课件）相对应的教学大纲、教学对象的层次和知识水平。具体地说，本指标项用来确定：按正常教学过程，其教学内容及其组织结构与教学大纲、教学目标和教学对象的匹配程度。

（2）认知规律性——用以评估教学内容及其组织结构和表述是否遵循系统性和循序渐进的教学原则。本指标项重点测量电子教材或课件内容的知识体系，看其是否具有较强的理论性、逻辑性、完整性和启发性，以及是否符合学科发展的规律，从而保证教学能符合学生的认知规律。

（3）结构合理性——用以评估教学内容组织结构的合理程度。电子教材或课件与传统文字材料的较大差异之处是：前者可以实现网络型的知识组织结构。本指标项就是用于测量知识网络组织的优化程度、相关知识关联的合理程度，以及教师和学习者是否了解当前所学知识点在知识体系中所处的"位置"，目的是希望教学内容的组织结构更好地符合认知心理学的学习迁移理论。

（4）生动趣味性——用以评估知识表述的生动趣味程度，也就是要评估电子教材或课件中的知识表述，是否能激发学生的学习动机和学习兴趣，是否有利于引起和保持学生的学习注意力。

（5）科学先进性——用以评估所有文字和多媒体表述的准确性、学科知识的科学性、学科思想观点的正确性，以及能否适当地将本学科国内外的最新研究成果引入本电子教材或课件，在知识表述和教学设计方面能否借鉴当前最新的教学研究成果。

（6）思想正确性——用以评估教学内容是否符合辩证唯物主义，能否弘扬民族文化精华，是否有政治性或政策性错误，以及是否有利于培养学生的辩证唯物主义观点，是否有利于学生形成正确的世界观。

（7）教学交互性——用以评测本电子教材或课件内各种交互方式的交互性程度及其质量水平。人机对话是电子教材和课件中的主要交互方式之一，对于学生来说，电子教材和课件应具有个别化教学和程序化教学的功能，即应通过人机对话，及时给学生提出有针对性的辅导建议，并向学生推送适合其特定需求的学习工具及资料，从而实现不同学习者有各自不同学习路径的智能化教学。应当注意的是，由于是电子教材或课件，无法实现教师与学生之间面对面的交互，但也应在整个教学过程中尽量创设与师生交互类似的情境（让系统充当教师）——让学生多提问、多回答、多开展讨论，而且在这种教学情境中，也应遵循"主导—主体相结合"的原则（既要发挥教师的主导作用，更要体现学生的主体地位）。

（8）评价反馈性——用以评测电子教材或课件中自测题、每章习题和思考题的质量，以及学生在自我评估学习效果时的提示及反馈程度，由此可确定学生在学习过程中掌握知识的程度和水平。

（9）文字与图表——用以评估电子教材或课件在计算机屏幕中所出现文字和图表的规范性。电子教材及课件，尤其是作为电子出版物，其中出现的所有文字和图表均要以国家对正式出版物的规范要求作为标准。与此同时，由于电子教材及课件均具有丰富的色彩，所以还要求评测文字和图表色彩的前景和背景颜色应搭配合理，以便于阅读而且不致伤害用户眼睛和引起用户疲劳。

（10）音频视频素材——用以评测电子教材或课件中的音频和视频素材符合教学要求的程度。本指标项侧重于从教学的角度来评测音频和视频的播音讲解、配音、对白的水平及其普通话水平；同时还要求视频录像的摄编和动画的制作应符合电教片制作的要求和规范；另外，音频和视频素材对学科内容的表述也应达到该电子教材或课件所要教授的知识水平。

2. 软件指标项

（1）软件运行——用以评估安装程序和教学软件运行的可靠性和稳定性。

建议在软件要求的最佳环境下进行测试，具体测试项目包括：安装程序是否符合商业软件的一般要求和功能，安装是否方便，软件运行是否正常（尤其是在不同配置的计算机上是否都能正常运行），以及其运行过程是否会影响其他程序的运行，软件退出和中断或者安装程序卸载是否能恢复原系统状态等。

（2）软件性能——用以评估电子教材或课件作为教学软件其功能划分是否明确合理、各项功能是否正确无误、响应速度是否够快。如果软件在常规计算机配置环境下运行速度太慢，即使功能正确无误，从教学要求看，该指标项的分数也应是低的，甚至是不合格的。

（3）软件容错性——用以评估软件对错误输入和错误操作的容忍度。教学软件的用户可能有各种各样的错误输入和错误操作，最佳容错性表现在对错误的输入和操作没有任何响应和动作，或者给出必要的提示，并保证软件运行状态稳定。

（4）用户指导——用以评估教学软件所附软件安装和用户手册（包括电子版和/或文字版）的质量水平。要求这类手册的内容简明扼要、可读性强、便于用户使用，从而及时解决可能出现的问题。考虑到本指标项的评估属于总结性评价，所以对研制开发过程的技术文档和测试报告材料并不进行评估。

（5）操作使用性——用以评估软件的操作使用水平。与文字性教学媒介不同，电子教材和课件一般有多种学习路径（用户可通过菜单或按钮等操作进行学习），所以本指标项着重评估菜单或按钮的功能及其划分是否清楚、操作步骤是否明确、使用是否简单方便、学生可控制程度及其迅速适应程度是否较高、使用和学习导航系统是否完备合理等。

（6）求助与管理——用以评估软件的求助与管理功能及质量水平。电子教材和课件都要求有详细的求助功能，求助功能不仅包含操作方面的帮助，更重要的是学习过程中有关知识背景的帮助。与此同时，还应具有一定的管理功能，例如，学习者学习过程的记录、呈现教学内容的时间限制、备课记录、索引的添加和重新排序、用户的设置和管理等。求助和管理功能的形式和内容可能多种多样，评测的主要依据是要看这类软件是否能在操作和学习过程中及时获得相关指导和帮助。

（7）性价比——用以评估电子教材或课件作为教学软件的性能和价格比。用户选用电子教材或课件时，除必要的使用条件外，最重要的因素之一就是性价比。一般来说，电子教材或课件的教学性能应该明显高于同类的传统文字教材；电子教材或课件作为一种教学媒介，其实际教学成本不仅包括购买成本，还包括使用成本（上机费和设备维护费），评测本指标项的依据是评估人员作为用户，认为值得购买和使用的程度。这是电子教材或课件作为软件的综合指标，也是鼓励开发人员如何降低研制开发成本，提高开发效率的一种导向。

(8)开放扩展性——用以评估电子教材或课件作为教学软件的开放性和扩展性。本项指标主要针对网络版的电子教材及课件而言，用户将其安装在服务器上都希望具有一定的扩展功能，例如，可以补充习题和练习题(包括主观题和客观题)，以及补充一些辅助性教学材料等。以光盘形式发行的电子教材或课件，对其扩展性功能的要求相对较低。

3. 媒体指标项

(1)界面设计——用以评估界面设计的质量和水平。主要包括界面的整体艺术效果，例如，文字、图片和影像的大小及其比例是否恰当美观、色彩是否协调、整体布局效果是否令人满意、整个电子教材或课件的界面是否统一，以及读者是否能够迅速地定位到设计者所希望突出的重点等。

(2)教材质量——用以从技术层面评测电子教材或课件所用多媒体素材的质量。主要包括：声音的清楚流畅程度和信噪比的高低、视频录像和动画大小是否合适、制作水平和技术处理水平、画面的清晰程度以及是否生动形象等。这里应特别关注的是，所有多媒体素材的表现和表述知识内容的水平，是否能够高效地达到预期的讲授内容和教学目标。

(3)媒体选择——用以评估能否根据教学内容选择出最合适的教学媒体。重点评测教学设计过程中对媒体选用的水平，各种媒体在表述知识时各有其特点，能用文字表达清楚的知识，就没有必要用复杂的其他媒体表述。当用文字比较难以科学、准确地表述某一知识时，可以选用语言、录像、动画或交互式的 CAI 程序等多媒体表述。本项指标的设立主要是防止制作者出现滥用媒体的现象。

(4)媒体优势——用以评估在讲授知识的重点、难点和关键点等传统文字难以表述的内容时能否发挥多媒体教学的优势。当然，不同的学科、不同的知识内容、不同的创意水平，都会影响多媒体在教学中的应用。例如，为讲授某一知识难点而设计的具有很强交互性的程序，可以让用户自己通过不断地输入和交互操作，来理解和掌握该知识点的复杂内涵。又如，对于微观或宏观的现象和规律，若是能采用多媒体动画进行模拟或仿真，那么肯定会取得较理想的教学效果。

(5)教学设计——用以从整体上评价电子教材或课件的多媒体教学设计水平。这里所说的教学设计，不仅是要运用现代学习科学、教育心理学、教学理论、传播理论、教学媒体与信息技术等相关理论与技术，来分析教学中的问题和需要、设计出解决这些教学问题和需要的方法或方案，还要求应通过多媒体计算机辅助教学来实现，并且要在教学试验中评价其效果，然后在评价效果的基础上再改进设计方案。本指标项着重从电子教材或课件的实际教学环境及教学过程的角度，来评测其教学设计水平。

（6）检索书签功能——用以评价电子教材或课件的检索和书签等功能及其水平。在传统文字教材的书后一般附有主题、人名和参考文献等索引，电子教材及课件不仅也有这些内容，而且其检索功能更为强大与高效。与此同时，电子教材及课件还设计有电子书签等功能，所以电子教材或课件与传统文字教材相比，在这方面具有较大的优势。

（7）智能性——用以评价电子教材及课件是否具有人工智能和专家系统的功能及水平。本指标项主要起一个导向作用，因为这些要求是电子教材及课件今后的发展方向。教学软件的人工智能就是要求它具有某些智能计算机系统的功能，可以展示出人类智能行为的特征（包括理解、语言、学习、推理、解决问题等）。例如，在不断接收和分析学生在学习过程中输入的反馈信息后，系统能迅速诊断出学习者此时的学习状况，并作出下一步学习目标和路线的选择，从而使学生感受到学习过程中始终有教师在身旁不断地给予指导。电子教材及课件的专家系统功能，是利用计算机的海量存储，将人类长期积累的知识保存起来，在学生利用电子教材或课件进行学习的过程中，不断为其提供相关知识，并为学生自主探究和分析解决问题提供必要的知识背景与方法。

（8）媒体辅助功能——用以评估电子教材及课件所具有的一些辅助功能水平。例如，是否具有多种媒体的学习提示、交叉参考、知识点词典、导航和定位等功能，也可包括一些与教学内容相关的智力游戏和休闲娱乐等。

4. 附加分

附加分——是指评估人员在进行总体评价过程中，如果遇到被评价的电子教材或课件，具有显著特色与创新，可以有效提高教学质量与效率，或是具有受益面较广等非上述指标体系所能评测的因素这类情况，评估人员可以额外地给予被评价对象不超过 10 分的评价。

第二节 "学教并重"的教学过程设计

在第二章第四节给出的"学教并重"教学系统设计过程模式（即"学教并重"ID 的实施流程）中，教学过程主要有"传递—接受"教学和"发现式"教学两个分支，在第二章中已经指出，实际上也就是"有意义传递—接受"教学和"教师主导下的自主—探究"教学两个分支(而"教师主导下的自主—探究",通常也简称为"主导下探究")。

下面分别对这两种主要教学过程(即"有意义传递—接受"和"教师主导下的自主—探究")的设计进行阐述。

一、"有意义传递—接受"教学设计

(一)"有意义传递—接受"教学概述

"有意义传递—接受"教学很容易被误解为注入式教学,然而"有意义传递—接受"教学是当今学校教育的主要教学方式,具有较高的质量与效率。而其教学成效之所以高,是以科学的教学方式为前提的,所以,了解其产生背景、内涵特征将有利于更好地发挥这种教学方式的优势。

1."有意义传递—接受"教学方式产生的背景

"有意义传递—接受"教学方式的产生背景和美国著名教育心理学家奥苏贝尔提出的有意义接受学习理论有直接的关系。奥苏贝尔认为,学生的学习主要是接受学习,而不是发现学习,即学生主要是通过教师讲授和呈现的材料来了解和掌握前人的知识与经验。但是,这种接受学习应该是有意义的,而不是机械的。为此,新知识必须与原有认识、原有观念之间建立起适当的、有意义的联系。发生有意义学习的条件就是要帮助学习者在当前所学新知识与其认知结构中原有旧知识之间建立起某种非任意的实质性联系或关系,这种关系应是"类属关系""总括关系"或"并列组合关系"三者之中的一种,从而使新知识获得实际意义。这种教学的主要目标是促进学生对知识的掌握(包括对知识意义的理解、保持和运用),并强调要依据知识的内在逻辑关系来帮助学习者形成与扩展认知结构。

在这种教学方式中,教师的主导作用体现在:激发学习者的学习动机;选择适当的教学内容与教学媒体;运用先行组织者策略以帮助学习者建立起新旧知识之间的有意义联系(即帮助学习者认识到新知与旧知之间存在怎样的"类属关系""总括关系"或"并列组合关系");选择和设计适当的自主学习策略和协作学习策略,以促进学习者对知识意义的自主建构、深入理解和应用迁移。学习者在学习过程中的主体地位则体现在:积极主动地建立起新旧知识之间的有意义联系(非任意的实质性联系),从而获得新知识的意义。与此同时,新知识将通过"同化"被吸纳到原有认知结构中使原有认知结构得以扩展。

2."有意义传递—接受"教学方式的内涵及特征

(1)"有意义传递—接受"教学方式的内涵

所谓"传递—接受"是指,在教学过程中教师主要通过口授、板书、演示,学生则主要通过耳听、眼看、手记(用耳朵聆听教师的讲解、用眼睛观看教师的板书、用手记下教师讲授要点和板书内容——笔记,对于小学生尤其是低年级小学生来说,主要是耳听和眼看)来完成知识与技能传授,从而达到教学目标要求的一种教学方式。

奥苏贝尔认为,"传递—接受"教学不一定是机械的,"发现式"教学也不一定是有意义的。教学能否做到有意义——使学生能够真正理解、掌握所教的知识("掌握"意味着不仅能理解,而且能将所学的知识用于解决实际问题),而不是死记硬背、机械地生搬硬套、不求甚解,关键在于是否能在当前所学的新知识和原有认知结构(它保存在大脑的长时记忆内)中的旧知识之间建立起某种非任意的实质性联系(即新知与旧知之间是否能建立起上面所述的"类属关系""总括关系"或"并列组合关系"三者中的某一种关系)。如果能够发现或找到这种联系,这种教学就是有意义的,否则就是机械的。教师的责任就是要帮助或启发学生自己去发现或找出这种内在联系,而不是越俎代庖,直接把结果告诉学生。

成功的"传递—接受"学习是一个有意义的学习过程,即"有意义传递—接受"过程,不能把"有意义传递—接受"教学与灌输式教学、填鸭式教学等同起来。在"有意义传递—接受"教学方式中,学生的学习是主动建构知识意义的过程——这一过程必须由学生自己在已有认知经验的基础上,通过对当前的新信息进行意义识别、编码、内化等心理加工环节来完成。

(2)"有意义传递—接受"教学方式的特征

"有意义传递—接受"教学方式的基本特征可以用一句话来概括,就是"在充分发挥教师主导作用的同时,对学生自主学习也有适当关注"。具体表现在以下两个方面:

①强调充分发挥教师在教学过程中的主导作用。在这种教学方式下,教师不仅是主动的施教者、知识的传授者,还要求教师自始至终引导并监控整个教学活动进程。显然,这种教学便于教师主导作用的发挥,便于教师组织课堂的各种教学活动,便于师生之间的情感交流,因而有利于对学科知识的系统传授,有利于对前人知识经验的学习与掌握,也有利于情感因素在学习过程中更有效地起作用。

②适当关注学生的自主学习。在这种教学方式下,自主学习方式并没有被排除。事实上,在建立新知与旧知联系的过程中,学习者需要积极开动脑筋、认真思考,从而发挥一定的主动性与积极性。当然,这种主动性与积极性主要是在教师的引导、启发下形成的,和学生完全在自主探究的环境下、独立地形

成的主动性与积极性还不能相提并论——因为,前者虽然可以用较短的时间达到对知识技能的理解与掌握,但难以培养出创新的思维与创新的能力;而后者不仅可以较深入地达到对知识技能的理解与掌握,还有利于创新思维与创新能力的形成与发展,即更有利于创新人才的成长。不过,就等量知识内容的教学而言,为了达到基本理解与掌握,一般来说,前一种方式("有意义传递—接受"式)要比后一种(自主—探究式)节省时间,即教学的效率更高一些,而且这种教学还有利于情感因素在学习过程中更有效地发挥作用。正是因为具有这些优点,所以"有意义传递—接受"是我们目前各级各类学校中(从小学、中学、职业学校到大学)不可或缺的一种重要教学方式。

(二)"有意义传递—接受"教学方式的实施

"有意义传递—接受"作为一种有意义的教学方式,其实施过程主要有四个步骤——首先是"实施先行组织者策略",然后是"介绍与呈现新的学习内容"和"运用教学内容组织策略",最后是"促进对新知识的巩固与迁移"。其具体的实施流程如图 5-3 所示。

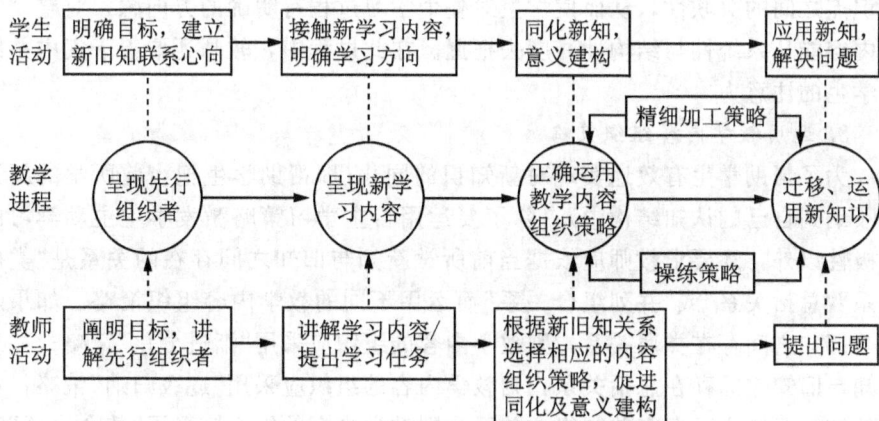

图 5-3 "有意义传递—接受"教学方式的实施流程

1. 实施先行组织者策略

这个步骤包括阐明教学目标、呈现并讲解先行组织者及唤起学习者先前的知识体验三个环节。

"阐明教学目标"是要引起学生的注意并使他们明确当前的学习任务。

"呈现先行组织者"就是利用适当的引导性材料对当前所学新知识加以定向与引导,这类引导性材料与当前所学新知识(新概念、新命题、新原理)之间应存在某种非任意的实质性联系,而且在包容性、概括性和抽象性等方面符合认知同化理论要求，从而能对新知识起固定、吸收作用。

所谓"先行组织者"实际上就是学习者认知结构中与当前所学新知识具有某种非任意的实质性联系的"原有观念"的具体体现。它是新知识与原有认知结构之间的联系桥梁，因而它可以帮助学习者形成有意义学习。和新知与旧知之间存在的三种关系（"类属关系""总括关系""并列组合关系"）相对应，先行组织者也有"上位组织者""下位组织者"和"并列组织者"三种不同的类型，所以在实施先行组织者策略的过程中，对此必须有清醒的认识，以便在后面对当前新知识的教学内容进行组织时，能对实施何种"先行组织者"策略作出恰当的选择。

"唤起学习者先前的知识体验"就是要建立起新知与旧知之间联系的心向（心理倾向）。

2. 介绍与呈现新的学习内容

对当前学习内容的介绍与呈现，可以采用讲解、讨论、实验、阅读、作业或播放录像等多种形式。学习材料的介绍与呈现应有较强的逻辑性与结构性，以便使学生易于了解学习内容的组织结构，便于把握各个概念、原理以及各个知识点之间的关联性，从而使学生对整个学习过程有明确的方向感，对整个学习内容能从系统性与结构性高度去把握。在此过程中，教师还要善于集中并维持学生的注意力。

3. 运用教学内容组织策略

为了帮助学生有效地实现对新知识的同化（即帮助学生把当前所学的新知识吸纳到自己的认知结构中），除了要运用自主学习策略激发学生主动学习的积极性以外，还要求教师应依据当前所学新知与旧知之间存在的关系是"类属关系""总括关系"或"并列组合关系"而运用不同的教学内容组织策略。如果新知与旧知之间存在类属关系，则教学内容的组织应采用"渐进分化"策略；如果新知与旧知之间存在总括关系，则教学内容的组织应采用"逐级归纳"策略；如果新知与旧知之间存在并列组合关系，则教学内容的组织应采用"整合协调"策略。这三种策略的具体内容如下：

(1)"渐进分化"策略

实施"渐进分化"策略，要求首先讲授最一般的，即包容性最广、抽象概括程度最高的知识，然后再根据包容性和抽象程度递减的次序逐渐将教学内容一步步分化，使之越来越具体、越来越深入。在贯彻这种策略时应注意的是，不仅整门课程的内容（即学科内容）要按渐进分化原则组织，就是课程内各个教学单元的内容以及各单元之内的各个知识点也要按照这个原则组织。

（2）"逐级归纳"策略

实施"逐级归纳"策略，要求首先讲授包容性最小、抽象概括程度最低的知识，然后再根据包容性和抽象程度递增的次序逐级将教学内容一步步归纳，每归纳一步，包容性和抽象程度即提高一级。就某门课程或某个教学单元来说，当组织者为下位观念、教学内容为上位观念时，其教学内容只是在组织顺序上和"渐进分化"策略不同（二者正好相反），而内容本身则毫无差别。事实上，"渐进分化"和"逐级归纳"正好是互为逆过程。

（3）"整合协调"策略

当先行组织者在包容性和抽象概括程度上既不高于、也不低于当前教学内容，但二者之间具有某种或某些相关的、甚至是共同的属性时，对于教学内容的组织可以采用"整合协调"策略。实施"整合协调"策略的过程，实际上就是通过分析比较先行组织者与当前教学内容在哪些方面具有类似的或共同的属性以及在哪些方面二者并不相同，来帮助和促进学习者认知结构中的有关要素进行重新整合或协调——以便把当前所学的新知识纳入到认知结构的某一层次之中，使之类属于包容范围更广、抽象概括程度更高的概念系统之下的过程。

4．促进对新知识的巩固与迁移

在实施这一步骤的过程中，学习者一方面要应用精细加工策略与反思策略来巩固和深化对当前所学新知识的意义建构；另一方面还要通过操练与练习策略在运用新知识解决实际问题的过程中来促进对新知识的掌握与迁移。

（三）"有意义传递—接受"教学的实施案例：小学数学"长方形与正方形的周长"①

"长方形与正方形的周长"是九年义务教育五年制小学数学第四册的内容，本案例由湖北省麻城市第二实验小学"四结合"课题组的教师设计并执教。本节课的教学是在学生已经掌握长方形和正方形特征的基础上进行的。具体教学过程如下：

情境导入激发兴趣：教师运用多媒体投影显示一组校园及师生活动的图片，让同学们说出图片上有哪些是已学过的图形，它们各有几条边。学生回答时，教师用彩色笔在图片中画出形状，从而既激发了学生的学习兴趣，又自然地引出本课的主题。

动手操作体验新知：接着教师拿出一些铝条，请同学们猜猜可以围成哪几

---

① 该案例为教育部基础教育司教学改革重点项目"学科'四结合'教学改革试验研究"成果，入选时略有改动。

种图形，并让学生自己动手用铝条围图形，教师则进行巡视指导。学生围完图形后，先由同组同学检验、评价所围的图形（在同组评价时，着重要求学生运用已有工具，判断所围图形用了多长的铝条），然后全班交流各组的讨论过程和结果。

形成周长概念：学生通过动手操作的亲身体验，已初步建构出关于周长的概念——"围成平面图形一周的长度叫作这个图形的周长"。教师再运用多媒体技术把三角形、正方形、长方形的周长逐步展开的过程直观地演示出来，以加深学生对周长概念的理解。最后，教师进一步引导——"树叶有周长吗？五角星有周长吗？桌面呢？请小朋友们摸一摸。"从而拓展学生关于周长的知识。

掌握长方形与正方形周长的计算方法：教师在黑板上画一个长方形，问小朋友们怎样计算这个长方形的周长。先让全班学生各自独立列式计算，并选几位学生到黑板上演算，同时启发学生思考："这个问题共有几种算法？你在计算长方形周长时，会选择哪一种？说出你的理由。"在学生们通过讨论、比较，已基本掌握长方形周长的计算方法后，再给学生们一张画有正方形的卡片，让学生们设法计算出正方形的周长。

师生小结：先由教师用言语引导——"同学们通过围一围、想一想、算一算之后，有什么收获？大家能给今天这节课取个合适的课名吗？"然后通过全班讨论，完成小结与归纳。

应用拓展：为了进行应用拓展，本课给学生出了三道练习题。其一是计算正方形手帕的周长，其二是计算本校篮球场的周长，其三是做小小设计师——"学校有一片空地要建一个花坛，谁能帮学校设计一个周长是 22 米的花坛，谁就能获得小小设计师的称号。"

本节课的教学内容涵盖两个知识点，其一是"周长的概念"，其二是"长方形与正方形周长的计算"。本节课的教学是在学生已经掌握了长方形与正方形特征的基础上进行的，在教学过程中，教师提出了两个关键问题："所围图形用了多长的铝条？""你怎样计算长方形的周长？"这两个问题是本课教学中的两个先行组织者，第一个先行组织者对于"长方形与正方形的周长"这一学习内容而言是个上位概念（上位组织者）——长方形与正方形的周长类属于图形的周长；第二个先行组织者对于当前的学习内容而言是个下位概念（下位组织者）——长方形周长的计算是长方形与正方形周长计算的一个方面。

对于上位组织者，教师采用了如下的"渐进分化"教学内容组织策略：在学生动手围图形并用工具测量所用铝条长度的基础上，导出"围成平面图形一周的长度叫作这个图形的周长"这一概念。接着，通过多媒体投影播放动画——

把三角形、正方形、长方形的周长逐步展开的过程直观地演示出来,以巩固和深化这一概念。对于下位组织者,教师则采用了如下的"逐级归纳"教学内容组织策略:先让学生根据自己对长方形特征的了解,对给定的长方形列出式子计算其周长,然后对不同的计算方法展开讨论、比较,最后师生共同归纳出最简捷、有效的长方形周长计算公式。在此基础上,为了促进知识迁移,教师又让学生进一步思考如何计算正方形的周长,于是学生通过再次认真思考、小组讨论、全班交流,共同总结出正方形周长的计算公式。至此,本课的教学目标已大体完成,教师可引导学生对本课的学习过程进行回顾:"你有什么收获?""能为今天这节课起个合适的题目吗?"学生们的一致回答是"长方形与正方形的周长"。

本课的内容分成两个阶段:第一阶段主要围绕平面图形周长的概念,通过让学生围一围、看一看、说一说等活动使每个学生都参与到知识建构的过程中来,让学生在充分感知的基础上,形成平面图形周长的概念;第二阶段主要围绕长方形、正方形周长的计算,让学生在开放式的学习氛围中学到长方形与正方形周长的计算方法,并初步体现不同学习者可在学习过程中得到不同发展的教育新理念。最后给出的三道应用拓展练习题,设计颇具匠心,既密切联系学生的日常生活实际,又能让学生应用当前所学知识去解决问题,从而能较好地促进学生对所学知识的巩固与迁移。

二、"教师主导下的自主—探究"教学设计

(一)"教师主导下的自主—探究"教学方式概述

1. "教师主导下的自主—探究"教学方式产生的背景

学习方式(learning approach 或 learning style)是当代学习理论中的一个重要概念,多数学者认为学习方式是指学生在完成学习任务过程中的基本行为和认知取向。学习方式不是指具体的学习方法和学习策略,而是指学习者在学习过程中发挥自主性、探究性与合作性方面的基本特征。传统的学习方式把学习建立在人的客体性、受动性和依赖性的基础之上,而忽视了学习者的主动性、能动性和独立性;转变学生的学习方式就是要转变这种他主的、被动的和依赖的学习方式,而倡导自主的、探究的与合作的学习方式,让学生的主体意识、能动性和创造性不断得到发展,使学生真正成为学习的主人。对广大青少年来说,这种转变主要靠教师在教学过程(尤其是中小学的教学过程)来完成。为此,2001 年以来我国实施的《基础教育课程改革纲要(试行)》提出了要转变学生学习方式的任务,要在教师指导下促进学生主动地、富有个性地学习,并明确倡导以"自主、探究、合作"为特征的学习方式,从而改变传统的以教师为中

心、以书本为中心的局面。"自主—探究"教学方式正是在这样的背景下逐渐形成并发展起来的。

"自主—探究"教学方式主要强调以"自主—探究—合作"为特征的教与学活动——即教师要成为学生学习过程的组织者、指导者，学生自主建构意义的帮助者、促进者，学习资源的开发者、提供者。学生则要先通过自主学习达到对学科知识的初步认识与理解，再通过自主探究进一步深化对所学知识的意义建构，然后在小组（或班级）的合作学习过程中，通过思想碰撞、协作交流、取长补短，以及教师的必要指导，来完成深入的认知加工，达到对所学知识的深层次意义建构，从而最终理解并掌握所学的知识。

由于"自主—探究"教学方式强调"自主—探究—合作"，学生的主动性、积极性能得到较好发挥，但因为在此过程中，教师主导作用被忽视，对学生的学习过程完全放手，让其充分自由发挥，所以往往容易偏离既定的教学目标，或是纠缠在某些枝节问题上，使学生浪费大量时间，而真正有用的知识却没学到多少。为此，"学教并重"ID对这种教学方式作了只涉及一个"字"的改进——将"教师要成为课堂教学的组织者、指导者"改为"教师要成为课堂教学的组织者、主导者"。表面看只有一字之差（"指"导者改为"主"导者），实际上含义有很大的不同："指导者"强调的是学习者的自主学习、自主探究以及学习者之间的协作交流，只在必要时教师才进行适当的指导（但绝对不进行课堂讲授）；"主导者"则强调在学习者自主学习、自主建构以及学习者之间进行协作交流、深化意义建构的过程中，教师仍须发挥主导作用——即对于自主学习的主题、协作交流的重点、深化意义建构的难点等学习过程中的关键问题，教师仍须进行必要的引导、启发、分析、点拨，还包括进行适当的课堂讲授，以便使学生少走弯路、节省时间，能够优质、高效地达到学习目标。这里对"自主—探究"教学方式，虽然只是作了一个字的改进，而其实质却是要把这种完全放手、充分自由的自主学习与自主建构变成有教师主导作用介入的自主学习与自主建构。实践证明，这样做对于广大中小学生来说，确实能取得较为理想的教学效果。

经过这样改进后的教学方式，就是"教师主导下的自主—探究"方式。

2. "教师主导下的自主—探究"教学方式的内涵与特征

"教师主导下的自主—探究"教学方式是指，在教学过程中，要求学生在教师发挥主导作用的前提下，通过以"自主、探究、合作"为特征的学习方式对当前教学内容中的主要知识点进行自主学习、深入探究并进行小组合作交流。在此过程中教师的主导作用体现在：对于学生自主学习的主题、协作交流的重点、深化意义建构的难点等学习过程中的关键问题，仍须进行必要的引导、启发、分析、点拨，还包括进行适当的课堂讲授，以便使学生少走弯路、节省时间，能够优质、高效地达到学习目标。

"教师主导下的自主—探究"教学方式的基本特征也可用一句话来概括："既要突出体现学生在学习过程中的主体地位，也不忽视教师的主导作用。"具体表现在以下两个方面：

(1)突出体现学生在学习过程中的主体地位

"教师主导下的自主—探究"教学方式，在教学过程中特别强调学生的自主学习和自主探究，以及在此基础上实施的小组合作学习活动。一节课的教学目标主要靠学生个人的自主探究加上学习小组的合作学习活动来完成。由于在此过程中，学生们的主动性、积极性乃至创造性都能普遍地得到比较充分的发挥，所以这种教学方式不仅可以深入地达到对知识技能的理解和掌握，更有利于创新思维与创新能力的形成与发展，即有利于创新人才的培养。对于这种教学方式来说，能否取得成功的关键在于：学生在学习过程中的主体地位是否能得到体现(而且是比较充分乃至突出的体现)——这一点是至关重要的。

(2)同时关注教师在学生自主学习过程中的主导作用

尽管这种教学方式主要采用"自主、探究、合作"的学习方式，在教学过程中强调学生的自主学习和自主探究，但是它并不忽视教师在此过程中的主导作用。这种教学方式下教师的主导作用体现在以下几个方面：

①根据当前教学目标和教学内容的要求确定自主探究的主题。

②探究的主题确定后，为了使"自主、探究、合作"的学习方式切实取得成效，需要在开始探究之前，由教师向全班学生提出若干富有启发性、能引起学生深入思考、并与当前学习内容密切相关的问题(以便全班学生带着这些问题去探究)。这一环节至关重要，因为所提出的问题是否具有启发性、是否能引起学生的深入思考，这是自主探究学习能否取得成功的关键所在。而这类问题必须由教师提出，也只能由教师提出(学生对当前学习内容初次接触，尚不了解，不可能由他们自己提出这类问题)。

③在进行自主探究的过程中，要由教师提供多方面的帮助与指导——带着问题进行探究的过程，固然是由学生个人(或学习小组)去完成，但这一过程需要教师提供有关的探究工具(例如几何画板、建模软件、仿真实验系统等)和相关的教学资源支持，以及探究方法、策略方面的必要指导。如果这些学习支持与指导不落实、不到位，将会严重挫伤学生的学习信心与学习积极性，使自主探究的效果大打折扣，甚至完全落空。

④探究过程完成后要由教师帮助总结与提高——探究过程完成后，一般要先由学生个人（或学习小组）作总结。这类总结难免有片面甚至错误之处，通过全班的讨论交流，集思广益，取长补短，可在一定程度上克服这些缺点与不足。不过，如果要让全班学生都能对当前的探究主题（学习内容）达到比较深入的理解与掌握，即对当前所学的知识都能从感性认识上升至理性认识，都能做到不仅知其然，而且知其所以然，那就还需要教师的帮助和提高（毕竟和学生相比，教师对整门课程有比较全面、透彻、深入的把握，可以做到高屋建瓴）。

正是因为具有上述两方面的基本特征，所以这种教学方式才会被命名为"教师主导下的自主—探究"。

(二)"教师主导下的自主—探究"教学方式的实施

"教师主导下的自主—探究"教学方式的实施对象（探究主题）是教材中的某一个或几个知识点，可适应于不同学科的常规课堂，目前已经成为能满足各学科常规课堂教学需要的、最有效也是最常用的教学方式之一。这种教学方式的实施流程包含"创设情境""启发思考""自主探究""协作交流"和"总结提高"五个环节（或步骤），如图 5-4 所示。

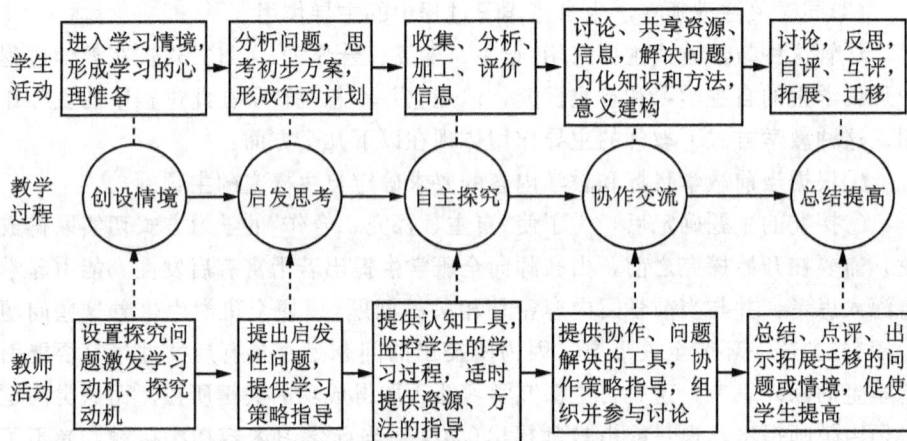

图 5-4 "教师主导下的自主—探究"教学方式的实施流程

1. 创设情境

创设情境不仅是教师导入教学主题的需要，也是激发学生的学习动机和自主探究动机的需要。教师创设情境的方法多种多样：可以设置一个待探究的问题（此问题的解决需运用当前所学的知识；当前的情境创设，正是为此目的——创设探究主题），也可以播放一段与当前教学内容密切相关的视频，或是朗诵一首诗歌、放送一段乐曲、讲一个生动的小故事、举一个典型的案例、演示专门制作的课件、设计一场活泼有趣的角色扮演……(当然,所有这些活动都应有一个先决条件——必须与当前教学内容密切相关,否则达不到创设情境的目的)。教师通过上述各种方法创设能激发学生学习动机和探究动机的情境,学生一旦进入教师创设的情境就可在情境的感染和作用下形成学习的心理准备,并产生探究的兴趣。

2. 启发思考

在学生被创设的情境激发起学习兴趣并形成了学习的心理准备之后,教师应及时提出富有启发性而且能涵盖当前教学知识点的若干问题(切忌提出一些有明显答案或明知故问的问题),让学生带着这些问题去自主学习和自主探究。在问题思考阶段,教师对于学生应当如何解决问题以及利用何种认知工具或学习资源来解决问题,要给出具体的建议和指导;学生则要认真分析教师所提出的建议,明确自己所需完成的学习任务,并通过全面思考形成最初的探究方案。

3. 自主学习与自主探究

在实施这一步骤的过程中,学生利用教师提供的认知工具和学习资源(或是利用在教师指导下从网上或其他途径获取的工具和资源),围绕教师提出的与某个知识点有关的问题进行自主学习和自主探究。这类自主学习和自主探究的活动包括:学生利用相关的认知工具(不同学科所需的认知工具不同)去搜集、查询和当前所学知识点有关的各种信息。然后学生主动地对所获得的信息进行分析、加工与评价,而在分析、加工与评价的基础上,学生将形成对当前所学知识的认识与理解——即由学生自主完成对当前所学知识意义的建构。在学生进行自主学习与自主探究的过程中,教师应密切关注学生的学习与探究过程,并要适时地为学生提供如何有效地获取和利用认知工具、学习资源以及有关学习方法策略等方面的指导。

4. 协作交流

为了进一步深化学生对当前所学知识意义的建构,应在自主探究的基础上,组织学生以讨论形式开展小组内或班级内的协作与交流——通过共享学习资源与学习成果,在协作与交流的过程中进一步深化对学生当前所学知识的认识与理解。教师在此过程中应为学生提供协作交流的工具,同时要对如何开展集体讨论、如何面对小组成员的分歧等协作学习策略作适时的指导,而且教师在必要时也应参与学生的讨论和交流(不能只作场外指导)。协作交流的过程不仅是学生深入完成知识与情感内化的过程,也是学生学习和掌握多种学习方法的过程。

5. 总结提高

总结提高是实施"教师主导下的自主—探究"教学方式的最后一个环节，其目的是通过师生的共同总结，来补充和完善全班学生经过自主探究和协作交流这两个阶段以后对当前所学知识在认识与理解方面仍然存在的不足，以便更全面、更深刻地达到与当前所学知识点有关的教学目标要求（包括认知目标与情感目标这两方面的要求）。在实施这一步骤的过程中，学生的活动包括讨论、反思、自我评价、相互评价；教师的活动包括点评学生的学习情况、提出和迁移拓展有关的问题并创设相关情境对当前所学知识内容进行概括和总结（以帮助学生了解当前所学知识点与其他知识点之间的内在联系）。其中"提出和迁移拓展有关的问题"——可以要求学生应用所学知识去解决某个问题，也可以要求学生应用所学知识去完成某项作品。

（三）"教师主导下的自主—探究"教学的实施案例：小学语文《奇妙的歌手》①

《奇妙的歌手》是北京版小学语文第三册的一篇科普类童话故事。内容讲述的是小黄莺要找金嗓子歌手组织一个合唱队，但当它分别找到蟋蟀、青蛙和蝉这几位歌手时，却得知它们都不是用嗓子发声的。最终小黄莺的合唱队还是建成了，不过，其中包括了一批不用嗓子发声的优秀歌手。北京市昌平区二毛小学的马莲君老师，对该课的第二课时采用"教师主导下的自主—探究"方式进行了教学，其实施过程如下：

创设情境、激趣引题：教师告诉同学们，小黄莺给大家写了一封公开信（以多媒体投影的方式展示），其内容是：为了参加森林音乐会，拟组织金嗓子歌手合唱队，希望大家踊跃报名。教师要求同学们先读公开信，然后猜猜小黄莺最后找到了哪些金嗓子歌手。同学们读完小黄莺的信后兴致盎然，接着很快就猜出蟋蟀、青蛙、蝉等歌手。与此同时，教师以贴图的方式把歌手的图片呈现在黑板上。通过这种情境创设，不仅激发起学生的浓厚兴趣，并使全班学生都把注意力集中到本课要学习的主题上，与此同时还引导学生回顾了课文。

提出问题、启发思考：教师提出"小黄莺是在哪里找到这些歌手的？它们的歌声怎么样？它们各自是用什么器官发声的？"等问题，让学生们认真思考。与此同时，教师板书："在哪里？歌声怎样？用什么发声？"

自主学习、协作探究：学生分成几个小组，首先带着上述问题自主读课

---

① 该案例是全国教育科学"十五"重点课题"基础教育跨越式发展创新探索试验研究"成果，入选时略有改动。

文，然后通过小组讨论、协商在课文中划出能回答教师问题的词语或句子，并尝试填写回答上述问题的表格。

全班交流、深化理解：由各小组的代表向全班汇报经本组讨论后对上述问题得出的答案；教师板书各组答案，同时指导全班学生朗读相关的词句。

总结提高、突出主题：在对讨论进行总结的过程中，教师又以"为什么它们叫奇妙的歌手"设问，并进一步启发学生从课文中找到答案——"歌声美、但不用嗓子发声"。

拓展阅读、开阔视野：这个环节的设计意图是让学生拓展阅读教学资源中的"知识宝盒"和"故事宝盒"内容。这些拓展阅读内容介绍了动物界的很多奇妙现象（涉及动物睡眠、吃食、育儿等许多方面），从而开阔了学生的视野，丰富了学生的知识。与此同时还启发学生边读边想，看看自己能不能也根据动物的某种奇妙特点，创编一篇童话。显然，通过拓展阅读环节，可以大大深化与延伸本课的主题与教学目标的要求。

学用结合、写作表达：在拓展阅读基础上，教师鼓励学生们把自己了解到的动物界的奇妙现象告诉更多的读者，让学生在留言板上以"奇妙的……"为题（也可以自拟题目），进行写作表达（最好也能写成童话故事），从而使学生通过这一教学环节能取得更大的收获。

教师在这节课的前半段时间里贯彻了"教师主导下的自主—探究"教学方式（包括创设情境、启发思考、自主学习、协作探究、全班交流、总结提高等环节）。表格的填写相当于为学生的自主学习与协作探究提供了一种认知工具——通过填表可促进学生对课文的进一步思考与理解。情境的创设、表格的设计与提供、小组协作活动的组织以及总结提高等环节，是本教学方式中发挥教师主导作用的主要体现；而自主学习、协作探究和全班交流则是本教学方式中体现学生主体地位的几个环节。

在此之后，教师对"教师主导下的自主—探究"教学方式又作了进一步的发展——给学生以较充分的时间进行扩展阅读（且阅读材料异常丰富）和写作表达，这就使学生的主动性、积极性乃至创造性能够得到更充分的发挥，从而进一步凸显了学生在学习过程中的主体地位，因而更有利于学生的创新意识、创新思维与创新能力的培养。

应该说，后面增加的拓展阅读和写作表达这两个环节，并不属于一般的"自主—探究"教学方式范畴，而应该看作是对这类教学方式在特定的语文学科教学情况下的丰富和拓展。大量的教学实践证明，对语文学科来说，这样的拓展确实是非常有效的，完全可以作为一条成熟经验加以普遍推广。

【拓展资源】

[1] 何克抗. 中国特色教育技术理论的建构与发展[M]. 北京：北京师范大学出版社，2012.

[2] 何克抗. 信息技术与课程深层次整合理论[M]. 北京：北京师范大学出版社，2008.

[3] 何克抗. 关于发展中国特色教育技术理论的深层思考（上）[J]. 电化教育研究，2010(5)：5-19.

[4] 何克抗. 关于发展中国特色教育技术理论的深层思考（下）[J]. 电化教育研究，2010(6)：39-54.

【思考题】

1. 有人认为"网络环境中有丰富的教学资源和学习资源，可以满足学习者的个体差异，所以基于网络的教学设计不需要分析学习者的特征"，你对此观点有何看法？

2. 如何在教学设计中实现"学教并重"思想？

3. 网络课程设计与课堂教学设计有何异同？

第六章 教学系统设计的应用
——教学资源的设计

【本章学习要点】

　　教学系统设计是一门既注重理论探索又强调实践性和应用性的学科。由于教学中问题的范围、大小的不同，教学系统设计相应地具有不同的层次。教学系统设计的最初发展是从以"产品"为中心的层次开始的——它把教学中需要使用的媒体、材料、教学包等当作产品来进行设计。在当代，这些产品一般可称为资源，它是教学系统设计中的重要组成部分，是教与学活动得以有效开展的重要支撑。数字化学习资源是伴随计算机、通信和网络技术的迅速普及而发展起来的新型教育资源，它不仅带来传统学校教育的深刻变革，而且在很大程度上促进了教育社会化和终身化的进程。当前，数字化学习资源具有数量庞大、内容丰富、种类繁多、无所不在等特点，正迅速改变着人们的学习内容和学习方式。因此，对学习资源的类型、作用及其设计与开发过程进行较深入的了解与探讨，将有助于我们在教学实践中有效地设计、开发和利用这些资源，从而显著提升学科教学的质量和人才培养的成效。

　　本章对当前典型、常见的各种学习资源进行系统阐述，其中第一节简要介绍学习资源的类型、特点与作用，第二至第五节分别论述多媒体教学软件、专题学习网站、视频公开课和网络课程的设计要点、原则、方法及过程，并提供典型案例分析。

【本章内容结构】

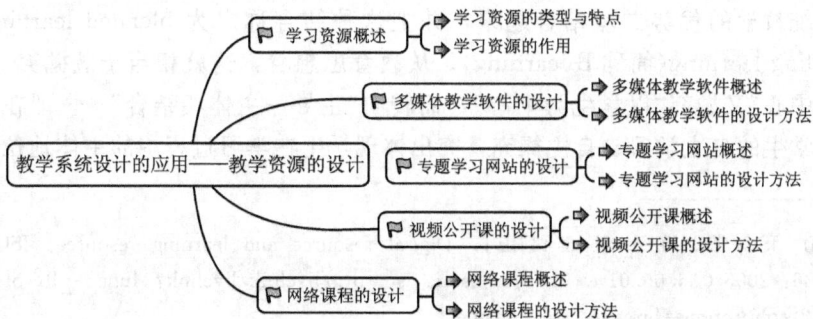

第一节　学习资源概述

根据 ISO/IEC JTC1 SC36 ITLET"信息技术学习、教育、培训"国际标准的定义，数字资源（digital resource）是指通过信息技术系统（IT system）传送、存取的任何类型的资源，其中学习资源（learning resource）是指能够供学习、教育、培训作为参考和应用的任何实体①。本书的学习资源（当它应用于教学过程时，也称"教学资源"），通常是指数字化学习资源（在教学过程中则称数字化"教学资源"）。

教育信息化建设是一项系统工程，它包括硬件基础设施的建设、软件支撑平台的研发、数字化学习资源的开发以及广大教师的理论与技术培训等组成要素。随着教育信息化工程的整体推进，要求数字化学习资源的建设也要同步地向前发展。由于网络学习环境既有丰富的学习资源，又有很强的交互性，便于自主学习、自主探究。所以，随着网络的普及，在建构主义理论的支持下，基于网络的"以学生为中心"的教育思想在 20 世纪 90 年代一直很流行，而传统的"以教师为中心"的教育思想则受到严厉的批判。与此同时，在教学过程中教师必不可少的主导作用（如正确的启发引导、重点与难点的分析把握、促进新知与旧知之间的联系等）也被当作糟粕扔掉了。但是经过 10 年左右网络教育实践的探索以后，人们发现在促进学生自主学习、自主探究方面，在培养学习者创新意识、创新思维、创新能力方面，由网络教育所体现的数字化学习（E-learning）确实具有其他媒体、其他学习方式所不可比拟的优势。与此同时，人们也认识到，这种网络教育并不能完全取代传统教育。比如，传统教育中的人文氛围、教师的言传身教以及教师主导作用的更有效发挥等就是 E-learning 所无法取代的。因而近年来国际上比较强调二者的结合——既要发挥网络环境下数字化学习的优势，也要发挥传统教学的优势，也就是主张把数字化学习的优势与传统教学的优势二者结合起来，并把这种结合称之为 blended learning 或 blending learning（简称 B-learning）。从教育思想看，这就相当于既抛弃"以教师为中心"又抛弃"以学生为中心"，而转向"主导—主体相结合"——即在高度重视学生的自主学习、自主探究，突出体现学生在学习过程中的主体地位的同

---

① ISO/IEC JTC1 SC36 ITLET. Digital resource and learning resource：ISO/IEC 2382-36：2006（36.05.01）. http：//isotc. iso. org/livelink/livelink? func ＝ ll&objld ＝ 806742&objAction＝browse&sort＝name.

时，也要重视充分发挥教师在整个教学过程中的主导作用①。

与国际教育界上述教育思想观念的转变相适应，数字化学习资源建设的内容也要相应地实现由支持"以教为主"或"以学为主"，到支持"学教并重"的转变。

支持"以教为主"的数字化学习资源，由于其主要关注点是辅助教师解决教学中的重点、难点，提高教学的质量与效率，更好地向学生传授知识（而对学生自主学习、自主探究等活动则缺乏相应的关注与支持），故其内容强调要为一线教师的学科教学提供多媒体课件、典型课例、教学设计方案和各类试题等资源。

支持"以学为主"的数字化学习资源，由于其主要关注点是要促进学习者的自主学习、自主探究活动和小组的协作学习、协作探究活动（而对如何辅助教师的"教"，则缺乏相应的关注与支持），故其内容应是能起认知探究工具作用与协作交流工具作用的数字化学习资源。

支持"学教并重"的数字化学习资源，其关注点是既要辅助教师的"教"，又要促进学生自主的"学"，即既要重视如何辅助教师解决教学中的重点、难点，提高学科教学的质量与效率，更好地向学生传授知识，又要突出体现学生在学习过程中的主体地位，充分调动学生的主动性、积极性与创造性。所以其内容应是"以教为主"和"以学为主"这两种数字化学习资源内容的有机结合。

一、学习资源的类型与特点

根据教育部教育信息化技术标准委员会发布的《教育资源建设技术规范》中的描述，教育资源主要包括以下几类：

媒体素材：是传播教学信息的基本材料单元，可分为五大类：文本类素材、图形/图像类素材、音频类素材、视频类素材、动画类素材。

试题：测试中使用的问题、选项、正确答案、得分点和输出结果等的集合。

试卷：用于进行多种类型测试的典型成套试题。

课件：对一个或几个知识点实施相对完整教学的用于教育、教学的软件，根据运行平台划分，可分为网络版的课件和单机运行的课件。网络版的课件需要能在标准浏览器中运行，并且能通过网络教学环境被大家共享；单机运行的

---

① 何克抗. 我国数字化学习资源建设的现状及其对策[J]. 电化教育研究，2009(10)：5-9.

课件可通过网络下载后在本地计算机上运行。

案例：由各种媒体元素组合表现的、有现实指导意义和教学意义的代表性事件或现象。

文献资料：指有关教育方面的政策、法规、条例、规章制度，对重大事件的记录、重要文章、书籍。

网络课程：通过网络表现的某门学科的教学内容及实施的教学活动的总和，它包括两个组成部分：按一定的教学目标、教学策略组织起来的教学内容和网络教学支撑环境。

常见问题解答：针对某一具体领域最常出现的问题给出全面的解答。

资源目录索引：列出某一领域中相关的网络资源地址链接和非网络资源的索引。

数字化学习资源是随信息时代技术发展而出现的，它的技术基础是网络与多媒体技术相结合的超媒体技术。超媒体不是各种信息媒体的简单组合，它是一种把文本、图形、图像、动画和声音等形式的信息通过超文本的形式结合在一起，并可通过计算机网络广泛传播的新型信息组织方式。数字化学习资源有如下基本特征[①]：

(1)处理数字化：是指将声音、文本、图形、图像、动画、视频等信息经过转换器抽样量化后，由模拟信号转换成数字信号。数字信号的可靠性远比模拟信号高，对它的纠错处理也容易实现。

(2)存储海量化、传输网络化：数字化资源一般包括大量视、音频数据，需要海量的存储设备，一般存放在大容量的磁盘阵列、光盘库甚至是云平台中，可以通过网络实现远距离传输，学习者可以在任何一台上网的计算机上获取自己需要的信息资源，也便于和学习同伴共享这些资源。

(3)组织非线性：数字化学习资源采用超媒体技术构建，支持文本、音频、视频、图形(图像)、动画等多媒体信息，并采用超文本的方式组织信息，非常适合于表现非线性网状知识，非常适合于人脑的认知思维方式，也有利于有效地组织教学信息，以促进知识的迁移。

(4)交互多样性：多样化的交互方式是新一代以"学"为中心的学习资源的核心特征，也是有别于传统信息交流媒体的主要特点之一。传统信息交流媒体只能单向地、被动地传播信息，而数字化学习资源则可以实现人对信息的主动

---

① 余胜泉. 信息技术与课程整合——网络时代的教学模式与方法[M]. 上海：上海教育出版社，2004.

选择和控制，实现学生与资源、学生与学生、学生与教师之间一对一、一对多、多对多的，以及实时的、非实时的多样化交互。

目前，在学校的信息化教学中，最为常见的学习资源有：多媒体教学软件、专题学习网站、视频公开课、网络课程，其功能与作用越来越受到人们的关注。本章后续部分将主要介绍这几类学习资源。

二、学习资源的作用

(一)有利于教师创设情境

数字化学习资源的表现形式多种多样，可以为学生的学习创设各种有意义的情境(例如，利用文本、图形、图像、动画、视频、音频等各种学习资源可为学生的学习创设生动、形象、直观的学习情境)。教师利用这些数字化资源所创设的社会、文化、自然情境，可以帮助学生认识自然、认识社会；利用所创设的用于引发思考的问题情境，可以培养学生的观察、发现与思考问题的能力；利用所创设的虚拟实验情境，可以让学生通过实际操作虚拟实验、观察现象、读取数据并进行科学分析，从而培养科学的探究精神。

(二)有利于学生个性化学习

数字化学习资源作为文字教材的补充与延伸，是学生进行个性化学习的有效资料——学生可以利用各类相关的学习资源进行学习，并独立自主地完成学习与探究任务，同时还有助于拓宽知识领域。另一方面，由于网络和智能技术的发展和普及，使学习者在时间上、空间上和内容上有了充分的选择余地——每一位学习者都可以根据自己的学习特点和现有知识水平，在自己方便的时间和地点从互联网上自由地选择适合自己的学习资源，按照适合自己的方式和进度进行学习，并可以同时向多位同学、教师、专家请教某一课程的疑难问题或对自己感兴趣的某个热点问题与相关的群体进行较深入的交流、切磋与探讨，从而使个性化学习真正得以实现。

(三)有利于师生的互动交流

数字化学习资源是一个庞大的交互式开放性系统，为学习者提供了广泛的交互式学习方式、途径及丰富的资源，教师和学生可以通过网络通信工具实现同步或异步的交流。教师可以利用 BBS、博客(微博)、微信等发布教学信息和教学公告，也可以就某一专题与学生展开讨论；学生则可利用诸如 E-mail、QQ 群、博客(微博)、微信等各种网络通信工具，和教师或学习伙伴开展提问、讨论、质疑等学习活动，也可以用于传递学习资料或交流学习方法，还可以通过 FTP 上传和下载数据量大的网络课件或参考资料。通过网络题库，教师可以测试学习者的知识掌握水平和了解学生解决问题的方法与步骤；而学习者通过网络课堂，可以系统掌握多名优秀教师对同一课程内容的教学特点和不同教学风格。这些广泛的交互式在线教学方式有效地促进了教师的"教"和学生的"学"，较充分地调动了双方的积极性、主动性和创造性。

第二节　多媒体教学软件的设计

随着多媒体技术的日益成熟和普及，多媒体技术在教学中的应用越来越普遍。多媒体技术在教学中的应用，关键是要设计并编制出能符合教学需求的优质多媒体教学软件。

一、多媒体教学软件概述

多媒体教学软件是一种根据教学目标设计、用于表现特定教学内容、反映一定教学策略的计算机程序。它是可以用来存储、传递和处理教学信息，能让学生进行交互操作，并对学生的学习作出评价的教学媒体。

(一)多媒体教学软件的教学特点

由于多媒体技术自身具有集成性、可控性和交互性等特征，使多媒体技术的教学应用过程与传统的教学过程或一般的电化教学过程有所不同，归纳起来，多媒体教学软件的教学特点主要有如下几方面。

1. 图文声像并茂，能激发学生学习兴趣

多媒体教学软件由文本、图形、动画、声音、视频等多种媒体信息组成，图、文、声、像并茂，所以给学生提供的外部刺激不是单一感官的刺激，而是多种感官的综合刺激，这种刺激能引发学生的学习兴趣和提高学生的学习积极性。

2. 友好的交互环境，有利于调动学生的主动性、积极性

多媒体教学软件提供图文并茂、丰富多彩的人机交互式学习环境，使学生能够按自己的知识基础和习惯、爱好选择学习内容，而不是由教师事先安排好，学生只能被动服从。这样，就可以充分调动学生的主动性、积极性，真正体现学生在学习过程中的认知主体地位。

3. 丰富的信息资源，可扩大学生知识面

多媒体教学软件能提供大量的多媒体信息和资料，能创设真实、丰富的教学情境，这不仅有利于学生对知识的获取和保持，而且将大大扩展学生的知识面。

4. 按超文本结构组织信息，可提供多种学习路径

超文本是按照人类的联想思维方式、非线性地组织管理信息的一种先进技术。由于按超文本结构来组织信息，具有非线性和便于联想的特点，这有利于学生培养发散思维和联想思维，有助于创新人才的培养。另外，由于超文本中的信息是按照超链接方式组织的，这便于学生按照自己的目的和认知特点去重新组织信息，从而使学习者可以按照各自不同的学习路径去进行学习。

(二)多媒体教学软件的基本类型

根据多媒体教学软件的内容与作用的不同，可以将多媒体教学软件分为如下几种类型。

1. 课堂演示型

这种类型的多媒体教学软件一般来说是为了解决某一学科的教学重点与教学难点而开发的，它注重对学生的启发、提示，反映问题解决的全过程，主要用于课堂演示教学。这种类型的教学软件要求画面形象、直观，尺寸比例较大，还要能按照教学思路逐步呈现。

2. 学生自主学习型

这种类型的多媒体教学软件具有完整的知识结构，能反映一定的教学过程和教学策略，并提供相应的形成性练习，以供学生进行学习评价。此外，这种教学软件还设计了多种友好界面——便于学习者进行人机交互活动。在个别化教学系统中，利用具有这种交互性的多媒体教学软件，使学生可以在个别化的教学环境下进行自主学习。

3. 模拟实验型

这种类型的多媒体教学软件借助计算机仿真技术，提供可更改参数的指标项——当学生输入不同的参数时，能随时真实模拟对象的状态和特征，以便供学生进行模拟实验或在探究性学习中使用。

4. 训练复习型

这种类型的多媒体教学软件主要是通过解题的形式用于训练、强化学生某方面的知识和能力。这种类型的教学软件在设计时要保证具有一定比例的知识点覆盖率，以便全面地训练和考核学生的能力水平。另外，考核目标要分为不同等级，逐级上升，而且要根据每级的目标来设计题目的难易程度。

5. 教学游戏型

这种类型的多媒体教学软件与一般的游戏软件不同，它是基于学科的知识内容，寓教于乐，通过游戏的形式，教会学生如何理解和掌握学科的知识与能力，并引发学生对学习的兴趣。对于这种类型软件的设计，应特别关注：趣味性要强、游戏规则要简单。

　　6.资料、工具型

　　资料、工具型教学软件包括各种电子工具书、电子字典以及各类图形库、动画库、声音库等，这种类型的教学软件只提供某种教学功能或某类教学资料，并不考虑具体的教学过程。这种类型的多媒体教学软件可供学生在课外进行资料查阅使用，也可根据教学需要事先选定有关片断——用于配合教师讲解，以便在课堂上进行辅助教学。

二、多媒体教学软件的设计方法

　　多媒体教学软件的设计与制作和一般多媒体计算机软件系统的设计与制作过程大致相同，通常包括有需求分析、脚本编写、软件结构设计、多媒体素材的采集和制作、样品的制作、测试、评估等步骤。但由于多媒体教学软件是面向教学的，因此多媒体教学软件的开发并不完全等同于一般多媒体计算机应用软件的开发。多媒体教学软件的开发需要在现代教育思想和教育理论的指导下，努力做好教学系统设计、系统结构模型设计、导航策略设计和交互界面设计等工作，并要在教学实践中反复使用，不断修改，才能使开发出的多媒体教学软件符合教学规律，取得预期的教学效果。

　　由于多媒体教学软件是面向教学，且具有数据量大、交互性强的特点，从而决定了多媒体教学软件的开发有其独特的方法。多媒体教学软件开发过程可用图 6-1 表示，首先是要选择课题（对项目进行界定），接着通过教学设计、

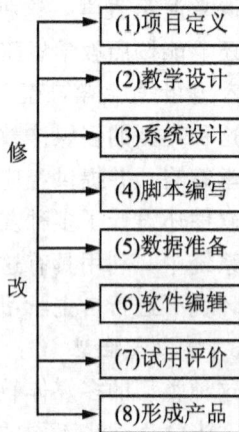

图 6-1　一般教学软件的开发过程

系统设计、脚本编写、数据准备、软件编辑等步骤编制成教学软件，然后将教学软件在小范围教学中试用并进行评价，发现不足之处，再进行修改，最后才能形成正式产品。

　　（一）教学设计

　　教学设计是多媒体教学软件设计的第一步，也是非常重要的一步。

　　多媒体教学软件的教学设计，就是要应用系统科学的观点和方法，按照教学目标和教学对象的特点，合理地选择和设计教学媒体信息，并在系统中加以有机组合，以形成优化的教学系统结构。它包括如下基本工作：教学目标与教

学内容的确定，学习者特征的分析，媒体信息的选择，知识结构的设计，诊断性评价的设计等。

1. 教学目标与教学内容的确定

多媒体教学软件所要表现主题（即教学内容）的选择不是由开发者个人决定的，而是由从事教学工作的教师根据教学的实际需求，决定需要制作成多媒体教学软件的教学内容。在选择教学内容时，应当时常考虑为什么要选择这一教学内容并将其制作成多媒体软件。所以在这一步骤中要经常向自己提出以下几个问题：

（1）本教学内容的重点和难点是什么？

（2）传统教学方法为什么不能或没能很好地解决教学中的这一重点和难点？

（3）利用多媒体教学软件的哪些突出特点可以解决教学中的这一重点和难点？

在确定教学内容后，要进一步根据学科的特点，将教学内容分解为若干知识点，并分析这些知识点的知识内容属于事实、概念、技能、原理、问题解决等类型中的哪一类别。在此基础上，再利用第三章中图 3-3 所示的教学目标—教学内容二维层次分析模型，进行教学目标与教学内容的分析。

2. 学习者特征的分析

分析学习者的特征是要了解学习者的学习准备情况及其学习风格与认知特点，这种分析可为后续的教学设计工作提供重要依据。所谓学习准备是教育心理学中的一个概念，指学习者在从事新的学习时，原有的知识水平或原有的心理发展水平对新的学习的适合性。

学习准备包括两个方面：一是学习者对从事的特定学科内容的学习已经具备的有关知识与技能的基础，以及对有关学习内容的认识和态度，这叫作"起始能力"（entry competencies）。二是学习者在从事这种学习时所具有的心理、生理、文化等特点，包括年龄、性别、认知成熟度、生活经验、文化背景、学习动机、个人对学习的期望等，这被称为"一般特征"。因此，学习者的特征分析包括"起始能力"的预估和"一般特征"的鉴别这两个方面。

3. 媒体信息的选择

在多媒体教学软件设计中进行媒体信息的选择，首先要明确媒体的使用目标是什么，接着要分析各种媒体类型的特点，并根据教学目标和内容的需要选定能实现媒体使用目标的各种媒体。现分述如下：

（1）确定媒体的使用目标。媒体在教学过程中能起各种各样的作用，在选择媒体时，作为设计者首先要明确运用媒体的目的是什么（即希望媒体起什么作用)——这便是媒体的使用目标。这类目标通常有以下几种：

呈现事实——媒体能提供有关科学现象、形态、结构，或者是史料、文献等客观真实的事实。

创设情境——媒体能提供有关的画面、动画、活动现场等，以说明故事的情节，展示特定的情境。

提供示范——媒体能提供一系列的标准行为，如语言、动作、技能等，以供学生模仿和练习。

解释原理——媒体能提供典型事物的运行、成长、发展的完整过程，从而有利于解释事物的性质及规律。

探究发现——媒体能提供典型现象或过程，在此基础上，通过设置疑点和问题，可以让学生进行自主探究和发现。

(2)分析各种媒体的特点。多媒体教学软件中的媒体类型主要包括文本、图形、静态图像、动画、音频和视频。从信息呈现的角度看，它们具有如下特点：

文本——主要是指计算机屏幕上呈现的文字内容，一般用于传递教学内容信息。在多媒体教学软件中，学习者可以自主控制文本的呈现时间，所以阅读时的灵活性比较大。超文本链接技术能使学习者更加方便地进行阅读，从而显示出在计算机环境下阅读文本的优越性。

图形——在多媒体教学软件的各种媒体中，图形比较特殊。因为它是一种抽象化的图形，其承载的信息量比较少，但由于它具有数据量小、不易失真等特点，因此在多媒体软件中应用得比较多(几乎所有的多媒体制作工具都具有绘制图形的能力)。

静态图像——在多媒体教学软件中十分常见，从界面、背景到各种插图，基本上都选择位图。位图的色彩比较丰富，层次感强，可以真实地重现生活场景(如照片)，因此其承载的信息量比较大。

动画——动画是对事物运动、变化过程的模拟。一般来讲，动画的制作需要借助专门的工具软件(有二维的，也有三维的工具软件)，经过有创意设计的动画更加生动、有趣，从而有利于激发学习者的学习兴趣和积极性。

音频——在教学中利用音频传递教学信息，是调动学生使用听觉接受知识的必要前提。标准的解说、动听的音乐有利于集中学生学习的注意力、陶冶学生的情操和激发学生学习的潜力。

视频——同动画媒体相比，视频是对现实世界的真实记录。借助计算机对多媒体的控制能力，可以实现视频的播放、暂停、快速播放、反序播放、单帧播放等功能。视频的信息量比较大，具有更强的感染力。

（3）选择媒体的类型与内容。在设计多媒体教学软件时，关于媒体信息的选择与设计，要根据对教学内容与教学目标分析的结果和各类媒体信息的特性，合理选择适当的媒体类型（如文本、图形、动画、视频、解说、音响效果等）和具体内容，以实现原定的媒体使用目标，并把它们作为基本要素分别安排在不同的教学内容（知识点）中。如表 6-1 所示。

表 6-1　多媒体信息的选择设计表

知识点	文本	图形	动画	视频	解说	音响效果
S_1	√				√	
S_2	√		√			√
S_3				√		√
S_N					√	√

4. 知识结构的设计

知识结构是指知识点之间的关系与联系的一种形式。知识结构通常可分为并列结构、层次结构和网状结构等几种类型。

进行知识结构的设计，要注意遵守以下几项原则：

（1）要体现知识内容之间的关系。在进行知识结构的设计时，首先要涵盖所有的知识点内容，不要有遗漏的知识点。同时，还要在学科教学专家、教研人员、学科教师的配合下确保知识点的排列组合能体现知识内容之间的内在联系。

（2）要体现学科教学的规律。各个知识点之间的关系还要体现学科的教学特点，要反映学科的教学规律。如语文教学中往往遵循字—词—句—篇的教学顺序；在小学数学教学中，常常是从日常生活的具体事实中先概括出抽象的数学问题、提出数学概念，然后加以证明、推理和演绎，最后再将一系列的公理、原理、规则和推论应用于解决生活中的实际问题；外语教学中则经常要同时进行听、说、读、写这四个方面的教学，等等。

（3）要体现知识结构的功能。知识体系与任何别的系统一样有自己的要素和结构，同时也有一定的功能。因此，知识结构的设计中应力求在清楚地揭示知识点之间内在联系的同时，尽量展示出知识结构的功能，以方便教师组织合理的教学活动，发挥整个教学系统的功能。图 6-2 所示为初中化学《制取氧气》多媒体课件的知识结构图，它反映了初中化学制取氧气的三种方法以及每一种制取方法所涉及的知识点。这就为课件的板块设计、策略设计等后续开发奠定了基础。

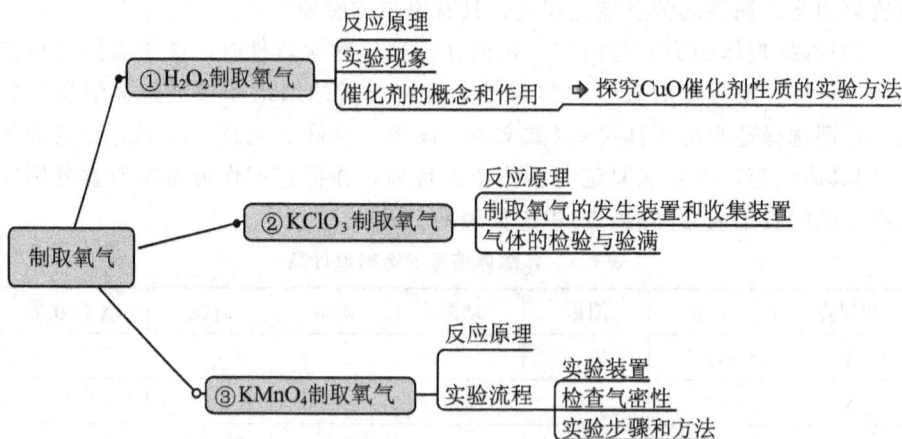

图 6-2　《制取氧气》多媒体课件的知识结构图

5. 诊断性评价的设计

在多媒体软件设计中，为了进行诊断性评价，问题的设计是必不可少的。利用"问题"来开展教学活动的过程是先向学习者提出问题，然后等待学习者回答，再向学习者提供反馈信息。提问和等待学习者回答，一方面能检查学习者对于所讲授内容掌握的情况；另一方面通过各个方面的提问，能促进学习者进行深入的思考，使学习者对问题的理解逐渐深化。此外，还要通过提问大量的重复性问题，让学习者能熟练地运用这些知识和掌握有关规律，把短时记忆通过反复运用，加深成为长期记忆，并建立起联想式的知识结构。及时的反馈，可以帮助学习者在尝试过程中修正自己的认识；不论补救性反馈还是鼓励性反馈，都可以促进学习者加深认识和记忆。提问—回答—反馈的教学过程能促进学习者围绕教学目标进行思考，作出反应，并获得新的认识。

诊断性评价可以设计成游戏形式或问题问答形式，一般应包括提问、应答、反馈三部分。

(1)提问部分。提问是整个问题的第一部分，提问是否为学习者所理解将直接影响回答的结果。因此，提问部分必须意思完整，问题明确，能促进学习者进行思考；提出的问题要与所学知识点有紧密联系，并能反映相应的教学目标；提问可用是非题、多项选择题、匹配题或简单填充题。

(2)回答部分。按照提问要求，将学习者可能作出的反应情况全部罗列出来(或设计成由学习者自己输入的方式)，根据这些可能的反应，计算机即可显示出不同的回答内容。回答部分的设计应一题一答，这样易于实现。在学习者回答问题时，应适当给予提示，以便让他们有较多的成功机会。对回答结果的判断应与评分相结合。

(3)反馈部分。对于学习者的回答，应给予相应的反馈。对于正确的答案，应给予鼓励性反馈；对于有缺点的、错误的答案，应给予指正或补救性的建议，并根据不同的情况分别作出"指出错误""要求重答""给出答案""辅导提示"等不同形式的反馈。在《制取氧气》课件中，主要通过"巩固练习"模块实现对学习者的诊断性评价——包括选择题、实验题和填空题三类。如图 6-3、图 6-4、图 6-5 所示。

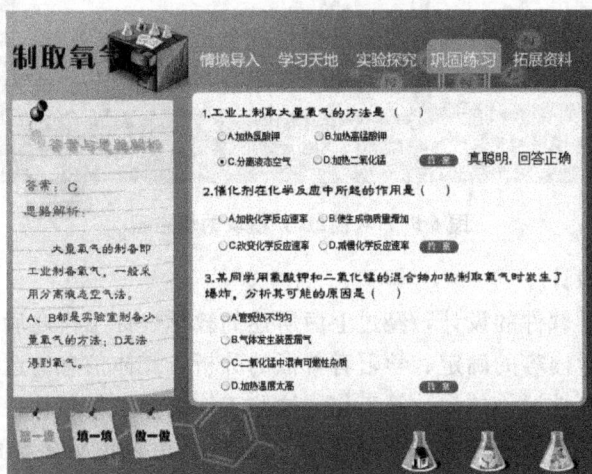

图 6-3 "巩固练习"模块的选择题

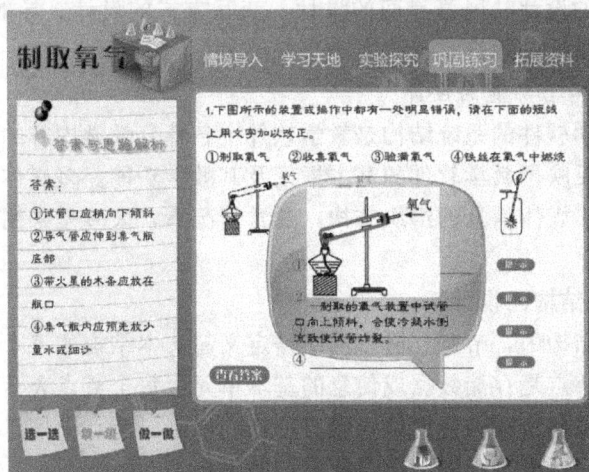

图 6-4 "巩固练习"模块的实验题

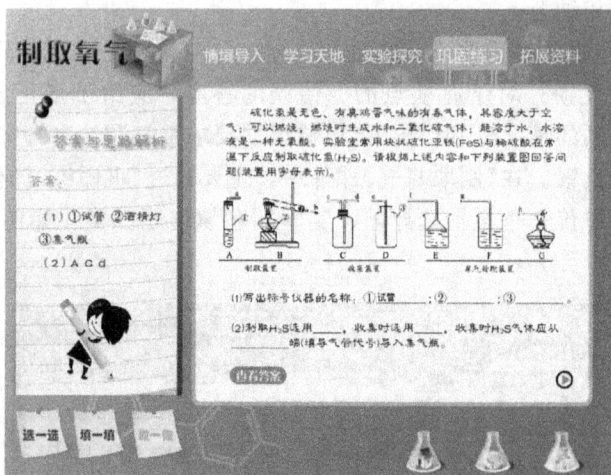

图 6-5 "巩固练习"模块的填空题

(二)系统设计

多媒体教学软件的设计，经过上面所述的教学设计工作之后，基本上完成教学目标与教学内容的确定、学习者特征的分析、媒体信息的选择、知识结构的设计以及诊断性评价的设计等工作，这些工作确保了教学软件的教学性和科学性的要求。但如何将这些知识内容在计算机上通过灵活多样的形式加以表达，发挥多媒体的优势，突破教学的难点，突出教学的重点，培养学生的能力和素质，这还有赖于教学软件的系统设计。多媒体教学软件的系统设计包括软件结构与功能的设计、屏幕界面的设计、交互方式的设计、导航策略的设计、超文本结构的设计等内容。

1. 软件结构与功能的设计

多媒体教学软件的系统结构是教学软件中各部分教学内容的相互关系及呈现的形式，它反映了教学软件的基本框架及其教学功能。多媒体教学软件的系统结构实质是多媒体信息的组织结构，通常情况下，大多是采用非线性的超媒体结构。

(1)超媒体结构的设计

在超媒体结构中，节点、链、网络是定义超文本结构的三个基本要素。

①节点。节点是存储数据或信息的基本单元，每个节点表示一种特定的信息，它的大小根据实际需要而定，没有严格的限制。节点中信息的载体可以是文字，也可以是图形、动画、声音或它们的组合。

②链。链表示不同节点中所存放信息之间的联系。它是每个节点指向其他

节点或从其他节点指向该节点的指针，由于信息之间的联系是丰富多样的，因此链也有多种形式，如单向链、双向链等。链功能的强弱，直接影响着节点的表现力，也影响到信息网络的结构。

链的具体形态体现在软件的跳转关系上，可以通过"热键""图标""按钮"等方式实现节点之间的跳转。利用这些跳转关系，可分别完成顺序运行，结构联系、交叉索引，信息查询、程序运行等关系的变化与操作。

③网络结构。超文本的信息网络是一个有向图结构，它类似于人工智能中的语义网络。超文本网络结构中信息之间的联系，体现了作者的思想脉络。超文本网络结构不仅提供了知识、信息，同时还包含了对它们的分析、推理。因此，在设计网络结构时，应考虑到主题显示与子主题之间、知识单元与知识点之间、知识单元与知识单元之间、知识点与知识点之间的逻辑关系和层次关系以及它们之间的跳转关系，从而形成一个非线性的网络结构。图 6-6 是《制取氧气》教学软件的网络结构，该网络结构既体现了与制取氧气相关的知识点之间的逻辑关系，也清晰地呈现出课件中知识点之间、资源之间的层次关系和跳转路径，从而构成了《制取氧气》教学软件的系统结构，并反映出了整个教学软件系统的基本框架及其教学功能。

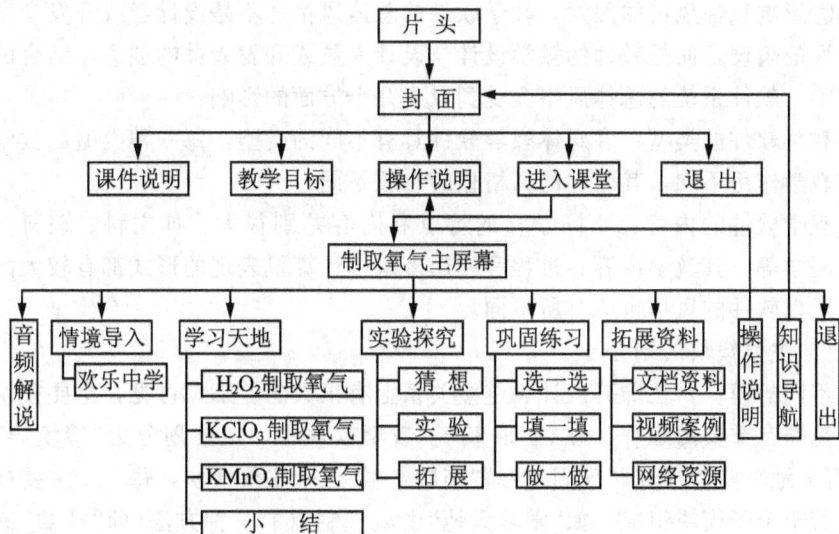

图 6-6 初中化学《制取氧气》教学软件的系统结构

(2)总体风格的设计

教学软件的风格是从教学软件的整体上所呈现出来的代表性特点，是由特定的教学内容与表现形式相统一而形成的一种难以说明却不难感觉的特定风貌。

软件的总体风格与软件的特性有密切的关系,教学软件的特性就是一个教学软件区别于其他教学软件的具有相对稳定性的显著特征,软件的总体风格就是软件特性的具体表现。

①软件风格的特性。软件的总体风格既具有多样性,又具有统一性。多样性是软件风格的必然特性。教学软件所表达的教学内容分门别类,软件的表现形式灵活多样,教师和学生对教学软件的需求和爱好各不相同,这就规定了软件风格的多样性。教学软件只有具备多样性的风格,才能适应对无限丰富多样的知识内容进行表达和反映的需求,才能满足教师和学生对于教学软件各自不同的多种爱好与需求。但是,由于受到多媒体教学软件基本要求的制约,无论是哪一门课程、无论是适应哪一个年级的教学软件,都必须按照一定的制作规范进行开发,这就注定了教学软件的风格应带有统一性。特别是在同一个教学软件或同一系列的教学软件中,软件的风格更应该保持一致。这样,无论是对于教学知识的表达或使用者(教师或学生)的学习与操作,都有可依循的规律性及可操作性。

②影响软件风格的因素。教学软件的总体风格并不是设计者或开发者主观随意性的表现,而是教师的教学设计与设计人员或开发人员的创意相结合的如实反映。软件系统的总体风格会受到以下几个方面的影响:

教学软件的类型:多媒体教学软件具有不同的类型,每一种类型的教学功能和教学作用不同,其软件的风格也应有所不同。

教学软件的内容:不同学科的特点和内容差别很大,如文科、理科、工科、医学等,其教学内容、过程和利用多媒体计算机表现的形式都有较大的差异,所以软件的风格也应有所不同。

(3)主要模块的划分

不同的模块,在屏幕设计和链接关系上有很大的差别,可见,主要模块的划分是非常重要的工作。在《制取氧气》教学软件中,主要划分为"情境导入""学习天地""实验探究""巩固练习""拓展资料"五个主要模块,每一个主要模块又由若干个子模块组成。如"学习天地"由氧气制取的三种方法(即"H_2O_2制取氧气""$KClO_3$制取氧气"和"$KMnO_4$制取氧气")以及"小结"四个子模块组成。

(4)屏数的确定与各屏之间的关系

每一个子模块的呈现是由若干个屏幕来完成的——屏幕数目的确定可参考文字脚本中与该知识内容相对应的卡片数,并由此确定各屏之间的关系。在

《制取氧气》教学软件的"学习天地"模块中"KClO$_3$制取氧气"子模块的屏数(共5屏)以及各屏之间的关系如图6-7所示,界面则如图6-8所示。

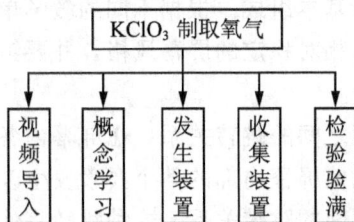

图6-7　"KClO$_3$制取氧气"的屏幕数及各屏间的关系

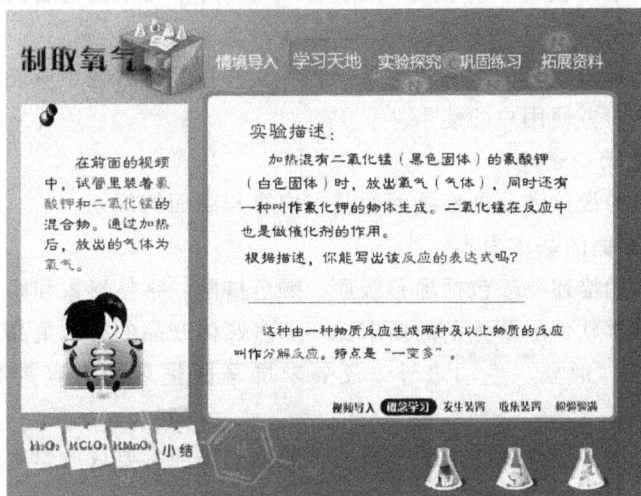

图6-8　"KClO$_3$制取氧气"界面

(5)软件结构的设计方法

设计多媒体教学软件的系统结构,可按以下步骤进行:

①设计软件的封面与导言。多媒体教学软件的标题要求简练,封面要求形象生动、能引起学生兴趣,并能自动(或通过触摸)进入导言部分。导言部分应阐明教学目标与要求,并介绍软件使用的方法、呈现软件的基本结构,以便引起学生注意。

②确定软件的菜单组成与形式。根据软件的基本框架及教学功能,可确定软件的主菜单和各级子菜单,并设计出菜单的表达形式(如文字菜单、图形菜单等)。

③划分教学单元并确定每个教学单元的知识点构成。先将教学内容划分成

若干个教学单元，并确定每个教学单元中包含哪些知识点。在特定情况下，不同教学环节中的形成性练习也可以划分为独立的单元。

④设计屏幕的风格与基本组成。根据不同的教学单元，设计相应的屏幕类型，使相同的知识点具有相对稳定的屏幕风格，并要考虑每类屏幕的基本组成要素。

⑤确定屏幕内各要素之间的跳转关系。在屏幕内各要素之间的跳转不会引起屏幕整框的翻转，只是使屏幕内部的某个要素发生改变。

⑥确定屏幕与屏幕之间的跳转关系。这种跳转将使当前所在的屏幕翻转到另一个屏幕。

⑦确定屏幕向主菜单或子菜单的跳转。每一屏幕可根据需要向主菜单或上一级子菜单跳转。

⑧确定屏幕向"结束"的跳转关系。教学软件在运行过程中应能随时结束并退出，这样才能方便用户的使用。

2. 屏幕画面的设计

屏幕画面的设计涉及屏幕画面的基本内容与版面的规划。

(1)屏幕画面的基本内容

屏幕画面的描述一般包括屏幕版面、颜色搭配、字体形象和修饰美化等内容。多媒体教学软件屏幕画面的要求比一般多媒体产品的要求更高，即除了追求屏幕的美观、形象、生动之外，还要求屏幕所呈现的内容具有较强的教学性。

①屏幕版面。多媒体教学软件的屏幕版面安排通常要求教学主体突出、交互操作方便、屏幕使用率高。

②颜色搭配。颜色搭配设计包括背景颜色、文字颜色以及全屏幕色调的设计，一般要求色彩协调，醒目自然。

③字体形象。字体形象设计包括字形和字体大小设计，一般要求字形标准、规范(例如对于小学生最好用楷体)，对字体大小要求适中、清楚。

④修饰美化。除上述设计以外，为使屏幕形象更加美观，还需进行必要的修饰、点缀，一般要求整洁、美观、大方。

(2)屏幕版面的规划

多媒体教学软件的屏幕中含有各种教学信息、帮助提示信息以及可以进行交互作用的对象，对于屏幕版面进行规划就是要恰当安排这些信息和对象的位置及其大小。

①教学信息呈现区域。教学信息呈现区域主要呈现知识内容、演示说明、

举例验证、问题提问等，它们是用多媒体信息来呈现的。在安排这些媒体信息的呈现区域时，重点是对各种可视信息(如文本、图形、图像、活动影像、动画等)进行定位和大小设计；在屏幕版面上，整个教学信息呈现区域应当处于醒目的位置，并占有较大的面积。

②帮助提示区域。多媒体教学软件中的导航策略很重要，它可以指导学习者沿着正确的途径进行学习，避免迷途或少走弯路。因此，在制作脚本时，应有相应内容的描述并在屏幕版面上有所考虑。

③交互作用区域。根据学生的操作习惯，"交互作用区域"的位置应是在右边、下面或右下角。

3. 导航策略的设计

由于超媒体系统信息量巨大，内部信息之间的关系很复杂，用户容易迷失方向，不知道自己处在信息网中的什么位置。因此，需要系统提供引导措施，这种措施就是导航。导航策略实际是教学策略的体现，这是一种避免学生偏离教学目标、引导学生进行有效学习，从而提高学习效率的策略。在多媒体系统中，这种导航策略通常包括：

①检索导航——系统提供一套检索方法供用户查询，通常是让用户首先查询控制节点或索引节点，由它提供用户较完整的信息网络轮廓或更细致的局部轮廓，然后用户再逐步跟踪相关节点、缩小搜索范围，直至找到所需的信息。其中控制节点或索引节点可以利用关键词、标题、时间顺序或知识树等多种方式设置。

②帮助导航——系统设置一种专门用于"帮助"的菜单，供学习者在学习过程中遇到问题和困难时使用，帮助菜单将提供解决的办法和途径以引导学生不致迷航。

③线索导航——系统可以在学习者浏览、访问系统的链或节点时，把学习者的学习路径记录下来，以便让学习者按原来的路径返回。系统也可以让学习者事先选定一些感兴趣的路径作为学习线索，然后学生可以根据此线索进行学习。

④浏览导航——利用导航图进行导航。导航图是以图形化的方式，表示出超文本网络的结构图，图中包含有超文本网络结构中的节点以及各节点之间的联系。导航图可以帮助用户在网络中定向，并观察信息是如何连接的，每个节点都是一个信息单元，学习者可以直接进入其中的某个节点进行学习。

⑤演示导航——系统提供一种演示方式来指导学习，其效果就像播放一套连续幻灯片一样，系统通过某种算法，把系统中的主要内容按一定顺序向学习

者演示，以供学习者模仿。

⑥书签导航——系统提供若干书签号，用户在浏览过程中，可以在自己认为是重要的或感兴趣的节点上打上指定序号的书签，以后只要再输入书签号，就可以快速地回到设置该书签号的节点上。

《制取氧气》教学软件主要采用"浏览导航"——在"课件说明"模块，有关于整个课件导航概况的展示（如同知识点地图），这就使学习者对该课件的知识点及课件结构的使用一目了然。如图 6-9 所示。

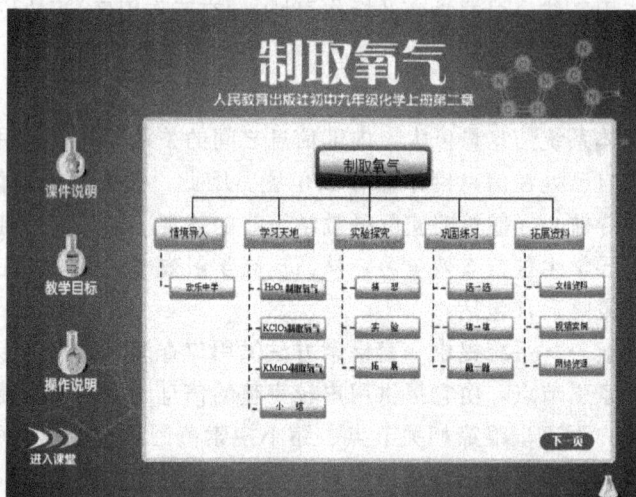

图 6-9 《制取氧气》导航概况

4. 屏幕界面的设计

这里所指的屏幕界面是呈现在计算机显示器上的屏幕界面，它是在学习者与多媒体教学软件之间传递信息的媒介。多媒体教学软件的屏幕界面主要由窗口、菜单、图标、按钮、对话框、热键等组成。

①窗口——窗口是指屏幕上的一个个矩形的区域，是教学软件屏幕界面上最主要的呈现处所，它是一个对计算机的特定观察窗口，或是学习者与计算机对话的特定窗口，它可以与屏幕相对独立地变化。窗口可用以表示某种级别的信息，也可同时呈现各种不同信息，还可以顺序显示各种级别的各种信息；窗口也可用于访问来自不同资源的信息，或是用于合并几个不同信息源、执行多个任务、将同一任务进行多种表示，等等。

②菜单——一个教学系统通常包含有大量数据，并要执行多种功能。为此，设计人员往往在屏幕上制作一个供学习者使用的选项列表，使学习者能正

确使用系统，或是建立起一连串屏幕。这种使学习者可以从第一个屏幕的总描述开始、逐级进行正确操作的选项即是我们所说的菜单。菜单的使用，可提示用户关注某些功能以及他们可能没意识到的或已忘记的信息。菜单可分为三种：单个菜单、菜单串和多路径菜单。

③图标——图标是多媒体教学软件中一种常用的图形界面对象，它是一种小型的、带有简洁图案的符号，其外形能表达出它的意义（这种表达直观易懂）。对图标含义的理解取决于使用者平时的生活经验（一个符号的形状是由人们任意规定的，它的意义要通过观察、学习来掌握）。屏幕上画的小电话、小钟等都是图标。

④按钮——按钮有时称按压按钮，类似于电子设备和机械设备中常见的控制按钮，它在屏幕上的位置相对固定，并在整个系统中功能一致。学习者可以通过点击鼠标，对它们进行操作，也可以通过键盘和触摸屏进行操作。在设计按钮时要考虑按钮的位置（是放在窗口的底部、上部还是右边）。

⑤对话框——对话框通常以弹出式窗口出现，对话框用于和用户之间进行更细致、更具体的信息交流，通常由一些选择项和参数设定空格组成。

⑥热键——热键一般在文本中出现，它是采用变色（或鼠标点到时才变色）的方法提醒使用对象，并通过热键对变色的内容作详细说明或注解。热键可以针对一个字、一个词语或是一个特定的区域，从而可形成热字、热词或热区。

5. 教学策略的设计

根据建构主义学习理论和当前教学改革的需要，在多媒体教学软件的教学策略设计中，应注意如下几个方面：

①要突破简单的演示型模式，要体现知识的意义建构过程。由于传统观念和设备条件的影响，目前多媒体教学软件在教学中的应用层次大多数只停留在课堂演示教学，只把它当作教师课堂教学的一种演示工具，学科的多媒体教学还是传统的教学模式，没有发生根本性的改变。随着教学改革的深入，多媒体技术已成为进行教学改革的突破口，多媒体教学软件在新型的教学模式中已作为学生学习的一种认知工具。因此，在多媒体教学软件的设计中，既要注意教师的教学过程，也要重视学生的认知结构，要突破简单的演示型模式，从而将教学软件设计制作成为学生进行探究和发现的学习工具。

②要重视问题与回答方式的设计，以提高学生的主体参与程度。高水平的问题能引发学生进行深入的思考，理解事物之间的内在联系与规律。设计灵活多样的回答方式，如电子笔记本、电子邮件、各种各样的练习题等，可以为学生提供表达意见的机会与环境，从而较充分地体现学生在学习过程中的主体

地位。

③加强对学生的引导和帮助，以促进学生对知识意义的建构。在导航策略的设计中，通过对学生自主学习的引导、协作学习过程中所提供的帮助以及评价练习中所出现的言语提示，来有效促进学生对知识意义的建构。

④要提供丰富的多媒体资源，以创设有意义的学习情境。丰富多彩的多媒体资源可以为学生创设有意义的学习情境，并扩大学生的知识面。教学软件中提供了各种各样的多媒体资源，如"资料箱""工具箱""资料架"等，从而使教学软件能成为学生的认知工具。

⑤要实现软件的超链接结构，以启发学生的联想思维。超链接结构可以实现教学信息的灵活获取以及教学过程和教学结构的重新组织，适合不同层次、不同水平学生的学习需要，有利于因材施教和个性化学习。另外，软件的超链接结构还可以引发学生的联想，有利于发展学生的思维能力。

根据所遵循的教育思想、教学观念的不同和教学应用的具体情况，多媒体教学软件的设计可分别采用"以教为主""以学为主"和"学教并重"的设计过程模式，不同的设计过程模式在相关项目和内容上将会有较大的差异。

（三）多媒体教学软件的脚本编写

多媒体教学软件设计工作完成后，应在此基础上编写出相应的脚本，作为制作多媒体教学软件的直接依据。规范的多媒体教学软件脚本，对保证教学软件质量水平，提高软件开发效率，具有积极的作用。因此，多媒体教学软件的脚本编写，是多媒体教学软件研究和开发工作中的一项重要内容。

由于多媒体教学软件的设计主要包括教学设计和软件的系统设计，所以分别用文字脚本和制作脚本两种形式进行描述。

1. 文字脚本的编写

文字脚本是按照教学过程的先后顺序，用于文字描述每一环节的教学内容及其呈现方式的一种形式，文字脚本体现了多媒体教学软件的教学设计情况。文字脚本的编写包括学习者的特征分析、教学目标的描述、知识结构的分析、学习模式的选择、学习环境与情境的创设、教学策略的制订、教学媒体的选择与设计等内容。

通常情况下，编写多媒体教学软件的文字脚本要包括以下几方面：

①使用对象与使用方式的说明。用于阐明教学软件的教学对象、软件的教学功能与特点以及软件的适用范围与使用的方式。

②教学内容与教学目标的描述。用以说明软件的知识结构以及组成知识结构的知识单元和知识点，并详细描述教学的目标和要求。

③文字脚本卡片系列。要按照要求填写文字脚本卡片，并按一定的顺序将卡片排列组合在一起。

多媒体教学软件文字脚本卡片的一般格式如表 6-2 所示，其中包含有序号、内容、媒体类型和呈现方式等。

表 6-2　文字脚本卡片的一般格式

序号	内容	媒体类型	呈现方式

• 序号。在一定的程序上，可以认为文字脚本是文字脚本卡片的有序集合，文字脚本卡片的序列安排是根据教学过程的先后顺序来决定的。依据知识结构流程图，可划分出各个教学阶段的序号范围并按先后顺序将文字脚本的卡片序号排列出来。如果在讲授知识点的过程中配有相应的问题，那么还可根据问题的设置加插相关的序号。

• 内容。内容是指某个知识点的内容或构成某个知识点的知识元素，也可以是与知识内容相关的某些问题。

• 媒体类型。媒体类型是指根据教学内容与教学目标的需要，并考虑各类媒体信息的特点，而为教学软件适当选择出的文本、图形、图像、活动影像、解说、音响效果等各种媒体类型。

• 呈现方式。主要是指在每一个教学过程中，各种信息出现的前后次序（如先呈现文字后呈现图像、先呈现图像后呈现文字或者是图像和文字同时呈现等）和每次调用信息的种类数（如图文音同时调用、只调用图文或者是只调用文字等）。

表 6-3 是《制取氧气》课件的文字脚本，该脚本记录课件的基本信息、教学目标、知识结构、课件主要内容采用的媒体类型和呈现方式。课件包括"情境导入""学习天地""实验探究""巩固练习""拓展资料"五个模块。在"文字脚本卡片"栏目中，鉴于篇幅有限，本书只选取其中主要的学习模块——"学习天地"的文字脚本卡片作为例子进行说明。

表 6-3 《制取氧气》课件"学习天地"模块的文字脚本

一、课件概要			
教学对象	九年级学生	课件类型	自主学习型
课件内容	人民教育出版社九年级化学(上)第三章制取氧气		

二、教学目标	
知识与技能	(1)了解实验室制取氧气的主要方法和原理,初步学会通过化学实验制取氧气的方法。 (2)认识催化剂、催化作用及分解反应。 (3)练习连接仪器的基本操作,动手制取氧气并试验氧气的性质。 (4)掌握实验操作的注意事项。
过程与方法	(1)学习反应物的状态、反应条件、反应的原理决定实验的装置,气体的性质决定气体的收集方法和检验气密性的方法。 (2)感悟通过实验探究进行科学探究的方法:提出问题—猜想和假设—查阅资料—制订计划—进行实验—记录现象—解释与结论—反思与评价。
情感态度与价值观	(1)通过实验探究激发学生学习的积极性和主动性。 (2)逐步认知用实验验证化学理论,从而进一步体会到化学是一门以实验为基础的科学。

三、知识结构

续表

四、文字脚本卡片

1.《制取氧气》课件的"学习天地"模块中"H_2O_2制取氧气"部分文字脚本卡片

序号	内容	媒体类型	呈现方式
1	H_2O_2 制取氧气的导入语。	文字 图片 音频	出现 H_2O_2 制取氧气的线路图动画。
2	H_2O_2 制取氧气的第一站。	文字 图片 音频	出现鼠标定位并闪亮的效果；点击木条，观察实验效果，并出现解释语。
3	H_2O_2 制取氧气的第二站。	文字 图片 音频	出现鼠标定位并闪亮的效果；点击木条，观察实验效果，并出现解释语。
4	H_2O_2 制取氧气的中转站。	文字 图片 音频	出现填空题，让学习者填写答案，并思考 H_2O_2 制取氧气的实验原理。
5	H_2O_2 制取氧气的第三站。	文字 图片 音频	出现鼠标定位并闪亮的效果；点击箭头和木条，观察实验效果，并出现解释语；引出催化剂定义，填写 H_2O_2 制取氧气的表达式。

2.《制取氧气》课件的"学习天地"模块中"$KClO_3$制取氧气"部分文字脚本卡片

序号	内容	媒体类型	呈现方式
1	观看 $KClO_3$ 制取氧气的实验视频。	文字 图片 视频 音频	自动播放一个真实制取氧气实验的视频："化学演示实验——氧气的制取"。
2	学习 $KClO_3$ 制取氧气的原理及相关概念。	文字 图片 音频	呈现实验描述，出现填空题，让学习者填写 $KClO_3$ 制取氧气的化学方程式。
3	观察 $KClO_3$ 制取氧气的实验装置，判断哪些为发生装置。	文字 图片 音频	出现鼠标定位和提示，让学习者根据解说词，观察实验发生装置，认识各个发生装置的名称并填写答案。

序号	内容	媒体类型	呈现方式
4	观察 $KClO_3$ 制取氧气的实验装置，判断哪些为收集装置。	文字 图片 音频	出现鼠标定位和提示，让学习者根据解说词，观察实验收集装置，认识各个收集装置的名称并填写答案。
5	观察"检验"和"验满"过程，思考它们的作用。	文字 图片 音频	出现鼠标定位并闪亮的效果。点击"检验"或"验满"，分别出现两种效果的动画，并有相关解释语。

3.《制取氧气》课件的"学习天地"模块中"$KMnO_4$ 制取氧气"部分文字脚本卡片

序号	内容	媒体类型	呈现方式
1	观看 $KMnO_4$ 制取氧气的实验装置图。	文字 图片 音频	出现鼠标定位和提示，点击可以查看 $KMnO_4$ 制取氧气的实验装置图。
2	$KMnO_4$ 制取氧气的实验流程。	文字 图片 音频	出现动态图，根据解说词学习 $KMnO_4$ 制取氧气的实验流程。
3	$KMnO_4$ 制取氧气的实验过程。	文字 图片 音频	出现鼠标定位和解说语，然后进入实验；根据解说词，学习者亲自操作和体验实验过程。

4.《制取氧气》课件的"学习天地"模块中"小结"部分文字脚本卡片

序号	内容	媒体类型	呈现方式
1	对实验室制取氧气的三种方法进行比较。	文字 图片 音频	出现填空表格和鼠标定位，点击空白处出现答案。

2. 制作脚本的编写

文字脚本是学科专业教师按照教学过程的先后顺序，将知识内容的呈现方式用文字描述出来的一种形式，但它还不能作为多媒体教学软件制作的直接依据。这是因为：多媒体教学软件的制作，必须考虑所要呈现的各种信息内容的位置、大小、显示特点(如颜色、闪烁、下划线、黑白翻转、箭头指示、背景色、前景色等)，而且还要考虑信息处理过程中的各种编程方法与技巧。这就需要在文字脚本的基础上，把它改写成多媒体教学软件的制作脚本。

多媒体教学软件的制作脚本应能体现教学软件的系统结构和教学功能，并可作为教学软件制作的直接依据。多媒体教学软件制作脚本的编写包括系统结构与主要模块的分析、软件的屏幕设计、链接关系的描述等内容。其中，软件的屏幕设计、链接关系的描述等，一般都是通过制作脚本卡片的填写来完成。所以，多媒体教学软件的制作脚本，实际上应当是由"系统结构与主要模块的分析"和一系列的"制作脚本卡片"这两部分共同组成。下面就是对这两部分内容的说明。

（1）系统结构与主要模块的分析

①系统的组成及功能的说明。这一部分主要说明教学软件系统是由哪些组成部分（即哪几个模块）构成的，以及教学系统所具有的各种教学功能和作用。

②主要模块的分析。主要模块是构成多媒体教学软件系统的基本组成部分。对主要模块的分析就是要对主要模块的具体内容进行分析——在一般情况下，同一模块即为同类知识单元，它是某类知识点或构成知识点的知识要素，但也可以是教学补充材料或相关的问题与练习。

（2）制作脚本卡片的编写

多媒体教学软件制作脚本的编写最后可归结为制作脚本卡片的填写。

多媒体教学软件是以一屏一屏的内容呈现给学习者，并让学习者按此内容进行学习的。对于每一帧屏幕应如何设计、如何制作，要有相应的说明。综合这几方面的需要，通常设计出如表 6-4 所示的卡片形式来描述每一帧屏幕的内容和要求，以便作为教学软件制作的直接依据。这种卡片，就称为多媒体教学软件的制作脚本卡片。

表 6-4　制作脚本卡片的一般格式

类型：	文件名：
	进入 退出

进入方式： 由_____文件，通过_____按钮 由_____文件，通过_____按钮 由_____文件，通过_____按钮	本屏呈现顺序说明：
键出方式： 通过_____按钮，可进入_____文件 通过_____按钮，可进入_____文件 通过_____按钮，可进入_____文件	解说：

根据表 6-4 所示的制作脚本卡片的格式，对多媒体教学软件制作脚本的描述，一般应包括如下几方面的内容。

①类别。由于多媒体教学软件一般是属于超文本结构，所以制作脚本的内容不像文字脚本那样，没有先后顺序之分，但为了便于管理和制作，我们可按主要模块（或子模块）将相关的制作脚本卡片进行分类，并按一定的顺序编排。

②文件名。文件名是对这一帧屏幕内容的计算机命名。

③屏幕画面。屏幕画面是软件设计者对这一帧屏幕的设计思路的具体体现。

④跳转关系。多媒体教学软件的超文本结构，是通过跳转关系来描述多媒体教学软件的结构。在制作脚本中，可以从"进入方式"和"键出方式"两个方面来描述节点与节点之间的联系。一般采用以下语句来描述：

(a)由_____文件，通过_____按钮（或菜单、图标、窗口等）进入；

(b)通过_____按钮（或菜单、图标、窗口等），可进入_____文件。

⑤呈现说明。用于说明呈现媒体的先后顺序和同一时间呈现媒体的种类数。

⑥解说配音。注明需要配音的解说词内容。

表 6-5 是《制取氧气》课件的制作脚本，该脚本记录课件的系统功能、主要模块和制作脚本卡片。课件的主要模块在表 6-5 中用框图方式给出。在"制作脚本卡片"栏目中，鉴于篇幅有限，本书只选取其中较有代表性的"学习天地"模块的制作脚本卡片为例进行说明。

表 6-5 《制取氧气》课件"学习天地"模块制作脚本

一、系统功能
该教学课件通过将文字、图片、音频等多媒体素材有机地组织起来，让学生在具体的实验探究过程中研究制取氧气的原理，理解催化剂和分解反应的概念，练习连接仪器的基本操作，动手制取氧气并试验氧气，掌握实验操作的注意事项；并让学生有序地进行思考和实验，从而培养学习者在实验过程中发现问题、分析问题和解决问题的能力。该教学软件由片头、封面、主页和退出页面组成，其中封面主要分为"课件说明""教学目标""操作说明""进入课堂"等模块；主页主要分为"情境导入""学习天地""实验探究""巩固练习""拓展资料"等模块。

二、主要模块

三、制作脚本卡片(以"学习天地"模块为例)
1．"H_2O_2 制取氧气"模块
"H_2O_2 制取氧气"模块——导入环节

文件名：kcxx_h2o2_0	类型：.fla

续表

模块界面设计:

制取氧气 [情境导入] [学习天地] [实验探究] [巩固练习] [拓展资料]

让我们一起开始用双氧水溶液制取氧气的旅程吧!

H₂O₂　KClO₃　KMnO₄　小结　　　知识导航　操作说明　退出

进入方式: 通过学习天地按钮	本屏呈现顺序说明: 1. 模块界面图统一呈现。 2. 鼠标移到"第一站"出现"只有 H_2O_2 溶液"指示词。 3. 鼠标移到"第二站"出现"在 H_2O_2 溶液中加入 MnO_2"指示词。 4. 鼠标移到"第三站"出现"再次加入 H_2O_2 溶液"指示词。
键出方式: 通过KClO₃ 按钮,可进入kcxx＿kclo3＿1 文件 通过KMnO₄ 按钮,可进入 kcxx＿kmno4＿1 文件 通过小结按钮,可进入kcxx＿xj＿1 文件	解说: 1. 欢迎来到"学习天地"模块。 2. 让我们一起开始用 H_2O_2 溶液制取氧气的旅程吧。 3. 第一站:只有 H_2O_2 溶液。

"H_2O_2 制取氧气"模块——第一站

文件名:kcxx＿h2o2＿1	类型:．fla

模块界面设计：

制取氧气 〔情境导入〕 〔学习天地〕 〔实验探究〕 〔巩固练习〕 〔拓展资料〕

在常温下，将带火星的木条伸入H_2O_2溶液上方，观察木条是否复燃？

过氧化氢溶液（H_2O_2）　　　带有火星的木条

线路图 第一站 第二站 中转站 第三站

H_2O_2　　$KClO_3$　　$KMnO_4$　　小结　　　知识导航　　操作说明　　退出

进入方式： 通过学习天地按钮	本屏呈现顺序说明： 1. 模块界面图统一呈现。 2. 点击木条，观察实验现象。
键出方式： 通过$KClO_3$按钮，可进入 kcxx＿kclo3＿1 文件 通过$KMnO_4$按钮，可进入 kcxx＿kmno4＿1 文件 通过小结按钮，可进入 kcxx＿xj＿1 文件	解说： 1. 在常温下，点击木条，把带火星的木条伸入试管中 H_2O_2 溶液的上方。 2. 观察木条是否复燃？ 3. 木条没有复燃。

……

2. "$KClO_3$ 制取氧气"模块

"$KClO_3$ 制取氧气"模块——实验视频

文件名：kcxx＿kclo3＿1	类型：.fla

续表

模块界面设计：

制取氧气 〔情境导入〕〔学习天地〕〔实验探究〕〔巩固练习〕〔拓展资料〕

观看实验视频

让我们一起观看氯酸钾制取氧气的实验视频吧！

化学演示实验
——氧气的制取

实验视频 概念学习 发生装置 收集装置 检验验满

H₂O₂   KClO₃   KMnO₄   小结   知识导航   操作说明   退出

进入方式： 通过学习天地按钮	本屏呈现顺序说明： 1. 模块界面图统一呈现。 2. 点击播放视频。
键出方式： 通过 H₂O₂ 按钮，可进入 kcxx _ h2o2 _ 0 文件 通过 KMnO₄ 按钮，可进入 kcxx _ kmno4 _ 1 文件 通过小结按钮，可进入 kcxx _ xj _ 1 文件	解说： 1. 结束了 H₂O₂ 制取氧气的奇妙之旅后，让我们简单认识一下，如何用氯酸钾制取氧气吧。 2. 请观看实验视频。
……	
3."KMnO₄制取氧气"模块	
"KMnO₄制取氧气"模块——实验装置	
文件名：kcxx _ kmno4 _ 1	类型：.fla

续表

模块界面设计:

制取氧气 情境导入 学习天地 实验探究 巩固练习 拓展资料

你能指出右图高锰酸钾制取氧气的发生装置和收集装置吗?

高锰酸钾（$KMnO_4$）制取氧气
实验装置图

查看

实验装置 实验流程 进入实验

H_2O_2 KClO$_3$ $KMnO_4$ 小结 知识导航 操作说明 退出

进入方式: 通过学习天地按钮	本屏呈现顺序说明: 1. 模块界面图统一呈现。 2. 鼠标移到"查看",出现"发生装置"和"收集装置"解释语。 解说: 1. 在 $KClO_3$ 制取氧气的实验中,我们学习了有关实验装置的知识,那么大家能指出右图中 $KMnO_4$ 制取氧气的发生装置和收集装置吗? 2. 点击查看,看看和你想的是否一样!
键出方式: 通过 H_2O_2 按钮,可进入kcxx_h2o2_0 文件 通过KClO$_3$ 按钮,可进入kcxx_kclo3_1 文件 通过小结按钮,可进入kcxx_xj_1 文件	

······

第三节 专题学习网站的设计

现代信息技术的迅猛发展,为人们的工作方式、学习方式和生活方式带来了前所未有的冲击。互联网凭借其信息的海量存储、表现形式的丰富多样、信息资源的高度共享性和可扩展性,以及协作交流的实时性和便利性等独特优势,在教育领域中得到日益广泛的应用。以专题学习网站为主要表现形式的教学资源的设计与开发,已经渗透到现代教育教学中,成为一种不可或缺的数字化教学手段。可见，对于如何设计、开发优质专题学习网站的探究，在当前具有至关重要的意义与价值。

一、专题学习网站概述

专题学习网站是指在互联网络环境下，围绕某门课程与多门课程密切相关的某一项或多项学习专题进行较为广泛深入研究的资源学习型网站①。它通常包括四个基本组成部分，如图 6-10 所示。

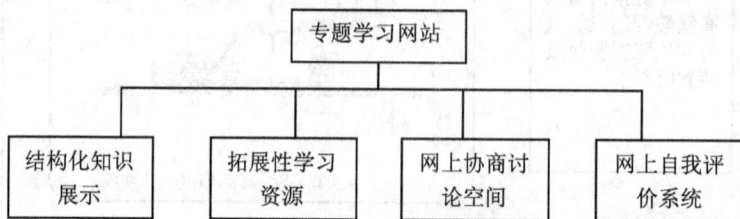

图 6-10　专题学习网站的组成

(一)结构化知识展示

这一部分是要展示与学习专题相关的结构化知识——尽量把和课程学习内容相关的文本、图片、图像、动画等各种知识进行结构化重组。

(二)扩展性学习资源

这一部分涉及的内容，是要把和学习专题相关的"扩展性学习素材资源"进行收集与管理，这类资源包括结合学科特点的各种学习工具(如字典、词典、计算工具、作图工具、几何画板、仿真实验室等)和相关资源网站的链接。

(三)网上协商讨论空间

根据学习专题的内容要求，构建网上协商讨论区、答疑指导区和远程讨论区。

(四)网上自我评价系统

通过广泛收集与学习专题相关的思考性问题、形成性练习和总结性考查所需的各种评测资料，并将其设计成基础性强、覆盖面广、难度适宜的试题库，来形成网上自我评价系统，以便于学习者随时进行网上的自我学习评测。

---

① 谢幼如，尹睿. 专题学习网站的教学设计[J]. 电化教育研究，2003(1)：34-38.

二、专题学习网站的设计方法

(一)专题学习网站的设计原则

专题学习网站的设计既不同于商业网站的设计，也不同于网络课程、网络资源库或其他综合性教育网站的设计，它必须遵循专题学习网站设计所特有的三项原则：

1. 对象的特定性原则

专题学习网站不像网络课程、网络资源库或其他综合性教育网站等面向普通大众，而是专题内容一旦确定，它就有特定的受众群——即专门提供给某个学科、某个层次的教师和学生使用，具有很强的针对性。

2. 内容的整合性原则

专题学习网站和网络课程的最大区别在于网络课程的内容是严格按照课程标准，根据教科书知识点的逻辑顺序进行编排的，它仅仅局限于某一门学科，而专题学习网站的内容则是以某个专题为线索，整合与专题相关的各个学科的有关知识点，所以在广度和深度上都超过了单一学科的学习内容，它需要打破传统的知识结构和顺序，要在综合多门学科知识的基础上，重新组建有序的、符合学生认知规律和特点的知识模块，因而其内容具有整合性。

3. 功能的综合性原则

专题学习网站不仅要展示与学习专题相关的结构化知识，创造丰富的专题学习资源，以满足不同层次、不同学科教师教学和学生学习的需求。与此同时，网站还需要提供搜索功能，以便于教师和学生快速地检索和搜集资料。除此之外，专题学习网站还要有互动空间、在线学习评价系统等综合性功能，以便提供一个基于网络资源的专题研究与协作学习平台。从这三个方面看，专题学习网站的功能确实具有较强的综合性。

(二)专题学习网站的设计策略

专题学习网站主要用来存储、传递、加工和处理有关专题学习的各种信息，能让学生进行自主学习和协作交流，并对学生的学习情况进行在线评价和反馈。因此在专题学习网站的设计中，应该突出以下几种策略：

1. 注重专题的提取，加强相关知识的有机融合

专题是由一系列具有相关知识特征的知识点通过有机融合而成的，它不等同于单个知识点，也不等同于课程。专题的选取要具备准确性和针对性；切入点要小而精，要便于"小题大做"；对专题要作深入透彻的研究，避免题目过大和蜻蜓点水式的空谈。与此同时，专题的选取要体现科学性和艺术性、新颖性

和独特性的有机结合。

2. 重视内容的整合与拓展，体现知识的意义建构

专题学习网站的内容组织与设计应该紧紧围绕专题展开，详细具体、具有针对性。它不是文字教材的简单搬家，而是要将相关知识点非线性地有机融合在一起，以形成科学的逻辑体系；还要充分利用各种学习资源，并借助现代信息技术和网络环境，为师生提供开展研究性学习的技术支撑平台和进行协作学习及研究的环境，以有效促进学生的知识建构。专题学习网站的内容是开放性（而非封闭性）的，这体现在两个方面：一是它不局限于某一门学科内容，而是可以涵盖或整合与该专题相关的多学科的内容（体现整合性）；二是它可以跟随时代发展的趋势，在原有知识体系的基础上，不断更新和扩充新的内容（体现拓展性）。

3. 提供丰富的网络资源，创设有意义的学习情境

表现形式多种多样的网络资源能够为学生带来更多新鲜的体验，提高学生的学习积极性和主动性，为学生的自主学习和协作探究创设有意义的学习情境，从而丰富学生的知识，拓展学生的视野。网络学习资源可以是文本、图形、图像、动画、视频、音频等素材资源以及多媒体课件、相关学科的学习工具、网络链接、网络通信工具等多种形式，这样就使专题学习网站能真正成为学生获取信息、实现基于情境的探究、开展协作交流和自我评价的强大支撑平台。

4. 通过超链接结构，培养学生的创新思维

专题学习网站要通过超链接方式将相关信息内容的网页集合起来，使之形成一个具有逻辑结构的知识网。超链接结构可以实现专题内容的有效组织和灵活获取，满足不同层次水平学生的学习需要，有利于因材施教。此外，超链接结构还可以引发学生的联想、想象和发散思维，从而培养学生的创造性思维能力。

(三)专题学习网站的教学设计方法

教学系统设计是应用系统科学的方法，分析、研究教学中的问题和需求，从而确定解决这些问题和需求的教学方法、策略和步骤，并对教学结果作出评价的计划过程和操作程序。

专题学习网站的教学设计就是要应用系统科学的观点和方法，围绕某项学习专题，收集某一门学科或多门学科的相关知识，按照学习者的特征，合理地选择信息资源，并在系统中有机地组合，从而建立起符合逻辑的知识体系。与此同时，还要提供通信工具以便实现网上交流、提供评测系统以便进行在线自

我评价。具体地说，专题学习网站的教学设计应包括如下一系列工作：网站的需求分析与功能定位、学习者特征的分析、学习专题和内容的选取、知识结构体系的设计、信息资源的选择与设计、自主学习的设计、协作学习的设计、学习评价系统的设计和网站评价的设计等（如图 6-11 所示）。下面以"丝绸之路"专题学习网站为例，阐明专题学习网站的教学设计过程。

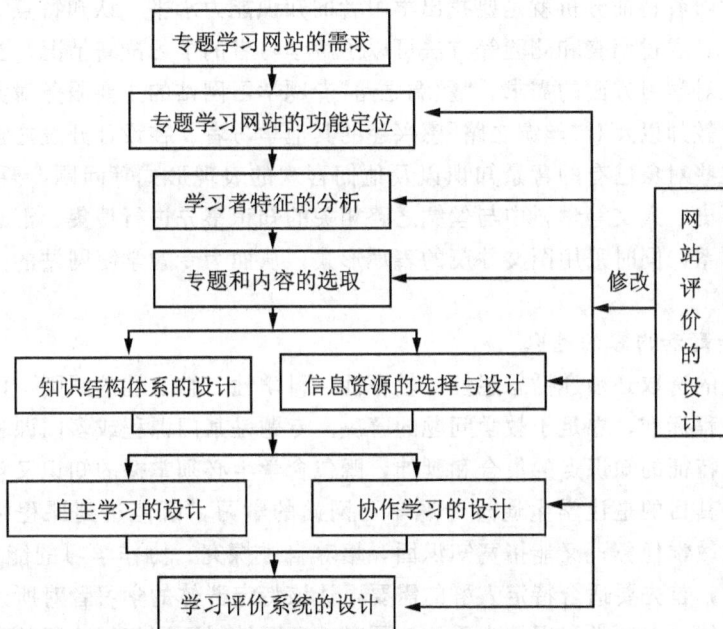

图 6-11　专题学习网站的教学设计内容

1. 网站的需求分析与功能定位

对专题学习网站的需求分析是设计和开发专题学习网站的基础和前提。首先，应该广泛收集资料，对当前已有的专题学习网站进行仔细的调查，分析其优缺点和发展趋势，进而确定建立新专题学习网站的可行性和必要性。其次，要根据需求分析对专题学习网站进行功能定位，专题学习网站的功能主要体现在以下几个方面：

①建立一个资源库，方便教师、学生搜集资料；

②提供协作交流讨论区，方便师生之间或生生之间进行交流讨论；

③根据专题构建系统完善的内容结构，便于教师进行教学和学生进行自主学习；

④建立在线自评系统，便于及时检测反馈。

建设"丝绸之路"专题学习网站的目的在于：让学习者了解"丝绸之路"的历史、地理、文化等知识，提供丰富具体的"丝绸之路"内容体系、相关的拓展资源和自我评价资料，以便于学习者基于该专题开展研究性学习。

2. 学习者特征的分析

专题学习网站有特定的受众，其教学内容一定要符合特定受众的认知心理特征，学习者特征分析就是要找出学习者的知识能力水平、认知特点、学习风格等特征。通过调查和测验等方法可以了解学习者的学习准备情况、当前的学习状态及对学习方面的需求。"丝绸之路"专题学习网站的主要服务对象为中学生、中学教师以及对"丝绸之路"感兴趣的其他学习者。在设计开发之前，要综合考虑这些对象已有的背景知识以及他们喜欢的表现形式等问题，要将地理、语文、历史、人文等学科中与丝绸之路相关的知识事先进行搜集、汇总并梳理成内容体系，同时采用图文并茂的表现形式，从而为专题学习网站的开发奠定基础。

3. 专题和内容的选取

专题的选取必须遵循思想性、教育性、科学性、整合性的原则，内容必须来源于课程标准，立足于教学问题的解决。专题是某门课程或多门课程中具有相关知识特征的知识点的集合和延伸，既包含学生必须掌握的知识又包含扩展性知识。其目的是让学生通过专题学习网站的学习，既能达到课程标准的要求，完成教学任务；又能拓宽知识面，培养自主探究、协作学习的能力[①]。内容选取时，首先要适合特定人群的需要，让该特定群体的学习者对所选专题感兴趣，并能从专题学习网站中受益；同时，还要针对不同年龄阶段的学生，结合他们的认知特点，对专题内容的属性进行研究。根据前期调查分析的结果，确定"丝绸之路"专题学习网站的专题和内容板块主要包括："丝路溯源""丝路文明之韵""古道新姿""海上丝绸之路""拓展内容"等模块。最终形成的系统框架结构如图 6-12 所示，所开发出来的专题网站首页及相关内容页可见图 6-13、图 6-14。

---

① 韩瑛，寇海莲. 专题学习网站的设计研究[J]. 电化教育研究，2007(11)：45-47，51.

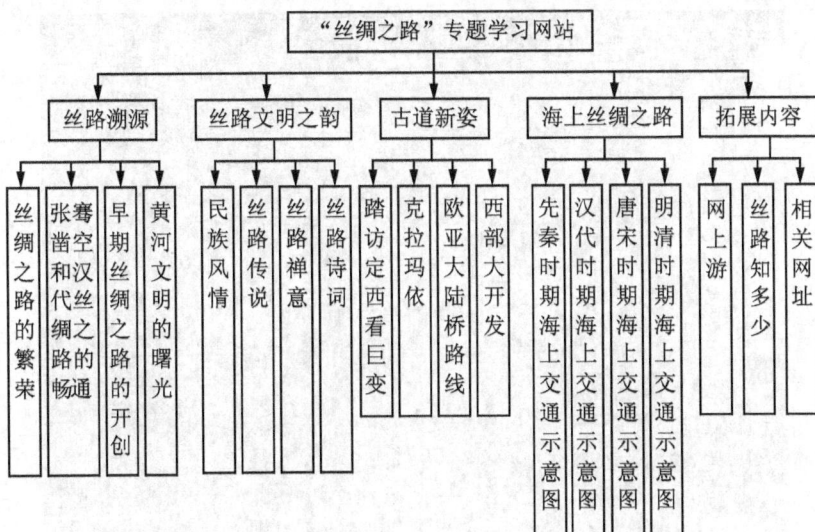

图 6-12　"丝绸之路"专题学习网站的系统框架结构

图 6-13　"丝绸之路"专题学习网站首页

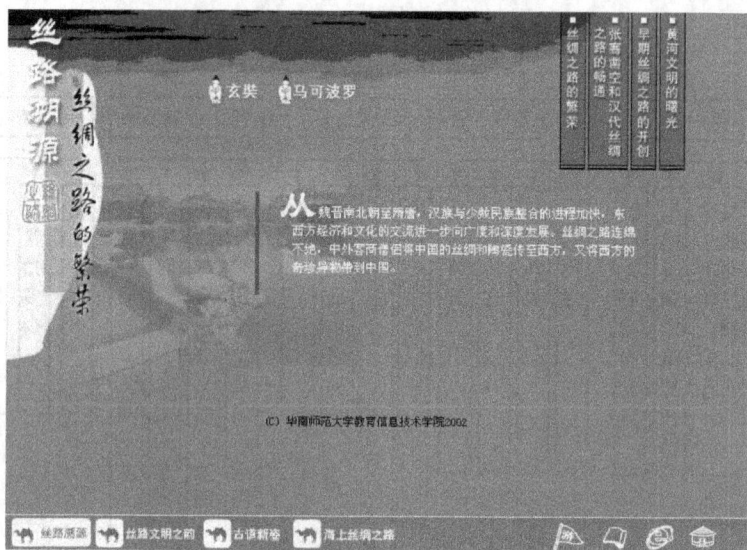

图6-14 "丝绸之路"专题学习网站中的"丝绸之路的繁荣"内容页

4. 知识结构体系的设计

加涅认为，人类习得的技能是以图式的形式储存在记忆中，而图式是通过命题相互联系、并且与一个起组织作用的一般概念相关联的记忆网络。

传统的按照章节单元顺序排列的课程内容，由于不完全符合知识结构体系的要求，不利于学习者对知识体系的完整和系统的掌握；而专题学习网站的内容则是围绕一条主线（即专题）展开，对相关知识进行结构化重组，使之形成一个既有逻辑又符合学习者认知结构（即图式）的知识体系，并在该体系中重新划分和建立自己的知识点。我们可以按照相关度、整合度和扩展度三个方向来建立新知识体系。其中，相关度是指在同一门学科中与一个给定知识点相关的所有知识点的有机融合；整合度是指多门不同学科的相关知识点的有机整合；扩展度则是从各种不同途径收集到的、与给定知识点相关的内容的一种融合。"丝绸之路"专题学习网站将地理、语文、历史、人文等学科中与丝绸之路相关的知识全部整合在一起，在此基础上，设立了丝路概况、丝路资源库、文学园地和讨论测评区等模块，使学生能从多个角度了解丝绸之路的形成历史、风土人情、名胜古迹、饮食文化等方面的内容。可见，利用这种专题学习网站，不仅能够学到相关的历史知识，而且还可以作为其他学科（例如语文）的丰富拓展阅读资源。

5. 信息资源的选择与设计

在专题学习网站的设计中，要对信息资源的表现形式进行合理的选择，首先必须明确它们的使用目标（即呈现事实、创设情境、提供示范、解释原理、探究发现等），然后依据媒体选择的基本理论（最大价值律、共同经验律、抽象层次原理和重复作用原理），并按照专题内容的类型和学习者的特征，最终选择尽可能合适的形式来表现专题内容。

专题学习网站除了展示结构化的知识，还必须发挥网络的优势，提供与知识相关的网址资源；还可以根据专题所体现的学科特点，提供有助于知识学习和知识建构的工具（例如字典、词典、计算器、制图工具、绘画工具、网页开发制作工具、虚拟实验室等），从而使专题学习网站真正成为学习者探索研究的知识宝库。"丝绸之路"专题学习网站除了为学习者提供大量图文并茂的资源外，还专门设有"网上游"和"相关网站"模块，以供学习者进行拓展学习，如图6-15、图6-16所示。

图 6-15 "丝绸之路"专题学习网站的"网上游"模块

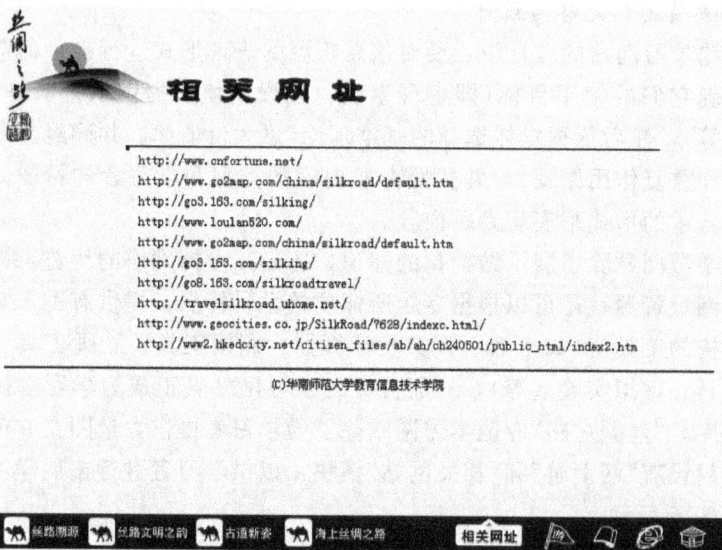

相关网址

```
http://www.cnfortune.net/
http://www.go2map.com/china/silkroad/default.htm
http://go3.163.com/silking/
http://www.loulan520.com/
http://www.go2map.com/china/silkroad/default.htm
http://go3.163.com/silking/
http://go8.163.com/silkroadtravel/
http://travelsilkroad.uhome.net/
http://www.geocities.co.jp/SilkRoad/7628/indexc.html/
http://www2.hkedcity.net/citizen_files/ab/ah/ch240501/public_html/index2.htm
```

(C)华南师范大学教育信息技术学院

图 6-16 "丝绸之路"专题学习网站的"相关网址"模块

6. 学习活动的设计

(1)自主学习活动设计

自主学习是以学生作为学习的主体,通过学生独立的分析、探索、实践、质疑、创造等途径来实现学习目标。常用的自主学习方法有支架式教学、抛锚式教学和随机进入式学习等。在专题学习网站设计中可以通过建立完善的知识结构体系、设计清晰的导航策略、生成规范化的评价体系等措施,来加强对学生自主学习的引导和促进学生对知识意义的建构。

(2)协作交流的设计

专题学习网站必须为学习者提供各种网络通信工具,例如 Net Meeting、BBS、ICQ、E-mail、Chat Room、Internet Phone 等,以便学习者实现相互之间的交流。学习者也可通过参加专题学习网站所组织的各种类型的协商、讨论活动,实现教师与学习者之间的良好互动,并在交流互动中实现知识的有效共享。与此同时,"丝绸之路"专题学习网站还通过为学习者提供丰富、完善的专题资源和自我评价功能,来支持学习者的自主学习与自主探究。

7. 学生评价系统的设计

合理及时的评价能实时反映学生的学习状态,也是维持学习者学习动机和积极性的可靠保证,因而有助于提高学习质量。为此,专题学习网站应为学习者设计出一套针对性强、题量适度并具有一定梯度的强化练习,以便让学习者进行自我评价——在评价过程中，通过新旧知识间反复的、双向的相互作用，可以有效促进知识的意义建构。在设计评价系统的过程中，要依据学习者的学习需求、能力差异，以及在学习过程中的表现，给出不同程度的强化练习来进行评价，并要结合及时的反馈信息，做到评价与反馈的动态结合。"丝绸之路"专题学习网站正是按这种设想，为学习者创设了"丝路知多少"模块，并提供一系列专题的测试练习。该模块是一种梯度式的进阶测试，学习者只有在答对前面的每道题后，才能对下一道题作出回答，这样将有助于学习者循序渐进地反思自己的学习，从而便于学习者进行自我评价。如图 6-17 所示。

图 6-17　"丝绸之路"专题学习网站的"丝路知多少"模块

8. 网站评价的设计

对于已设计好的专题学习网站，必须对其效果进行评价。一般可以从两个方面进行：一方面是从宏观着眼——主要从建设主体、指导思想、技术性能等方面来评价网站；另一方面则是从微观入手——着重从专题的确定、内容的选取，以及组织结构、资源设计等方面对网站进行评价。两方面的评价都要涉及形成性评价和总结性评价，并要通过一套完善的评价指标体系来进行量化处理，以便发现问题所在，及时改进不足之处。"丝绸之路"专题学习网站开发完成后，曾请实验学校的教师和学生进行试用、测评，并提出反馈意见；然后在此基础上，对该网站作出修改，使之进一步完善。

277

第四节　视频公开课的设计

随着全球开放教育运动的迅猛发展，视频公开课作为重要的开放教育资源，在国内外掀起了一股前所未有的扩展热潮。本节主要介绍视频公开课在国内的应用状况和视频公开课的设计方法，以便加深广大师生在这方面的认识，从而促进视频公开课在我国的健康发展。

一、视频公开课概述

近年来，视频公开课在国内的应用得到较快的发展，已逐步成为移动学习和终身学习的重要学习资源。国内视频公开课的应用大致涉及三个方面：

第一，国内知名网站积极引入国外名校的网络公开课。2001年，美国麻省理工学院率先拉开 OER（open educational resource，开放教育资源）的序幕，将该学院的全部课程资料逐步在网上公布。后来，耶鲁、哈佛、剑桥、牛津等世界著名大学纷纷加入到免费传播公开课的行列。2010年，互联网资源分享平台 Very CD 与知名字幕组"人人影视"也加入进来——前者提供课程资源和发布平台，后者负责将课程的英文字幕翻译成中文，从而使这些课程在我国开始流行。随后，国内的网易、新浪等门户网站也顺势推出网络公开课频道，并宣布加入国际开放课件联盟。目前，国外名校的网络公开课已在我国颇为盛行。

第二，国内各高校自发建设网络公开课或联合企业、知名网站共同推出网络公开课。2011年3月底，复旦大学联合网易推出了国内首门网络公开课《执拗的低音》，成为国内首个推出真正意义上网络视频公开课的高校。此后，清华大学、北京大学、浙江大学、西安交通大学等多所国内高校也陆续推出网络视频公开课。此外，超星等公司也联合高校建设了网络公开课。国内高校自发建设或与知名企业联合建设——这种做法，无疑大大加快了我国网络公开课的开发与应用的进程。

第三，教育部组织建设精品视频公开课项目。为进一步促进开放教育领域的国家精品课程资源的共建与共享，提高受众的使用率和满意度，2011年6月，教育部发布《关于启动2011年精品视频公开课建设工作的通知》，正式拉开了我国建设精品视频公开课的序幕。精品视频公开课由科学、文化素质教育方面的网络视频课程与学术讲座组成，以高校学生为主要服务对象，同时向社会公众免费开放。

二、视频公开课的设计方法

视频公开课不仅是一种全新的开放性视频学习资源，也是一种新型的课程形态。视频公开课的设计与制作要充分发挥视频媒体的优势、优化课程结构、合理安排教学内容，并要充分考虑网络传播的特点。

国家精品视频公开课是视频公开课的重要组成部分，在教育部的组织领导下，其建设逐步成熟与完善。下面，就以国家精品视频公开课为例，介绍其设计与制作的方法。

(一)视频公开课的教学设计

1. 课程选题

根据视频公开课的定位，在进行选题设计时，应做到以下三点：首先，选题要能代表该领域最前沿的知识和思想，能把握核心功能，并凸显中国本土特色；第二，关注学习者需求，能联系实际进行选题；第三，选题既要能体现学科特色和内容的科学性、规范性，又要选择出对公众有吸引力的话题或热点问题。① 如东北师范大学教育学部柳海民教授主持建设的《教育理论与教育改革热点专题》，就具有以下特点：选题关注教育改革热点问题，内容凸显中国特色，并能代表该课程的前沿。

2. 课程结构设计

每门精品视频公开课，一般至少5讲，每讲时长30～50分钟。要求内容完整，分专题呈现。② 每一讲为一专题，各专题内容相对独立，又要保证整门课程的系列性、逻辑性和完整性。③ 以《教育理论与教育改革热点专题》为例，它的课程结构及有关专题的名称，如表6-6所示：

① 申艳娜，李雪，鲍会静，等. 浅谈建设精品视频公开课的体会[J]. 检验医学教育，2012(3)：17-18.

② 教育部. 关于开展2012年度精品视频公开课推荐工作的通知[EB/OL][2012-02-08]. http：//www. moe. gov. cn/publicfiles/business/htmlfiles/moe/A08 _ sjhj/201202/130430. html.

③ 王朋娇，田金玲，姜强. 高校精品视频公开课建设的问题及对策研究[J]. 中国电化教育，2012(11)：86-92.

表 6-6 《教育理论与教育改革热点专题》的课程结构

	专题名称	时长	主讲者
专题一	《"国家中长期教育改革和发展规划纲要"(2010—2020)背景下的基础教育改革》	52′26″	柳海民教授
专题二	《树立正确教育观的核心问题——谈谈什么是教育》	49′45″	于伟教授
专题三	《优质学校建设的顶层设计》	48′24″	邬志辉教授
专题四	《像教育家一样思考和实践》	53′50″	柳海民教授
专题五	《教育科学研究的新取向》	47′57″	王小英教授
专题六	《当代教育新理论及其改革实践》	46′25″	柳海民教授

3. 专题教学设计

精品视频公开课的教学设计对视频公开课的制作质量与教学水平高低起着关键性的作用，并决定学习者是否对该视频公开课的教学内容与教学方式感兴趣。

(1)教学内容的选择

在设计专题的教学内容时，首先要根据课程选题进行细化，从而分析出专题的教学问题，进而围绕该教学问题搜集有关教学资料，凝练专题的知识点。在确定知识内容框架后，应嵌入最近发生且贴近生活的实际例子或社会热点，以凸显教学内容的前瞻性。

(2)教学模式的设计

视频公开课应关注教学互动，采用灵活多样的教学策略，并体现新型的教学模式。在视频公开课中最常见的教学模式有：讲授式教学、案例教学与启发式教学。要综合使用多种教学模式，以便提升视频公开课的吸引力。

(3)教学过程的设计

视频公开课的教学过程是由一系列的教学活动组成的，在设计视频公开课时，教师应该重点考虑的内容有：

①分析学习者的知识基础。视频公开课一般是在学科教学的基础上开发形成的，具有一定的专业性。教师在讲授专题内容前，应预测学习者的知识基础，了解其能力水平，以便确定教学的起点，还要为所讲授内容作知识铺垫，寻找并呈现先行组织者——有效实施"先行组织者"策略。

②明确教学目标。教师在视频公开课的教学过程中，应将教学目标先告知学习者，让其明确学习方向，并帮助学习者掌握有关的内容结构，与此同时，

要增强学习者的学习动机，以激发学习兴趣。

③讲解教学重、难点。教师在讲授专题内容时，应抓住有关的重点和难点，采用生动有趣的多媒体技术或典型的案例，以便于学习者理解和掌握。

④引发学习思考。在视频公开课中，教师还要通过各种手段引发学习者的思考与探讨。教师可通过创设情境、提出问题、进行逻辑推理或演绎以及展示案例等教学手段，来引发学习者的认真思考。

⑤进行总结归纳。教师在专题教学结束时，要进行专题内容的梳理和总结，以便促进和深化学习者对专题教学内容的理解与整体把握。

(4)教学媒体的选择和使用

①明确教学媒体的使用目标。在使用教学媒体时，要明确所使用的教学媒体可以达到的目标。例如，视频公开课的教学内容有很多是科技前沿，其内容抽象、难以理解，因此可选用有关的图片、动画等，以达到使教学内容具体化、形象化的目标。

②选择教学媒体的类型与内容。在视频公开课的设计过程中，要根据教学媒体的特点、教学内容的特性以及学校的实际条件来选用教学媒体。由于视频公开课需要拍摄，因此有些学校的教师会选用多媒体一体机等方便拍摄的设备进行课堂教学，并在教学过程当中恰当使用 PPT 或动画等教学资料。

(二)视频公开课的脚本设计

1. 表达形式的设计

视频公开课主要包括课堂教学与学术讲座。

课堂教学是以大学课堂教学录像为主，它拍摄于大学中真实的教室或演播室中，记录下教师与学生之间的真实教学活动。

学术讲座是由相关领域的专家、学者向大学生讲授自己的有关研究与发现，它大多在讲学厅拍摄，记录下演讲者与学生之间的互动。

2. 表现手法的设计

(1)画面

视频公开课的画面内容主要包括教师活动、学生活动、师生互动、多媒体 PPT、教学案例等，这些画面可以全面表现视频公开课所要传达的教学内容与理念。视频公开课应力求画面清晰、构图简洁；镜头景象应以中、近景为主，多为静止镜头；以此保证生动形象地表现出完整的教学活动过程。多媒体 PPT 及教学案例可直接运用截屏画面或录屏画面，应特别注意该类画面的科学性，并确保文字内容的准确无误。

(2)声音

视频公开课中的声音主要是指教师、学生或媒体素材解说的声音。声音在视频公开课中具有非常重要的作用，它是教师与学生在教学过程中所传达的内容。因此，声音要保证清晰、排除无关干扰；同时，声音应尽量与画面相匹配——声画同步可提升教学效果。开发视频公开课的要求较高、教师活动画面较多；主讲教师在上课前应充分备课，以避免上课时用词不准或咬字不清等现象。

（3）字幕

字幕是视频公开课中重要的语言表达形态，通过与画面和声音相融合来传递信息和帮助学习者理解教学内容。它可以克服由于教师口误、专业术语表述不确切等因素所引起的理解歧义，增强教学内容的规范性，同时也为国外学习者翻译、交流提供方便。使用字幕时，应注意让教师的教学用语规范化，以保证教学内容的科学性与统一性。

（4）镜头组接

精品视频公开课的拍摄一般是由多部摄像机完成的，所以需要进行镜头组接，即将有关内容的镜头或不同角度的镜头按照一定顺序和手法连接起来，以便组成一个具有条理性和逻辑性的整体。镜头的组接，可以调整教学节奏，突出重点教学内容，使视频公开课的表现形式新颖、生动、活泼。在视频公开课中，进行镜头组接需要注意以下几个方面：

①要反映教学活动的真实性。精品视频公开课应力求展示教学活动的真实性，不应有明显的前后不衔接或导演的痕迹；镜头的组接技巧不宜过于花哨，常用的技巧有硬切、淡入淡出、叠化、划变等——例如教师活动与学生活动画面的过渡常采用硬切，教师活动或学生活动画面与多媒体 PPT 之间常采用淡入淡出或划变，视频公开课的结尾常采用叠化等。

②要保持视觉的连续性。视频公开课中的各类镜头的组接应避免跳帧现象（视觉跳动）。为防止跳帧，前后两个镜头最好为静止镜头或两镜头的运动状态保持一致；景别不应相差太大，而且前后画面的色调、亮度都应尽量保持协调。

③要关注教学节奏的调节。视频公开课的节奏主要由实际教学活动和视频表达技巧两方面决定，这里应特别关注表达技巧对视频节奏的影响。视频公开课可以分别从视觉和听觉的角度来划分节奏；影响视觉节奏的因素主要包括画面主体的运动、摄像镜头的运动、景别的变化、蒙太奇的组接、镜头的长度等（例如，视频公开课常通过不同画面主体交替出现、变换拍摄角度来调节节奏）；影响听觉节奏的因素主要包括音响、音乐等（例如，视频公开课中多媒体PPT或教学案例画面中常插入背景音乐，以此来调节有关节奏）。

3. 分镜头脚本的设计

基于上述设计步骤，将视频公开课的选题、课程结构、专题教学设计、表达形式、表现手法、素材资料等要求确定后，要进一步具体设计其细节部分——要以分镜头脚本的形式表达，以作为视频公开课制作的蓝本。根据视频公开课的建设要求及设计方法，所制订的分镜头制作脚本包括：镜头号、画面类别、景别、技巧、时间、画面、声音、音乐、音效等项目，如表6-7所示。

表6-7　分镜头脚本设计

镜头号	画面类别	景别	技巧	时间	画面	声音	音乐	音效

下面选取《教育理论与教育改革热点专题》课程的"专题一"中的一个片段，并用分镜头脚本来表示，如表6-8所示。

表6-8　《教育理论与教育改革热点专题》课程"专题一"的分镜头脚本

镜头号	画面类别	景别	技巧	时间	画面	声音	音乐	音效
1	教师活动	近景	静止	8″	教师介绍专题的相关内容	教师介绍专题名称及教学安排		
3	多媒体PPT		静止	5″	呈现专题名称，突出教学主题			
4	学生活动	全景	静止	3″	学生们专心听讲			
5	多媒体PPT		静止	15″	呈现专题第一部分："文件颁布"	讲解国家颁布的相关文件及背景		
6	教师活动	近景	静止	57″	教师站在讲台上讲授"文件颁布"内容			

（三）视频公开课素材资料的选取与制作

精品视频公开课的视频素材主要包括片头、教学录像、多媒体PPT、教学案例、字幕文件等，以下分别加以介绍。

1. 片头

视频公开课的片头用于介绍专题的基本信息，其时长应不超过10秒，内容应包括专题名称、主讲教师、单位、学校图标等。一般采用AE、Premiere等软件进行制作。例如，《教育理论与教育改革热点专题》中片头时长为9秒，包括两部分：前半部分为学校图标、名称等单位信息，后半部分是具体的专题序号、名称、主讲教师等信息。

2. 教学录像

教学录像是视频公开课的主体内容，主要包括教师活动、学生活动、师生互动三类画面。教学录像的质量对视频公开课有着至关重要的影响，在拍摄时需要注意以下几点。

从录制主体来说，教师与拍摄者应该各自做好相应的准备工作，并保持充分有效的沟通。

主讲教师在录制前应对授课过程中使用的多媒体课件（PPT、音视频、动画等）认真检查，确保其文字、格式规范，没有错误，符合拍摄要求，同时主讲教师要培养良好的镜头感，以便适应当前这种教学方式，使视频公开课能更贴近学生或受众。对拍摄者来说，除根据场地环境确定机位等拍摄方案，同样需要熟悉主讲教师的讲授内容，提前确定镜头、捕捉学习要点。拍摄者还需了解教师的教学风格，教师也应配合拍摄者做出各种相应的调整——例如教学时应站的位置以及走动的幅度范围等。

从录制技术来说，根据精品视频公开课拍摄制作技术标准，国家精品视频公开课要求采用多机位拍摄（3 机位以上），机位设置应满足能完整记录课堂全部教学活动的要求，而且对摄像机的要求，不能低于专业级数字设备（推荐使用高清数码设备）。

3. 多媒体 PPT

视频公开课中的多媒体 PPT 用来更清晰地展示教学内容和突出教学重点。制作多媒体 PPT 画面的方式有多种：可以将其转换为图片或短视频插入教学录像中，也可以在演示 PPT 时将计算机 VGA 信号输出进行切换。此外，还应根据实际情况来调整 PPT 画面的构图、色调等，与此同时，还要保证文字正确、格式规范。

4. 教学案例

教学案例是指教师在教学过程中选用的具体案例，一般用于边讲解边展示。视频公开课中的教学案例材料，通常是转换为动画或录屏视频后才加以应用，或是通过输出计算机 VGA 信号进行切换，也可以拍摄教师与案例共存的镜头作为素材。

5. 字幕文件

视频文件要求字幕分离，外挂唱词文件，或是提供独立的 SRT 格式的唱词文件。唱词文件需要严格按照建设要求制作，否则不能提交。

与视频公开课类似，当前，以教学视频为主要载体的"微课程"在教育领域甚至整个社会掀起了一股热潮，不仅受到广大学习者的追捧，也受到越来越多研究者的关注。微课程中的学习资源主要是简短的教学视频，针对某个教学内容，直接指向具体问题，呈现简短、完整的教学活动。

(四)视频公开课设计与开发案例——《经典诵读》

下面结合小学生《经典诵读》这门微课程，对视频公开课的设计、开发方法作简要介绍。

1. 课程简介

"经典诵读"作为小学生素质教育内容，经过多年推广，在增强学生人文素养，开启学生心智，陶冶学生情操等方面取得了良好效果。为了推进信息技术与素质教育的深度融合，创新教育、教学模式，华南师范大学教育技术研究所与广州市东山培正小学联合，开展校本微课程《经典诵读》的开发与应用研究。

2. 课程的设计与开发

(1)课程内容的确定

本微课程的总体目标是培养学生继承传统文化，提高思想道德，达到陶冶情操，塑造健全人格的教学效果。课程的具体目标是：

①激发学生的读书兴趣，有主动诵读经典的愿望。

②能用普通话正确、流利、并带有一定感情地诵读。

③能够简单理解经典内容。

④能够把所学内容较灵活地应用于日常学习和生活中。

依据上述目标确定的本微课程内容如表6-9所示。课程从6个不同方面进行讲解，目的是让学生能从不同角度感受传统文化；课程在讲解人生哲学的同时，也让学生了解古代人们的生活和环境。

表6-9　微课程《经典诵读》专题

序号	课程专题
1	学写《清平乐》
2	古文学规矩——《弟子规》
3	享童趣——《池上》
4	赏美景——《饮湖上初晴雨后》
5	懂道理——《学奕》
6	惜人生——《长歌行》

(2)表现形式和结构的设计

由于学习对象是小学生，认知水平处于具体运演阶段，目前微课程的主流形式是录屏，而《经典诵读》用录屏形式不仅难以生动呈现文化内容，且对小学生吸引力也不高。因此,本课程的内容表现形式采用拍摄小故事为主,同时辅以讲授(即戏剧型＋综合型);部分内容还可让学生参与拍摄,通过有趣的故事情节来传达内容。每个专题时长 10 分钟以内,根据经典诵读的内容对素材(Flash 动画、图片、音乐等)有选择地添加,对于重点内容还会用解说、字幕、动画或图标加以强调。此外,还尽量增强吸引性、趣味性和提示性的设计,让现代元素和传统文化内涵有机结合,以便达到吸引学生观看、调动其情感投入、合理传达知识的目的(如表 6-10 所示)。

表 6-10 微课程《经典诵读》表现形式

序号	表现形式	课程专题	时长/分钟
1	讲授型＋戏剧型	学写《清平乐》	10
2	讲授型＋戏剧型	古文学规矩——《弟子规》	10
3	讲授型＋戏剧型	享童趣——《池上》	10
4	讲授型＋戏剧型	赏美景——《饮湖上初晴雨后》	10
5	戏剧型	懂道理——《学奕》	10
6	戏剧型	惜人生——《长歌行》	10

本课程结构能够体现经典诵读的教学需要和微课程的特色,并做到严谨、自然、完整、统一。

(3)分镜头脚本的编写

在上述设计工作的基础上,即可编写出本微课程的分镜头脚本,如表 6-11 所示(《弟子规》部分——节选)。

表 6-11 《弟子规》部分的分镜头脚本(节选)

场景	景别	过渡	时间	画面	解说	音乐	备注
13	全景	同上	20秒	画面出现孩子、学生、员工和公民的视频。每个视频由白色边框包围,画面下方出现:《弟子规》中的"弟子"＝所有人。	在家指孩子;在学校指学生;在公司指员工;在社会大众中便是公民。	Summer	
14	全景	切入	10秒	《弟子规》中的"规"向下掉落,出现"规＝规范",规范下面出现"礼节、行为准则"。	"规"就是规范,如礼节、行为准则等。	Summer	

（4）视频的拍摄

视频拍摄地点可选择室内或室外。虽然无法在专业演播厅进行拍摄，但是基本的灯光、背景布局（蓝色背景）、道具等都要尽量符合拍摄要求。拍摄时，画面要保持一定水平，要明确拍摄对象，要确保演员的仪态和语言应符合小学生的认知特点和视觉规律，语速不宜过快，表情丰富而不做作。

（5）动画素材的选用

动画不受时间、空间、地点、条件、对象的限制，它能够运用各种表现形式将复杂的教学内容、科学原理、抽象概念用高度集中、简化、夸张、拟人等手法加以形象化。动画是小学生颇为喜爱的一种表现形式，所以，根据分镜头脚本的内容，选用了海绵宝宝、龙猫等受到学生喜爱的卡通形象，以便引起学生的注意，从而提升他们的学习兴趣。当然，动画并不是随时随地都可以使用，如果运用不当，反而会产生不良效果，所以应根据教学需要与技术条件，因地制宜地使用动画，才能最好地发挥它们的作用。

（6）后期编辑制作

微课程的后期编辑制作有画面剪辑、配解说词、配背景音乐和片头片尾制作等。在分镜头脚本的基础上，先对拍摄和收集的素材进行"粗编"（即对素材进行有逻辑的组织编排，以形成视频雏形），在此基础上，再根据内容配上解说词和背景音乐。为了使课程内容的质量更优化，需要对视频进一步编辑，也就是"精编"——"精编"就是充分发挥视频编辑软件的特效功能，对课程内容加入字幕以及动画，对重点或抽象的知识点进行批注或标记，使画面更直观，节奏更统一，画面与音效之间更为协调自然，从而让学生能够一目了然，认真投入地观看课程内容。在后期编辑中对于视频的组接，应考虑内容的科学性、严谨性，同时也要保持内容的趣味性和艺术性。

第五节 网络课程的设计

当前，利用 Internet 进行各类信息的交流已非常盛行，相比之下，利用 Internet 进行远程教育仍显落后，究其原因，主要是缺少在先进教学理论、课程理论指导下的高质量的网络课程的设计与开发。由于基于 Internet 的网络课程与一般的多媒体教学软件在使用环境、教学功能和教学作用上均有所不同，因此，掌握网络课程的开发理论、构成要素、设计原则以及编写过程与方法具有重要的意义。

一、网络课程概述

网络课程是通过网络呈现与实施的某门学科的教学内容与教学活动的总和，它包括两个组成部分：按一定的教学目标、教学策略组织起来的教学内容和网络教学支撑环境。

(一)开发网络课程的重要意义

当前，大力开发网络课程具有如下三方面的意义。

1. 教育信息化建设的需要

《教育信息化十年发展规划(2011—2020年)》指出，"要遵循相关标准规范，建立国家、地方、教育机构、师生、企业和其他社会力量共建共享优质数字教育资源的环境，提供优质数字教育资源信息服务；建设并不断更新满足各级各类教育需求的优质数字资源，开发深度融入学科教学的课件素材、制作工具，完善各种资源库，建设优质网络课程和实验系统、虚拟实验室等，促进智能化的网络资源与人力资源结合"。为实现国家教育信息化规划目标，完成发展任务，要实施"中国数字教育2020行动计划"。在优质数字教育资源建设与共享行动计划中，详细给出了各级各类优质数字教育资源的建设目标。其中，要针对学前教育、义务教育、高中教育、职业教育、高等教育、继续教育、民族教育和特殊教育的不同需求，建设20 000门优质网络课程及其资源。可见，作为优质数字教育资源的重要组成部分，网络课程建设对于教育信息化进程的推进与目标的实现具有何等重要的作用。

2. 课程教学模式改革的需要

当今世界，科学技术突飞猛进。面对新的形势，我们的教育观念、教育体制、教育结构、教学内容和教学方法相对滞后，因此，必须改革传统的课程教学模式和教学方法，借助多媒体技术和网络通信等技术，探索新型的课程教学模式和教学方法，而网络课程是实施新型网络教学模式的必备条件。

3. 培养创新人才的需要

创新人才的培养是实施素质教育的目标也是落脚点，而现代信息技术，尤其是多媒体技术和网络通信技术能够为创新人才的培养提供多方面的有力支持。丰富的信息资源和图文音像并茂的交互式人机界面，能为学习者提供符合人类联想思维与联想记忆特点的、按超文本结构组织的海量知识库与信息库，易于激发学习者的学习兴趣，并为学习者开展自主学习与合作探究创造有利条件，因而对于培养具有创新精神与创新能力以及合作精神与合作能力的一代新人有着毋庸置疑的重要作用。

(二)开发网络课程的理论基础

设计、开发网络课程离不开各种理论的指导,尤其是建构主义学习理论和教学系统设计理论更是网络课程设计与开发的主要理论支撑。

1. 建构主义学习理论

建构主义学习理论认为,学习活动是学生通过一定的情境,借助教师与同学的帮助,通过协作和会话的方式,来达到对知识的意义建构。在这个过程中,学生是认知活动的主体,教师是学生进行学习的帮助者、促进者、引导者。在网络课程中教师和学生有各自不同的地位与作用:

(1)教师要创设必要的情境;

(2)学生要体现出自身是认知过程的主体;

(3)教师要在教学过程中发挥主导作用;

(4)学习是学习者自主建构知识意义的过程,而非教师传授知识的过程。

2. 教学系统设计理论

教学设计是应用系统方法分析和研究教学问题和需求,确定解决它们的教学策略、教学方法和教学步骤,并对教学结果作出评价的一种计划过程与操作程序。在网络课程开发中,若要体现教学系统设计理论的指导,应注意如下几方面:

(1)强调教与学的结合;

(2)要重视学习环境的设计,包括情境创设的设计、协作学习的设计、信息资源的设计;

(3)要重视教学过程的动态设计;

(4)要重视可操性。

(三)网络课程的构成

网络课程与一般的多媒体教学软件不同,它是学生利用网络进行远程学习的教学内容与教学平台。根据网上教学的特点和人才培养的需要,完整的网络课程应由以下几个系统构成:

(1)教学内容系统:包括课程简介、目标说明、教学计划、知识点内容、典型实例、多媒体素材等;

(2)虚拟实验系统:包括实验情境、交互操作、结果呈现、数据分析等;

(3)学生档案系统:包括学生密码、个人账号、个人特征资料、其他相关资料等;

(4)诊断评价系统:包括形成性练习、达标测验、阅卷批改、成绩显示、结果分析等;

（5）学习导航系统：包括内容检索、路径指引等；

（6）学习工具系统：包括字典、词典、资料库、电子笔记本等；

（7）协商交流系统：包括电子邮件、电子公告牌、聊天室、讨论室、教师信箱、问答天地、疑难解答等；

（8）开放的教学环境系统：包括相关内容、参考文献、资源、网址的提供等。

《计算机辅助教育研究》是一门新的网络课程，需要建立该课程的内容体系。该课程采用的是课程学习和研究实践相结合的教学方式，其中课程学习是让学员根据网络课程所提供的学习专题及学习资源由他自己去学习，以获取有关的基本知识；研究实践是让学员根据网络课程所提供的研究工具、研究案例、网上课例等，按照一定的要求设计研究方案并开展研究工作，以掌握相关的研究技能。

根据本课程的特点和教育技术学科的发展方向，结合网上教学的要求，可以对《计算机辅助教育研究》网络课程的结构及主要栏目进行设计，其结果如图 6-18 所示。

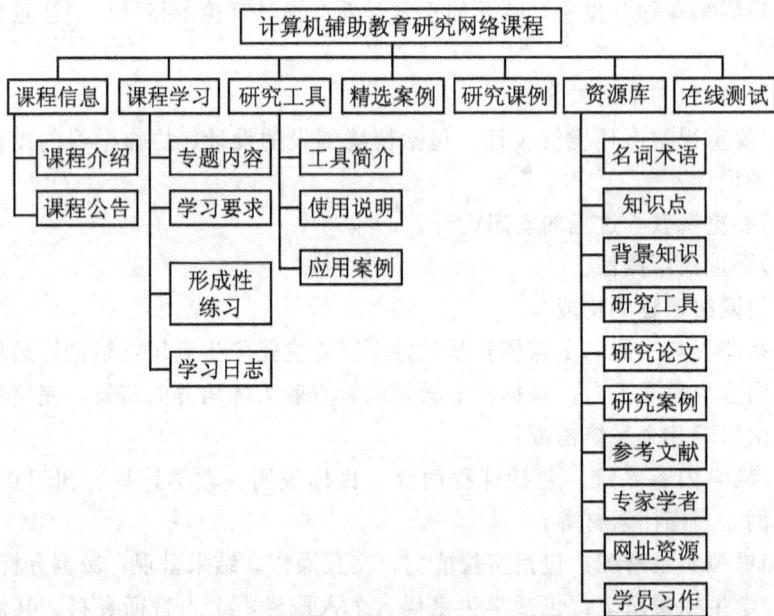

图 6-18 **《计算机辅助教育研究》网络课程的主要模块及其栏目**

二、网络课程的设计方法

(一)网络课程的设计原则

在建构主义学习理论的指导下，网络课程在设计上应体现如下的教学策略：

要突破简单的演示型模式，并充分体现知识的意义建构过程；

要重视问题与回答方式的设计，以提高学生的主体参与程度；

要加强对学生的引导和帮助，以促进学生对知识意义的自主建构；

要提供丰富的多媒体资源，以创设有意义的学习情境；

要实现软件的超链接结构，以启发学生的联想与发散思维。

为实现上述教学策略，考虑到网上教学的要求与特点，对于网络课程的设计，应注意如下几条原则：

1. 个性化

网络课程要体现学生的个性化学习。学生是学习过程的认知主体，学习的过程是学生通过主动探究、发现问题、建构意义的过程。所以要重视学生作为认知主体的地位与作用，要体现学生个性化学习的特点，要发挥学生在学习中的首创精神——如提供灵活多样的检索方式、实现学习路径的自动记录功能，以及设计供学生随堂使用的电子笔记本等。

2. 合作化

根据课堂中使用的教学策略与学生之间的关系，一般将学习分为个别学习、竞争学习和合作学习三种类型。在合作学习中，学生彼此之间的学习成就，是呈正相关——当其中一个学生达到他的学习目标时，其他学生也能够达到学习的目标。目前，最能体现合作学习优势的学习方式，是计算机支持的合作学习(computer-supported cooperative learning，CSCL)。在网络课程设计中，应特别关注以下两类合作与协商关系的设计：

(1)学生与学生的合作。这是合作学习的基础与核心内容，学生的合作互动取决于下面几个关键因素的设计：问题(任务)的提出、回报的获得、小组的状态、交互的技巧等。

(2)教师与学生的合作。教师作为学习过程中的主导人物，应发挥引导、帮助、促进学生学习的作用。

3. 多媒体化

由于 Internet 向宽带、高速发展，使网络课程的多媒体传输成为可能，为了提高学生的学习兴趣，应当根据网络课程需要提供图、文、声、像并茂的教学内容。

4. 交互性

应将课程内容以超文本方式呈现，并提供良好的导航功能；要赋予学生串联知识和网上浏览的自主权。与此同时，还要设计灵活多样的学生练习和训练内容，以提高网络课程的交互性。

5. 开放性

要提高软件结构的开放性——也就是要提供相关的参考资料和相应的网址；对于同一知识内容，要提供不同角度的解释和描述；要让学生在对多样看法进行交叉思考中，提高分析问题和解决问题的能力，使学生产生闪光的思想火花。

此外，还要重视评价反馈的设计，以便及时了解学生的学习情况和客观评价学生对课程教学目标的达到情况。

(二)网络课程的编写过程

根据教学软件的设计与开发过程的一般规律，结合网络课程的特点，可以将网络课程的编写过程归纳为八个步骤(如图 6-19 所示)。这样的编写过程将教学设计、系统设计、脚本编写、程序设计、教学试验、评价修改等环节融为一体，更能切合实际工作的需要。现将八个步骤分述如下：

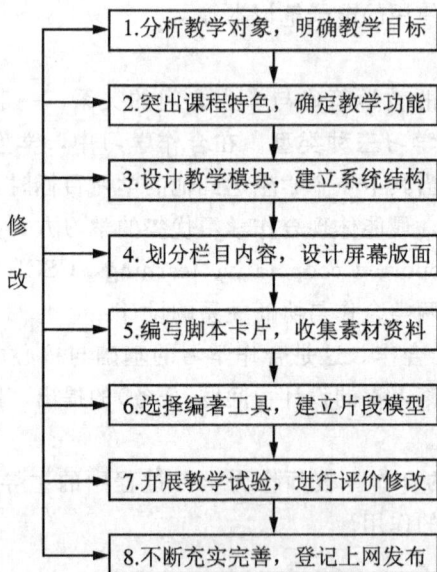

修改

1. 分析教学对象，明确教学目标
2. 突出课程特色，确定教学功能
3. 设计教学模块，建立系统结构
4. 划分栏目内容，设计屏幕版面
5. 编写脚本卡片，收集素材资料
6. 选择编著工具，建立片段模型
7. 开展教学试验，进行评价修改
8. 不断充实完善，登记上网发布

图 6-19 网络课程的编写过程

（1）分析教学对象，明确教学目标

开发网络课程，首先要分析教学对象的特征和需求，明确网络课程的教学目标。如《计算机辅助教育研究》是一门面向中小学教师继续教育的教育技术学科课程。本课程的教学目标是为中小学教师开展计算机辅助教育研究奠定理论和方法的基础，是要培养中小学教师从事计算机辅助教育研究的能力，并提高中小学教师应用计算机辅助教育的水平。

（2）突出课程特色，确定教学功能

作为完整的网络课程，应具有通常所要求的一般模块和栏目。但是根据每门网络课程教学对象和教学目标的不同，可以突出网络课程某方面的特点，并在教学功能上有所体现。

如《计算机辅助教育研究》课程的教学，根据教学内容的特点，采取课程学习和研究实践相结合的形式。课程学习主要是让学员在网络课程所提供的学习专题及学习资源中自己去学习，以获取有关的基本知识；研究实践则是让学员根据网络课程所提供的研究工具和研究案例，按照一定的要求去设计研究方案并开展研究工作，以掌握有关的研究技能。

（3）设计教学模块，建立系统结构

这一步骤是要确定网络课程的主要教学模块，建立各模块之间的关系，从而形成网络课程的系统结构。根据课程教学的需要，《计算机辅助教育研究》网络课程模块包括课程信息、课程学习、研究工具、精选案例、研究课例、资源库、在线测试和学习导航八个模块。

（4）划分栏目内容，设计屏幕版面

这一步骤是要将每一个教学模块，进一步划分成若干个栏目，并规划好它们在屏幕上的具体位置。屏幕界面的设计包括网站的整体色调、界面形式、跳转或链接的方式等。网络课程页面设计力求界面简洁友好、布局结构合理、操作使用灵活、互动反馈及时，有利于学习者学习和自由进出。同时还要为学习者提供图文并茂的、丰富多彩的交互式人机界面，从而使学习群、学习资源和学习灵活性都有明显扩大与提高。图 6-20 至图 6-23 分别是《计算机辅助教育研究》网络课程主要模块的页面。

图 6-20 《计算机辅助教育研究》网络课程的首页

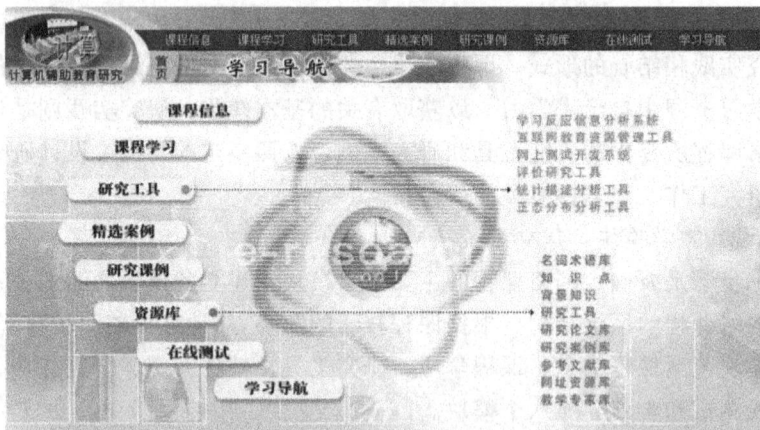

图 6-21 《计算机辅助教育研究》网络课程的学习导航页面

（5）编写脚本卡片，收集素材资料

这一步骤是要根据具体情况，详细说明每一屏幕的呈现方式和链接关系，并编写成脚本卡片，与此同时，还要收集有关的素材资料——例如《计算机辅助教育研究》网络课程中的资源库模块就收集有名词术语库、知识点、背景知识、研究工具、研究论文库、研究案例库、参考文献库、网址资源库、教学专家库等各种素材资料。

（6）选择编著工具，建立片段模型

这一步骤是要选择网络课程的开发语言和编著工具，如 FrontPage，Dreamweaver 等（在《计算机辅助教育研究》网络课程的开发中，选用的开发工具是 Dreamweaver）；此外，根据所编写的脚本卡片还要建立网络课程中一个具有代表性的片段模型。

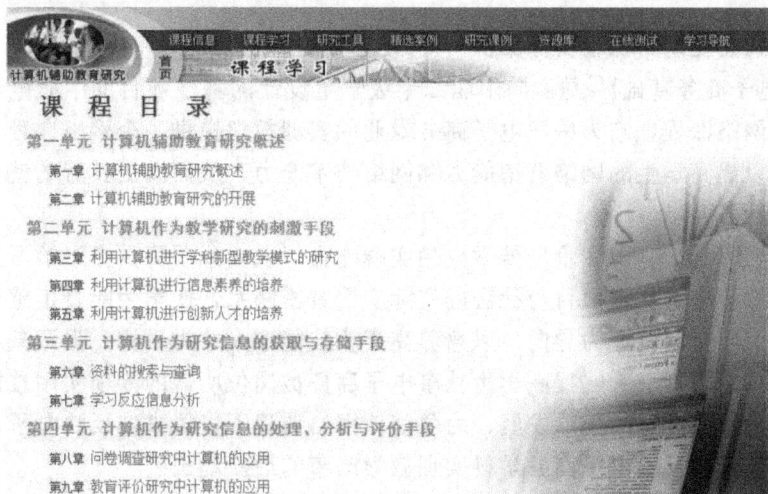

图 6-22　《计算机辅助教育研究》网络课程的学习页面

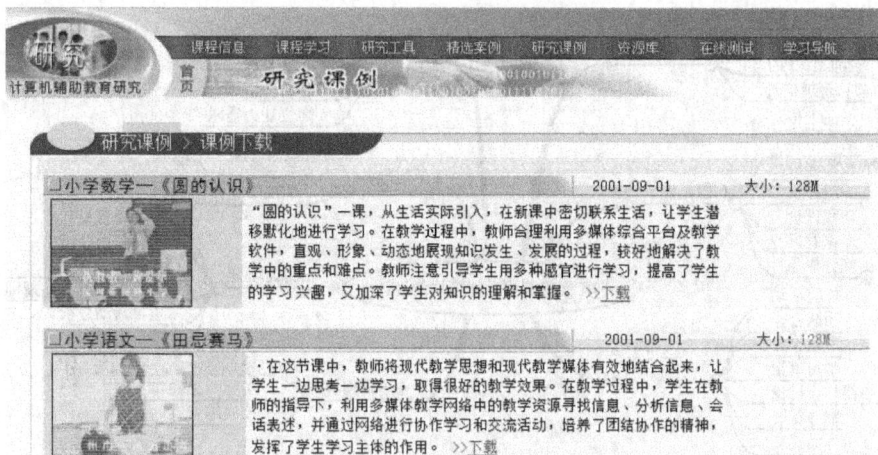

图 6-23　《计算机辅助教育研究》网络课程的研究课例页面

（7）开展教学试验，进行评价修改

利用已经完成的片段模型，设计教学应用方案，并开展教学试验；等试验教学活动实施之后，再进行评议修改。

（8）不断充实完善，登记上网发布

根据试验教学实施的效果，对片段模型不断充实和完善，并在此基础上完成整门网络课程的开发，最后再经技术测试通过，即可申请注册，并上网发布。

（三）企业网络课程实际案例——《电子商务基础》

《电子商务基础》①是面向中职二年级学生设计的基于项目的中职电子商务实训类网络课程，它为中职电子商务专业的实训教学提供一个网络课程与实践平台，以提高学生的网络营销能力和网络技术能力，从而满足其劳动就业后继续发展的需要。

《电子商务基础》注重培养学生的实践能力，以实践项目贯穿于学习过程的始终，课程中的实践项目与社会的实际应用紧密联系，使学生能真正感受到学以致用。同时以就业为导向，以培养高素质技能型人才为目标，强调基本理论知识够用的前提下大幅提高学生从事电子商务员岗位所需的专项实用技能；并跟踪电子商务领域的前沿发展，力争使该网络课程不仅能真实反映电子商务实践，也能真实反映电子商务学科实训教学改革的最新动态。

该网络课程包括课程说明、学习准备、实训项目、项目情境、过程实施、作品评价和学习资源七个模块，如图 6-24 所示。

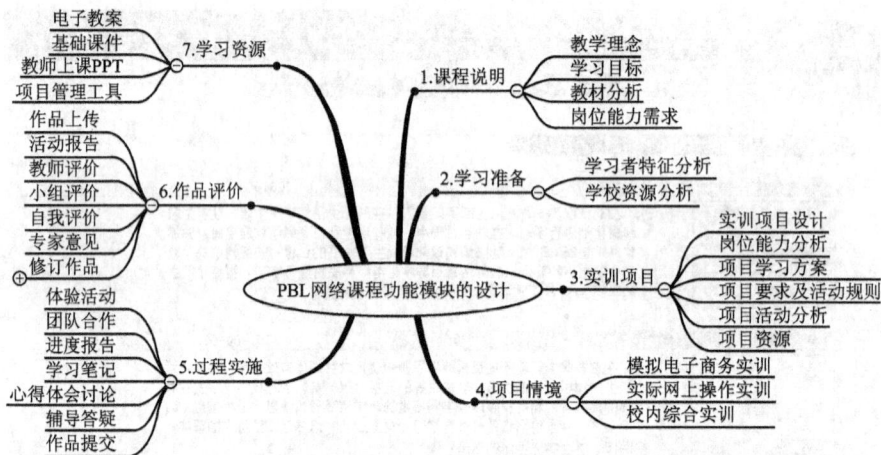

图 6-24 《电子商务基础》项目的实训网络课程结构

《电子商务基础》项目的实训网络课程采用基于项目的教学方式，重在培养学生的实际应用能力，让学生在实践中获得知识与技能。该网络课程的系统功能是利用 Moodle 网络教学平台构建，如图 6-25 所示。

---

① 麦少慧. 中职《电子商务基础》项目实训网络课程的设计与应用研究[D]. 广州：华南师范大学，2008.

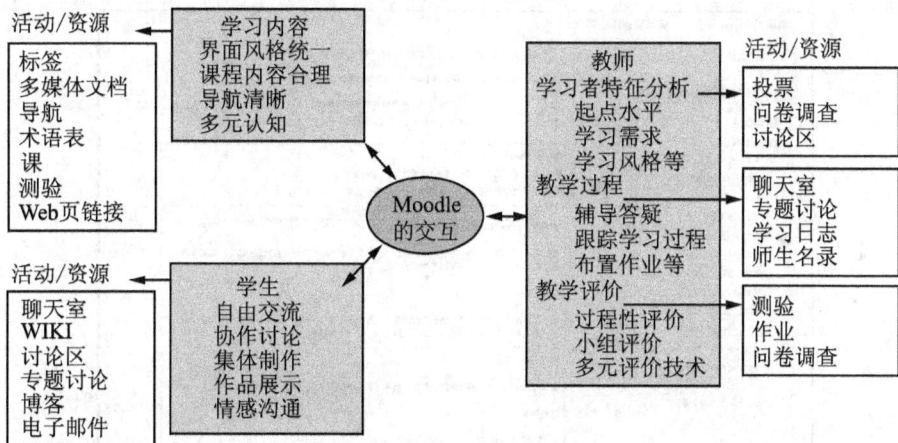

图 6-25　《电子商务基础》项目实训网络教学平台功能

图 6-26 至图 6-28 分别为《电子商务基础》项目实训网络课程的部分版面设计。

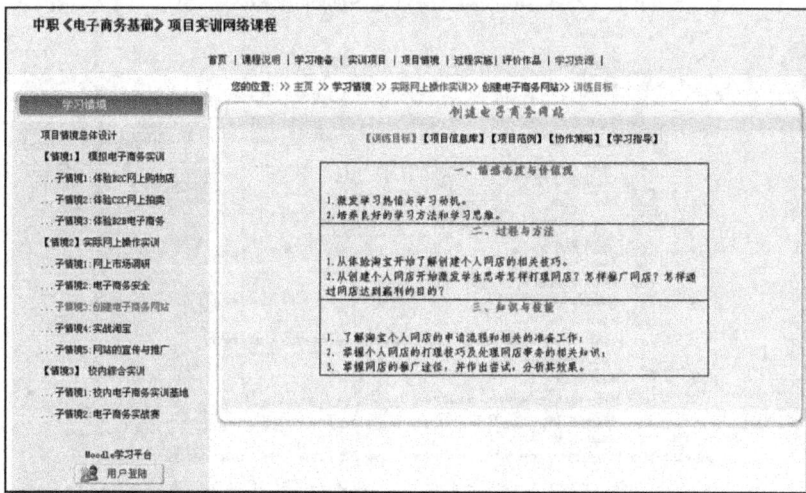

图 6-26　《电子商务基础》项目实训网络课程的训练目标设计页面

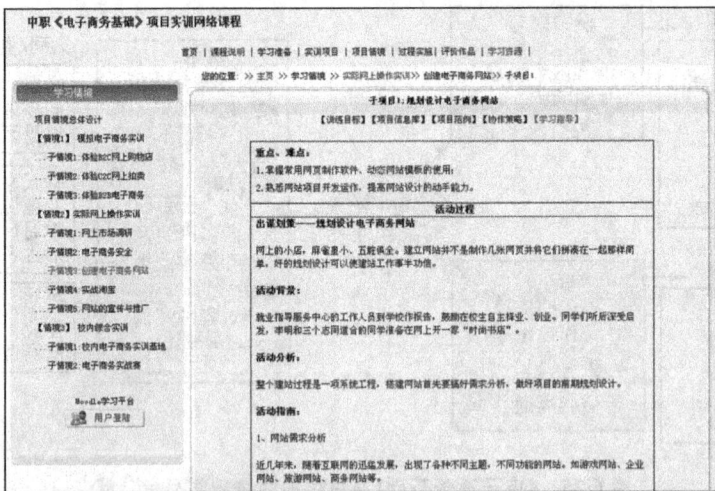

图 6-27 《电子商务基础》项目实训网络课程的学习情境设计页面

图 6-28 《电子商务基础》项目实训网络课程的案例库页面

【拓展资源】

[1] 张劲松. 试析网络学习资源的类型及其作用[J]. 工会论坛，2009(5)：157-158.

[2] 张军征. 多媒体教学软件设计原理与方法[M]. 北京：科学出版社，

2007.

[3] 袁海东. 多媒体课件设计与制作教程[M]. 3版. 北京：电子工业出版社，2013.

[4] 蒋丽萍. 基于英语专题学习网站的大学英语自主学习模式研究[J]. 外语与外语教学，2006(3)：39-41.

[5] 李小刚，马德俊. 我国大学视频公开课建设中的问题及其对策[J]. 现代教育技术，2012(7)：11-16.

[6] 张凯，陈艳华. 大学视频公开课示范效应分析与思考[J]. 中国远程教育，2013(1)：82-86.

[7] 黄建军，郭绍青. 论微课程的设计与开发[J]. 现代教育技术，2013(5)：31-35.

[8] 武法提. 目标导向网络课程设计的原理[J]. 中国电化教育，2006(1)：17-20.

【思考题】

1. 选择某一教学内容，设计开发相应的多媒体教学课件。
2. 选择某学习专题，尝试设计开发一个专题学习网站。
3. 简述视频公开课的基本设计步骤。
4. 查找相关资源，了解微课程的设计步骤与典型案例。
5. 试述网络课程的设计原则和编写过程。

第七章 教学系统设计的应用
——信息化课堂教学设计

【本章学习要点】

当前，信息通信技术（information and communication technology，ICT）日新月异，不仅改变了传统的课堂教学，还孕育起"信息化课堂教学"的新生形态；而信息化课堂教学的高效与否，在很大程度上取决于信息化课堂的教学系统设计方法的运用是否合理、得当。

本章第一节着重对"信息化课堂"的教学特点及其教学目标、教学过程与教学评价的设计方法作详细介绍；第二节则是紧密配合第一节介绍的信息化课堂教学设计方法，提供不同学段、不同学科的典型实用教学设计案例。

【本章内容结构】

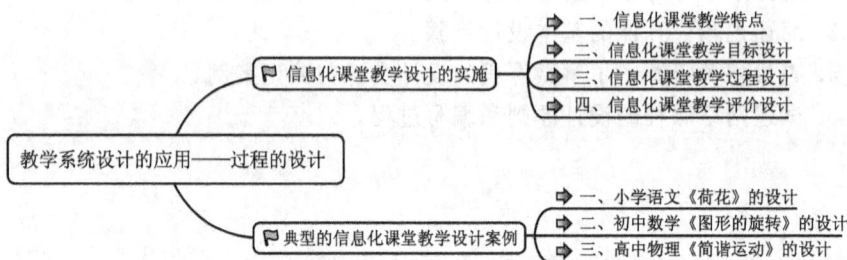

```
                                    ➡ 一、信息化课堂教学特点
                                    ➡ 二、信息化课堂教学目标设计
              ⚑ 信息化课堂教学设计的实施 ─┤
                                    ➡ 三、信息化课堂教学过程设计
                                    ➡ 四、信息化课堂教学评价设计
教学系统设计的应用——过程的设计 ─┤
                                    ➡ 一、小学语文《荷花》的设计
              ⚑ 典型的信息化课堂教学设计案例 ─┤ 二、初中数学《图形的旋转》的设计
                                    ➡ 三、高中物理《简谐运动》的设计
```

第一节 信息化课堂教学设计的实施

信息化教学，是指教育者和学习者借助现代教育媒体、教育信息资源和方法进行的双边活动，它既是师生运用现代教育媒体进行的教学活动，也是基于信息技术在师生之间开展的教学活动。[①] 当代"以学为本"的价值彰显，昭示着

---

① 南国农. 信息化教育概论[M]. 北京：高等教育出版社，2004：58.

教学研究的场域应该向学校课堂教学场域变迁——即转移到教师"教"的场域和学生"学"的场域中来。由此推及，信息化教学应具有场域性，也就是要以教师"教"的场域和学生"学"的场域为基点。信息化课堂教学，正是信息化教学在学校课堂教学场域下的一种教学存在形态。

一、信息化课堂教学特点

与传统课堂教学相比，信息化课堂教学具有以下的鲜明特点。

(一)学习环境：走向网络化、虚拟化

信息通信技术的蓬勃发展，尤其是网络通信技术的快速兴起，将逐渐模糊、消解并超越传统课堂环境物理意义上的空间概念，孕育起"网络化学习环境"(Internet-supported learning environment，ISLE)。学习环境网络化，使得传统的班级课堂环境逐渐被多媒体网络教室、互联网络课堂所取代，学生的学习范围从一个封闭的课堂系统扩大到一个开放的系统。此外，虚拟现实技术与计算机技术的融合发展，使网络化学习环境逐步向虚拟空间延伸。这种虚拟的网络化环境通过创设问题情境，提供教学活动所需的虚拟自然环境(或虚拟社会环境)、数字化的学习资源以及其他相关的学习支持工具，可以有效地支持学生开展个性化学习与沉浸性的体验式学习。

(二)学习资源：走向多样化、富媒体

无限丰富的、多样化的数字化学习资源，是信息化课堂教学的显著特征。尤其是随着教育云服务的推进，学习资源达到海量程度，并能随时随地满足教学的不同需求。此外，多媒体因其具有图、文、声、像并茂的强大优势，能为学习资源的呈现提供多种不同的刺激方式，从而有利于提高学习效率。当代多媒体技术正向富媒体①(rich media)及富互联网应用(rich Internet application)方向发展，其强大的信息表现能力与交互特性，不仅可以像多媒体技术一样有效支持资源的呈现和展示资源的可阅读性，还可以采用一种更为主动的形式与学习者进行深度交互，促进有意义学习。

(三)学习方式：走向多元化、个性化

在教育学的意义上，学习方式泛指各种学习活动的开展与实施方式。教师与学生可以组成学习共同体，根据当前课目的主题内容，使用各种有效的策略

---

① 相关文献表明，多媒体、超媒体等概念，都是富媒体的前身概念。多媒体强调媒体资源类型的多样性，超媒体强调媒体网络关联性，而富媒体则在其基础之上更加关注媒体终端与学习者之间的交互性、桌面应用与 Web 应用之间的融合性。(傅伟. 富媒体技术在数字化学习终端上的应用探索[J]. 远程教育杂志，2011(4)：95-102.)

和方法，使学生积极主动地投入学习过程，从而习得知识、形成经验并建构知识的意义与价值。[①] 在信息化课堂环境下，学生获取信息资源的渠道增多了，学生在学习过程中享有更多的话语权和主动权，每个学生都可以平等地共享别人提供的学习资源，并可以与学习同伴进行交流互动，从而形成自己的观点和见解。由此，推动了学习方式的多元化和个性化——使得"数字化探究性学习""基于项目的合作学习""个性化按需学习""班级差异化互动学习""能力本位评估引导学习"等新型学习方式将成为可能。

（四）学习评价：走向学习化、发展性

学习本身是一个动态发展、持续建构的过程，这意味着学习评价不单纯是总结性的，而应与学习过程融为一体，追求"评价即学习"。要让学生成为学习评价的主体，对学习活动展开自评和同伴互评，并随时反思、监控和调节自己的学习过程；还要在评价过程中及时获取有效的反馈信息、丰富评价活动经验、增长评价知识与技能，从而养成可持续发展的评价素养。此外，在信息化课堂教学中，信息通信技术也可以为学习评价提供强有力的技术支持，这就使学习评价过程能对学生的身心发展更有效地起到促进作用。

二、信息化课堂的教学目标设计

教学目标是对学习者通过教学后应该达到的可见行为的具体、明确的表述。信息化课堂教学目标的设计遵循一般教学目标设计的基本规律与方法。首先要分析教学内容，并由此确定教学目标。每门课程都是由若干个章节（或单元）组成，每一节（或课）又可分为若干个知识点。根据加涅的学习内容分类方法，可确定每个知识点内容的属性（如图 7-1 所示）。

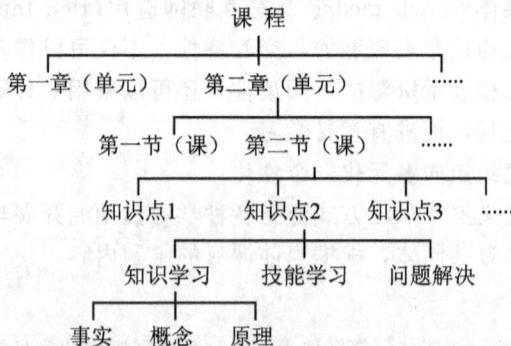

图 7-1 知识点划分示意图

---

① 黄甫全. 现代课程与教学论［M］. 2 版. 北京：人民教育出版社，2011：367.

然后利用第三章提出的"教学目标—教学内容二维层次分析模型",进行学习内容(教学内容)与教学目标(学习水平)的分析与确定。

在确定教学目标时必须考虑到以下三个方面的因素:

1. 社会的需要

社会的需要包括广义的需要(如社会的责任、国家的需要),还包括社会对人才培养的需求——比如信息化课堂教学除了关注学习者行为目标的达成,还强调信息素养、创新精神与实践能力的发展。

2. 学习者的特征

在确定教学目标时,必须先分析学习者的特征,要了解学生的求学目的和原有知识基础。学习者的特征主要是指学生原有的认知结构和原有的认知能力。原有的认知结构是学生在认识客观事物的过程中在自己头脑里已经形成的知识经验系统;原有的认知能力是学生对某一知识内容的识记、理解、应用、分析、综合和评价的能力。对学习者的特征进行分析就是要运用适当的方法来确定学生关于当前所学概念的原有认知结构和原有认知能力,并将它们描述出来,以便对学生进行更有针对性的教学。

3. 学科的特点

在进行信息化课堂教学目标设计时,还要考虑与本课程相关学科的基本概念、基本技能、基本规律、基本法则等特点,才能使所制订的教学目标体现出各自的学科特色。

三、信息化课堂的教学过程设计

(一)选择媒体(资源),创设教学情境

1. 媒体(资源)的选择

媒体的选择,就是先根据教学目标和教学内容的要求,选择用于记录和储存教学信息的载体(软件);然后为了能让这些已储存的教学信息直接介入教学过程,还要选择能把教学信息转化为对学习者的感官作最有效刺激的教学设备(硬件),以便利用该设备来传递和再现教学信息——以上过程就是媒体的选择。至于资源的选择,则是指根据教学目标和教学内容的要求,去选择能够帮助学生理解、分析、建构知识意义的各种不同形式的多媒体辅助教学资料。

在信息化课堂的教学设计中,利用第三章提到的"教学媒体选择的原则与方法",结合第六章提到的各种数字化学习资源,即可灵活地进行媒体(资源)的选择。其步骤如下:

(1)媒体(资源)使用目标的确定

媒体(资源)的使用目标是指媒体(资源)在实现教学目标的过程中,应当承

担或完成的职能。按其职能的不同，可以把使用目标分为事实性、情境性、示范性、原理性、探究性五类。

①事实性：媒体(资源)提供有关科学现象、形态、结构，或者是史料、文献等客观、真实的事实，使学生获得真实的事实性材料，以便于识记。

②情境性：根据学习内容，媒体(资源)提供一些有关情节、景色、现象的真实的或模拟的、相近的画面或场景(如古诗词的意境画面)。

③示范性：媒体(资源)提供一系列标准的行为模式(如语言、动作、书写或操作行为)，学习者可通过模仿和练习来进行相关技能的学习。

④原理性：媒体(资源)提供某一典型事物的运行、成长、发展的完整过程，并借助语言的描述，帮助学习者对该典型事物的特性、发生和发展的原因和规律有所了解。

⑤探究性：媒体(资源)提供某一些事物的典型现象或过程，利用文字或语言设置疑点和问题，以供学生作为分析、思考、探究、发现的对象。

上述几类使用目标与教学内容和教学目标之间有着密切的联系。为此，可以建立如图 7-2 所示的"内容—目标—媒体三维选择模型"，利用该选择模型，我们即可根据学习内容与教学目标，确定媒体(资源)的具体使用目标。

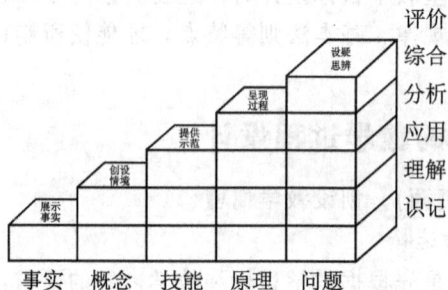

图 7-2　内容—目标—媒体三维选择模型

(2)媒体(资源)类型的选择

媒体(资源)类型的选择，要依据学习类型与媒体(资源)功能关系二维矩阵中的功能大小来进行。对于不同的学科内容、不同的学习类型，不同媒体(资源)所产生的功能大小是不同的。这必须通过大量的教学实践试验，才能探索其规律。

(3)媒体(资源)内容的选择

媒体(资源)内容的选择通常包括如下的一些成分：画面资料、画面的组合序列、教师的活动、语言的运用、刺激强度等。

2. 教学情境的创设

建构主义认为，知识不是通过教师传授得到的，而是学生在一定的社会文化背景下（一定的情境），借助教师和同学的帮助，利用必要的学习资源，通过意义建构的方式获得的。因此，情境是学习环境中重要的要素。

情境，又称教学情境或学习情境。广义的情境是指作用于学习主体，并产生一定的情感反应的客观环境；狭义的情境则是指在课堂教学环境中，作用于学生而引起积极学习情感反应的教学过程，是学生参与学习的具体的现实环境。"知识具有情境性，而且是被应用的文化、背景及活动的部分产物。知识是在情境中通过活动而产生的"。一个优化的、充满情感和理智的教学情境，是激励学生主动参与学习的根本保证。教学情境的创设是指要创设有利于学生对所学内容的主题意义进行理解的情境，是信息化课堂教学设计的一个重要环节。在课堂教学中播放有助于理解教学内容的录像、录音、参与社会实践、向学生提供网络的丰富学习资源等，凡是有助于学习者理解掌握学习内容的情境，都属于情境创设的范畴。情境创设有助于反映新旧知识的联系，有助于促进学生进行联想思维和发散思维，便于学生对知识进行重组与改造，易于帮助学生完成知识的同化与顺应。

（1）教学情境的类型

无论是情境的外在形式，还是情境内容，都会使学生产生积极的情绪反应。教学情境可分为以下几类。

①问题情境。创设问题情境应围绕教学目的，注意培养学生发散性思维与创新意识，且难度适中；创设"问题情境"就是要在教材内容和学生求知心理之间制造一种"冲突"，从而把学生引入一种与问题有关情境的过程。这个过程也就是"冲突—探究—深思—发现—解决问题"的过程。有"冲突"就必须要质疑——把需要解决的问题，有意识地、巧妙地寓于各种各样符合学生实际的知识基础之中，在他们的心理上造成一种悬念，从而使学生的注意、记忆、思维凝聚在一起，以达到智力活动的最佳状态。教师根据学生情况和教材内容而创设的真实问题情境，通常都能诱发学生的好奇心和求知欲，点燃思维的火花。

②创设真实情境。创设真实情境，是让学生就像身临现场，在工厂、田间、野外等真实的生活与工作场景中学习知识，或运用所学知识解决实际问题。在真实情境中进行现场范例教学是理论联系实际的一种好方法，既可以加深学生对知识的理解，又可将所学的知识应用于实际——通过创设真实情境，让学生仿佛身临其境，在真枪实弹的演练中施展自己的才能，品尝受阻的焦虑和成功的喜悦，既能在积极思考中深化对知识的认识与理解，又能在知识应用过程中提高解决实际问题的能力，可以真正达到学以致用的目的。在工程教学

中，更宜采用这种方法。

③模拟真实情境。一些危险性、不易或不宜真实接触的必修教学内容可以用通过模拟真实情境来满足教与学的需求。像法律专业的学生，若通过模拟法庭来模拟现场的法庭审判，并让他们全程参与，将对学生的学习具有极大的帮助；又如英语专业学生，如果让他们自编、自导、自演英语话剧，将会使他们自身的英语听说能力得到很好的锻炼与提高。

④合作性教学情境。教学过程中的合作有利于开拓学生思路，改善课堂氛围，培养与他人交流与合作的能力，并能充分调动学生学习的主动性与积极性；合作中还有竞争，这种竞争既能发挥学生个体的能动性，又能促进学生之间相互团结、密切配合，增强集体荣誉感。可见，通过合作教学，不仅充分体现了学生在学习过程中的主体地位，而且能培养学生的交际、协作和竞争能力。在进行探究性学习或基于问题解决的教学时宜采用此法。

⑤具有丰富学习资源的情境。提供丰富的学习资源，让学生在探索中学习、求知，培养其自主学习、自主探究、自主发现的能力。资源的共享是时代发展的要求，开展学习的重要条件在于拥有学习资源。具有丰富学习资源的情境将会是未来教与学环境发展的总趋势。

创设良好的教学情境有助于学生产生积极的情感，激发求知欲望，使学生在"乐"学中掌握知识，培养能力。各类教学情境不是彼此割裂，而是相互联系的，此类情境与彼类情境有交叉与重叠。在信息化课堂教学中，应根据教学的实际需求选择、创设和利用各种情境，并对其进行优化组合以取得最佳的教学效果。

（2）情境创设中应注意的问题

情境创设运用得好，能提高教学效果与学习效率。但教学活动是一个极其复杂的过程，教学效果的好坏受诸多因素的影响。在教学情境的创设中建议考虑以下关系：

①情境创设与教学内容、教学目标的关系。创设情境是为了帮助学习者理解、内化学习内容。不同类型的教学内容要求不同的表现手段与表现方式，还要求不同的学习方法。与此同时，不同的情境类型在不同类型内容的学习中所产生的效果也完全不同。例如，提供丰富学习资源的学习情境，比较适宜于结构严谨的学科内容教学；而提供真实学习场所的情境，则比较适宜于结构不良的学科内容教学。从教学目标的类型上分，提供丰富学习资源的学习情境，比较适宜于认知类目标的学习，尤其是概念、规律等逻辑性较强的认知目标；而提供真实情境，则比较适宜于情感态度类和技能类教学目标的学习。此外，真实情境也常用于启发学生思维或渲染环境气氛等。

②情境创设与学习者特征的关系。学习是个性化的行为，是学生在原有的

知识结构上进行意义建构的过程。所以在创设情境时，要充分考虑学习者原有的知识、技能，要考虑学习者的学习动机、态度，以及学习者的年龄和心理发展特征；然后在综合分析的基础上，去创设符合学习者认知发展规律的、并适合不同学习者特征的多样化情境；并且要用符合学习者认知心理的外部刺激去促进学习者对新知识的同化与顺应，从而帮助他们完成对知识的意义建构。

③情境创设与客观现实条件的关系，即情境创设的可行性。建构主义学习理论，强调创设尽可能真实的情境，因为真实的情境接近学生的生活体验。任务的真实性使学生能了解自己所要解决的问题，具有主人翁感。任务本身的真实性也容易激发学生学习的内部动机。情境的多样性可以培养学生的探索精神，并且可以在完成任务过程中深化自己的知识。最优化教学是教学活动的理想目标，良好的情境创设是提高教学效果的重要手段，但教学过程受到教师、学生、媒体等许多因素的影响，创设情境毕竟只是进行教学的一种手段，所以在情境创设中要综合考虑各种因素，尤其是客观现实的条件，要考虑当前的客观现实是否为创设情境准备了必要条件。

（二）指导自主学习，组织协作活动

自主学习就是让学生自己主动学习、主动探究。常用的指导策略有支架式教学、抛锚式教学、随机进入式教学等策略。协作学习是在学生自主学习的基础上，通过小组讨论协商、相互启发、思想碰撞，以进一步完善和深化对学习主题的意义建构。

1. 自主学习的设计

（1）抛锚式教学中的自主学习设计

在抛锚式教学中，要根据事先确定的学习主题在相关的实际情境中选定某个典型的真实事件或真实问题（这个真实事件或问题即是"锚"），然后让学生围绕该问题展开学习（即为"抛锚"）。在开展这种学习的过程中，一般是先对给定问题进行假设，再通过查询各种信息资料和逻辑推理对假设进行论证，根据论证的结果制订解决问题的方案、然后实施该方案，最后根据实施过程中的反馈，补充和完善原有认识。

（2）支架式教学中的自主学习设计

支架式教学中的自主学习设计要围绕事先确定的学习主题，先建立一个概念框架。框架的建立应遵循维果茨基的"最近发展区"理论，且要因人而异（因为每个学生的最近发展区并不相同），以便通过概念框架把学生的智力发展从一个水平引导到一个更高一级的水平，就像沿着脚手架那样一步步向上攀升。

（3）随机进入式教学中的自主学习设计

若要开展随机进入式教学，需要先创设能从不同侧面、不同角度表现当前学习主题的多种情境，以便供学生在自主学习过程中随意进入其中任意一种情境去体验、去探究。

（4）自主学习设计应特别关注和应尽量避免的问题

不管采用哪种方法进行自主学习的设计，都要特别关注以下三方面：

①在学习过程中充分发挥学生的主动性、积极性，体现学生的首创精神；

②让学生能根据自身行动的反馈信息来形成对客观事物的认识和解决实际问题的方案，即能实现自我反馈；

③让学生有多种机会在不同情境下去应用他们所学的知识（即将知识外化）。

与此同时，在自主学习设计过程中还应尽量避免出现以下问题：

①目标不明确。在自主学习过程中，由于强调学生是认知主体，是意义的主动建构者，所以是把学生对知识的意义建构作为整个学习过程的最终目的。在学习过程中强调对知识的意义建构，无疑是正确的，但往往存在一种倾向——不去分析学习目标，对当前所学内容不加区分、都要完成"意义建构"（即达到深刻的理解与掌握），这是不恰当的。正确的做法应该是：在进行学习目标分析的基础上选出当前所学知识中的基本概念、基本原理或基本方法作为当前的"主题"（或"基本内容"），然后再围绕这个主题去进行意义建构，这样建构的结果才是真正有意义的。因为有些知识（如事实性知识），只要知道、了解就可以了，没必要都去完成"意义建构"。

②只重视环境设计，而忽略自主学习策略的设计。建构主义的核心是强调学生自主建构知识意义，这无疑是正确的。但不少人把主要关注点放在如何设计适合学习者主动建构意义的学习环境上，而忽略了学习者本身的"自主学习"，这就有点本末倒置。学习者是认知主体，学习者的自主学习才是对所学知识实现意义建构的"内因"；学习环境只是促进学习者主动建构知识意义的外部条件，是一种"外因"，而外因要通过内因才能起作用。实际的理想学习环境是必要的，因为这有利于促进学习者的意义建构，但是更应重视学习者自主学习策略的设计，因为缺少这种自主学习，或者自主学习的方法、策略不恰当，就是有再理想的学习环境，意义建构的目标也达不到。

③忽视教师的指导。在自主学习中的另一种偏向是忽视教师的指导作用。学生是信息加工的主体，是知识意义的主动建构者，教师则是学习过程的组织者、指导者，教师要对学生学习的意义建构起促进和帮助作用。因此，在充分考虑如何体现学生主体地位、如何运用各种手段促进学生自主建构的同时，绝不能忘记教师的责任，不能忽视教师在此过程中的指导作用。

2. 协作学习的设计

协作学习对于学习者能否深化自身对知识的意义建构极其重要。协作学习主要通过协商与会话的形式，使学习者与学习伙伴互动交流，从而促进该学习群体对当前所学知识的深入而全面的理解，真正完成意义建构。协作学习的设计通常有两种不同情况：一是学习主题已知，二是学习主题未知。

对于学习主题已知的协作学习设计，一般应围绕已确定的主题先设计出能引起争议的初始问题，然后再设计能将讨论一步步引向深入的问题；教师要考虑如何站在稍稍超前于学生智力发展的边界上（即稍稍超前于最近发展区）、并通过提问方式来引导讨论，切忌直接告诉学生应该做什么（即不能代替学生思维）；对于学生在讨论过程中的表现，教师还要适时作出恰如其分的评价。

对于学习主题未知的协作学习设计，由于事先并不知道学习的主题，所以这样的协作学习环境没有固定的模式，教师可依据实际情况灵活处理。

为保证协作学习能取得较显著成效，在开展协作学习过程中，应遵循以下三项原则。

（1）要构建层次相当的协商群体

协作学习，顾名思义就是由若干个体组成一个群体，彼此互相帮助，共同学习。在这样的群体中，学生们通过共同批判考察各种理论、观点、信仰和假说，开展协商和辩论，来深化对问题的认识与理解。可见，形成一个协商群体在协作学习过程中非常重要。此外，还要考虑到，如果协商者之间基础知识相差太大，则无法进行协商，协作学习自然会失败。所以，不仅要构建协商群体，还要构建层次相当的协商群体，才能起到相互启发、彼此促进的作用。

（2）教师提出的问题一定要有启发性和争议性

在整个协作学习过程中要由教师组织引导——讨论的问题由教师提出，然后学生们围绕这个问题进行辩论、相互协商，最终对如何解决问题达成共识，从而完成对知识的意义建构。由此可见，教师如何提出问题至关重要——所提出的问题一定要具有启发性和争议性。如果所提问题是一个众所周知的真理或没有多大争议的事实，就根本不需要讨论，亦不值得协商，自然也就达不到对一个新知识进行意义建构的目的。

（3）协作学习过程应当可控，并讲究效率

协作学习是通过学习者共同讨论、协商来完成对知识的意义建构。但是如果出现吹牛皮侃大山等现象，就应及时制止，并尽快将讨论引回到主题上来。在学习过程中一定要讲究效率，否则不可能达到协作学习的目标。

在实际的协作学习过程中，教师在学生讨论时应认真、专注地倾听每位学生的发言，仔细注意每位学生的神态及反应，以便根据该生的反应及时对他提出问题或对他进行正确引导。当讨论开始偏离教学目标或纠缠于枝节问题时，要及时加以纠正。要善于发现每位学生通过发言表现出的积极因素（哪怕只是萌芽），并及时给予肯定和鼓励；与此同时要善于发现每位学生通过发言暴露出来的关于某个概念或认识的模糊或片面之处，并及时用学生乐于接受的方式加以指出(切忌使用容易挫伤学生自尊心的词语)。在讨论结束时，教师(或学生自己)应对整个协作学习过程作出小结。

(三)确定教学要素关系，形成理想的课堂教学结构

信息化课堂教学系统是由教师、学生、教学内容及教学媒体(资源)等要素组成的。根据系统科学理论，要使信息化课堂教学取得好的教学效果，必须注重教师、学生、教学内容及教学媒体(资源)这些要素之间的相互联系、相互作用，以形成理想的课堂教学结构。

信息化课堂教学结构是指课堂教学系统中教师、学生、教学内容、教学媒体(资源)四要素之间相互联系、相互作用的具体体现。信息化课堂教学结构包括两方面的含义，即各要素之间的时间关系和空间关系。前者主要是指教师与学生进行教学活动的先后顺序，即我们平时所说的教学程序、教学步骤、教学过程等；后者则主要是指教学内容的层次关系、课堂教学的逻辑关系等。这种空间关系，更能体现信息化课堂教学的模式和教学方法，所以，信息化课堂教学结构的设计与研究，是探索信息化课堂教学模式的基础。

信息化课堂教学结构的设计必须考虑教师的主导活动、学生的参与活动和教学内容的组织、教学媒体(资源)的运用等方面以及它们之间的相互联系。另外，由于形成性练习在课堂教学中的特殊作用，在设计信息化课堂教学结构时也应加以考虑。因此，信息化课堂教学结构的具体设计内容，可用图 7-3 表示。

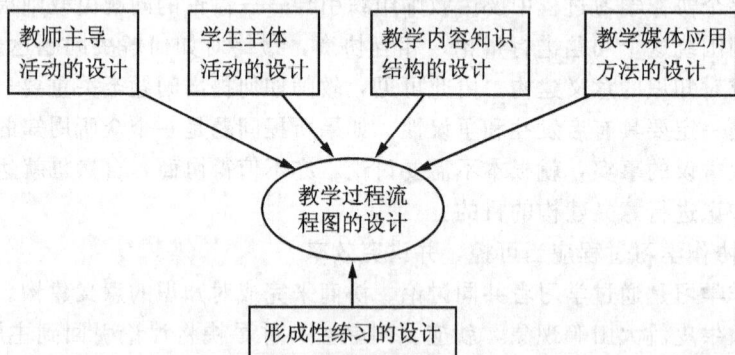

图 7-3 信息化课堂教学结构的设计内容

为了能直观、清晰地展示信息化课堂教学的具体实施过程，可以借助一些如表 7-1 所示的图形符号，用于表示信息化课堂教学过程中开展的各种不同的"教"与"学"活动。在此基础上，利用这些形象化的图形符号，即可画出能直接反映信息化课堂教学实施流程的操作蓝图(本章第二节所介绍的三个"典型的信息化课堂教学设计案例",其教学过程的实施流程就都是按照这种方法绘出的)。

表 7-1　几种符号的意义

符号	表示的意义
▭	教学内容与教师的活动
▭	媒体(资源)的应用
▱	学生的活动
▱	学生利用媒体(资源)操作、学习
◇	教师进行逻辑判断

四、信息化课堂教学评价设计

教学评价,是要根据明确的目标,采用科学的方法,对测量数据按照一定的标准进行量化,并对量化的结果作出价值性判断。教学评价可按如图 7-4 所示的步骤进行。

教学评价必须以客观资料为基础,为此,应设计好各种调查量表或测量工具,以便收集学生的学习情况。

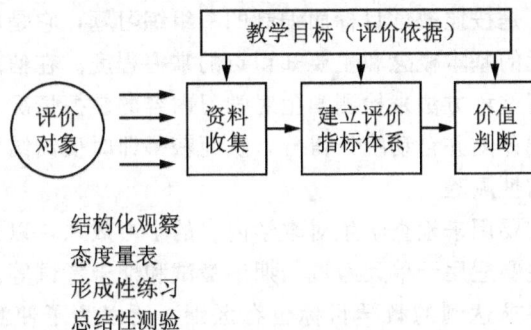

图 7-4　教学评价的步骤

(一)设计结构化观察表格

结构化观察是人们为了认识事物的本质和规律,通过感觉器官或借助一定的仪器,有目的、有计划地对自然发生条件下出现的现象进行考察的一种方法。这种方法主要用来收集学生的学习行为反应信息。如表 7-2 就是用于观察学生在课堂中出现"注意力不集中"行为的一种表格。

表 7-2　学生出现"注意力不集中"行为的观察记录表

时间段/min 学生	0～5	5～10	10～15	15～20	20～25	25～30	30～35	35～40	40～45
S$_1$				√					
S$_2$									
S$_3$									
S$_4$					√				
S$_5$								√	
...									
S$_m$									

（二）设计态度量表（调查问卷）

态度量表（调查问卷）是针对某件事物而设计的问卷，通过被试对问卷所作的分等级选答反应，来了解被试对某事物的态度倾向。态度量表主要用来收集学生的学习态度反应信息。目前，借助信息技术手段，可以实现态度量表（调查问卷）的电子化，以便于学生在线填答。

（三）设计形成性练习

形成性练习，是按照教学目标而编制的一组练习题，它是以各种形式考核学生对本学习单元的基本概念和主要知识点的掌握程度。在信息化课堂教学过程中，常常会采用这种方法来检测学生对学习内容的掌握情况，而且可以运用技术手段实现在线评测并自动统计得分，从而获得即时反馈结果。

（四）设计总结性测验

总结性测验主要用来检查学生对教学内容的学习效果，以检查原定教学目标的达到程度，主要适用于单元考试、期中考试和期末考试等。由于各单元的教材重点不同，要求达到的教学目标也有区别，所以为了使测试题具有代表性，并具有一定覆盖面，应当先设计好如表 7-3 所示的测验目的与测验内容双向细目表。与此同时，还可以利用信息技术开发相应的学科试题库，以支持试题设计、组卷、批改、统计分析等功能。

表7-3 有关"地球"教学单元的测验双向细目表

测验内容	学习水平			小计
	识记	理解	应用	
地球的内部圈层	5	0	0	5
组成地壳物质	5	10	10	25
内力作用	10	12	8	30
外力作用	15	18	7	40
小 计	35	40	25	100

　　综合上述信息化课堂教学设计的各项内容,结合当前教学工作的实际情况,我们采用工作表格的形式,设计出一套《信息化课堂教学设计方案》(见表7-4),以供各学科教师进行信息化课堂教学设计时参考。

表7-4 信息化课堂教学设计方案

设计者:_____ 执教者:_____ 时间:_____年___月___日

一、教材内容

　　选自_____学科_____章(单元)_____节(课),具体内容如下(复印剪贴)。

二、学生特征分析

1. 说明学生所在地区、学校、年级
2. 分析学生基础水平

三、教学内容与学习水平的分析与确定

1. 知识点的划分与学习水平的确定

课题名称	知识点		学习水平	
	1			
	2			
	3			

2. 学习水平的具体描述

知识点	学习水平	描述语句	行为动词
1			
2			
3			

3. 分析教学的重点与难点

四、教学媒体(资源)的选择与运用

知识点	学习水平	媒体(资源)类型	媒体(资源)内容要点	使用时间	资料来源	媒体(资源)在教学中的作用	媒体(资源)使用方式
1							
2							
3							

续表

注：1. 媒体（资源）在教学中的作用分为：A. 展示事实；B. 创设情境；C. 提供示范； 　　　D. 呈现过程，解释原理；E. 设疑思辨，解决问题；F. 其他。 　　2. 媒体（资源）使用方式包括：A. 设疑—播放—讲评；B. 讲解—播放—概括； 　　　C. 讲解—播放—举例；D. 边播放，边讲解；E. 复习巩固；F. 其他。

五、课堂教学结构的设计与实施流程

1. 画出流程图

教学内容与 教师活动	媒体的应用	学生活动	教师进行 逻辑判断

2. 对流程图作简要的说明

六、形成性练习题的设计

知识点	学习水平	题目内容
1		
2		
3		

　　广大教师在开展信息化课堂教学设计过程中，可以根据教学目标、教学内容和教学环境的实际情况，分别采用"以教为主""以学为主"和"学教并重"等各种不同设计模式，但不管采用何种模式，我们都应充分发挥教师在教学过程中的主导作用，都要突出体现学生在学习过程中的主体地位，并要认真关注和运用好信息技术的认知工具作用。

第二节　典型的信息化课堂教学设计案例

本节主要介绍三个信息化课堂教学的典型课例及其设计方案，分别是小学语文《荷花》、初中数学《图形的旋转》和高中物理《简谐运动》。

一、小学语文《荷花》的设计

《荷花》是人教版小学语文三年级下册的一篇写景记叙文，写了"我"在公园的荷花池边观赏荷花并展开想象的事——赞美了荷花婀娜多姿、生机盎然的美，表达了作者热爱大自然的思想感情。本课是在多媒体网络教室进行教学。根据课程标准与学习者特征，本课的教学目标设计如下。

（1）知识与技能

①会认、会读生字，能正确读写"莲蓬""饱胀""挨挨挤挤""冒"等字词，并理解这些字词的意思。

②能够有感情地朗读课文，品味词句，理解荷花的颜色、样子，感受荷花的美。

（2）过程与方法

①通过朗读、品析、看图、写话等活动，积累课文的优美词句，掌握景物静态描写与动态叙述的方法，并能灵活运用语言，加强语感训练。

②通过利用网络资源进行自主学习、与同伴进行交流讨论等活动，提高自主学习与协作学习的能力。

（3）情感态度与价值观

通过欣赏荷花的美丽，体会大自然的神奇美妙，培养热爱大自然的美好情操，从中提高学生欣赏美、感受美的能力。

本课以建构主义学习理论为指导，采用了"情境式讲授"的教学模式。课前，教师将师生合作收集到的与荷花相关的资源制作成"荷花小站"，并发布到校园网上。"荷花小站"中设有六个部分，分别为"荷花文化""课文学习""荷花图展""荷花知识""网上资源""荷花论坛"。这些内容既是教师课堂教学所需资源，也是学生课后的拓展性学习资源。在课堂教学过程中，教师运用激情的语言、生动的图像、优美的音乐、逼真的动画、动感的视频等话语和媒体手段创设具有丰富学习资源支持的教学情境，从而激起学生的学习兴趣，仿佛让学生沉浸在优美的自然意境中。与此同时，教师组织学生在品读课文、赏析词句、看图写话的过程中积极展开想象，感悟荷花的"千姿"与"神韵"，使学生得到美的享受和情感的熏陶，并激发起学生对荷花以及大自然的热爱之情，因而使语文素养、信息素养以及其他方面的素养都得到了较好的发展。

《荷花》教学过程的实施流程如图 7-5 所示。

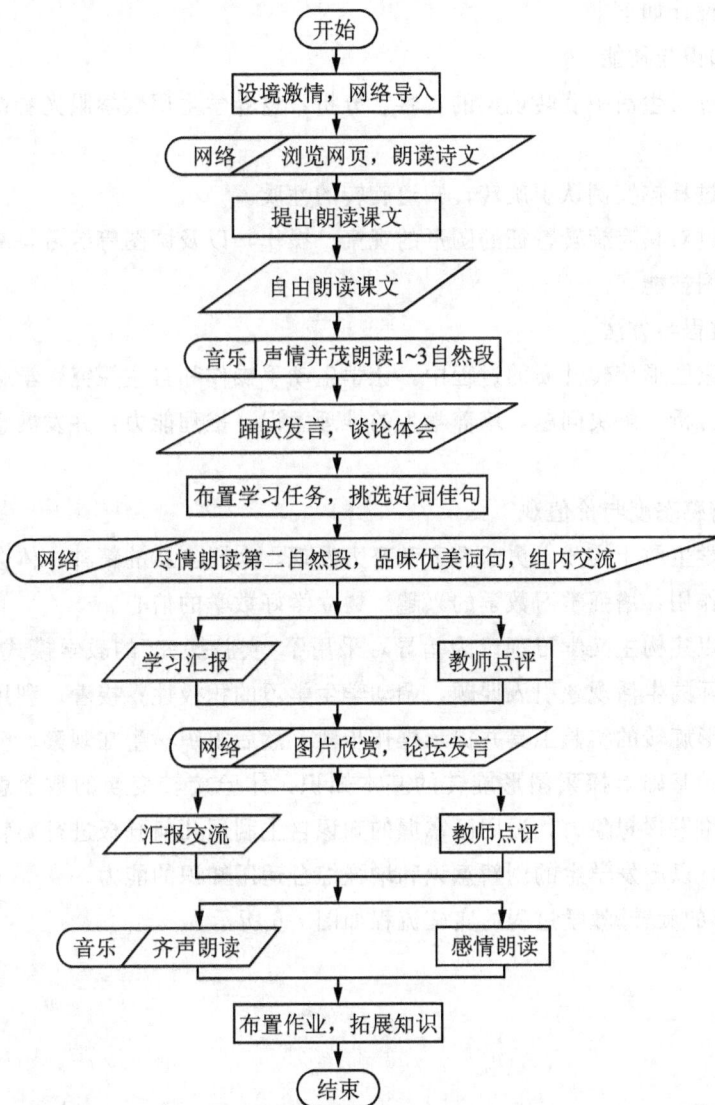

图 7-5　《荷花》教学过程的实施流程

二、初中数学《图形的旋转》的设计

《图形的旋转》是人教版初中数学九年级上册"空间与图形"知识领域的内容。本课是在多媒体网络教室进行教学。根据课程标准与学习者特征，本课的教学目标设计如下。

（1）知识与技能

①通过对生活中旋转现象的观察、分析，培养学生用数学眼光看待生活中的问题。

②通过具体实例认识旋转，知道旋转的性质。

③通过对具有旋转特征的图形的观察、操作，以及画图等练习，掌握旋转图形的作图技能。

（2）过程与方法

在探索图形旋转性质的过程中，让学生动手操作和自主探究，学会有条理地思考、分析、解决问题，培养学生的推理意识、推理能力，并发展学生的空间观念。

（3）情感态度与价值观

培养学生敢于实践、勇于探索和努力发现、大胆创新的精神；体会数学在生活中的作用，增强学习数学的兴趣，树立学好数学的信心。

本课以建构主义学习理论为指导，采用了"实验探究"的教学模式。首先，教师以实际的生活现象引入课题，调动学生学习的积极性；接着，利用几何画板提供图形旋转的实验工具并提示操作步骤；然后组织学生在观察、分析、操作、讨论的基础上探索图形旋转的基本知识，体验旋转变换的数学思想；最后，让学生发挥想象力，运用已掌握的知识自主利用几何画板进行旋转图形的创编设计，以激发学生的创新意识和增强综合运用知识的能力。

《图形的旋转》教学过程的实施流程如图 7-6 所示。

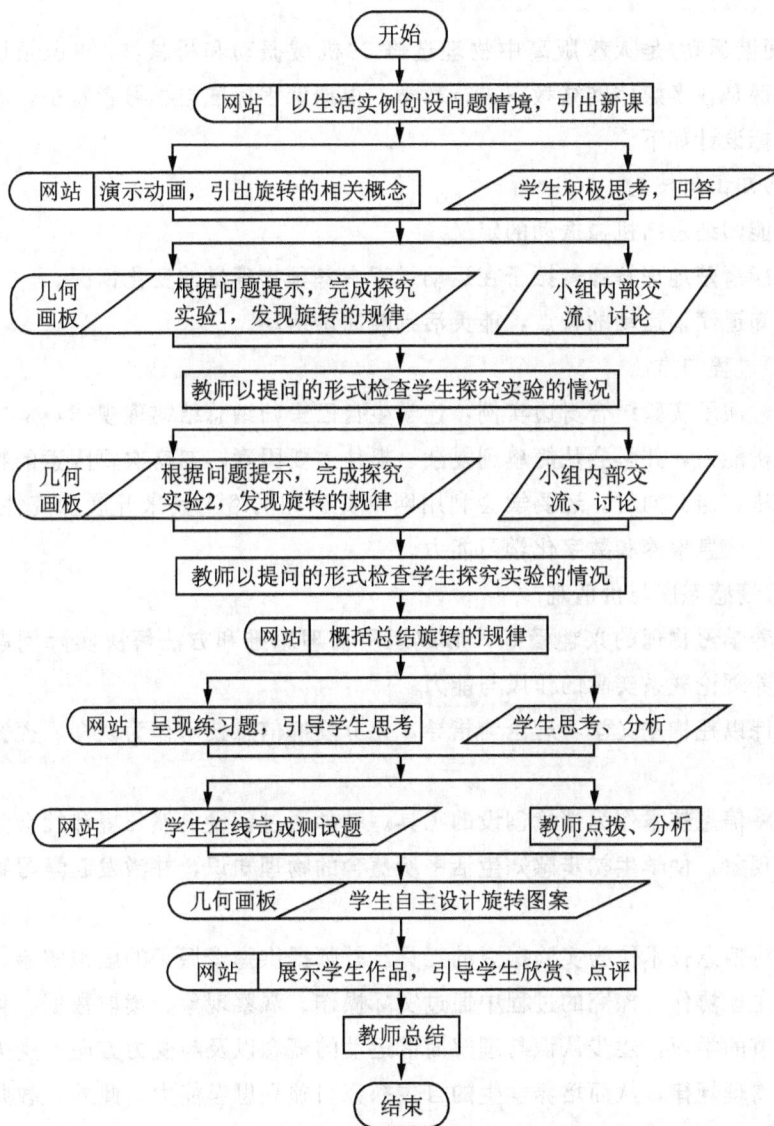

图 7-6 《图形的旋转》教学过程的实施流程

三、高中物理《简谐运动》的设计

《简谐运动》是人教版高中物理选修 3"机械振动和机械波"知识领域的内容。本课是在多媒体网络教室进行教学。根据课程标准与学习者特征，本课的教学目标设计如下。

(1)知识与技能

①能归纳总结机械振动的定义。

②能清楚地理解弹簧振子在运动过程中各种物理量的变化情况。

③知道简谐运动的特点，能灵活判断简谐运动。

(2)过程与方法

通过演示实验结合身边实例，让学生自己去归纳总结物理规律，从中培养观察分析能力，并学会从简单到复杂、抓住主要因素、忽略次要因素的物理思维和方法。与此同时，还要学会利用网络资源和网络工具来开展探究性学习，从而培养信息素养和数字化学习能力。

(3)情感态度与价值观

培养学习物理的兴趣爱好，形成运用物理思维和方法解决实际问题的意识，培养理论联系实际的作风与能力。

本课以建构主义学习理论为指导，充分发挥信息技术作为认知、探究工具的作用：

①将信息技术作为情境创设的工具。教师通过创设自然环境和社会生活中的振动现象，使学生初步感知生活中所蕴含的物理知识，并激发起学习物理的兴趣。

②将信息技术作为实验探究的工具。教师提供弹簧振子的虚拟实验，让学生在自主、协作、探究的过程中通过实际操作、观察现象、读取数据、科学分析等环节的学习，逐步认识与理解简谐运动的概念以及与受力方向、受力大小有关的物理规律，从而培养学生的自主探究与独立思考能力。此外，教师还要善于借助单摆和弹簧振子的实物模型进行演示实验，以帮助学生更加直观、形象地建立物理概念。

《简谐运动》教学过程的实施流程如图 7-7 所示。

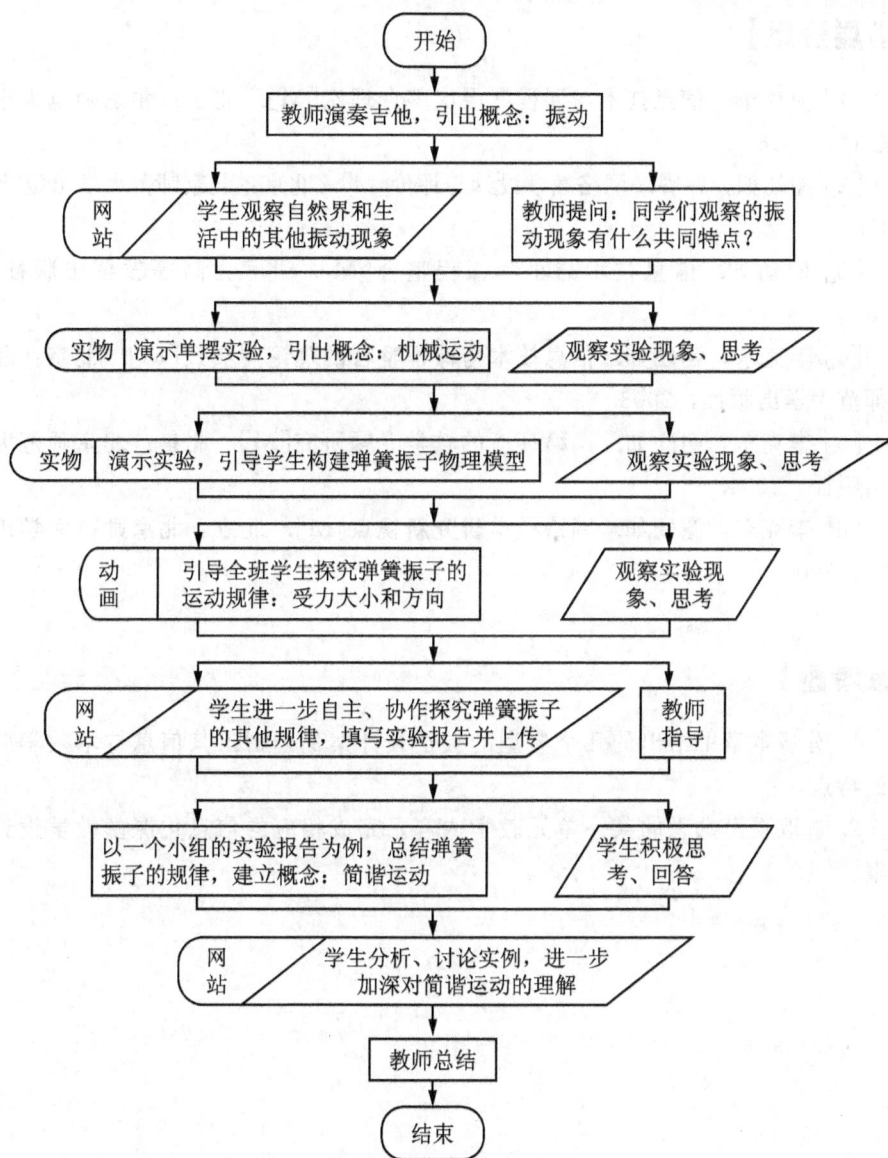

图 7-7　《简谐运动》教学过程结构流程图

【拓展资源】

[1] 何克抗. 信息技术与课程深层次整合理论[M]. 北京：北京师范大学出版社，2008.

[2] 谢幼如，尹睿. 网络教学设计与评价[M]. 北京：北京师范大学出版社，2010.

[3] 谢幼如. 信息技术与小学课程整合[M]. 北京：高等教育出版社，2006.

[4] 李克东，谢幼如. 信息技术与课程整合的理论与实践[M]. 北京：北京师范大学出版社，2003.

[5] 李克东，谢幼如. 网络环境的教学专题研究[M]. 北京：北京师范大学出版社，2004.

[6] 李克东，谢幼如. 网络教学研究新视点[M]. 北京：北京师范大学出版社，2005.

【思考题】

1. 分析本章中给出的几个典型的教学设计案例，指出其信息技术教学应用的特点。

2. 选取自己熟悉的某一单元教学内容，完成相应的信息化课堂教学设计方案。